图解股市陷阱

常见虚假技术信号与辨别方法

麻道明 ◎ 著

中国经济出版社
CHINA ECONOMIC PUBLISHING HOUSE

北京

图书在版编目（CIP）数据

图解股市陷阱：常见虚假技术信号与辨别方法／麻道明著.--北京：中国经济出版社，2022.5
ISBN 978-7-5136-6898-9

Ⅰ.①图… Ⅱ.①麻… Ⅲ.①股票市场-研究-中国 Ⅳ.①F832.51

中国版本图书馆CIP数据核字（2022）第067309号

责任编辑	叶亲忠
责任印制	马小宾
封面设计	久品轩

出版发行	中国经济出版社
印 刷 者	北京富泰印刷有限责任公司
经 销 者	各地新华书店
开 本	710mm×1000mm 1/16
印 张	24
字 数	400千字
版 次	2022年5月第1版
印 次	2022年5月第1次
定 价	68.00元

广告经营许可证 京西工商广字第8179号

中国经济出版社 网址 www.economyph.com 社址 北京市东城区安定门外大街58号 邮编 100011
本版图书如存在印装质量问题，请与本社销售中心联系调换（联系电话：010-57512564）

版权所有　盗版必究（举报电话：010-57512600）
国家版权局反盗版举报中心（举报电话：12390）　　服务热线：010-57512564

前言
PREFACE

"股市有风险，入市须谨慎"说出了股市操作的两个核心问题：风险与谨慎。风险是对市场未来发展趋势所做出的预测的准确性程度，风险有市场本身造成的，也有人为造成的。谨慎是投资者对市场买卖时机做出恰当决策的把握程度，是投资者心态和技能的综合反映。风险与利益并存，买卖时机选择恰当与否，直接关系到投资利益。由此可见，风险与谨慎常常构成投资障碍，困扰投资决策。若过于谨慎，则易失良机，若放松风险，则缺乏理性，因而两者是投资者不可忽视的两个问题。因此，在市场风险与谨慎中，就会产生各种技术陷阱或虚假信号的市场环境。

仅就股市技术信号而言，就有若隐若现的巨大陷阱或失败形态，它们很多时候是庄家精心布局而成的，其目的或是引诱散户蠢蠢欲动，贸然而入，从而卷走散户钱财；或是恐吓散户，使之望而生畏，折仓离场，从而劫取散户廉价筹码；或是故弄玄虚，制造扑朔迷离的市场假象……一幅幅图表形态，一个个买卖信号，一次次真假涨跌，都隐藏着巨大的玄机，宛如一个个五彩的水晶球，令散户顿生迷惑，甚至束手无策。这些是庄家狡猾、奸诈、险恶的具体表现，然而这些五花八门的技术陷阱或虚假信号，却很少为人所知，更未能为人所破。

在中国资本市场中，存在幕后庄家是不争的事实，市场有了庄家的存在，就会有许许多多真假信号产生，这些信号若隐若现，股价起伏跌宕，诱导散户追涨杀跌，最终深受其害。比如，庄家在吸货时，就会制造"难看"的技术陷阱，恐吓散户交出筹码；庄家在出货时，就会制造"好看"的技术图形，引诱散户接走筹码。在这个处处布满陷阱的市场中，散户拿什么保护自己？只有掌握破解常见技术陷阱的方法，才能刺中庄家的要害，立足于股市。

为此，笔者基于中国股市的运行规律和发展现状、庄家的坐庄意图和运作逻辑、散户的炒作特点和心理习性，根据多年的潜心研究、跟踪观察、盘面检验，总结出《图解股市陷阱——常见虚假技术信号与辨别方法》一书。本书详尽披露庄家设置陷阱的各种技术秘密，将庄家最常用、最隐秘的"绝技"袒露于众，用通俗易懂的语言告诉股民，让普通散户找到识破常见技术陷阱的基本方法和技巧，帮助股民走出技术谜团，进而提供一些有益的启示，使其将计就计，实现"借刀杀人"，让庄家"搬起石头砸自己的脚"，最终钻进自己设置的技术陷阱之中。

所以，本书重点对一些常见技术陷阱进行分析判断，给投资者传授了每一个技术陷阱的破解方法，使投资者掌握"拿剑操刀"的具体要领。书中教给大家一套识别和破解陷阱的方法，通过盘中每一个细节，分析当前的市场特征、庄家意图，进而推测未来股价的变化趋势，从而掌握庄家的操盘规律，找出其中的破绽，切中要害后"出剑下刀"。书中关于陷阱的识别和技术辨别方法，经过多年的市场跟踪观察、实盘检验、反复印证，其"破阵"效果很好，可以这样说，庄家能够设置各种技术陷阱，散户则有识别和破解其陷阱的方法。

本书以理论为基础、以事实为准绳、以实例为依据，图文并茂，言简意赅，通俗易懂。对于新老股民、中小散户投资者、职业操盘手和专业股评人士来说，均是一本不能不读的参考书。

麻道明
2022 年 3 月
于中国·楠溪江畔

目 录

第一章　技术指标虚假信号 ………………………………………… 001

第一节　移动平均线（MA） ……………………………………… 001
一、虚假交叉信号 ………………………………………………… 001
二、虚假形态信号 ………………………………………………… 005
三、虚假位置信号 ………………………………………………… 009
四、虚假突破信号 ………………………………………………… 013
五、虚假葛氏信号 ………………………………………………… 016

第二节　乖离率（BIAS） ………………………………………… 019
一、虚假超买、超卖 ……………………………………………… 019
二、虚假支撑、阻力 ……………………………………………… 023

第三节　指数平滑异同移动平均线（MACD） ………………… 026
一、虚假多空信号 ………………………………………………… 026
二、虚假交叉信号 ………………………………………………… 033
三、虚假背离信号 ………………………………………………… 036
四、虚假突破信号 ………………………………………………… 039

第四节　相对强弱指标（RSI） …………………………………… 042
一、虚假交叉信号 ………………………………………………… 042
二、虚假形态信号 ………………………………………………… 046
三、虚假背离信号 ………………………………………………… 049
四、虚假强弱信号 ………………………………………………… 053
五、虚假突破信号 ………………………………………………… 057

第五节　随机指标（KDJ） ………………………………………… 060
一、虚假交叉信号 ………………………………………………… 060
二、虚假位置信号 ………………………………………………… 063

三、虚假钝化信号 …………………………………………… 067
　　四、虚假背离信号 …………………………………………… 070
　　五、虚假形态信号 …………………………………………… 073

第六节　均量线指标（VOL）……………………………………… 076
　　一、地量地价陷阱 …………………………………………… 076
　　二、天量天价陷阱 …………………………………………… 079
　　三、价涨量增陷阱 …………………………………………… 081
　　四、价跌量缩陷阱 …………………………………………… 084
　　五、价涨量缩陷阱 …………………………………………… 086
　　六、价跌量增陷阱 …………………………………………… 089
　　七、对敲放量陷阱 …………………………………………… 091
　　八、逆势放量陷阱 …………………………………………… 094

第二章　K线虚假信号 …………………………………………… 097

第一节　大阳线虚假信号 ………………………………………… 097
　　一、形态分析精华 …………………………………………… 097
　　二、常见虚假信号 …………………………………………… 098
　　三、技术辨别方法 …………………………………………… 108

第二节　大阴线虚假信号 ………………………………………… 110
　　一、形态分析精华 …………………………………………… 110
　　二、常见虚假信号 …………………………………………… 111
　　三、技术辨别方法 …………………………………………… 118

第三节　锤头线虚假信号 ………………………………………… 120
　　一、形态分析精华 …………………………………………… 120
　　二、常见虚假信号 …………………………………………… 121
　　三、技术辨别方法 …………………………………………… 123

第四节　吊颈线虚假信号 ………………………………………… 125
　　一、形态分析精华 …………………………………………… 125
　　二、常见虚假信号 …………………………………………… 126
　　三、技术辨别方法 …………………………………………… 128

第五节　倒锤头线虚假信号 ……………………………………… 129
　　一、形态分析精华 …………………………………………… 129
　　二、常见虚假信号 …………………………………………… 131
　　三、技术辨别方法 …………………………………………… 134

第六节　流星线虚假信号 ·············· 135
　　一、形态分析精华 ·············· 135
　　二、常见虚假信号 ·············· 136
　　三、技术辨别方法 ·············· 138

第七节　曙光初现虚假信号 ·············· 139
　　一、形态分析精华 ·············· 139
　　二、常见虚假信号 ·············· 140
　　三、技术辨别方法 ·············· 142

第八节　乌云盖顶虚假信号 ·············· 143
　　一、形态分析精华 ·············· 143
　　二、常见虚假信号 ·············· 144
　　三、技术辨别方法 ·············· 146

第九节　早晨之星虚假信号 ·············· 148
　　一、形态分析精华 ·············· 148
　　二、常见虚假信号 ·············· 149
　　三、技术辨别方法 ·············· 151

第十节　黄昏之星虚假信号 ·············· 152
　　一、形态分析精华 ·············· 152
　　二、常见虚假信号 ·············· 153
　　三、技术辨别方法 ·············· 154

第十一节　红三兵虚假信号 ·············· 156
　　一、形态分析精华 ·············· 156
　　二、前进红三兵虚假信号 ·············· 158
　　三、受阻红三兵虚假信号 ·············· 161
　　四、停顿红三兵虚假信号 ·············· 162
　　五、技术辨别方法 ·············· 163

第十二节　黑三鸦虚假信号 ·············· 164
　　一、形态分析精华 ·············· 164
　　二、常见虚假信号 ·············· 166
　　三、技术辨别方法 ·············· 170

第十三节　两阳夹一阴虚假信号 ·············· 171
　　一、形态分析精华 ·············· 171
　　二、常见虚假信号 ·············· 172
　　三、技术辨别方法 ·············· 174

第十四节　两阴夹一阳虚假信号 ·· 175
　　一、形态分析精华 ·· 175
　　二、常见虚假信号 ·· 176
　　三、技术辨别方法 ·· 177

第十五节　上升三法虚假信号 ·· 178
　　一、形态分析精华 ·· 178
　　二、常见虚假信号 ·· 180
　　三、技术辨别方法 ·· 182

第十六节　下降三法虚假信号 ·· 183
　　一、形态分析精华 ·· 183
　　二、常见虚假信号 ·· 184
　　三、技术辨别方法 ·· 186

第三章　虚假技术形态 ·· 187

第一节　虚假 V 型底形态 ··· 187
　　一、常见虚假形态 ·· 187
　　二、技术辨别方法 ·· 191

第二节　虚假倒 V 型顶形态 ·· 193
　　一、常见虚假形态 ·· 193
　　二、技术辨别方法 ·· 197

第三节　虚假双重底形态 ·· 200
　　一、常见虚假形态 ·· 200
　　二、技术辨别方法 ·· 205

第四节　虚假双重顶形态 ·· 206
　　一、常见虚假形态 ·· 206
　　二、技术辨别方法 ·· 211

第五节　虚假三重底形态 ·· 212
　　一、常见虚假形态 ·· 212
　　二、技术辨别方法 ·· 215

第六节　虚假三重顶形态 ·· 216
　　一、常见虚假形态 ·· 216
　　二、技术辨别方法 ·· 218

第七节　虚假头肩底形态 ·· 220
　　一、常见虚假形态 ·· 220

二、技术辨别方法 ·············· 225

第八节　虚假头肩顶形态 ·············· 226
　　一、常见虚假形态 ·············· 226
　　二、技术辨别方法 ·············· 231

第九节　虚假潜伏底形态 ·············· 233
　　一、常见虚假形态 ·············· 233
　　二、技术辨别方法 ·············· 236

第十节　虚假潜伏顶形态 ·············· 237
　　一、常见虚假形态 ·············· 237
　　二、技术辨别方法 ·············· 240

第十一节　虚假对称三角形 ·············· 240
　　一、常见虚假形态 ·············· 240
　　二、技术辨别方法 ·············· 247

第十二节　虚假上升三角形 ·············· 248
　　一、常见虚假形态 ·············· 248
　　二、技术辨别方法 ·············· 252

第十三节　虚假下降三角形 ·············· 253
　　一、常见虚假形态 ·············· 253
　　二、技术辨别方法 ·············· 256

第十四节　虚假跳空缺口 ·············· 257
　　一、缺口识别偏差 ·············· 257
　　二、虚假普通性缺口 ·············· 259
　　三、虚假突破性缺口 ·············· 267
　　四、虚假持续性缺口 ·············· 270
　　五、虚假竭尽性缺口 ·············· 273
　　六、技术辨别方法 ·············· 275

第四章　趋势技术陷阱 ·············· 278

第一节　趋势线的确定 ·············· 278
　　一、趋势线的制作 ·············· 278
　　二、趋势线基本图形 ·············· 280
　　三、常见技术陷阱 ·············· 284
　　四、技术辨别方法 ·············· 285

第二节　趋势线的修正 …… 287
一、正确修正趋势线 …… 287
二、趋势线修正难点 …… 290
三、技术辨别方法 …… 290

第三节　中心趋势线（X线） …… 291
一、X线技术要点 …… 291
二、X线技术陷阱 …… 292
三、技术辨别方法 …… 293

第四节　趋势线的买入信号 …… 294
一、常规买入信号 …… 294
二、虚假买入信号 …… 297
三、技术辨别方法 …… 301

第五节　趋势线的卖出信号 …… 304
一、常规卖出信号 …… 304
二、虚假卖出信号 …… 306
三、技术辨别方法 …… 310

第六节　趋势线买卖再提醒 …… 313

第七节　轨道线假突破 …… 317
一、轨道线的应用 …… 317
二、虚假突破信号 …… 322
三、技术辨别方法 …… 333

第八节　趋势线假突破 …… 335
一、趋势线的突破 …… 335
二、虚假突破信号 …… 337
三、技术辨别方法 …… 349

第九节　支撑线和阻力线 …… 352
一、支撑线和阻力线 …… 352
二、支撑线常见陷阱 …… 356
三、阻力线常见陷阱 …… 363
四、技术辨别方法 …… 370

后　记 …… 373

第一章
技术指标虚假信号 >>>>

第一节　移动平均线（MA）

一、虚假交叉信号

两条或多条均线相互交叉，是重要的均线买卖信号。当短期均线（一般为 5 日、10 日）向上穿越长期均线（一般为 30 日、60 日）时，即构成黄金交叉，为买入信号。而当短期均线向下穿越长期均线时，即构成死亡交叉，为卖出信号。可是在实盘操作中，金叉和死叉运用起来并非那么简单，有可能金叉买入后股价却下跌了，死叉卖出后股价却上涨了。

1. 虚假金叉

当短期均线向上穿越长期均线时，表明看好短期市场，可以积极做多。然而，买入信号发出后不久，股价却没有出现明显的上涨，反而继续下跌，不久就出现了死亡交叉，而这次的死亡交叉才是真的卖出信号。这种黄金交叉发出的虚假信号就是移动平均线的金叉陷阱。

图 1-1，合纵科技（300477）：在长时间的震荡整理过程中，均线系统经常出现金叉现象，而股价均没有出现预期行情。2020 年 11 月下旬，股价回调到前期低点附近时，得到支撑而向上回升，在形态上有构筑多重底的迹象。此时 5 日均线掉头向上交叉 10 日均线，随后 5 日均线和 10 日均线缓慢上行，不久，两线又与 30 日均线金叉，表示股价渐渐进入强势之中，因此是一个买入信号。可是，之后股价并没有出现预期中的上涨，经过小幅攀升后，11 月 26 日一根大阴线向下破位。之后 5 日均线掉头向下死叉 10 日均线，不久再次死叉 30 日均线，均线系统形成空头排列，而这个死叉却是真正的死叉信号，

从此股价出现新一轮跌势,将买入者套牢。

技术解盘:从该股走势图中可以看出,当5日均线与10日均线金叉时,股价处于30日均线之下,而30日均线略微上移,支撑力度并不明显。根据金叉信号的可靠性鉴别方法"长期均线下行(或平移),短期均线在其下方金叉,买入信号较差"可知,该金叉信号的力度不强,属于弱势反弹性质。随后当5日、10日均线与30日均线再次形成金叉时,30日均线只是略微上移,根据黄金交叉与普通交叉的区别"一条均线上行,另一条均线下斜(或平移),为普通交叉。此时买入股票,风险很大"可知,该金叉信号的力度不强,股价上涨值得怀疑。而且,股价反弹时上方遇到成交密集区域的明显阻力,单凭温和的成交量难以向上突破。可见,该股的金叉信号技术含量不高,往往是庄家设置的多头陷阱。

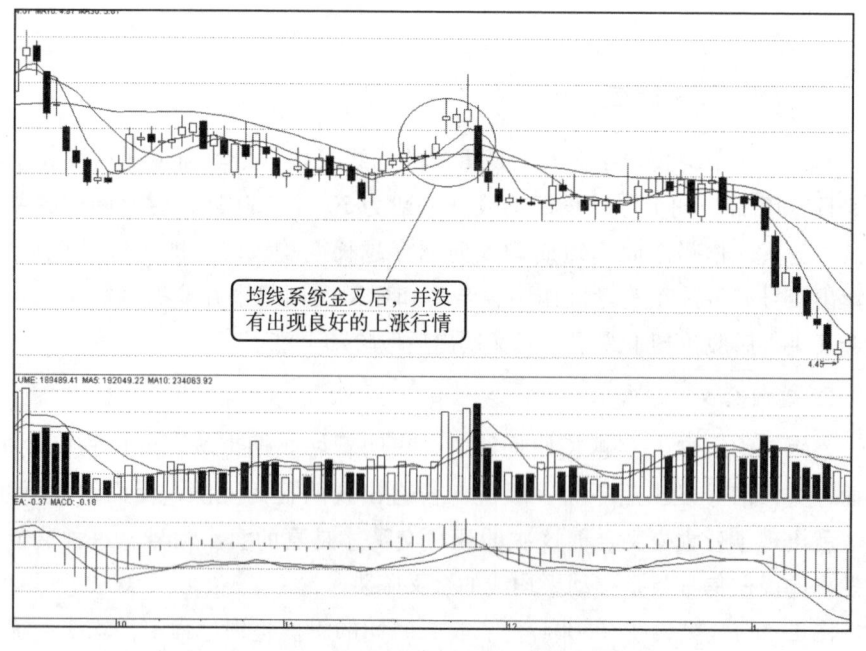

图1-1 合纵科技(300477)日K线图

2. 虚假死叉

当短期的均线向下穿越长期的均线时,构成了死亡交叉,市场有短期看空力量存在,为卖出信号。然而,卖出信号发出后不久,股价仅小幅下跌后立即调头向上,重新产生黄金交叉,而这次的黄金交叉却是真的买入信号。因此前面出现的死亡交叉是虚假信号。

图1-2，世龙实业（002748）：该股反弹结束后回落整理，股价渐渐走低，5日、10日均线先后与30日均线构成死叉，为卖出信号。可是卖出信号发出后，股价并没有出现持续的下跌走势，经过短暂的盘整后在2021年9月7日放量拉涨停，此后股价5连板。

技术解盘：从该股走势图中可以看出，当5日均线与10日均线形成死叉时，股价处于30日均线之上，根据死叉信号的可靠性鉴别方法"长期均线向上运行，短期均线在其上方死叉，卖出信号较差"可知，该死叉信号的做空力度不强，属于技术性回档性质。随后当5日、10日均线分别与30日均线再次形成死叉时，30日均线呈水平趋势，根据死亡交叉与普通交叉的区别"一条均线下行，另一条均线走平，为普通交叉，卖出风险较大"可知，该死叉信号的做空力度也不强，往往属于回调洗盘行为。而且，在整个回调过程中，成交量没有出现明显放大，说明主动性抛盘不大，筹码基本已被庄家牢牢锁定。另外，股价回调时受前期低点支撑明显，在该位置获得支撑后再度拉起，随后股价出现快速拉升行情，从而形成虚假的死亡交叉。

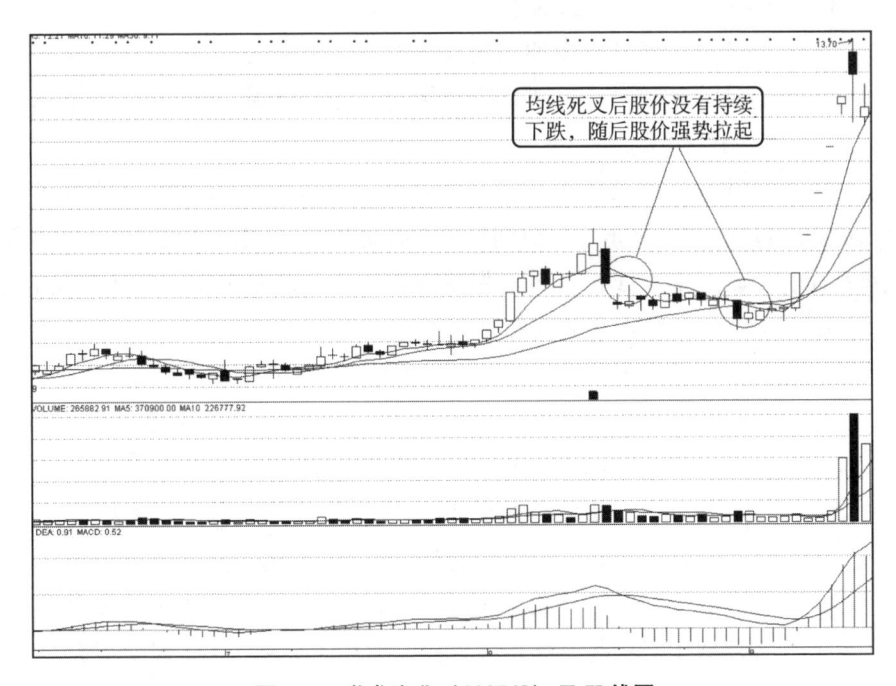

图1-2 世龙实业（002748）日K线图

3. 技术辨别方法

第一，金叉或以金叉买入的条件：

（1）形成金叉的条件是短期均线和长期均线出现交叉之前或交叉时，两条均线必须同时向上倾斜，如果只有短期均线向上倾斜而长期均线走平甚至向下倾斜，只能说明短期均线与长期均线出现了普通交叉，并不是真正的黄金交叉。

（2）均线出现了金叉也不一定就可以买进，如在一个均线组合中，时间最长的30日均线在向下走，而时间短的5日、10日均线出现金叉，属于短期反弹性质，原则上中长线投资者仍保持空头思维，持币观望，而做短线的也只能在时间较短的均线出现金叉时适量介入抢反弹。因为，如果30日均线往下运行，那么5日、10日均线金叉所提供的买入信号可靠性就不高，股价随时会在30日均线向下运行的压制下，重新掉头下行。

（3）当股价处于盘整时期，往往频繁出现交叉，金叉存在失真现象。此时投资者就应放弃"金叉买入"的操作方法，寻求其他方法。

第二，死叉或以死叉卖出的条件：

（1）形成死叉的条件是短期均线和长期均线出现交叉之前或交叉时，两条均线必须同时向下倾斜，否则只能看作它们之间出现了普通交叉，并不是真正意义上的死亡交叉。

（2）均线出现了死叉也不一定就可以卖出，如在一个均线组合中，时间最长的30日均线在向上走，而时间短的5日、10日均线出现死叉，属于短期洗盘性质，原则上中长线投资者仍保持多头思维，持股观望，而做短线的也只能在时间较短的均线出现死叉时适量减仓，做一个短差。因为，向上的30日均线有较强的技术支撑，5日、10日均线通常会遇到支撑而重新上行。

当股价处于盘整时期，也经常出现死叉，信号存在失真现象。此时投资者就应放弃"死叉卖出"的操作方法，寻求其他方法。

第三，黄金交叉与普通交叉的区别：

（1）两条均线同时上行，为黄金交叉，是买进信号，买入风险较小。

（2）一条均线上行，另一条均线走平，为普通交叉，买入风险较大。

（3）一条均线上行，另一条均线下斜，为普通交叉，买入风险很大。

第四，死亡交叉与普通交叉的区别：

（1）两条均线同时下行，为死亡交叉，是卖出信号，卖出风险较小。

（2）一条均线下行，另一条均线走平，为普通交叉，卖出风险较大。

（3）一条均线下行，另一条均线上斜，为普通交叉，卖出风险很大。

第五，金叉和死叉买卖信号强弱的识别：

当出现金叉时，两线交叉时的夹角越大、上穿时的角度越陡，则买入信号准确性越高；反之，平坦型、粘连型的交叉和上穿坡度平缓，其力度往往较弱。对于这种上穿力度较弱、形态不明显的金叉，要耐心地观察几天，并根据量价关系变化做决策。若价升量增，再考虑买入；若价升量减、价跌量减或价量关系无明显变化，几根均线仍呈粘连状态，则应继续观察，决不可贸然建仓。

当出现死叉时，两线交叉时的夹角越大、下穿的角度越陡，则卖出信号准确性越高；反之，平坦型、粘连型的交叉和下穿坡度平缓，其力度往往较弱。对于这种走势不十分干脆、方向不很明确的死叉，也要综合其他因素认真分析，否则容易掉进陷阱。

二、虚假形态信号

1. 虚假银三角

银三角的图形特征：短期均线（一般为5日）由下往上穿过中期均线（一般为10日）后，继续向上穿过长期均线（一般为30日、60日），即成为市场看涨的预报信号，当中期均线也向上穿过长期均线，看涨信号得到验证，此时如果长期均线出现上行，则市场上涨信号更加强烈。这时候三根均线会形成一个尖头朝上的不规则的三角形，这个不规则三角形的出现，表明多方已积累了相当大的上攻能量，是一个比较典型的买进信号，所以人们形象地把它称为银三角或金三角。但是，买入信号发出后，股价不一定都会上涨甚至很快出现下跌走势，不久出现了"死亡角"，而这个"死亡角"却是真的卖出信号，因此前面的银三角就成为虚假信号。

图1-3，丝路视觉（300556）：2021年2月初，经过持续调整后开始企稳回升，股价开始向上运行突破均线系统的压制。5日均线金叉10日均线后继续向上成功穿越30日均线，之后10日均线也金叉30日均线，此时30日均线出现向上移动，在图上产生一个十分标准的银三角形态，构成强烈的买入信号。然而，这个信号只是一次反弹或回抽而已，股价并没有出现预期的走势，上行阻力重重，在银三角上方短暂震荡后，股价转而向下。此后，在3月中旬成功构筑了一个"死亡角"，从此继续向下阴跌。

技术解盘：该股三线交叉后，股价受上方盘区压制，成交量没有放大，说明短期做多力量不足。而且，在出现银三角时，股价处于下跌趋势之中，筑底时间不够充分，底部不够扎实，这种走势属于反弹性质。股价突破时成交量不大，力度不够，有虚涨声势嫌疑。均线交叉时，角度比较平坦，上攻力量比较单薄。因此，这个银三角属于虚假信号。

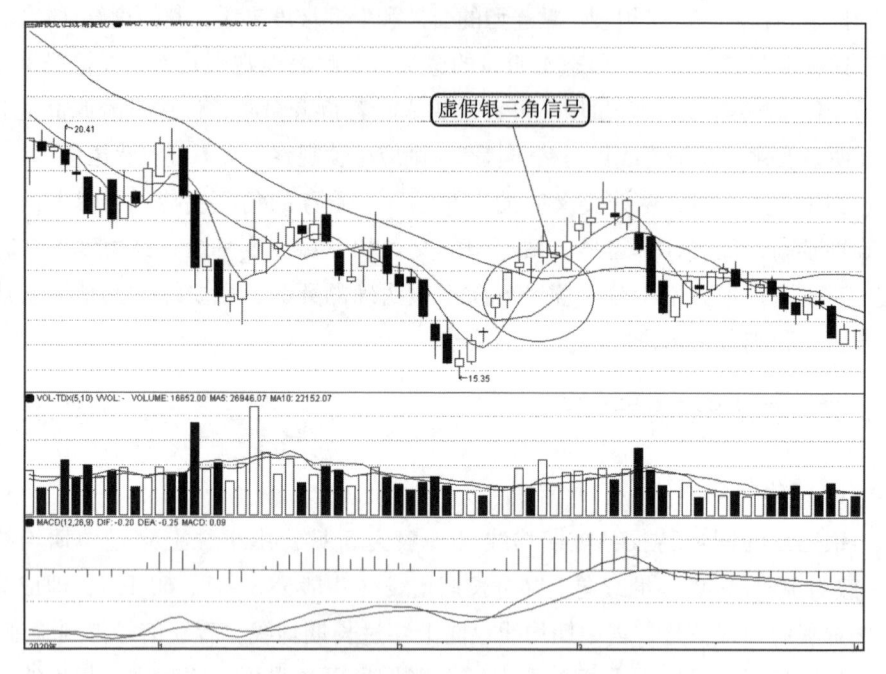

图 1-3　丝路视觉（300556）日 K 线图

2. 虚假金三角

股价在底部区域出现一个银三角之后，小幅向上攀升，经过洗盘换手或调整后，股价重拾升势，出现同样的技术形态，再次发出买入信号，表明行情即将进入主升段。因其图形与银三角图形特征相同，"含金量"更高，故将后面出现的三角形称为金三角，这是强烈的买入信号。如果回调确认成功，应大胆加仓买入，短期获利概率极大。但是在实盘中，按照这个信号买入股票后，股价不涨反跌的现象经常出现，"金三角"变成了"死亡角"。而这个"死亡角"却是真的卖出信号，因此前面的金三角成为虚假的信号。

图 1-4，中国电影（600977）：2020 年 7 月上旬，该股形成一个银三角后，股价出现一波涨升行情，成交量温和放大，然后出现回调。8 月中旬，出现一个金三角，预示股价将进入拉升阶段，通常是一个较好的买入信号。可是，买入后股价并没有出现上涨行情，而是在经过短期的整理后出现下跌，之后形成一个"死亡角"，此后股价出现调整走势。

技术解盘：金三角信号产生后，股价很快又回到短期均线与长期均线之间的地带，显示市场有所勉强，此时应放弃看涨思维。同时，股价受制于前期高点阻力，没有形成突破走势。而且，成交量无法持续放大，上升能量难以为继，因此容易演变为虚假信号。

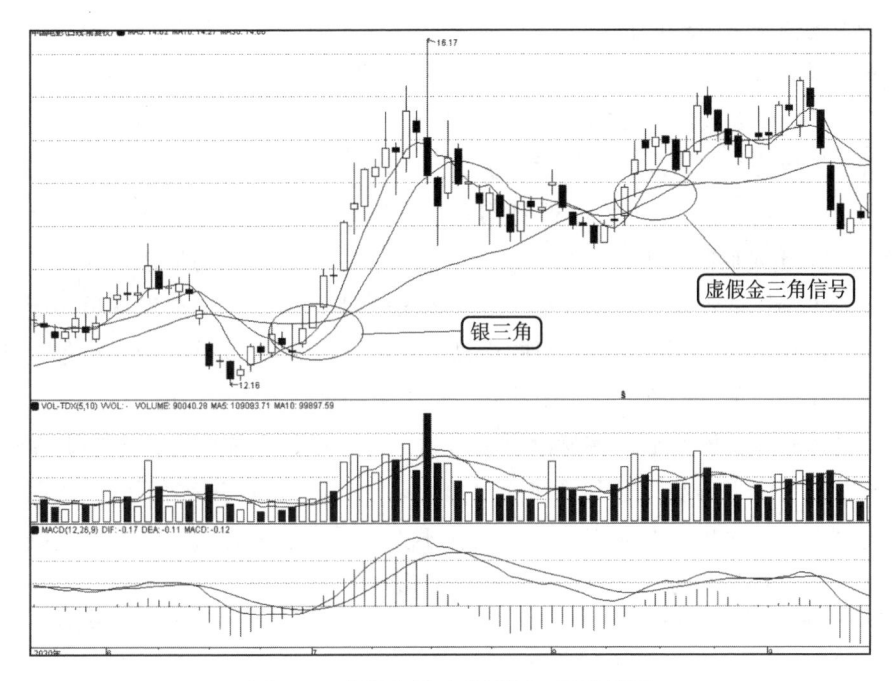

图 1-4　中国电影（600977）日 K 线图

银三角、金三角从图形特征上来说没有本质区别，不同的是出现的时间有先有后。习惯上把均线上先出现的尖头朝上的不规则三角形称为银三角，后出现的尖头朝上的不规则三角形称为金三角。通常，金三角的位置要高于银三角，但也可能平于或略低于银三角。从时间上来说，它们相隔时间越长，金三角的含金量就越高。就技术上而言，金三角买进信号的可靠性要比银三角高，其原因是金三角的出现既是对银三角做多信号的再一次确认，又说明多方在有了前一次上攻经验后，这次准备得更加充分，这样成功概率自然会更大一些。据经验分析，在银三角处买入股票，日后成功与失败之比为 7∶3，而在金三角处买入股票，日后成功与失败之比为 8∶2。

3. 虚假死亡角

死亡角图形的特征：短期（5 日）均线由上向下穿过中期（10 日）均线后，继续向下穿过长期（30 日）均线，这是市场发出涨势即将发生变化的预警信号，随后中期均线向下穿过长期均线，长期均线随之下行，市场转势信号进一步得到验证。这时候三根均线在顶部形成一个尖头向下的不规则三角形，该三角形称为死亡角。这个不规则三角形的出现，表明空方已积累了相当大的杀跌动能，是一个比较典型的卖出信号。据经验分析，在股价前期涨幅较大的情况下出现死亡角，日后股价下跌和上涨的比例为8∶2。但是，死亡角同样有许多陷阱，投资仍不能盲目看空杀跌。

图1-5，健康信息（605186）：该股上市不久就出现调整走势，然后企稳出现一波反弹行情，反弹结束后再次回调。2021年4月22日，5日均线向下死叉10日均线后，继续死叉30日均线，不久10日均线向下死叉30日均线，30日均线走平后随之下行，从而形成一个尖头向下的死亡角形态。这个令投资者心生余悸的形态，发出了强烈的卖出信号。可是，死亡角出现后，股价并没有出现大跌，而是经过短暂的横盘整理后，在5月25日放量拉涨停，此后出现拉升行情，股价连拉7个涨停，让卖出的投资者深感后悔。

技术解盘：该股上市后就没有表现过，存在中线上涨潜力，盘中调整非常充分，主力筹码收集顺利。在死亡角出现后，股价没有持续下跌，表明做空力度有限。而且，在成交量方面变化不大，没有引发恐慌。因此，下跌信号的准确性较差，为庄家刻意设置的技术陷阱。

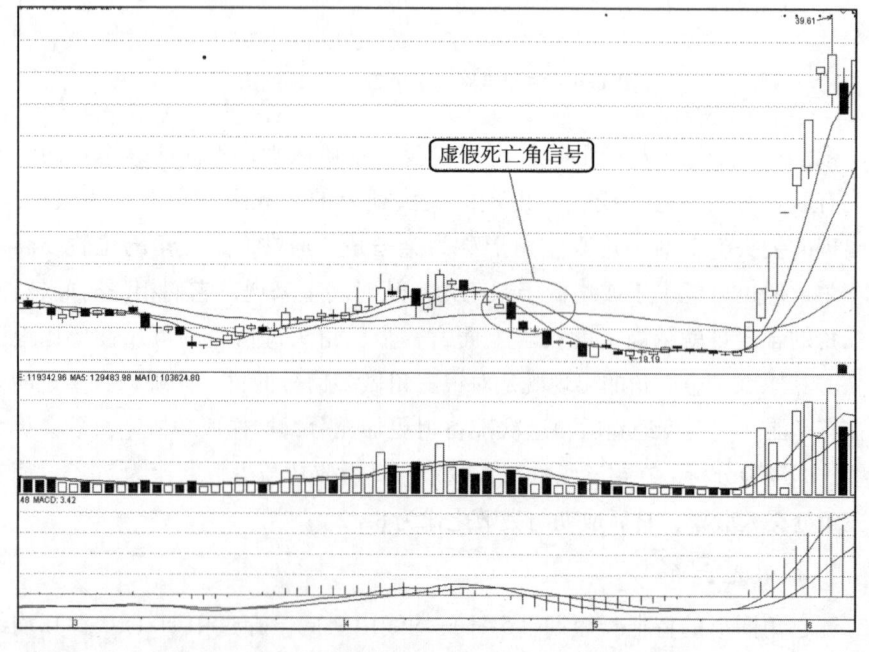

图1-5　健康信息（605186）日K线图

4. 技术辨别方法

移动平均线的交叉信号非常直观，也非常实用，但虚假信号也非常多。金三角信号出现后，不久又发生死亡角；死亡角信号出现后，不久又产生金三角，买进卖出所赚的不够手续费，几趟下来亏损累累。那么，投资者如何破解均线的这个虚假信号呢？

（1）看均线交叉后的走势。将均线同股价结合起来分析，当股价向上穿越了短期均线之后又穿越了长期均线，那么市场发出看涨信号。但如果股价穿过长期均线之后又回到短期均线与长期均线之间的地带，那么看涨信号被取消。同样，当股价跌破两条均线之后，构成了卖出信号，但如果股价在跌破短期均线之后，又重新返回到长期均线与短期均线之间，卖出信号就会变成假信号。

（2）看股价运行趋势。通常在上升趋势中，均线出现死叉，可能是庄家震仓洗盘所为，可以逢低关注；均线出现金叉，可能是庄家震仓洗盘结束，行情进入新一轮升势。在下跌趋势中，均线出现金叉，可能是反弹行情或庄家刻意拉高自救所为，可以逢高离场；均线出现死叉，预示反弹或庄家自救行情结束，行情进入新一轮跌势，这是最后的逃命时机。在牛皮盘整势道中，交叉信号经常出现，其准确率不高，可以暂时放弃使用。

（3）看成交量变化。当5日均线金叉（已经金叉或即将金叉）10日均线时，成交量连续温和放大，5日成交均量大于10日成交均量，表明有场外资金介入，否则要谨慎入场，不可盲目做多，以免落入陷阱之中。当5日均线死叉10日均线时，股价出现下跌走势，这时普遍看法是重势不重量，但在实盘操作中有时（关键位置）成交量大小仍是重要的参考因素，因为无量难以制造恐慌盘面。

（4）均线出现交叉时，则要看是否得到MACD指标的配合。当均线已经或即将出现金叉时，如果MACD指标已经或即将趋向多头，则均线金叉有效性大大提高。当均线已经或即将出现死叉时，如果MACD指标已经或即将趋向空头，则均线死叉有效性大大增强。如果二者相互矛盾，则准确性较差，可能是庄家刻意设置的陷阱。

三、虚假位置信号

在理论上，均线系统对股价具有支撑和阻力作用，股价在均线系统之上由上向下到达均线系统（通常以30日均线作为参考依据）附近时，通常遇到强大的支撑而出现回升走势，此时为最佳买入点。同样，股价在均线系统之下由下向上到达30日均线附近时，通常遇到强大的阻力而出现回落走势，此时为最佳卖出时机。但在实盘中，这个买卖位置并不可靠，尤其是在盘整行情中，这个位置更不靠谱，有时甚至与投资者的判断差之千里，以致造成许多失误。

1. 虚假支撑

在震荡或持续升势行情中，通常股价回落到30日均线附近时，会遇到较强的技术支撑，再次出现回升势头，因此30日均线附近是一个较好的买入机会。但是，实盘中庄家为了达到坐庄出货的目的，经常会利用这些技术位置设置虚假信号。在盘面上表现为，股价在30日均线上方做一个回升的假动作，或者只是在30日均线附近做短暂的停顿，当投资者以为有支撑而纷纷入场后，股价却很快向下跌破30日均线支撑，形成真正的持续下跌走势，庄家成功地制造了一个支撑陷阱。

图1-6，宏柏新材（605366）：股价见底后缓缓向上推高，然后出现一波加速拉高行情。由于股价上涨遇到上方阻力，出现倒V形反转回落。当股价回落到30日均线附近时，遇到技术和心理支撑，得到短线资金的关注，股价出现企稳盘整，收出多根上涨阳线。不少投资者看到此情形，以为股价遇到技术支撑，预示股价将出现新一轮上涨行情，因而纷纷买入。可是，买入后股价却出现滞涨，2021年9月23日一根跌停大阴线，如同一把断头铡刀，切断了均线系统，向下跌破30日均线，之后股价快速下跌，把散户牢牢套住。

技术解盘：该股的上涨高点正好是前面下跌的起始位置，此位置对股价上涨构成强大的阻力。股价从顶部回落后，回调幅度太深，上涨气势减弱，对后期上涨构成新的阻力，"会涨的股票不会跌，会跌的股票不会涨"说的就是这种盘面情形。此外，股价在30日均线处停留时间过长，支撑力度被消磨。所以，这是主力借30日均线的支撑实施减仓出货的一种做盘手法。

2. 虚假阻力

股价见底后向上回升，当回升到30日均线附近时，遇到均线技术压制而回落，因此使30日均线附近形成了一个较好的技术卖点。但是，实盘中庄家为了达到建仓或洗盘的目的，故意在这些位置制造空头陷阱，造成股价无力向上突破的假象，迫使散户抛售离场，庄家则轻松接走低价筹码。在盘面上表现为，股价只是在30日均线下方稍做回落态势，或者只是在30日均线附

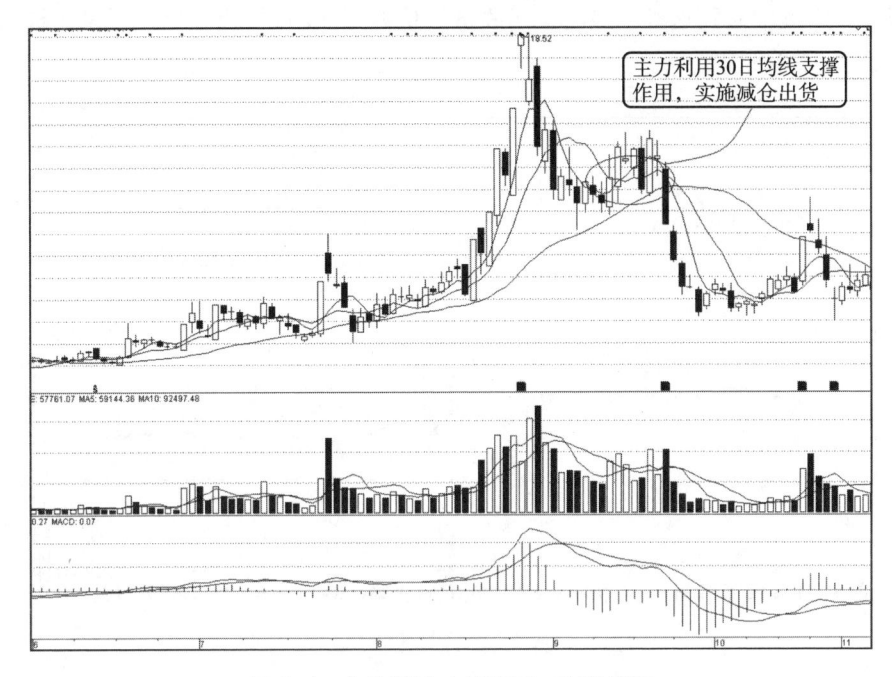

图 1-6　宏柏新材（605366）日 K 线图

近作短暂停顿，当投资者纷纷抛出筹码后，股价却很快发力向上成功突破 30 日均线压制，出现一轮真正的涨升行情，庄家成功地完成了一个空头陷阱。

图 1-7，福鞍股份（603315）：该股主力为了吸纳更多的低价筹码，2021 年 5 月 19 日采取向下打压的措施，一根大阴线导致技术破位，当主力吸纳了大量的低价筹码后，股价开始缓缓回升。当股价回升到 30 日均线附近时，为了日后顺利拉高出货，主力再次展开洗盘调整走势，造成股价无力突破 30 日均线的假象。在整理过程中，股价屡次突破 30 日均线时，均形成遇阻回落走势，这更让投资者感到犹豫和担心，感觉 30 日均线附近有重大阻力，从而动摇了持股信心。当浮动筹码清洗完毕之后，7 月 22 日股价开始放量上涨，成功突破 30 日均线的阻力，此后展开快速上涨行情。

技术解盘：该股击穿 30 日均线后，下跌幅度不大，这在逻辑上讲不通，既然是突破，那么股价肯定会快速下跌，迅速脱离突破区域，而该股却在突破位置附近徘徊，这就使人怀疑这是假突破。而且，在股价击穿 30 日均线后，成交量大幅萎缩，这说明主动抛售的可能性不大，主力筹码处在锁定中，既然主力没有派发动作，那么后市定有上涨机会。此外，当股价回升到 30 日均线附近遇阻后，也没有出现明显的下跌走势，说明下跌空间十分有限。投资者在实盘中遇到这种个股时，当股价放量返回 30 日均线之上，可以积极买入做多。

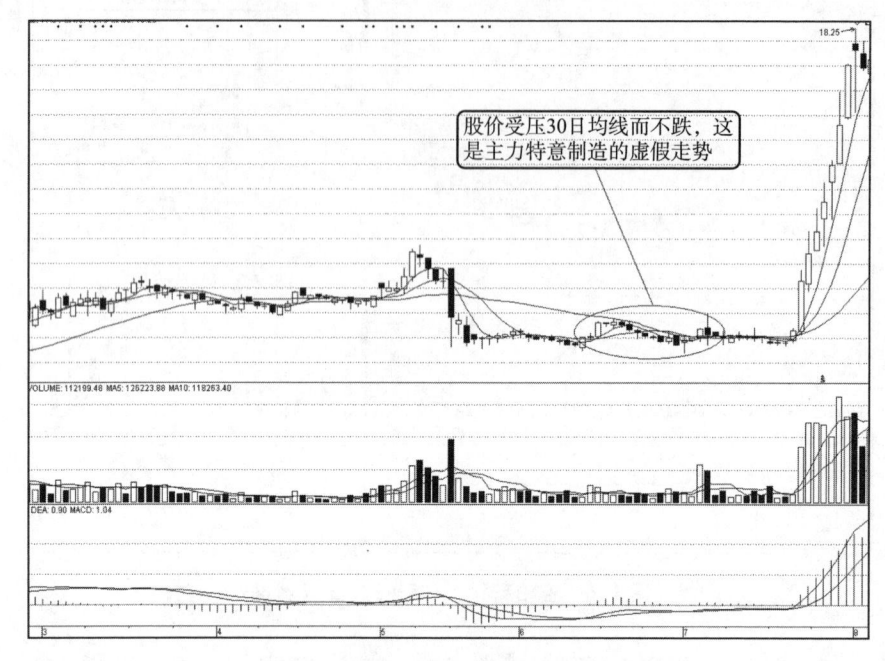

图 1-7　福鞍股份（603315）日 K 线图

3. 技术辨别方法

在均线系统中，30 日均线是一条非常重要的均线，它既是中短期炒作的生命线，也是中长期投资的参考线，在投资者心目中具有非常重要的实盘指导意义。也正因如此，30 日均线长期以来被庄家用来制造各种虚假技术信号，所以想要成功的投资者应当掌握破解陷阱的方法。

（1）看 30 日均线自身的运行趋势。若 30 日均线呈上升趋势，则支撑力度较强，通常是洗盘回调的低点，此处可作为介入位置考虑。若 30 日均线呈下行趋势，则阻力力度较强，通常是反弹行情的高点，此处可作为卖出选择。若 30 日均线基本呈横向运行，可以区别三种现象：一是在长期的震荡过程中形成横向运行趋势，则参考意义不大。二是在上涨末期构筑头部过程中形成的横向运行趋势，则支撑力度较弱，阻力力度较强。三是在下跌末期构筑底部过程中形成的横向运行趋势，则阻力力度弱，支撑力度强。

（2）观察盘面气势。当股价到达 30 日均线附近，能迅速折反的，表明多空力量气势强大，则支撑和阻力力度强，若股价在 30 日均线附近逗留三五日，则支撑和阻力力度弱，大多是庄家故意所为，虚假信号的可能性大，不多日股价脱离这个位置的可能性非常大。

（3）看出现支撑和阻力作用的次数。在一轮持续的升势行情中，曾经出现过几次（一般为3次以下）明显的支撑作用，则其后（4次以上）出现的支撑作用就不那么有力了，越往后支撑力度越弱，只要股价跌破均线支撑，就应坚决离场。同样，在一轮持续的跌势行情中，曾经出现过几次（一般为3次以下）明显的阻力作用，则其后（4次以上）出现的阻力作用就不那么明显了，越往后阻力力度越弱，一旦股价升破均线压制，就可以中长线介入。

（4）分析成交量的变化。通常股价在30日均线附近得到技术支撑而回升的，需要大的成交量配合，将股价迅速推高，其支撑信号的可靠性就高，如果缩量盘升或在均线附近逗留时间较长，则往往会失去支撑作用。

（5）结合MACD、RSI、DMI等技术指标进行综合分析，若能相互验证，则可信度高。同时，还要运用道氏理论、形态理论及波浪理论等进行分析研判，得出的结果更为可靠。

四、虚假突破信号

在一个震荡或趋势行情中，股价运行一段时间后，多空双方力量将会发生改变，股价将选择另一个方向发展，并朝着这个方向运行一段时间和距离。因此，在股价突破初期做好买卖决策，可以获得较大收益或减少市场风险。但是，突破信号有真有假，难以辨别，投资者应多加研判。

1. 向上假突破

在下跌趋势中，通常30日均线对股价运行构成较大的阻力，股价出现反弹触及30日均线时，大多受到均线的压制而再现跌势。如果股价在某段时间里发力向上拉升，有效突破30日均线的压制，而且均线系统向上金叉，表明股价已探明底部，行情将转跌为升，可在回调时介入。但是，这种信号也经常为虚假信号，股价突破后并没有出现预期的效果，且很快回落出现一轮新的跌势，从而成为虚假向上突破信号。

图1-8，麦迪科技（603990）：股价经过一轮下跌后，下跌速度渐渐放缓，2021年7月19日，股价向上突破30日均线的阻力，这时不少散户以为股价见底回升，因而纷纷买入做多。可是，股价并没有出现预期的上涨行情，在30日均线上方作短暂的修整后，开始新一轮下跌走势，将买入的散户套牢。

技术解盘：该股为什么会形成假突破？其原因如下：一是30日均线处于下行状态，对股价既没有支撑作用，也没有助涨作用；二是股价上涨面临前期盘区的阻力；三是成交量不大，盘面显得过于勉强，股价属于弱势反弹，突破有虚假成分。

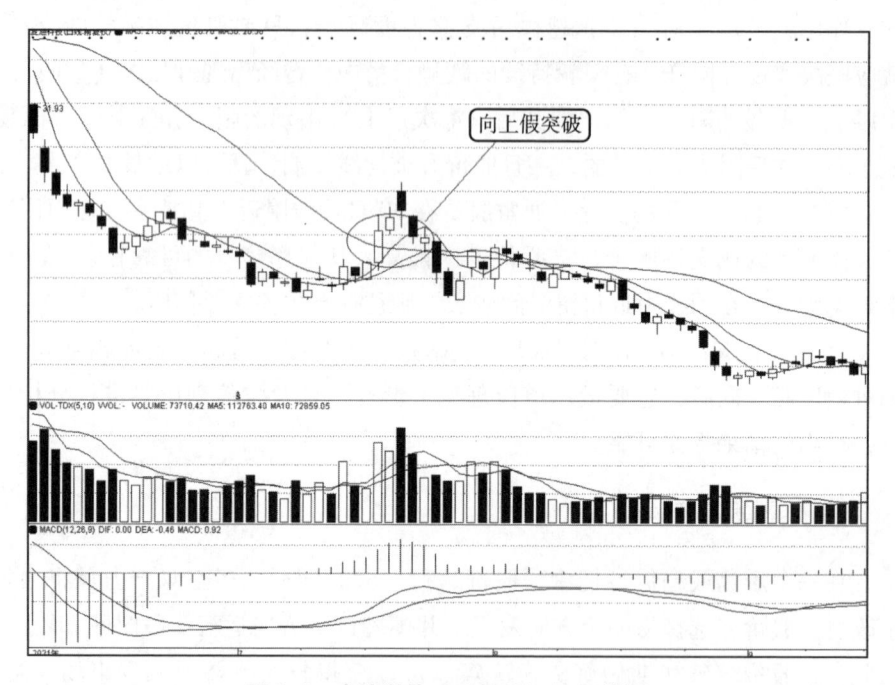

图1-8　麦迪科技（603990）日K线图

2. 向下假突破

在上涨趋势中，通常30日均线对股价运行构成较强的支撑，当股价回调触及30日均线时，大多受到均线的支撑而再拾升势。如果股价在某段时间里向下运行，有效跌破30日均线的支撑，而且均线系统向下死叉，表明股价头部已经形成，行情将转升为跌，可在回升反弹时卖出。但是，这种信号也经常具有欺骗性，股价突破后只是向下小幅调整，且很快展开更为有力的上涨行情，从而成为向下假突破信号。

图1-9，芯朋微（688508）：股价在底部经过充分的蓄势整理后，成功构筑了一个大型的双重底形态，然后开始逐步向上盘升，当股价成功突破双重底颈线阻力位后，庄家为了日后顺利拉高出货，便主动开始洗盘整理。2021年7月14日，股价向下击穿30日均线的支撑，5日均线死叉10日均线，形势对多方非常不利，此时不少投资者选择抛售观望。但是，第二天股价就止

跌,第三天重返30日均线之上,之后股价继续强势走高。

技术解盘:该股经过长时间的调整后,庄家吸纳了大量的低价筹码,这部分筹码根本没有获利,股价处于庄家成本区域附近,若向下突破,假突破的概率较大,下跌是为了更好地拉升,因而属于洗盘性质。成交量迅速萎缩,表明庄家控盘程度好,并未引起市场恐慌,在此处抛出的是散户,而不是庄家。而且,在股价向下击穿30日均线后,没有持续下跌,表明下跌势头不够凶猛,既然是突破,那么股价肯定会快速下跌,迅速脱离突破区域,而该股却在突破后立即止跌,这就使人怀疑为假突破了。同时,此次回调也是对股价突破双重底颈线的一次回抽确认走势,从盘面可以看出,当股价回抽到颈线附近时即获得技术支撑而向上回升,说明股价向上突破有效,双重底形态成功构成。因此,该股后市可以看高一线,投资者可以在股价返回到30日均线之上或越过前期高点时积极买入做多。

图1-9 芯朋微(688508)日K线图

3. 技术辨别方法

在实际操作中,投资者经常为突破是真是假而大伤脑筋,那么如何判断股价是否有效突破呢?

(1)观察突破时股价所处的位置或阶段。如果处于底部吸货区域、中途整理区域、庄家成本区域附近，若向上突破，真突破的概率较大，若向下突破，假突破的概率较大。如果处于高位派发区域、远离庄家成本区域，若向上突破，假突破的概率较大，若向下突破，真突破的概率较大。

（2）有效突破一般都建立在充分蓄势整理的基础上。充分蓄势整理的形式有两类：一类是我们已知的各类形态整理，如三角形整理、楔形整理、旗形整理、箱体整理等；另一类是庄家吸完货以后，以拖延较长时间作为洗盘手段，或者因等待题材或拉升时机，长期任凭股价回落下跌，股价走出了比形态整理时间更长、范围更大的整理。股价一旦突破此种整理盘面，则往往是有效突破。但是，由于这种整理超出了形态整理的范围，因而有时候投资者是难以察觉和辨别的。

（3）在突破时成交量应有效放大，如果成交量过低突破肯定不能成立，如果成交量特别大股价位置又高，需提防庄家以假突破的方式出货。

（4）股价上涨必须有气势，走势干脆利索，不拖泥带水。突破后应能持续上涨，既然是突破就不应该磨磨蹭蹭，如果放量不涨就有出货的嫌疑。

（5）对庄家选择突破时机需要仔细研究，势道较好价位又不高的时候没有疑问，如果势道一般就需要结合庄家成本、股价位置、庄家类型及其控盘特点进行分析，在大势较好的时候前期走势不逆势的，在市道不好的时候突然逆势突破，要提防庄家出货。

（6）突破要成功跨越或脱离某一个有意义的位置，比如一个整数点位、一个整理形态、一条趋势线、一个成交密集区域或某一个时间之窗等，否则判断意义不大。

五、虚假葛氏信号

移动平均线是由美国投资家葛兰碧所创立的。"葛氏八大法则"在市场应用中经久不衰，长期以来为技术分析者所崇尚。但是，实盘中庄家经常利用"葛氏八大法则"制造虚假信号欺骗散户，故称其为"葛氏陷阱"。

1. 虚假探底

"葛氏八大法则"中第二条大概内容是："股价在移动平均线的上方运行，虽然股价跌破移动平均线，但又立刻回升到移动平均线之上，此时表明趋势并没有改变，股价仍然有可能持续上升，此为买入信号。"但是，庄家经常利用这一法则制造多头陷阱，投资者应谨慎操作。

图1-10，金科股份（000656）：2021年2月，股价经过一轮急跌后企稳

反弹，均线系统形成多头排列，股价成功站于 30 日均线之上，当股价反弹到前期盘整区域的下边线附近时，遇到阻力而回落，向下击穿 30 日均线后又很快回升到 30 日均线之上，两次放量向上拉起，表明上升趋势并没有改变，通常为庄家洗盘所为，股价仍然有可能持续上升，因而是买入信号。可是买入后不久，股价紧贴 30 日均线盘整了几个交易日，然后向下回落且渐渐走低，从而成为多头陷阱。

技术解盘：从该股走势图中可以看出，股价上涨遭到低位获利盘和前期套牢盘的打压，成交量一度出现放大态势，但这部分既有出货量，也有庄家对倒量，因此这时一旦股价回落，往往又形成新的阻力位置。当股价回落并击穿 30 日均线后，虽然股价短期重返 30 日均线之上，但很难越过本轮的反弹高点，说明庄家做多意愿不强烈，因此投资者这时不宜盲目看多，应谨慎操作。

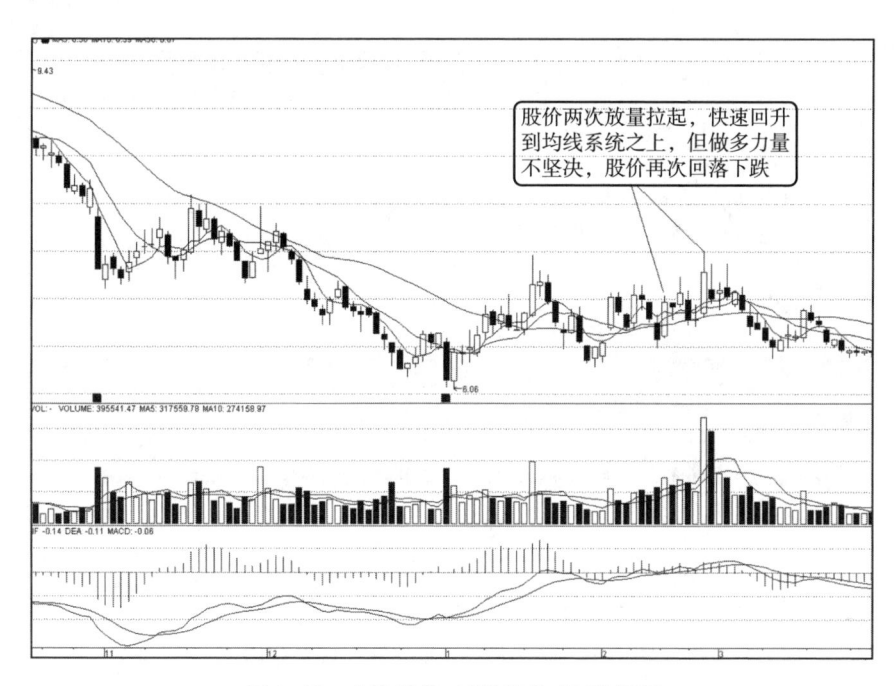

图 1-10　金科股份（000656）日 K 线图

2. 虚假做头

"葛氏八大法则"中第六条大概内容是："股价在移动平均线的下方运行，虽然向上突破移动平均线，但又立刻回跌到移动平均线之下，此时表明趋势并没有转变，价格仍然有可能持续下跌，此为卖出信号。"但是，庄家经常利用这一法则制造空头陷阱，投资者应小心对待。

图 1-11，盛通股份（002599）：该股反弹结束后，再次出现调整，均线系统向下发散，股价处于 30 日均线之下，显示盘面已经走弱。2021 年 7 月中旬，股价几次出现向上反弹并穿过 30 日均线，但幅度不大且很快回落到 30 日均线之下，表明股价仍然处于下降趋势之中，后市仍以下跌调整为主，因此是一个卖出信号。可是卖出后不久，股价并没有出现持续的下跌走势，而是在企稳后向上突破 30 日均线压制，出现一波主升浪行情。

技术解盘：从该股走势图中可以看出，股价虽然在上涨时遭到 30 日均线的阻力，但向下打压力度不大，没有出现持续性的下跌走势。在下跌过程中，成交量十分低迷，说明主动性抛盘不明显，盘中筹码已被庄家锁定，因此后市上涨的概率较大。

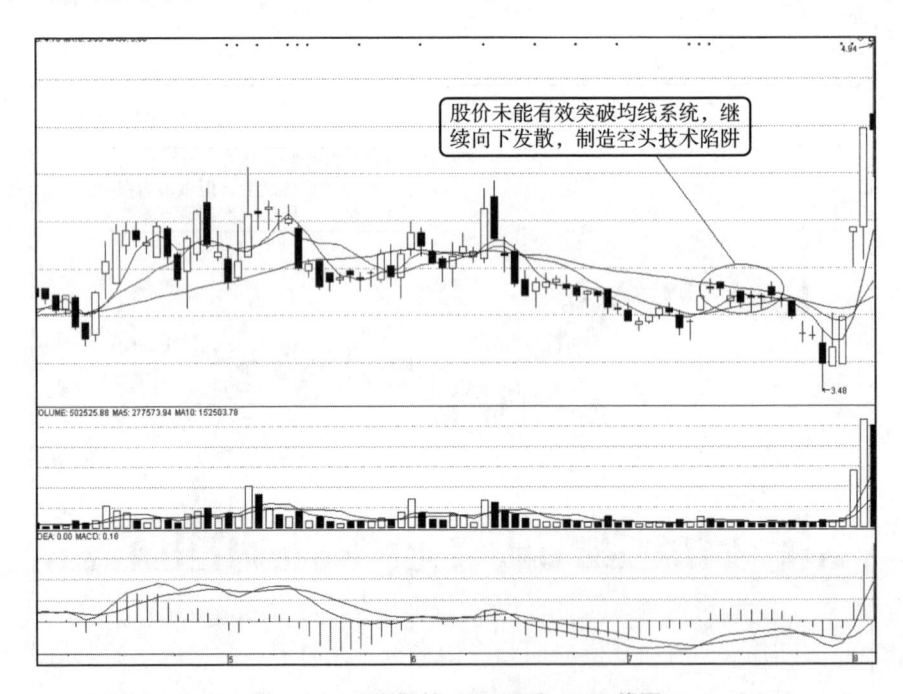

图 1-11 盛通股份（002599）日 K 线图

3. 技术辨别方法

（1）分析移动平均线的斜率程度。对于太陡峭的均线，要分析股价是不是一步上涨到位，谨防后市进入盘头整理。而太平坦的均线，支撑力度不强，起不到助涨助跌的效果。理想的均线角度应当在 45 度左右，盘面张弛有序，脉络清晰可见。

（2）分析股价前期下跌幅度大小以及调整时间长短。若前期下跌幅度大、调整时间长，股价处于初涨阶段，则后市上涨的可能性大，反之应谨慎看多；若前期上涨幅度大、调整时间短，股价处于上涨末期，则后市下跌的可能性大，反之不宜盲目看空。

（3）股价在回调结束后的上涨过程中，要有成交量的积极配合，第二波行情的成交量要大于前面起涨时期的成交量，这样才能使行情向纵深发展。

（4）结合 MACD、RSI、DMI 等中长线技术指标进行综合分析，股价的走势得到多项技术指标支持，其发出的信号更准确。

第二节　乖离率（BIAS）

一、虚假超买、超卖

1. 虚假超买

股价见底后出现一轮涨升行情，BIAS 指标从负值回升并穿过 0 值向正值发展，运行距离越来越远，或者 BIAS 指标脱离 0 值向正值发展，运行距离越来越远，就会形成短线超买状态，这时通常股价会产生向下拉回的作用，指标有"回归平均线"的要求，此时应卖出股票。但在实盘操作中，指标向 0 值稍做"回归"或"回归"到 0 值附近时，再次反转向上，BIAS 指标正值越来越大，股价出现飙升走势，从而使前面的"回归"走势成为虚假的超买信号。

图 1-12，上海电力（600021）：庄家在底部整理过程中吸纳了大量的低价筹码。股价脱离底部向上走高时，庄家为了日后更好地拉升便主动展开洗盘整理，股价出现回调，同期的 BIAS 指标从 0 值附近向正值持续发展，BIAS 指标值不断加大，有向 0 值"回归"的要求，此时应该卖出股票。但是，股价没有下跌多少就反转上行，突破前期高点后，出现一轮快速上涨行情。

技术解盘：从该股走势图中可以看出，一是股价放量突破前期盘区后，本身需要一次技术回抽确认过程，同时也是洗盘的需要；二是上涨气势已经形成，10 日均线支撑多头发展，成交量呈现缩量调整，盘中浮动筹码较少，量价配合得当；三是在股价回落到前期盘区高点附近时，获得强大的技术支撑，庄家洗盘恰到好处。在实盘中，投资者遇到这种个股时，可以在前期盘区附近低吸，持股待涨。

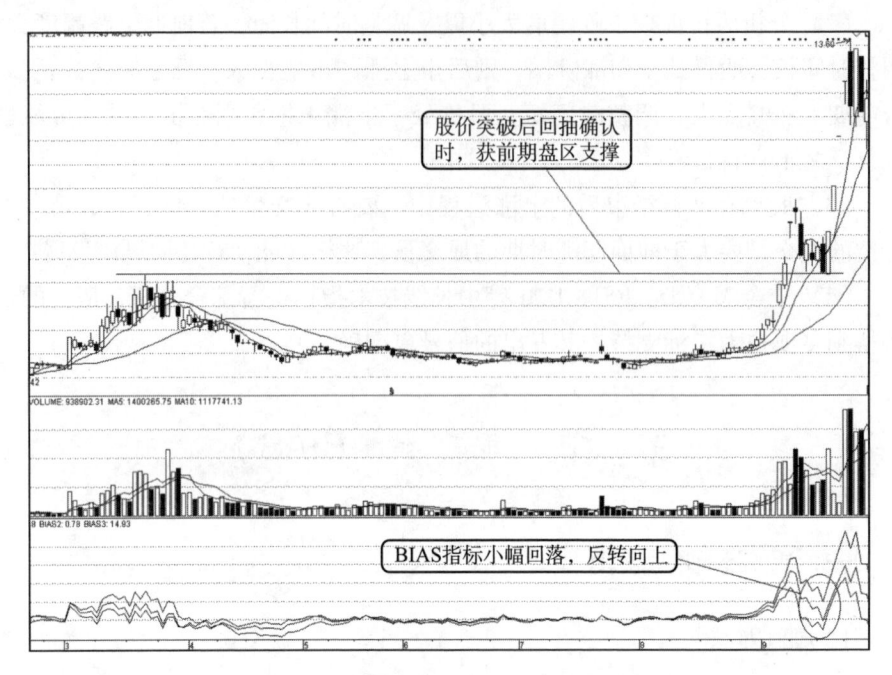

图 1-12　上海电力（600021）日 K 线图

2. 虚假超卖

股价见顶后出现一轮跌势行情，BIAS 指标从正值回落并穿过 0 值向负值发展，运行距离越来越远，或者 BIAS 指标脱离 0 值向负值发展，运行距离越来越远，就会形成短线超卖状态，股价会产生向上拉升的作用力，指标有"回归平均线"的要求，此时应买入股票或抢反弹。但在实盘操作中，指标向 0 值稍做"回归"或"回归"到 0 值附近时，再次转头向下，BIAS 指标负值越来越大，股价出现深跌走势，从而使前面的"回归"走势成为虚假的超卖信号。

图 1-13，三一重工（600031）：经过几轮大幅炒作后，股价高高在上，此时庄家出货不容置疑，股价见顶后逐波下跌。2021 年 8 月股价反弹结束后，再次回落到前期低点附近，短期形成超卖现象。9 月 1 日股价出现反弹，BIAS 指标向 0 值回归，这可以作为买入信号。可是，事实上股价并未就此止跌企稳，稍做整理后继续向下回落，抢反弹者不但难以赚钱，而且一不小心就会被套牢。

技术解盘：该股属于近年典型的资金抱团股，前期股价出现稳步走高态势，当资金抱团解散后，股价见顶回落并渐渐走弱，形成一条明显的下降趋势线，这个趋势一旦形成，短期内很难止跌上涨。而且，成交量出现明显的萎缩状态，虽然也反映下跌动能不够强大，但更加说明缺乏上涨动力，因而不宜介入。

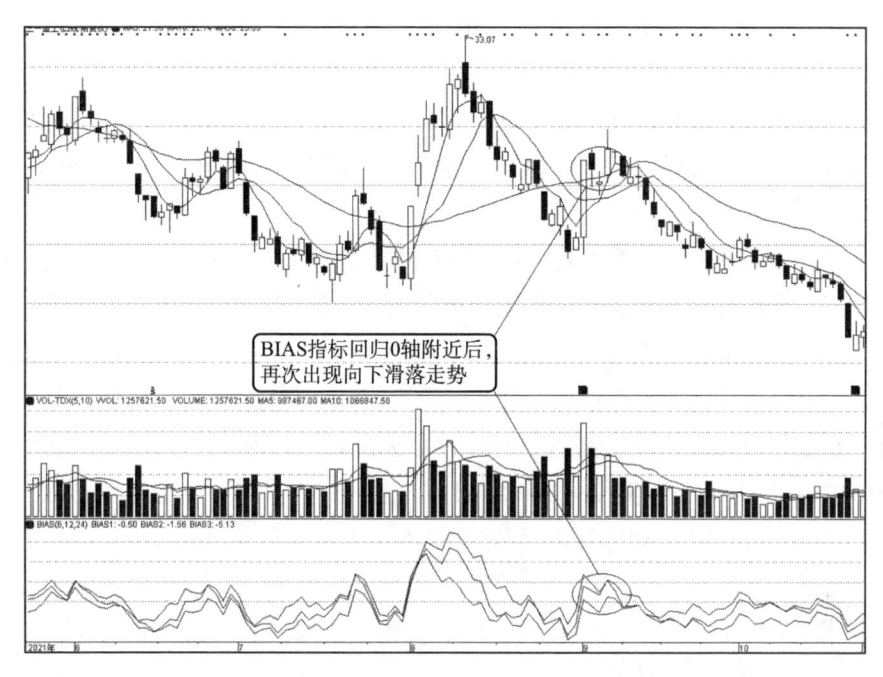

图1-13 三一重工（600031）日K线图

3. 技术辨别方法

BIAS指标离0值多远才算远呢？BIAS是一个超买超卖指标，至于这个"值"是多少，绝不能死板地执行同一个数据，必须根据不同的大势、不同的势道、不同的个股进行跟踪研究，才能得出比较准确的数据。在股市中，一些获得成功的人士在运用BIAS指标操盘时，积累了很多的宝贵经验。为了帮助投资者更好地理解和正确地运用BIAS指标，将BIAS指标经验做如下汇集（其指标数值仅是参考值，所观察的对象和时间不同，指标数值也存在着较大的差异。投资者在参考运用这些经验时，要结合实际灵活掌握）。

（1）6日BIAS值低于-3时，是买进时机；高于3.5时，是卖出时机。12日BIAS值低于-4.5时，是买进时机；高于5时，是卖出时机。24日BIAS值低于-7时，是买进时机；高于8时，是卖出时机。72日BIAS值低于-10时，是买进时机；高于14时，是卖出时机。

（2）对大盘而言，10日BIAS值低于-10时，为买进时机；30日BIAS值高于30时，为卖出时机。对个股而言，10日BIAS值低于-15时，为买进时机；30日BIAS值高于35时，为卖出时机。

（3）在弱势市场，6日BIAS值达到6以上时，为卖出时机；达到-6以下时，为买入时机。12日BIAS值达到5以上时，为卖出时机；达到-5以下时，为买入时机。在强势市场，6日BIAS值达到8以上时，为卖出时机，达到-3以下时，为买入时机。12日BIAS值达到6以上时，为卖出时机；达到-4以下时，为买入时机。

（4）在多头市场的狂涨时期，72日BIAS值达到70以上时就可卖出。但一般多头市场的主升浪及空头市场重挫后强劲反弹，72日BIAS值达到40时，为卖出时机。而在多头市场的初升段、末升段，72日BIAS值达到20以上时即为卖出时机。在大空头市场的初跌阶段，72日BIAS值达到-20时为买进时机。在主跌段72日BIAS值达到-40时为买进时机，而在空头市场中的反弹行情中，72日BIAS值达到-25时即可买进。

（5）在操作中，如果BIAS值定得过大，投资者会发现机会少；如果BIAS值定得过小，将会发生卖出后上涨、买入后下跌的现象。因此投资者在使用BIAS指标时，应注意要有一定的范围，并根据当时的实际情况来决定，过分地强调一个数值，容易引起失误。

（6）6日BIAS值为-3~-5时，为买进信号；3~5时为卖出信号。10日BIAS值为-5~-15时，为买进信号；5~15时，为卖出信号。30日BIAS值为-15~-30时，为买进信号；1~30时，为卖出信号。

（7）除特大消息影响外，10日BIAS值若在10以上时，应坚决派发；若10日BIAS值在-10以下时，一般有强劲的反弹。

（8）10日BIAS值低于-5时，为买进时机，在5以上时，为卖出时机；30日BIAS值低于-7时，为买进时机，若高于8时，为卖出时机；72日BIAS值低于-10时，为买进时机，高于14时，为卖出时机。

（9）大盘的30日BIAS值达到±12~±15时，会有大回档或大反弹出现。但也要注意，当大盘过于强盛或过于疲软的时候，30日BIAS值达到±18~±25的时候，才会出现大回档或大反弹。

（10）BIAS数值选择要考虑常态和非常态两种情况：

在常态下，BIAS值达到以下数值时，即可买进或卖出：卖出时，5日BIAS值大于3.5，10日BIAS值大于5，20日BIAS值大于8，60日BIAS值大于 10。买进时，5 日 BIAS 值小于-3，10 日 BIAS 值小于-4.5，20 日 BIAS 值小于-7，60 日 BIAS 值小于-10。

非常态下，如遇到股价由于突发的利多或利空消息而暴涨暴跌时，BIAS 参数应做如下修正：一是指数的 10 日 BIAS 值大于 30 时，为卖出时机，小于-10 时，为买进时机。二是个股的 10 日 BIAS 值大于 35 时，为卖出时机，小于-15 时，为买入时机。

二、虚假支撑、阻力

1. 虚假支撑

股价脱离底部后走出上涨行情，当上涨到了一定的幅度时，庄家开始洗盘整理，股价产生回档。当 BIAS 指标回落到 0 值附近（或微破 0 值）时，大多获得支撑，经过短暂的盘旋后，股价重新向上。一般表明庄家洗盘结束，股价展开新一轮升势，投资者可以在 0 值附近逢低介入（在大势上涨行情中，如遇负 BIAS 值，可以在回跌时低价买进，此时进场风险较小）。但在实际操作中，BIAS 值回落到 0 值附近时，仅作短暂的停留后（庄家出货的最佳位置），最后股价向下滑落，股价头部出现。

图 1-14，美锦能源（000723）：该股经过长时间的下跌调整后，在 2021 年 8 月出现一波力度较大的放量上涨行情，BIAS 指标从负值到 0 值再到正值，BIAS 值不断加大。不久，股价出现滞涨震荡，BIAS 值也回落到 0 值附近。通常这是股价洗盘走势，BIAS 指标 0 值附近具有支撑作用，后市升势可期，可以介入做多。但是，股价经过短暂的盘整后，9 月 22 日选择向下破位走势，BIAS 向负值发散，反弹头部形成，股价陷入弱势。

技术解盘：该股经过一轮有力的涨升行情后，在回落调整时 30 日均线上升斜率开始趋缓，走势不够坚挺，重心出现下移，表明行情的上升动力逐渐衰竭，上升换挡阻力大。高位出现大幅放量，显示有庄家对敲减仓行为，随着减仓结束成交量也逐步萎缩，上攻力度渐渐减弱。从 ROC、OBV、BOLL 等技术指标观察，也出现走弱迹象。因此，在股价没有成功脱离盘整区域之前，只能作为疑似支撑信号，不能作为确认信号操作。

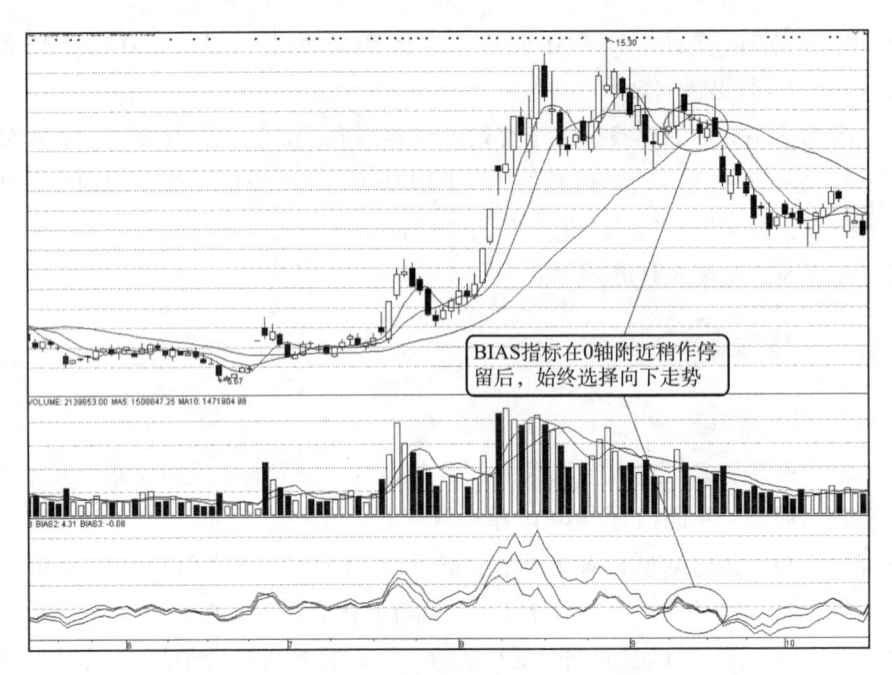

图 1-14　美锦能源（000723）日 K 线图

2. 虚假阻力

股价脱离顶部后步入下跌行情，当下跌到了一定的幅度时，庄家展开自救动作，股价产生反弹。当 BIAS 指标上升到 0 值附近（或微穿 0 值）时，大多受到阻力，经过短暂的盘旋后，股价往往再陷跌势，可在 0 值附近逢高派发（在大势下跌行情中，如遇正 BIAS 值，可以在回升时高价出售）。但是在实盘操作中，BIAS 上升到 0 值附近时，仅作短暂的停留后（庄家吸货的最佳位置），股价向上涨升，阶段性底部出现。

图 1-15，华亚智能（003043）：该股完成一波反弹后回落，然后企稳震荡整理，30 日均线缓缓下压，似乎遇到强大的阻力。BIAS 指标从负值上升到 0 值附近，通常 0 值对股价具有阻力作用。通常在弱势反弹行情中，均线产生一定的阻力，短线股价难以上升，可以卖出观望。但是，股价在均线附近经短暂盘整后，2021 年 11 月 1 日选择向上突破走势，BIAS 向正值发散，股价成功脱离底部，涨升行情由此展开。

技术解盘：该股上涨的理由：一是股价反弹回落后，在前期盘整区域的低点附近获得有力支撑；二是当股价整理到 30 日均线"卡口"位置时，没有受 30 日均线压制下跌；三是成交量出现持续萎缩，表明下跌动能不足，主动性抛盘不大。从 ROC、OBV、BOLL 等技术指标观察，也出现明显的走稳迹象。在此处

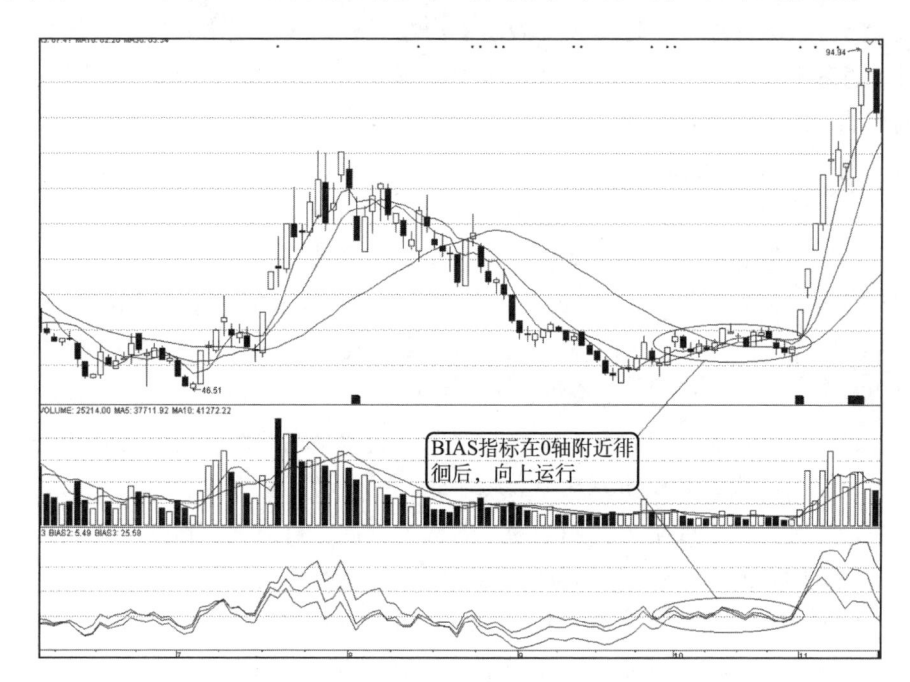

投资者不必恐惧，可以坚定持股做多，当股价向上突破时，可以加仓买进。

图 1-15　华亚智能（003043）日 K 线图

（图中标注：BIAS指标在0轴附近徘徊后，向上运行）

3. 技术辨别方法

BIAS 指标 0 值的支撑和阻力作用，在通常情况下具有一定的效果。但是，股市中错误往往发生在特殊情况下，而且支撑和阻力是相对而言的，有被突破的可能。庄家总是处处设置陷阱，以欺骗更多的投资者。那么，如何破解这种陷阱呢？

（1）当移动平均线向上移动时，出现 BIAS 指标由负值变为正值或者 BIAS 指标从 0 值向上递增，表明多方已控制局势，投资者可以在 0 值附近跟进做多。当移动平均线向下移动时，出现 BIAS 指标由负值变为正值，表明虽然多方经过努力，暂时将股价控制在了均线上方，但是因为均线仍处于向下移动过程中，所以多方并没有从根本上把局势扭转过来。此时，行情仍有继续向下的可能，因此投资者不宜看多、做多。当移动平均线由向上转为走平或微向下时，BIAS 指标在 0 值附近，表明一轮涨升行情即将终结，可在 30 日均线附近先行出局观望，待方向明朗后再行决定。

（2）当移动平均线向下移动时，出现 BIAS 指标由正值变为负值或者 BIAS 指标从 0 值向下递减，表明空方占据盘面优势，投资者可以在 0 值附近出局观望。当移动平均线向上移动时，出现 BIAS 指标由正值变为负值，表明虽然多方放弃进攻，暂时将股价撤回了均线下方，但是因为均线仍处于向上移动过程中，所以空方并没有从根本上控制全局。此时，行情仍有继续向多的可能，因此投资者不宜盲目看空、做空。当移动平均线由向下转为走平或微向上时，BIAS 指标在 0 值附近，表明一轮跌势行情即将结束，此时如果股价放量突破 30 日均线，可以适量跟进做多。

（3）在经过一轮上升行情后，30 日均线上升斜率渐渐趋缓，股价运行于均线下方，表明行情的上升动力逐渐衰竭。此时，投资者应在 30 日均线、BIAS 线 0 值附近先行出局，观察均线有无支撑或支撑作用大小。若向下突破，可以放弃跟踪；若重新向上突破，可以再度介入。

在经过一轮下跌行情后，30 日均线下降斜率渐渐趋缓，股价运行于均线上方，表明行情的下跌动力逐渐衰竭。此时投资者不应立即介入抢反弹，应观察均线有无阻力或阻力作用大小。若向下突破，可以放弃跟踪；若向上突破，应立即介入。

（4）当均线系统处于横向波动时，BIAS 指标即进入了盲区。所以，即使 BIAS 指标由负值变为正值或由正值变为负值，实际上已经没有参考价值。此时，投资者究竟是做多、做空，还是观望，只能参考其他技术分析方法后，再作出选择。如短线可以观察 KDJ、RSI、W%R、VOL 等技术指标，中长线可以观察 MACD、BOLL、DMI、ROC、OBV 等技术指标进行综合分析研究。

第三节　指数平滑异同移动平均线（MACD）

一、虚假多空信号

1. 虚假多头

（1）当 DIF 线和 MACD 线向上突破 0 轴，由负值变为正值时，按指标的一般应用法则为买入时机，但实盘中 DIF 线和 MACD 线向上突破 0 轴时，往往预示一波涨势或反弹行情即将结束，后市可能出现跌势，买入者将被套牢。

图 1-16，塞力医疗（603716）：股价见顶后一路下跌，累计跌幅巨大，在下跌过程中出现多次反弹走势，反弹结束后股价不断创出调整新低。2021年 6 月 4 日，股价放量涨停，带动 MACD 指标由负值区进入正值区，DIF 线向上突破 0 轴进入正值区，接着 MACD 线也向上突破 0 轴进入正值区。按照

MACD 指标的一般特征，此时属于多头市场的开始，可以作为买入信号处理。可是，当 DIF 线和 MACD 线突破 0 轴由负值变为正值时，正是一波反弹行情的高点，股价经过短暂的整理后很快出现回落走势，一波反弹行情宣告结束。这种现象在庄家反弹出货过程中经常出现，投资者还需小心。

技术解盘：该股反弹开始后，经过多个交易日的回升，股价有了一定的涨幅，但此时 MACD 指标的 DIF 线才刚刚穿过 0 轴进入正值区，几天后 MACD 线才穿越 0 轴进入正值区，此时一波反弹行情已经全部结束。这时的买入点应在 MACD 指标远离 0 轴的时候，而不是穿越 0 轴的时候，此时两线的乖离度也偏大。同时，30 日均线仍然处于下降状态，股价上涨属于典型的反弹性质。而且，在股价涨停当天及第二天的成交量急剧放大，属于典型的对敲出货手法，但在 MACD 线穿越 0 轴时成交量反而萎缩，说明做多力量不足，因此不足以推动股价上涨。

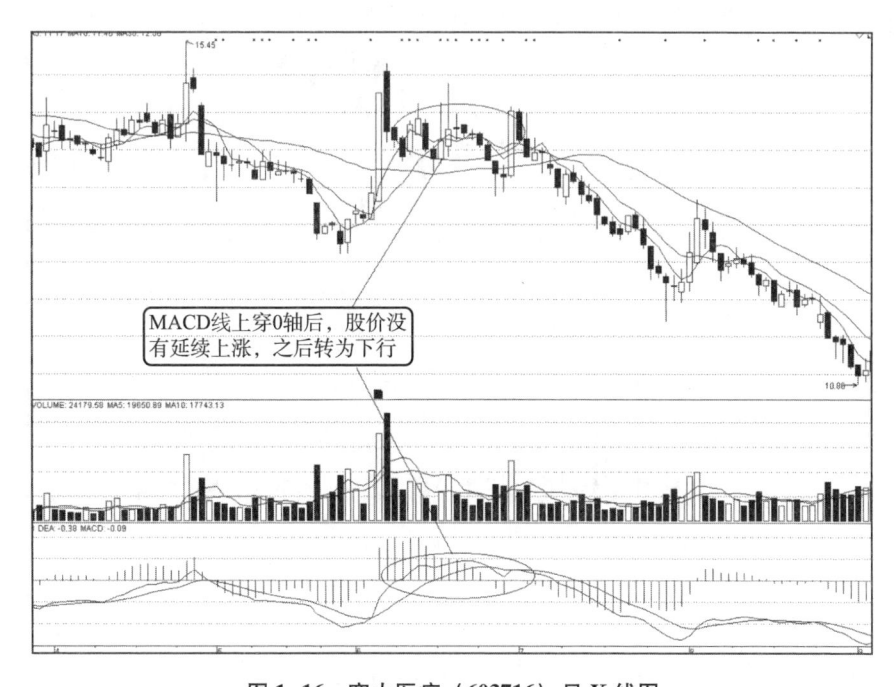

图 1-16　塞力医疗（603716）日 K 线图

（2）在 0 轴上方较远位置，当 DIF 线向上突破 MACD 线形成金叉时，表明市场处于强势之中，后市看高一线，但实盘中往往是"最后的晚餐"，据此买入容易被套牢在高位。

图 1-17，三星医疗（601567）：主力吸纳了大量的低价筹码后，出现一

波强势拉升行情，经过短暂的回调后，2021年6月17日开始，股价再次展开新的拉升行情。同期的MACD指标在0轴上方持续升高，不久因股价回调而回落。随着股价重新上涨，MACD指标在0轴上方较远位置再次出现金叉，显示多头势力非常强大。此时，如果按照MACD指标"DIF线向上突破MACD线时买入"的买卖法则而入场的话，无异于虎口拔牙，这时的金叉是"最后的晚餐"，如果没有飞快的跳跑功夫，那肯定会被猛虎吞食。其后，股价略做冲高后见顶回落，很快出现下跌走势，从而使这个金叉成为多头虚假信号。

技术解盘：为什么该股MACD指标二次金叉会演变为美丽的陷阱？其原因如下：一是股价累计涨幅较大，主力兑现获利筹码是不容置疑的；二是MACD指标距离0轴较远位置腾空而起，看似是很强势的"空中加油"状态，实则为强弩之末，属于主力最后的冲高出货动作；三是股价与MACD指标出现顶背离形态。

图1-17 三星医疗（601567）日K线图

通过上述实例分析，MACD指标中的0轴虽是多空强弱的分界线，但并不是股价涨跌的标志，有时在0轴下方也会出现有力度的涨升行情，在0轴上方也有可能出现深幅下跌走势，所以容易出现虚假多头信号。

2. 虚假空头

（1）当DIF线和MACD线由上向下突破0轴，由正值变为负值时，按指标的一般应用法则为卖出时机，但实盘中可能是一波跌势或调整行情即将结束，后市可能出现升势，卖出容易踏空。

图1-18，深圳新星（603978）：股价在低位长时间震荡筑底过程中，庄家吸纳了大量的低价筹码，在拉升股价之前，庄家刻意向下打压股价，2021年7月28日股价跌停，技术形态出现破位。之后几日，MACD指标的两条曲线先后向下穿过0轴进入负值区域。按照MACD指标的一般应用法则，此时该股已经属于空头市场，应当卖出抛售离场。可是，这正是一波调整行情的低点和结束点，股价很快展开一轮强势的盘升行情。因此，DIF线和MACD线下穿0轴就成为一个虚假的空头信号。

技术解盘：股价处于长期调整的低位，当DIF线和MACD线向下穿过0轴进入负值区域时，股价往往在最低点，有向上运行的要求。而且，在股价回落过程中，成交量明显萎缩，表明没有恐慌盘出现，盘中筹码锁定性好，庄家没有出货的动作。股价在BOLL的下轨线得到较强的支撑，虽然一度击穿30日均线的支撑，但下跌幅度并不深，因此可以做多或入场博反弹。可见，当股价向下穿越0轴时，很多时候并不是一个卖出点，恰恰相反可能是最后的一跌，一次逢低吸纳的机会。

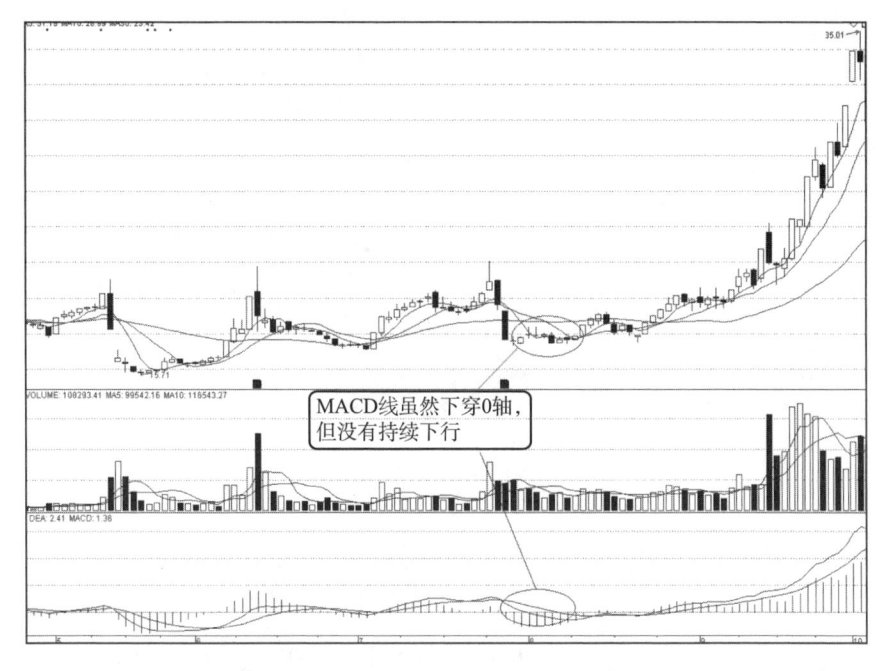

图1-18 深圳新星（603978）日K线图

（2）在 0 轴下方较远位置，当 DIF 线向下突破 MACD 线形成死叉时，表明市场处于弱势之中，后市可能再次出现下跌，但实盘中往往可能是最后的一跌，此时卖出可能卖在地板价上。

图 1-19，中欣氟材（002915）：股价经过长时间的调整后，渐渐企稳盘整，庄家吸纳了大量的低价筹码，在起涨前庄家故意向下打压股价，股价再创调整新低，造成技术破位之势，预示股价将继续下跌。2021 年 1 月 11 日，在 0 轴下方较远位置 DIF 线与 MACD 线形成死叉，通常此时已属于空头市场，死叉信号更具有杀伤力，应离场观望。但是，股价并没有持续下跌，很快企稳并转跌为升。

技术解盘：MACD 指标在形成死叉后，已经远离 0 轴，有向 0 轴返回的要求。成交量明显萎缩，显示主动性抛盘较小，杀跌动能不足，这时庄家出货的可能性不大。股价已经到达前期低点附近，庄家有故意打压行为。当股价触及 BOLL 的下轨线，将有一定的支撑作用，因此不宜盲目做空后市，当股价重返 30 日均线之上时可以积极做多。

图 1-19　中欣氟材（002915）日 K 线图

通过上述实例分析，MACD 指标中的正值区域并不代表一定上涨，负值区域并不代表一定下跌，股价即使在负值区域运行，有时也会出现强势的上涨行情，所以容易出现虚假的空头信号。

3. 技术辨别方法

MACD指标有正值和负值两个区域，正值区域为多头市场，负值区域为空头市场。但在实际操作中，多头市场里买入股票后，股价不但没有上涨反而下跌，使投资者被套；空头市场里卖出股票后，股价不但没有下跌反而上涨，使投资者踏空。那么，应该如何避免这种失误呢？

（1）看MACD指标所处的位置。0轴对任何以0轴为中轴的技术指标都有牵引力，如果指标远离0轴，无论是在0轴上方还是下方，都有回归0轴的要求。MACD指标围绕0轴作无规则的波谱式的运动，0轴是中心，当MACD指标离开0轴很远时，无论是在0轴上方或下方运行，都会有向0轴靠近的要求，投资者应在MACD指标离0轴很远时，提早做出买卖行动。那么有人不禁要问，到底MACD指标离0轴多远才算是远呢？这要因个股不同而异、因势道不同而别，MACD指标正区和负区的值没有限制。这里不妨教给大家一个操作技巧：首先"压缩"K线走势图，然后以MACD指标历史达到的最大值作为参考值，当指标接近或超过参考值时，可以作为指标回归0轴的大概位置和买卖参考价。

（2）还可以参考辅助MACD的另一个指标，即红绿相间的柱状线BAR指标，它是用来表明DIF线和MACD线之间距离大小和力度强弱的指标，是重要的短期参考依据。红色柱状线为做多信号，当红柱增多拉长时，说明多方气势旺盛，多头行情仍将继续。当红柱减少缩短时，说明多方气势在衰减，股价随时可能会下跌。绿色柱状线为做空信号，当绿柱增多拉长时，说明空方气势旺盛，空头行情仍将继续。当绿柱减少缩短时，说明空方气势在衰减，股价随时会止跌或见底回升。当DIF与MACD的距离很大时，DIF线有向MACD线靠近的要求，技术高手可用于波段操作。那么，两者的距离多大才算是大呢？没有一个固定的参考数值，要根据当时的行情强弱和灵活的操盘经验而行。在一段真正持续的趋势行情中（在暴涨暴跌行情中更为突出），DIF线和MACD线之间距离必将愈拉愈大，随后渐渐放缓，两者之间的距离也必然缩小，最后互相交叉并趋向0轴，这时趋势行情基本告一段落。

（3）看股价运行趋势。在持续连贯的行情中，MACD指标可能会出现失真状况，投资者应注重当时的势道，注重公司价值判断，而不应被短期指标超买超卖信号所误导，以致低价抛出或高价买入。在上升通道中，股价上涨有气势的，突破后能持续上涨的，MACD指标无论在什么位置，每一次回落和每一个金叉都是理想的买入或加仓的时机。在下降通道中，股价走势疲软，每一次死叉形成后都会出现大跌，每一次金叉后不久都是反弹结束的位置，MACD 指标在接近 0 轴附近时，都是减仓或出局的时机。

（4）看成交量变化。在股价上涨时成交量应持续有效温和放大，如果成交量过低，上涨肯定没有力度，但如果成交量特别大股价位置又高，需提防庄家以假突破的方式出货。有时在底部区域，庄家为了作势，特意制造出放量下跌的情形，使散户产生出货的错觉，这种现象一般跌幅在 10% ~ 20%，然后重新拉起。

（5）看 BOLL 指标变化。在底部 DIF 线金叉 MACD 线时，或 DIF 线和 MACD 线分别上穿 0 轴时，或黏合在一起的 DIF 线和 MACD 线向上发散时，可以观察 BOLL 的变化情况，收敛变窄后的 BOLL 通道口向两边扩张，股价上穿中轨线或上轨线，则表明行情已经产生了向上突破，可在回调时介入；或者，股价已经位于中轨线之上，此时行情已经处于强势，在回调到中轨线附近时介入。相反，当在顶部 DIF 线死叉 MACD 线时，或 DIF 线和 MACD 线分别下穿 0 轴时，或 DIF 线和 MACD 线黏合后向下发散时，如果收敛变窄后的 BOLL 通道口向两边扩张，股价下穿中轨线或下轨线，则表明行情已经转弱，可在反弹时卖出；或者，股价已经位于中轨线之下，此时行情已经处于弱势，在股价反弹到中轨线附近时卖出。此外，股价形成通道趋势后，在通道内，MACD 线也常出现虚假信号，此时同样可以参考 BOLL 指标，以中轨线作为短期强弱参考依据。在上升通道内，DIF 线死叉 MACD 线后，股价回落到 BOLL 中轨线或下轨线附近时，会受到较强的支撑，可以作为买入位置；在下降通道内，DIF 线金叉 MACD 线后，股价上升到 BOLL 中轨线或上轨线附近时，会受到较强的阻力，可以作为卖出位置。

（6）看 TRIX 指标变化。MACD 指标在高位或低位出现买卖信号后，TRIX 指标在高处或低处两条下行的"平行"线失衡后走平，进而在高位或底部形成黏合，最后出现死叉或金叉，表明行情中长线已经转势，可以按转势后的方向灵活操作。

（7）看移动平均线走势。盘整行情中移动平均线频繁交叉，无判别意义。移动平均线呈多头排列时，当 DIF 线死叉 MACD 线后，股价回调到 30 日均线附近，一般会受到较强的支撑，此时可以买入；移动平均线呈空头排列时，当 DIF 线金叉 MACD 线后，股价反弹到 30 日均线附近，一般会受到较大的阻力，此时可以卖出。将 MACD 指标与移动平均线的这一特征灵活结合起来，会有神奇的使用效果。

二、虚假交叉信号

1. 虚假金叉

当 DIF 线由下往上金叉 MACD 线时,显示市场逐步转强或回档结束,表明多方占有一定的优势,为买进信号。但在实盘操作中,当 MACD 指标形成金叉后,股价并没有出现大幅上涨,而是出现小幅反弹后即告下跌,从而形成虚假金叉信号。

图 1-20,三美股份(603379):股价快速下跌后出现向上反弹,2021 年 2 月 19 日 DIF 线向上金叉 MACD 线,预示股价见底回升,构成买入信号。可是 MACD 指标金叉后,股价只是短暂冲高,经过一段时间的横盘整理后股价缓缓下行,该信号成为虚假的金叉信号。

技术解盘:在 DIF 线向上金叉 MACD 线时,MACD 线虽然已经走平,但股价的上升力度不强,突破气势不够,上涨底气不足。此时,虽然股价穿过 30 日均线,看起来好像突破了 30 日均线的阻力,此时 30 日均线还处于下行状态,此后转横向运行,但对股价仍然没有助涨作用。同时,得不到成交量的放大配合,显然没有新增资金介入。可见,此时 MACD 指标出现的金叉属于筑底的信号,而不是上涨信号,不宜盲目跟风。

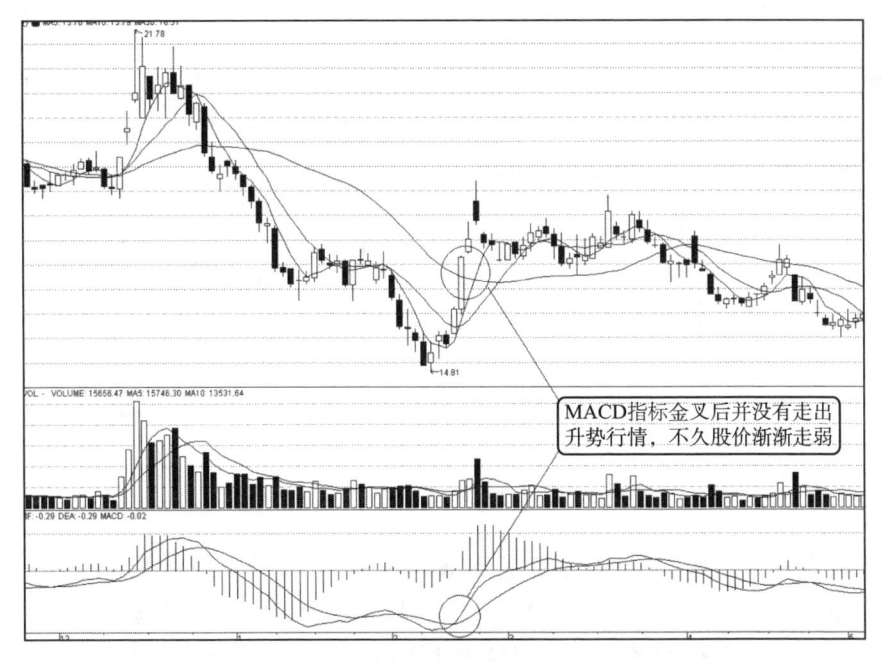

图 1-20 三美股份(603379)日 K 线图

2. 虚假死叉

当 DIF 线由上向下死叉 MACD 线时，显示市场逐步转弱或反弹结束，表明空方占有一定的优势，为卖出信号。但是死叉形成后，股价并没有出现大幅下跌，仅仅以短暂的横盘完成整理或小幅下探后，股价梅开二度再拾升势，从而形成虚假死叉信号。

图 1-21，正川股份（603976）：庄家完成建仓任务后，股价成功脱离底部开始上升。经过一波上扬行情后，为了有利于日后顺利拉升股价，庄家主动展开调整，对盘中筹码进行洗盘换手，以减轻上涨的阻力。同期的 MACD 指标从负值区金叉向上到达正值区，不久随着股价的调整 DIF 线由上向下死叉 MACD 线，形成一个标准的卖出信号。然而，MACD 指标死叉形成后，股价并没有出现大幅下跌，在相对高位进行短暂的整理后，股价再拾升势，成功向上突破前期高点，步入快速拉升行情，短期涨幅巨大。

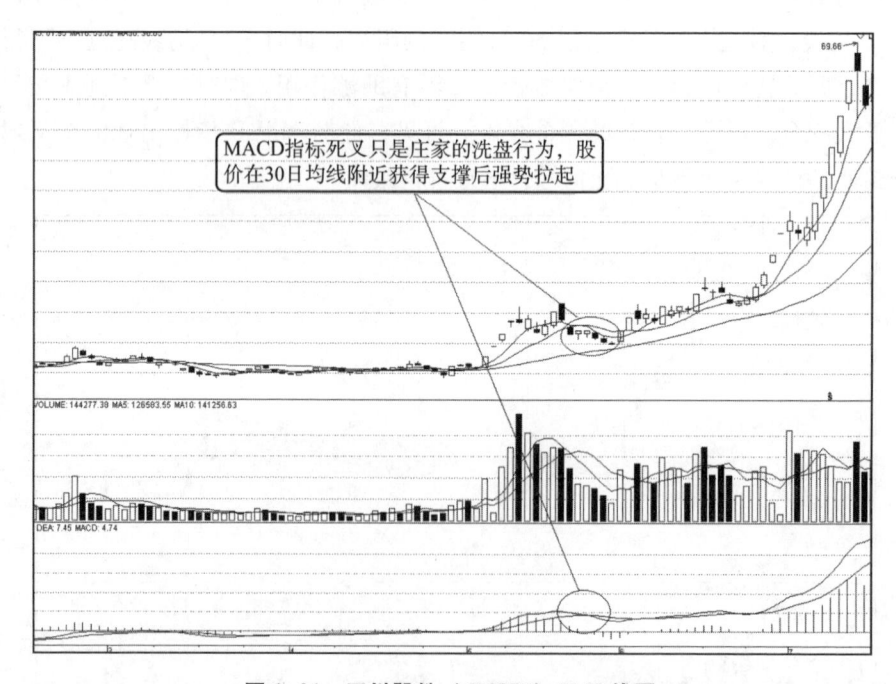

图 1-21　正川股份（603976）日 K 线图

技术解盘：在 DIF 线向下死叉 MACD 线时，下行角度并不陡峭，DIF 线和 MACD 线之间的距离很近，显示空头力量不够强大，这种形态一般是回档调整所为。此时 30 日均线继续保持多头上行趋势，当股价下探 30 日均线附近时，就遇到强大的支撑而回升，说明这是庄家主动回调进行洗盘换手。而且，股价下跌时成交量出现萎缩，表明场内筹码没有出现松动迹象，资金没有明显抽离市场，盘中筹码已被庄家成功锁定。俗话说"能涨的股票不会跌，能跌的股票不会涨"就是这个道理，因此 DIF 线与 MACD 线死叉是一个虚假空头信号，当股价在 30 日均线附近遇到支撑而再度放量走强时，投资者可以积极入场。

3. 技术辨别方法

MACD 指标经常出现虚假交叉信号，以致造成操作和判断失误。那么，该如何避免这种失误呢？

（1）当 MACD 指标形成交叉时，可以观察 MACD 线的方向是下降、走平，还是上升，因为 MACD 线具有助涨助跌效果。在 DIF 线金叉 MACD 线时，若 MACD 线是下降的，股价的上升力度可能较弱，大多是反弹行情；若 MACD 线是平行的，股价的上升力度较强，大多出现在突破行情之中；若 MACD 线是上升的，交叉后的上升力度最强，大多发生在主升行情之中。在 DIF 线死叉 MACD 线时，若 MACD 线是上升的，股价的下跌力度可能较小，大多是回档调整；若 MACD 线是平行的，股价的下跌力度较强，大多出现在突破行情之中；若 MACD 线是下降的，交叉后的下降力度最强，大多发生在暴跌行情之中。

（2）当 DIF 线交叉 MACD 线时，分析移动平均线排列情况。如果移动平均线呈多头排列，DIF 线金叉 MACD 线，表明股价转跌为涨或回调结束，此时可以持股或加仓买进；DIF 线死叉 MACD 线，表明庄家主动回调进行洗盘换手，投资者不必为一时的下跌而惊慌，后市将会再度呈现升势。如果移动平均线呈空头排列，DIF 线死叉 MACD 线，表明股价涨势即将完结，行情进入空头市场，此时应逢高及时离场；DIF 线金叉 MACD 线，表明市场出现反弹行情或庄家发动自救行情，此时投资者不要过于乐观，后市将会再创新低。

（3）当 DIF 线交叉 MACD 线时，分析成交量配合情况。当 DIF 线金叉 MACD 线时，如果成交量同步放大，表明有外围增量资金介入，可以看多做多；如果成交量没有放大，表明场外资金没有进入，此为虚张声势，庄家有拉高出货嫌疑，可看多不做多。当 DIF 线死叉 MACD 线时，如果成交量同步放大，表明有场内资金撤离市场，应当看空做空；如果成交量没有放大，表明场内筹码锁定性好，庄家手法稳健，此为回调换手洗盘手法，后市有向上反攻的可能。但是需要注意的是，有时庄家为了隐蔽坐庄手法故意制造出量价失衡的走势，造成投资者判断失误。

（4）MACD指标发出买卖信号时，应综合其他技术指标进行具体分析，如TRIX、DMA、EXPMA、SAR、BOLL等技术指标，如能相互验证，则信号准确性高，否则为疑似信号，这样可以避免单项技术指标的某些缺憾，提高判断的准确度。

（5）当DIF线交叉MACD线时，可以观察股价走势的技术形态特征。当DIF线金叉MACD线时，是否有底部形态出现，如V形、双底、头肩底及上升三角形、下降楔形、上升旗形等技术形态；当DIF线死叉MACD线时，是否有顶部形态出现，如倒V形、双顶、头肩顶及下降三角形、上升楔形、下降旗形等技术形态。

三、虚假背离信号

1. 虚假底背离

在一轮持续下跌的行情中，股价逐步走低，低点一个比一个低，而同期的MACD指标不但没有相应创出新低，反而越走越高，低点一个比一个高，股价与指标形成底背离状态，这种形态一般作为中期见底买入信号。但在实盘中，底背离出现后，股价并没有上升多少就转为下跌，形成底背离虚假信号。

图1-22，双象股份（002395）：从2021年1月开始，该股MACD指标在底部徘徊一段时间以后，出现明显的上升走势，DIF线长时间站稳于MACD线之上，指标方向信号指示明确，而同期的股价却阴跌不止，再创近期新低，两者的高低点形成底背离形态，通常这是典型的买入信号。谁知，后面的股价并未出现上涨走势，只是做了一次小幅反弹之后，很快回落并连创新低。在这里，如果介入较早又未能及时止损的话，其损失更大。

技术解盘：在MACD指标出现底背离时，盘面弱势特征非常明显，30日均线呈空头下行，对股价上涨构成很大的阻力。一般而言，在均线系统之下的多头信号往往是疑似多头信号，不能成为确定信号。而且，恒等的成交量暗示跌势未尽，场内空头资金在悄悄离场，这是下跌时的"量价配合"，表明空方力量依然强大，股价仍有调整要求，因此底背离信号不可靠。

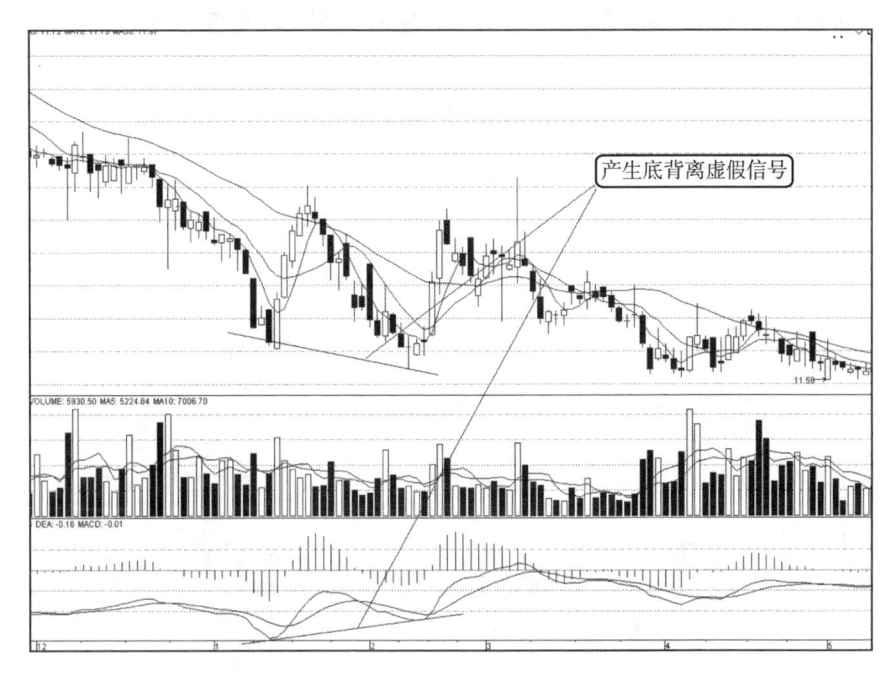

图 1-22 双象股份（002395）日 K 线图

2. 虚假顶背离

在一轮持续涨升的行情中，股价逐步走高，屡创近期新高，而同期的 MACD 指标却未能相应地随之而上，反而连连走低，股价与指标两者形成顶背离状态，这种现象一般视为中期见顶卖出信号。但在实盘中，顶背离信号出现后，股价并没有下跌多少就重拾升势，形成顶背离虚假信号。

图 1-23，鄂尔多斯（600295）：股价见底后逐波推升而上，盘面后浪推前浪，一浪高过一浪，屡创近期新高，可是同期的 MACD 指标却并不配合，不但没有同步上升，反而向下走低，两者形成顶背离状态。通常这是一个中期见顶卖出信号，于是不少散户相继抛售股票，落袋为安。谁知，这是一个虚假的空头信号，股价并没有出现大幅下跌走势，在 30 日均线附近企稳后，展开一轮主升段行情。

技术解盘：在 MACD 指标出现顶背离时，盘面强势特征非常明显，30 日均线呈多头上行，当股价击穿 30 日均线后，也没有出现明显下跌，说明做空力量不强。当股价在 30 日均线获得支撑，出现强劲拉升，上攻坚挺有气势，下档接盘能力强，投资者不必为之顾虑重重。一般而言，在均线系统之上的空头信号往往是疑似空头信号，不能成为确定信号。而且，成交量呈恒等状态，量价配合理想，尚未出现异常情况，庄家操作手法稳健，筹码锁定性好，做多意愿强烈。

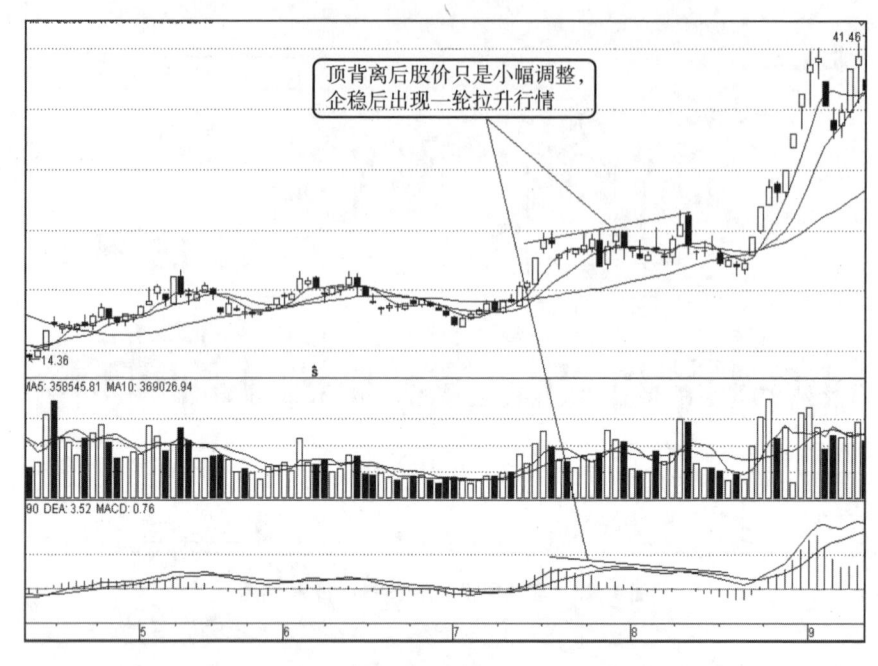

图1-23 鄂尔多斯（600295）日K线图

3. 技术辨别方法

MACD指标有背离功能，通常其买卖信号的准确性较高，这是技术高手常用的赚钱利器之一。但就因为其准确性较高，所以也经常被庄家用来制造技术陷阱。因此，投资者应尽量熟悉并避免虚假背离信号。

（1）分析移动平均线的支撑和阻力程度。在出现顶背离时，如果均线对股价的回调有较强的支撑作用，表明下档接盘能力强，可以不理会指标的背离情况；如果股价轻松击穿均线的支撑，表明庄家出货坚决，股价即将见顶，应逢高离场。在出现底背离时，如果均线对股价的上攻有较强的阻力作用，表明股价上升乏力，应逢高了结为宜；如果股价向上突破均线的阻力，表明股价即将见底转势，可以逢低吸纳。

（2）观察成交量变化情况。在出现顶背离时，如果成交量呈恒等状态，表明庄家在增加持仓量，有场外资金介入；如果是缩量上涨，表明跟风盘减少，庄家有刻意拉抬的嫌疑，预示股价即将见顶；如果是放巨量上涨，表明有资金抽离市场的嫌疑，应提早落袋为安。在出现底背离时，如果成交量呈恒等状态，表明空方力量仍然没有释放殆尽，场内资金在悄悄离场，应止损离场；如果是缩量下跌，表明抛盘减少，跌势即将接近尾声；如果是放巨量下跌，表明后市看空意识较浓或有恐慌盘涌出，后市仍有下跌空间，此时不要认为是底部放量。

（3）结合其他技术指标进行综合分析，如用 EXPMA、TRIX、SAR、BOLL 等中长线技术指标进行相互验证，可以减少失误，提高准确率。

（4）在连续下跌的趋势行情中，MACD 指标可能会出现底背离状况，投资者应注重当时的跌势，分析下跌原因，注重公司价值判断，而不应被短期指标超卖信号所迷惑，盲目抢反弹。

（5）结合波浪形态分析，顶背离形态出现在升势的 1 浪、3 浪里可靠性低，出现在上升 5 浪、B 浪、延长浪里可靠性较高；底背离形态出现在调整 2 浪、4 浪或 C 浪后期，则可靠性较高，出现在 A 浪、C 浪初期，则可靠性低。

四、虚假突破信号

1. 虚假向上突破

股价在一个狭窄的区域里运行较长时间，DIF 线和 MACD 线黏合或接近，其差值接近于零，BAR 指标的红绿柱状线缩短于 0 轴附近（接近于消失）。不久，股价突然向上突破，DIF 线脱离 MACD 线的黏合而出现快速向上分离，BAR 指标红柱逐日增长，表明一轮涨升行情即将展开，这是中短买入机会。可是，技术指标向上突破后，股价并没有出现持续的大幅上涨行情，仅小幅上涨即出现下跌走势，使之成为虚假向上突破信号。

图 1-24，银都股份（603277）：股价见顶后渐渐回落，重心不断下移，此时的 DIF 线和 MACD 线在 0 轴下方长时间黏合在一起，BAR 指标的红绿柱状线缩短接近于消失。2021 年 8 月 23 日，股价放量涨停，冲破 30 日均线，同期的 DIF 线脱离 MACD 线的黏合而出现快速向上分离，这种迹象表明一轮涨升行情在即，构成一个较好的买入信号。然而，股价冲高两天后，很快反转向下回落，不久又回落到 30 日均线之下，从此股价渐行渐弱。

技术解盘：该股为何没有走出预期的上涨行情？其原因如下：一是股价上涨面临前期高点阻力；二是前期股价涨幅较大，再次回升高度有限；三是在股价突破时，30 日均线还处于下行状态，之后虽然渐渐上移，但支撑力度不强；四是成交量只在短期几个交易日放大，没有持续放量，说明入场资金不积极。因此，MACD 指标向上发散信号失效，投资者应逢高及时离场。

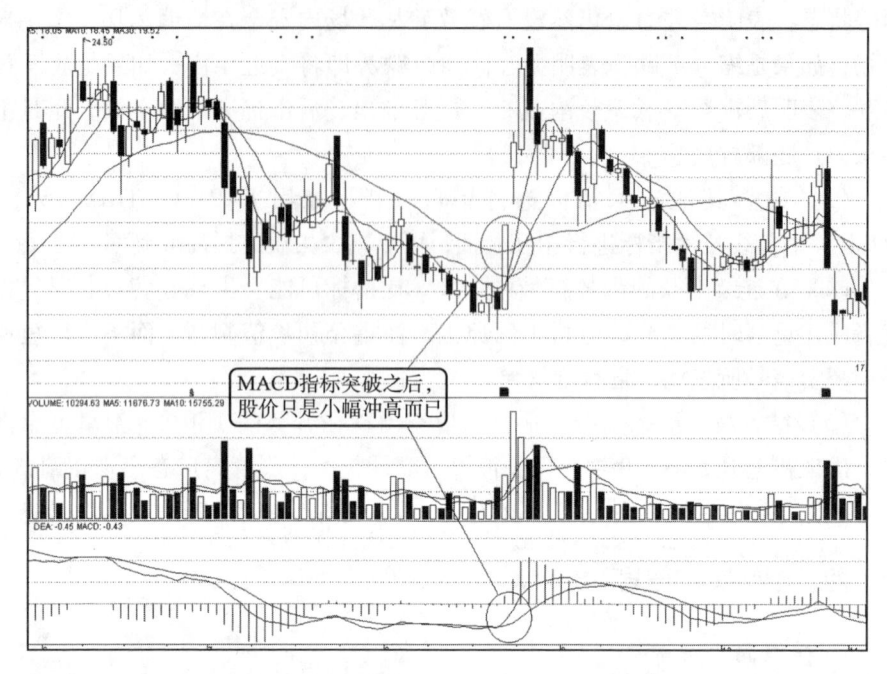

图 1-24　银都股份（603277）日 K 线图

2. 虚假向下突破

在同样的前提下，股价突然向下突破，DIF 线脱离 MACD 线的黏合而出现快速向下分离，预示跌势即将发生。然而，技术指标向下突破后，股价并没有出现持续的大跌，仅小幅下跌后即止跌回升，这是虚假向下突破信号。

图 1-25，宝通科技（300031）：股价经过一波反弹后缓缓回落，持续整理时间较长，此时的 MACD 指标在 0 轴下方黏合在一起。2021 年 7 月 23 日开始，股价连收 3 根下跌阴线，打破短期整理平台，有加速下跌之势，同期的 DIF 线脱离 MACD 线的黏合而出现快速向下分离，预示后市股价难有起色。可是，股价没有下跌多少，重新构筑新的整理盘区，MACD 指标出现黏合状态，8 月 27 日向上分离，股价突破 30 日均线压制，开启一轮拉升行情。

技术解盘：从该股走势图中可以看出，在股价向下突破时，市场本身处于长期下跌后的低位，在低位横盘震荡时蓄势整理充分；庄家通过试盘的方式（向下试探底部），继续吸纳低价筹码；当庄家顺利地接走散户的恐慌盘后，股价开始向上突破。在股价向下突破时成交量没有明显放大，表明出逃的是散户而不是庄家自己，如果股价继续下跌套牢的将是庄家自己而不是散

户，因此这是一个虚假的空头信号。

图 1-25　宝通科技（300031）日 K 线图

3. 技术辨别方法

在实盘操作中，经常发现黏合在一起的 DIF 线和 MACD 线突破后，股价并没有朝突破方向持续发展，而是经过一次惯性的运行后，反转朝另一方向运行，原先的突破被彻底否定。这些现象大多是庄家人为设置的陷阱，因此对 MACD 指标的突破仍须提高辨别能力。

（1）分析股价所处的位置高低。如果股价在低位，MACD 指标发生黏合后向上突破，其可靠性较高；若向下突破，则欺骗性较大。如果股价在高位，MACD 指标发生黏合后向下突破，其可靠性较高；若向上突破，则欺骗性较大。当然，知道股价的高位和低位，判断就不难了，难的是不知道股价是在高位还是低位，这就要结合其他分析方法以及对市场的灵性和感悟了。

（2）看股价所处的阶段。通常一轮完整的坐庄流程分为建仓、试盘、调整、初升、洗盘、拉升、出货、反弹、砸盘等几个阶段，深入分析研究庄家的整个坐庄过程，辨识当前股价处在坐庄流程中的哪个阶段，就可以帮助我们区分突破的真假。如果处于底部吸货区域、中途整理区域、庄家成本区域附近，若向上突破，真突破的概率较大，若向下突破，假突破的概率较大。

如果处于拉升的末期、高位派发区域、股价远离庄家成本区域，若向上突破，假突破的概率较大，若向下突破，真突破的概率较大。

（3）观察成交量变化。通常在股价真正向上突破时，会得到成交量的积极配合，如果量价失衡（成交量巨大股价突破后回落、股价突破后放量不涨或突破时成交量过小），则可信度差，需提防庄家以假突破的方式出货。而股价在向下突破时，则无须关注成交量的放大，但是据多年实盘经验来看，无量下跌多数是空头陷阱，后市将会反转向上。

（4）有效突破一般都建立在充分蓄势整理的基础上。充分蓄势整理的形式有两类：一类是我们常知的各类形态整理，如三角形整理、楔形整理、旗形整理、箱体整理等；另一类是庄家吸完货以后，以拖延较长时间作为洗盘手段，或者因等待题材或拉升时机，股价走出了比形态整理时间更长、范围更大的整理。股价一旦突破此种整理，则往往是有效突破。由于这种整理超出了形态整理的范围，因而有时候是难以察觉和辨别的。

（5）对庄家选择突破时机需要仔细研究，势道较好价位又不高的时候没有疑问，如果势道不好就需要结合庄家成本、股价位置、庄家类型及其控盘特点进行分析，在大势较好的时候前期不逆势，在市道不好的时候突然逆势突破的，要提防庄家出货。

（6）突破要成功跨越或脱离某一个有意义的位置，比如一个整数点位、一个整理形态、一条趋势线、一个成交密集区域或某一个时间之窗等，否则判断意义不大。

第四节　相对强弱指标（RSI）

一、虚假交叉信号

1. 虚假金叉

股价经过一段时间的下跌走势后，在底部，6日RSI线在20以下由下向上与12日RSI线形成金叉，表明空方力量逐渐撤退，多方力量开始掌控盘面，为买入信号。但在实盘操作中并非如此简单，按照这种信号买入后，股价却反而下跌套牢投资者。

图1-26，长鸿高科（605008）：该股长时间的高位箱体整理后出现向下回落，从2021年7月开始形成一条清晰的下降通道，在下降过程中先后三次

6日RSI线下行到了20以下，表明股价已经严重超跌，然后RSI线在20以下由下向上与12日RSI线形成金叉，构成短线买入信号。可是买入之后，股价并没有出现预期的上涨走势，经过一段时间的震荡整理后，股价再次破位下跌，RSI指标的金叉信号成为一个美丽的陷阱。

技术解盘：从该股走势图中可以看出，RSI指标不具备一个强势信号的生成条件，即RSI指标没有成功突破50强弱分界线，更没有到达强势区域，表明市场还处于弱势格局之中，虽然其后一度穿过50强弱分界线，但未能成功站稳。而且，成交量没有形成放大态势，多头入场资金十分谨慎，说明主动性买盘不强。同时，下降趋势已经形成，且30日均线不断下行，对股价上涨构成强大的阻力，因此容易演变为虚假金叉信号。

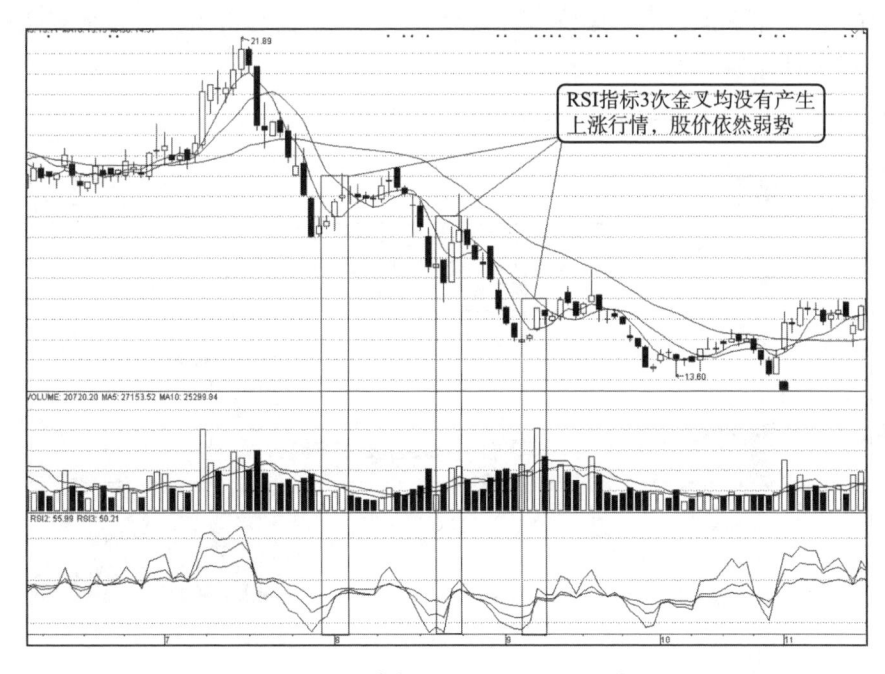

图 1-26　长鸿高科（605008）日K线图

2. 虚假死叉

股价经过一段时间的上涨行情后，在高位，6日RSI线在80上方由上向下与12日RSI线形成死叉，表明多方能量逐渐减弱，空方能量开始增强，行情涨势接近尾声，无论成交量放大与否，均构成卖出信号。但卖出之后股价却继续上涨，死叉信号成为一个空头陷阱。

图 1-27，川恒股份（002885）：该股在底部长时间横盘震荡过程中，庄

家吸纳了大量的低价筹码。2021年6月8日股价向上拉起，次日放量涨停，但庄家展开洗盘整理，6日RSI线在80上方由上向下与12日RSI线形成死叉，预示股价涨势结束，将有一轮下跌行情出现，为普遍看淡的卖出信号。可是，卖出之后股价只是小幅下跌，回落到30日均线附近时，获得强大的技术支撑而回升。此后，股价出现快速的大幅飙升行情，RSI指标的死叉信号成为一个空头陷阱。

技术解盘：从该股走势图中可以看出，RSI指标不具备一个强势信号的终结条件，即强势信号还在持续之中，RSI指标未能有效向下击穿50强弱分界线，更没有到达弱势区域，表明市场仍然处于强势之中。而且，均线系统支持多方发展趋势，30日均线保持上行状态，股价回调到30日均线附近时，获得有力的技术支撑。盘中股价运行张弛有序，量价配合得当，因此死叉信号是一个空头陷阱。

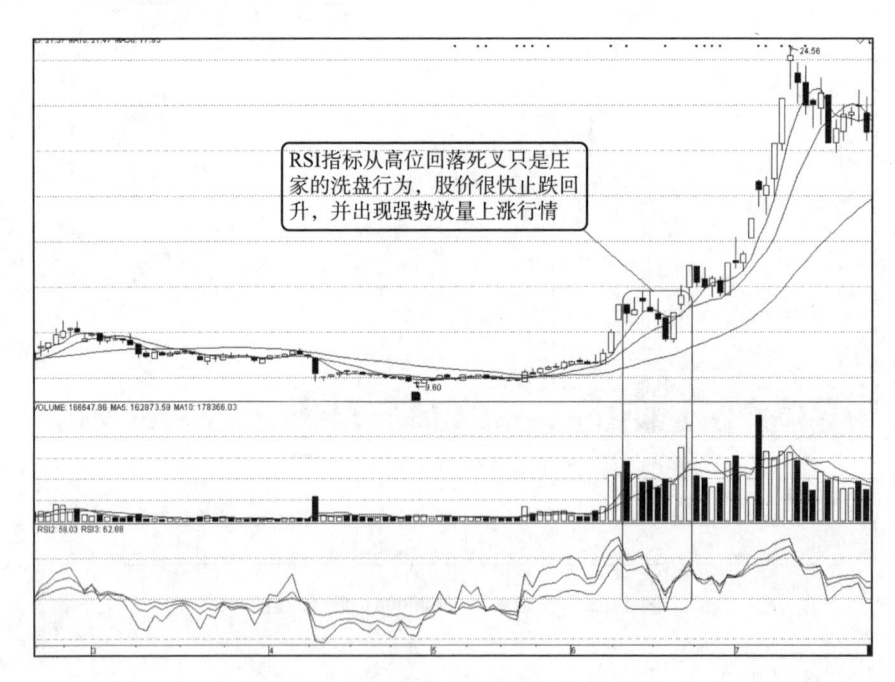

图1-27 川恒股份（002885）日K线图

3. 技术辨别方法

RSI指标的两条曲线频繁相交，有时很难辨认，常常导致判断失误。而导致判断失误的一个重要原因就是对交叉信号的产生和终结还不甚了解，不少投资者只知道短期RSI线由下向上相交长期RSI线是金叉，短期RSI线由上向下相交长期 RSI 线是死叉,而对交叉信号的产生和终结,及交叉信号是否有效不那么了解。这里以强势信号的产生和终结为例,做一些简要的分析。

(1) 交叉信号的产生和终结。RSI 指标一个完整的强势信号的产生过程为:从弱势区金叉后,向上运行到强势区,一个强势信号形成,即一轮行情产生。信号在强势区域持续一段时间后(此时股价不断上涨),从强势区死叉后,向下运行到弱势区,一个强势信号的终结,即一轮行情结束,同时又是一个弱势信号诞生。RSI 指标的图形特征为:6 日 RSI 线从 20 以下向上金叉 12 日 RSI 线后,分别成功有效穿过 50 强弱分界线,在强势区域运行一段时间以后,6 日 RSI 线从 80 以上向下死叉 12 日 RSI 线后,分别成功有效击穿 50 强弱分界线。信号如此生生灭灭,周而复始地循环;股市如此涨涨跌跌,日日月月地运作。

一个信号从产生到终结的持续时间长短不一。有的持续几天就结束,如反弹行情、庄家自救行情、受消息影响产生的震荡行情等;有的持续几周甚至几个月,如大牛股、长庄股、强庄股等。在信号持续期间,会出现许许多多疑似买卖信号的图形,但中间的图形信号对判断行情没有实质性指导意义,投资者可以不必去理会(许多失误发生在此),只有信号在生成和终结时出现的图形才具有实质性指导意义。因此,把握住信号的生成和终结,就能够掌握市场买点和卖点。但如果是短线技术高手,可以在信号持续期间根据顺势操作的原则,进行一些短线操作,收益更丰。

在一轮行情中,可能只出现一个完整的强势信号,也可能出现多个完整的强势信号。如在洗盘过程中,可以先将强势信号终结,也可以将强势信号持续到最后。一个信号终结之后,不一定立即产生一个意义相反的信号,可能出现无意义信号,如盘整行情。同时,一个信号也可能产生于无意义的信号之中。

(2) 交叉信号的确认方法。在实盘操作中,如何确认 RSI 指标交叉信号是否有效以及信号是否在持续之中,又是一大技术难题。经典的确认方法:

在信号生成时,6 日 RSI 线在低位(20 以下)与 12 日 RSI 线金叉后上行(其金叉点在 20 左右更佳),并成功突破 50 强弱分界线(经确认有效),到达强势区域(6 日 RSI 线在 80 以上为佳)。RSI 线金叉后在 50 线下方盘旋不行,没有突破 50 线或突破后很快返回 50 线之下也不行,尤其是 12 日 RSI 线必须突破 50 线;6 日 RSI 线到达 80 以上才可靠。

在信号持续时,12 日 RSI 线在强势区有效盘稳;6 日 RSI 线回调时不能有效跌破 50 线,即使跌破也要很快拉起;6 日 RSI 线回调时拒绝死叉 12 日

RSI 线，则市场更加强劲。

在信号终结时，6 日 RSI 线在高位（80 以上）与 12 日 RSI 线死叉后向下（其死叉点在 80 左右更佳），并成功穿过 50 强弱分界线（经确认有效），到达弱势区域（6 日 RSI 线在 30 以下为佳）。如果 RSI 线触及 50 线后返回上行，并在强势区盘旋，无论位置高低，都说明强势信号还没有结束。或者，RSI 线没有成功下穿 50 线或下穿 50 线后很快拉起，也表明行情仍然处于强势之中，投资者可以一路持股，直到信号终结。

(3) 破解 RSI 指标的交叉陷阱时，还要结合移动平均线、成交量、涨跌气势和股价位置及庄家意图等因素综合考虑，同时参考其他技术指标一起研判效果更好。

二、虚假形态信号

1. 虚假顶部形态

从图表形态看，RSI 指标的形态比 K 线图上的形态更为清晰，容易判断买卖点。当 RSI 指标在高位盘整时，所出现的各种顶部形态也是判断行情和决定买卖行动的一种分析方法。当 6 日 RSI 曲线在高位（80 左右）形成头肩顶、双重顶或三重顶等高位反转形态时，意味着股价的上升动能已经衰竭，股价有可能出现中线下跌行情，投资者应及时卖出股票。可是卖出后，股价只是小幅回调，很快反转向上，从而成为虚假顶部形态。

图 1-28，飞龙股份（002536）：在下跌过程中庄家吸纳了大量的低价筹码，2021 年 4 月 7 日跳空涨停，股价脱离底部，此后一段时间股价在涨停价上方震荡。这时，RSI 指标也从弱势区向上穿过 50 强弱分界线到达强势区，在强势区运行一段时间后，6 日 RSI 线从 80 上方向下死叉 12 日 RSI 线，在图形上构成一个双重顶形态，预示股价将出现下跌调整走势，通常这是一个卖出信号。可是卖出之后，股价只是小幅下调，在 30 日均线附近得到强大的技术支撑而回升，RSI 线也在 50 中轴线上方盘稳，几个交易日后股价出现快速拉升。

技术解盘：一是 6 日 RSI 线死叉 12 日 RSI 线形成双重顶形态后，RSI 指标并没有有效跌破 50 强弱分界线，且受 50 强弱分界线支撑后反转向上于强势区运行，表明庄家在洗盘而非出货。二是股价脱离底部后，在回抽确认时得到 30 日均线的强大支撑。三是在 RSI 线出现死叉后，成交量呈现萎缩状态，企稳后再度放量上涨，量价配合比较理想。因此，行情不会就此结束，在向上拉起时可以积极跟进。

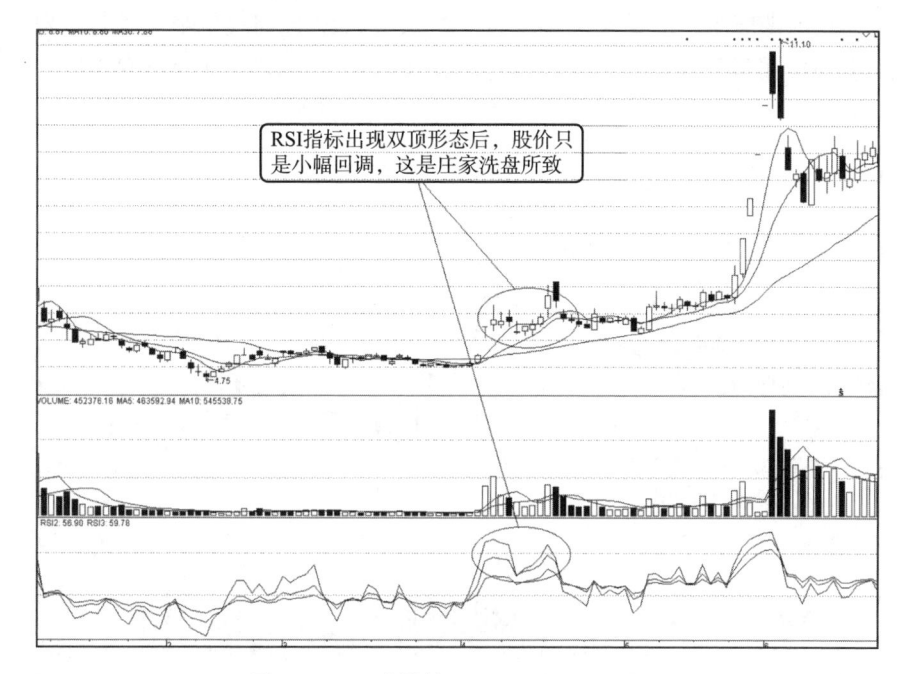

图 1-28　飞龙股份（002536）日 K 线图

2. 底部形态陷阱

当 RSI 指标在低位盘整时，所出现的各种底部形态也是判断行情和决定买卖行动的一种分析方法。6 日 RSI 曲线在低位（20 左右）形成头肩底、W 底或三重底等低位反转形态时，意味着股价的下跌动能已经衰竭，股价有可能构筑中线底部，投资者可逢低分批建仓。谁知，买入后才知道这是一个虚假信号，股价只是小幅上涨并很快反转向下继续下跌，从而成为虚假底部形态。

图 1-29，千禾味业（603027）：该股见顶回落后一路阴跌，股价短期出现超卖，6 日 RSI 指标到达 20 以下，下行趋势渐渐放缓。2021 年 3 月 12 日，6 日 RSI 线向上金叉 12 日 RSI 线，形成 W 底形态，次日回抽确认，第三天再次拉起，形态非常标准，按 RSI 指标常规理论，该形态是一个理想的买入信号。可是，该股后来的走势与此恰恰相反，股价小幅走高后形成平台整理，整理结束后再次出现下跌走势，RSI 指标成为一个虚假的 W 底形态。

技术解盘：从该股走势图中可以看出，在 RSI 指标出现 W 部形态后，并没有有效站稳于 50 强弱分界线，仅仅是 6 日 RSI 线越过 50 强弱分界线后很快又返回到弱势区,弱势特征进一步显现。RSI指标在出现W底形态时,成交量反而比前期缩小,缩量就不能维持上涨走势。30日均线呈空头下行,对股价上涨构成明显压制,最终在股价与30日均线"卡口"位置出现下跌。所以,弱势中的RSI指标W底形态,只是股价弱势反弹,不能作为买入信号。

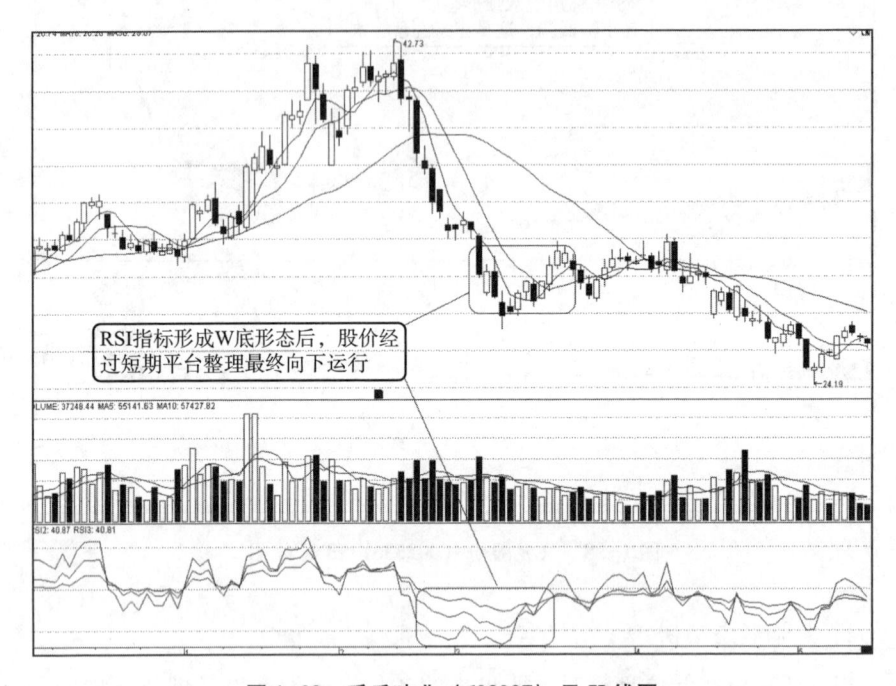

图1-29 千禾味业(603027)日K线图

3. 技术辨别方法

RSI指标经常出现形态信号,有时其买卖信号的准确性很高,有时其买卖信号一无是处,以致是真是假,难分难辨,因此常常被庄家所利用。投资者必须有破解陷阱的方法和识别疑难信号的能力,这样才能叱咤股市风云。

(1)关于50强弱分界线的运用。通常当RSI指标向上突破50强弱分界线时,为强势特征;当RSI指标向下突破50强弱分界线时,为弱势特征。这一点容易辨认,技术难点在于突破后的运行趋势及突破后的有效确认,仅仅是RSI线越过50强弱分界线还不行,持续向突破方向运行才能有力,或维持在50强弱分界线上方运行,信号可信性才高。RSI指标的突破角度必须有力,太平坦了没有力气,信号的可信度低。RSI指标突破后很快返回到突破前这一边的,信号的可信度更低。在股价回调时不越过50强弱分界线为佳,如果越过50强弱分界线,反映突破无效或突破无力,甚至是假突破,后市走势值得怀疑。RSI 指标突破 50 强弱分界线后，在突破的这一边运行一段时间，然后 RSI 指标返回到突破前的这一边，经过短暂的运行后再次到达突破的这一边，表明洗盘或反弹结束，股价将出现新一轮涨升行情或新一轮下跌走势。

（2）在 RSI 指标产生形态信号时，应观察成交量变化。在 RSI 指标出现底部形态时，要有成交量放大的支持，否则疑似多头陷阱；在 RSI 指标出现顶部形态时，虽然并不强调成交量放大，但在突破时也要考虑成交量大小，太小了也不可信。

（3）在 RSI 指标产生形态信号时，也要观察均线方向。在一轮趋势行情中，RSI 指标信号与均线同向的，信号可信度高，与均线逆向的，为疑似信号。股价在均线之上，30 日均线向上运行时，RSI 指标的底部形态信号准确率较高，RSI 指标的顶部形态信号准确率较低。股价在均线之下，30 日均线向下运行时，RSI 指标的底部形态信号准确率较低，RSI 指标的顶部形态信号准确率较高。30 日均线平行运行时，RSI 指标的所有信号准确率均较低，应结合其他因素综合分析。

（4）RSI 指标的形态信号还要与股价趋势结合起来分析。在股价上涨趋势中，RSI 指标的底部形态信号比较准确，在股价下降趋势中，RSI 指标的顶部形态信号比较准确。如果股价在高位，应当结合其他因素综合考虑，这样才能减少失误。

（5）在 RSI 指标出现形态信号时，如果股价走势曲线也先后出现同样的形态时，则信号更可确认。

（6）RSI 指标曲线顶部反转形态对行情判断的准确性，要高于底部反转形态的准确性。

三、虚假背离信号

1. 虚假底背离

RSI 指标的底背离一般出现在 50 强弱分界线以下的弱势区。当股价一路下跌，形成一波比一波低的走势，而 RSI 指标在 20 以下低位创出一个显著的新低点后，此后的几个低点形成一底比一底高的走势，此时股价与 RSI 指标产生底背离。底背离现象一般表明下跌动能不足，预示股价短期有可能反转，是短期买入信号。在弱势中，下跌动力固然不足，但做多动力也可能不足，以致出现下跌走势，这时候就会出现 RSI 指标底背离陷阱。

图 1-30，徕木股份（603633）：该股在 2020 年 9 月中下旬的调整过程中，

股价不断下行，同期的 RSI 指标却向上运行，股价与 RSI 指标产生底背离走势，预示股价即将止跌并反转向上。按 RSI 指标的常规买卖法则，应是买入的良好时机，而且背离时间持续较长，股价跌幅较大，后市应有较大的行情产生。但是，在应用 RSI 指标底背离功能时，常常会落入弱势反弹的陷阱中。股价从此陷入一路阴跌走势，即使遇到大盘反弹或相同板块出现行情时，也只是小幅反弹而已，随后又回到无量阴跌的状况中，股价不断创出新的低点。

技术解盘：从该股走势图中可以看出，RSI 指标在 50 强弱分界线附近没有形成向上快速走势，更没有能力到达 80 以上，表明上攻力量不强，最后 RSI 指标反而向下成功脱离底背离的趋势线，并击穿底背离中的最后一个低点，此时底背离信号失去看涨意义。在调整过程中，成交量大幅萎缩，交投十分低迷，尚无明显新增资金入场迹象，无法形成向上涨升的力量。均线系统呈空头排列，30 日均线趋势不断向下，对股价上涨构成重大阻力。股价处于下降趋势之中，没有完全摆脱弱势格局。因此，即使 RSI 指标出现如此明显的底背离利多信号，但股价企稳回升仍然显得力不从心。

图 1-30　徕木股份（603633）日 K 线图

2. 虚假顶背离

RSI 指标出现顶背离是指在进入拉升过程中，股价屡创近期新的高点，RSI 指标也相应在 80 以上创出一个显著的新高点之后，股价出现一定幅度的回落调整，RSI 指标也随着股价回调而回落。当股价再次向上并超越前期高点创出新的高点，而 RSI 指标随着股价上涨反身向上但没有冲过前期高点就开始回落时，RSI 指标在 50 强弱分界线以上与股价形成顶背离走势。RSI 指标出现顶背离后，一般表明上涨行情接近尾声，股价见顶回落的可能性较大，是比较强烈的卖出信号。在实际操作中发现，顶背离的准确性要高于底背离的准确性。但顶背离出现后，股价只是小幅回调，然后再次强势上涨，构成虚假顶背离信号。

图 1-31，世龙实业（002748）：该股顶背离信号出现在股价上涨初期，股价不断向上走高，创出近期新高点，但 RSI 指标却不能相应创新高，股价与 RSI 指标形成顶背离走势。按 RSI 指标的常规买卖法则，此时应获利了结。但是，RSI 指标顶背离出现后，股价只是小幅下跌，很快企稳并经短期调整后，于 2021 年 9 月 7 日开始加速上涨，股价连拉 5 个涨停。这是一个典型的 RSI 指标顶背离陷阱，是庄家一手做出来欺骗跟风盘的。RSI 指标顶背离陷阱出现，说明庄家控盘能力极强，在后续行情中通常都有一段快速拉升的暴涨行情。

技术解盘：从该股走势图中可以看出，RSI 指标在 50 强弱分界线附近没有形成快速向下走势，更没有到达 20 以下，表明下跌幅度有限，最后 RSI 指标向上运行。股价在回落时，成交量依然保持活跃状态，盘内换手积极，多空交投活跃，浮动筹码得到成功的换手。股价已成功脱离底部区域，30 日均线支撑力度较强。因此，即使 RSI 指标出现顶背离信号，短期也不会对股价总体上升趋势构成影响。

3. 技术辨别方法

在实盘中，RSI 指标的背离信号是测市判势的主要方法之一，投资者长期乐此不疲，但庄家也常常在这个信号中刻画图形，让投资者上当受骗，因此投资者应掌握一套破解陷阱的方法。

（1）背离信号形成后，要有明确的突破走势，否则为疑似信号。具体确认方法为：

在底背离信号的末端，通常 RSI 指标从 50 强弱分界线附近快速有力向上运行到达 80 以上。在第一次回落时，一般不破底背离信号中的最后一个低

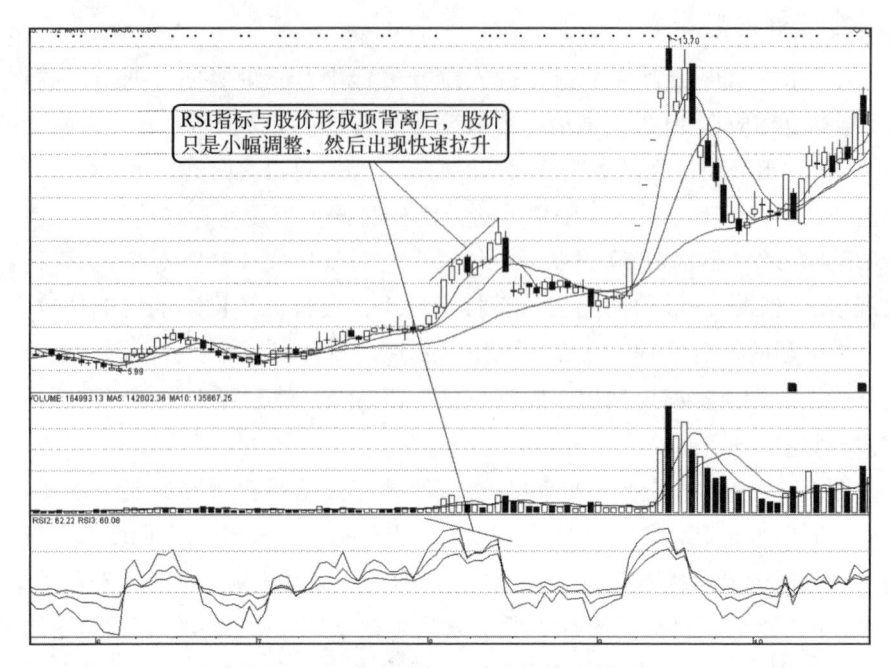

图 1-31 世龙实业（002748）日 K 线图

点，然后返回到 50 强弱分界线以上运行，这时可以确认为底背离信号有效，按 RSI 指标法则买入股票。如果在底背离信号的末端，RSI 指标向下成功脱离底背离的趋势线或击穿底背离中的最后一个低点，则确认为假信号，可以考虑卖出。在股价回升时，RSI 指标无法越过 50 强弱分界线，被阻于 50 强弱分界线之下，则信号得到进一步确认，股价可能出现新一波跌势。

顶背离信号确认方法正好与底背离相反，RSI 指标从 50 强弱分界线附近，快速有力向下运行到达 20 以下。在第一次回抽时，一般不会冲过顶背离信号中的最后一个高点，然后回落到 50 强弱分界线以下运行，这时顶背离信号确认，尽快做空为好。如果在顶背离信号的末端，RSI 向上成功突破顶背离的趋势线或顶背离中的最后一个高点，则确认为假信号，可以考虑买入。在股价回落时，RSI 指标在 50 强弱分界线得到支撑而回升，则信号得到进一步确认，股价可能出现新一轮升势。

（2）在产生背离信号时，应观察成交量变化。在底背离信号出现后，股价向上反弹时，要有成交量放大的支持，否则疑似多头陷阱。只有确认新资金入场，才能促使行情反转。

（3）参考移动平均线运行方向。在出现底背离后，均线很快走平或向上拐头，否则为疑似信号；在出现顶背离后，均线很快走平或向下拐头，否则也为疑似信号。

（4）RSI指标的背离信号还要与股价走势结合起来，在底背离出现向上反弹时，股价应成功突破均线的压制，且连续多日站于均线之上，这样信号才得以确认。在顶背离向下滑落时，股价应击穿均线的支撑，且连续多日股价收于均线之下，这样信号方可确认。否则，均为虚假信号或疑似信号。

（5）结合波浪形态分析，顶背离形态出现在升势的1浪、3浪里可靠性低，出现在上升5浪、B浪、延长浪里可靠性较高；底背离形态出现在调整2浪、4浪或C浪后期，则可靠性较高，出现在A浪、C浪初期，则可靠性低。

（6）短线可以结合KDJ、DMI、W%R等技术指标一起分析，中长线可以结合MACD、BOLL、CCI等技术指标一起分析，可以进一步破解背离陷阱。

四、虚假强弱信号

1. 虚假强势

RSI指标从低位弱势区由下向上穿越50强弱分界线到达强势区时，表明多头力量占绝对优势，股价将继续向上扬升，这是RSI指标比较明显的持股待涨或买入做多信号。但是，庄家为了借反弹出货或被迫低位出货时，往往会将6日RSI线调高到强势区，以取得出货的技术空间。这时就会出现RSI指标转强虚假信号，投资者在此处买入很容易被套。

图1-32，设计总院（603357）：该股在2020年9-12月，RSI指标多次上穿50强弱分界线，这通常是股价开始走强的标志，但股价只是小幅反弹，反弹结束后股价继续出现下跌走势，这里出现的RSI指标上穿50强弱分界线的情形都是虚假强势信号，明显是庄家为出货所为。RSI指标虚假强势信号经常出现在无庄关照的弱势反弹行情中，或者出现在庄家抵抗性下跌之后的反弹出货阶段中。RSI强势陷阱既可以是庄家的刻意画线，又可能是市场自然形成。如果按照这个信号去操作，那么失误的概率将大增。

技术解盘：从该股走势图中可以看出，RSI指标在突破50强弱分界线时力度不够，12日RSI线还没有进入强势区，上攻力度有限，通常这是弱势反弹行情。在反弹过程中成交量没有放大，表明庄家无意做多，散户跟风意愿不强。均线系统没有形成多头排列，持续走低的30日均线对股价上涨构成重大阻力。因此该股的强势信号是一个多头陷阱，股价依然不改跌势。

图 1-32 设计总院（603357）日 K 线图

2. 虚假弱势

RSI 指标从高位强势区由上向下穿越 50 强弱分界线到达弱势区时，意味着多头力量逐渐衰竭，空头力量可能加强，股价将向下调整，这是 RSI 指标比较明显的卖出信号。特别是对于那些股价高位盘整后开始下跌的股票，这种信号更为准确。RSI 指标回落到 50 强弱分界线以下通常意味着股价已经走弱，行情发生逆转，但在上升回档或庄家快速打压股价洗盘时，出现的 RSI 指标快速回落往往是弱势陷阱。

图 1-33，华阳股份（600348）：该股成功探明底部后盘升而上，庄家采用边拉边洗手法将股价稳步推高，在 2021 年 6-9 月的上涨过程中，RSI 指标多次回落到 50 强弱分界线以下。通常 RSI 指标回落到 50 强弱分界线之下，标志着股价走势趋向弱势，后市看跌的可能性较大。但当 RSI 指标进入弱势区时，股价却完成了洗盘调整，重新开始上涨。RSI 指标弱势陷阱通常出现在洗盘调整即将结束之时，RSI 指标重回 50 强弱分界线之上标志着洗盘调整结束，这对区分行情的性质尤为重要。一般而言，庄家洗盘和出货表现手法有明显不同，洗盘的手段是为了吓唬投资者，出货的手段是为了吸引投资者。

技术解盘：从该股走势图中可以看出，RSI 指标下穿 50 强弱分界线未能形成有效走势，12日RSI线仍然处于强势之中，表明空方力量不强，这种现象通常为庄家洗盘行为所致。在盘整过程中成交量没有出现异常现象，依然保持正常活跃状态，盘内换手积极。均线系统保持多头排列，30日均线坚挺有力，每次股价回落到30日均线附近时都能遇到较强的技术支撑而回升。因此该股的弱势信号不能成立，短线上涨势头难以改变。

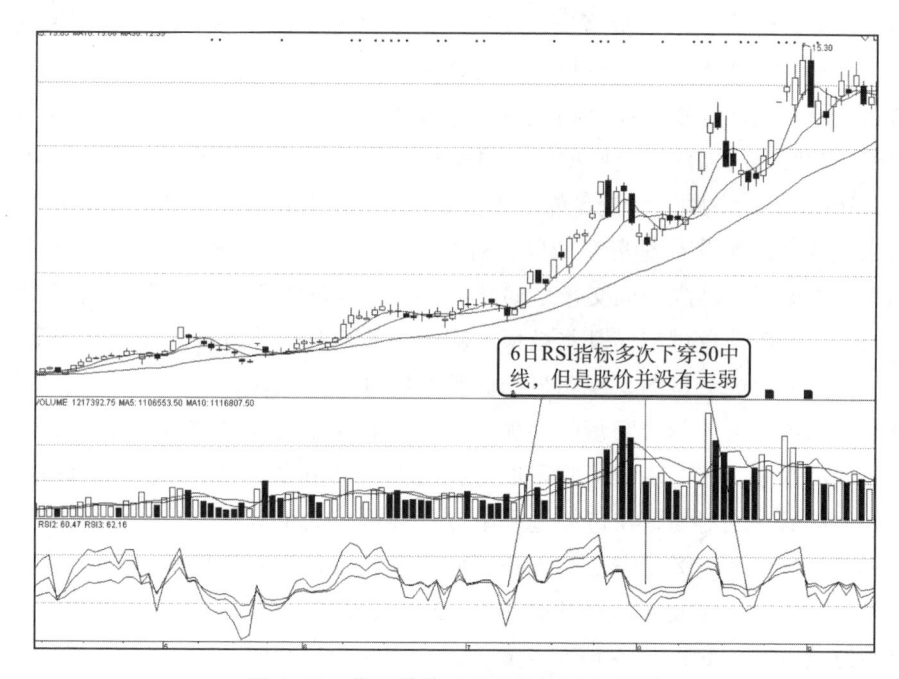

图1-33　华阳股份（600348）日K线图

（图中标注：6日RSI指标多次下穿50中线，但是股价并没有走弱）

3. 技术辨别方法

RSI指标50线为强弱分界线，是一条重要的技术指标线，长期被作为市场强弱的分析依据，但真假难分难辨，投资者要有自己的破解方法。

（1）在分析强弱信号时，要了解洗盘和出货的区别：①洗盘一般不会下破10日均线，即使被利空消息打压也会很快拉起，而出货时庄家的目的是将手中的获利筹码尽快卖出，并不介意下破多少条均线。②洗盘往往利用大盘波动和个股利空消息进行，而出货则往往利用市场指数大幅上扬或个股利多消息趁机派发。③洗盘的位置一般在第1上升浪之后，有时也会在较低的位置，而出货一般出现在第5浪上升之后的高位区。④洗盘的目的是吓唬跟风盘，而出货则是为了吸引跟风盘。⑤洗盘时均线仍然向上呈多头排列，但上攻的斜率不是很陡，而出货时均线多头排列已被破坏或开始向下，股价重心

055

开始小幅下移。

（2）如何在盘面中识别洗盘和出货？①如果庄家在吸足筹码之后，第一次进行洗盘，投资者不妨继续持股。如果是已经经过了几次洗盘之后再次出现回落，而且累计升幅已相当可观时，则要随时警惕庄家的出货。②股价形态上连续出现多个上升缺口，高位的回落也伴随着缺口的出现，而且短期内不予回补，说明庄家派货坚决，此时应离场观望。③洗盘时股价快速回落，往往击穿一些重要的支撑点位，但又迅速拉回，不有效击穿，说明庄家并不希望股价进一步走低，而是通过营造短期的空头气氛将盘中浮筹震荡出局。④洗盘时股价的回落呈现典型的无量空跌走势，在重要的技术支撑点位会缩量盘稳，"缩量下跌"是洗盘的主要特征之一。持仓巨大的庄家不会用大量筹码来洗盘，这既没有现实意义也没有必要，其只会拿部分筹码来均衡市场。当盘中浮筹越来越少，成交量呈递减趋势，最终形成突破并伴随着成交量骤然放大，表明洗盘过程已基本结束，新的一轮攻势即将展开。庄家在洗盘过程中，盘面上成交量图呈现明显的圆弧底特征。庄家在派发阶段，在见顶回落前或回落当天伴随着巨量的出现，也就是筹码在被大量抛出，成交量一直保持较高水平。因为庄家通常采取边拉边派、高位派发为主的战术，即使股价在回落后止跌盘稳，在造势过程中也不会再度大手笔买入，股价往往在顶部形成放量滞涨或无量空涨的现象，成交量比洗盘时密集得多，但出货后期成交量不一定迅速放大，呈阴跌状态，表明庄家出货完毕，股价由散户支撑，必然继续下跌。⑤日K线是否连拉（大）阴线。出货时一般不会连续拉大阴线，顶多拉2~3根中（小）阴线，但到出货后期也会出现大阴线。洗盘时经常连拉中（大）阴线，力求使市场产生恐慌气氛。此外，从当天外盘与内盘的成交量对比看，洗盘时外盘与内盘成交手数差不多，出货时一般内盘（绿单）成交手数大于外盘（红单）成交手数，且经常有大卖单出现。

总之，面对庄家各种形式的洗盘方法以及出货方式，投资者应加以区分和辨别，如果能够正确地识别庄家正在洗盘，那么上下打压之时，就是逢低买入与逢高卖出的时机。如果知道庄家在高位出货，投资者的卖出要比庄家更快，虽然投资者害怕被庄家套牢，但庄家更怕被广大的投资者所舍弃。

（3）在分析强弱信号时，还要结合其他技术因素：

①RSI指标强弱程度：多头市场中如果价格回档，多头的第一道防线为50强弱分界线，第二道防线为40，第三道防线为30。具体有三条细则：一是股价回档，RSI指标未能突破第一道防线50，说明多头力量强劲，股价再度向上时会超越原先的高价，RSI指标也极容易创新高；二是当行情回档，RSI

指标突破多头第二道防线 40，待股价再度上升时，除非股价急速上涨超越先前的最高价，否则 RSI 指标不会同时配合股价再创新高，表明多头力量已不如以前强大；三是若行情回档，RSI 指标连续突破多头第一道、第二道防线，回落至多头的第三道防线 30 左右才止跌回稳，待股价再度上涨时，由于 RSI 起点太低，即使股价再创新高，RSI 指标也可能穿越不了 70，或是勉强穿越，但距先前 RSI 指标最高值仍有相当差距，表明多头力量后劲不足，是大势反转下跌的前兆。

同样，空头市场中如果股价反弹，空头的第一道防线是 50 强弱分界线，第二道防线是 60，第三道防线是 70，具体也有与多头市场中的价格回档所产生的情形相反的三条细则。另外，多头市场里 RSI 指标每次因股价回档而下跌盘整所形成的低点密集区域，也是多头的一道防线。空头市场里股价处于反弹盘整阶段 RSI 指标所出现的高点密集区域，也是空头的一道防线。

②在强势市场里，RSI 指标超过 70 以后，股价回档，RSI 指标很难再创低于 30（至多跌至 30 附近），一旦回到 30 以下后，股价即使再创新高，RSI 指标一般很难再创新高。但有时在强势市场里，RSI 指标回落幅度越大，第二轮涨幅越大。在弱势市场里，RSI 指标低于 30 是常见的情况，一般很难达到 70 以上，如果反弹至 70 附近，则会见顶回落。但有时在弱势市场里，RSI 指标反弹的幅度越大，下一轮跌幅越大。

③股价向上越过 50 强弱分界线以后，要有成交量放大的支持，只有确认新资金不断入场，才能促使行情延续发展。

④移动平均线是确认市场强弱的重要指标工具之一，应结合移动平均线买卖法则进行研判。同时，RSI 指标的强弱信号还要与股价走势结合起来，股价走势有气势的，其信号为强势信号，否则为弱势信号。

⑤结合 KDJ、DMI、W%R、MACD、BOLL、CCI 等技术指标进行综合研判，相互验证，效果更佳。

五、虚假突破信号

1. 虚假向上突破

股价在震荡整理过程中，RSI 指标有时候形成压制股价上涨的一条阻力线或一个技术形态，股价一旦向上突破这些技术位置时，预示有一段涨升行情产生，因此是一个较好的买入信号。可是，股价向上突破后，并没有出现持续的大幅上涨行情，仅小幅上涨后就出现下跌走势，使之成为虚假向上突破信号。

图 1-34，聚辰股份（688123）：股价反弹结束后一路向下走低，在 2020 年 8-11 月的走势中，RSI 指标多次向上而未能走强，将多个相近的高点连接成一条直线，RSI 指标就会形成一条水平趋势线。这条趋势线与 K 线的趋势线有着相同的技术意义，起到支撑和阻力作用，当 RSI 指标向上突破这条趋势线时，预示股价将转跌为升，因而构成买入信号。可是，11 月 3 日 RSI 指标向上突破水平趋势线后，股价并未因此立即转强，而是经过短暂的整理后继续向下盘跌，由此 RSI 指标向上突破为虚假信号。

技术解盘：从该股走势图中可以看出，虽然 RSI 指标出现向上突破形态，但市场仍然处于弱势之中，盘面阴气沉沉，均线系统继续呈空头排列，30 日均线不断压制股价走低，成交量大幅萎缩，缺乏积极的做多气氛。RSI 指标本身也缺乏强势信号，虽然指标线穿过下降趋势线，但仍然在 50 强弱分界线之下运行，表明市场还十分脆弱，不具备做多条件。

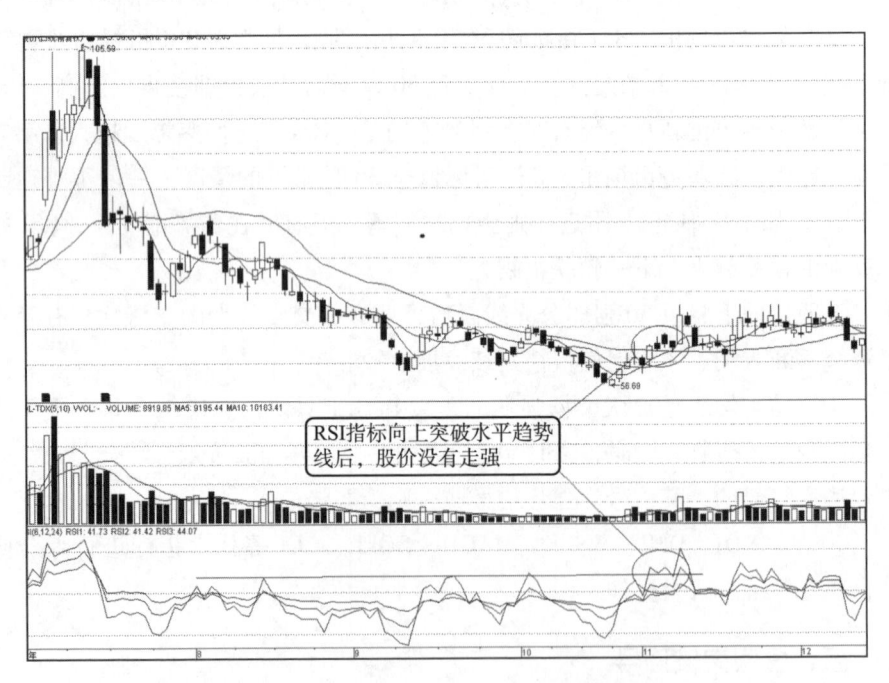

图 1-34　聚辰股份（688123）日 K 线图

2. 虚假向下突破

股价在震荡整理过程中，RSI 指标有时候形成阻止股价下跌的一条支撑线或一个技术形态，股价一旦向下突破这些技术位置时，预示有一段下跌行情产生，因此是一个较好的卖出信号。然而，股价向下突破后，并没有出现持续的大幅下跌行情，仅小幅下跌后就出现上升走势，同样成为突破陷阱。

图1-35，华阳股份（600348）：该股2021年2月成功见底后，股价稳步向上走高，然后出现洗盘调整走势。同期的RSI指标也随着股价的企稳回升而上行，低点一个比一个高，将多个依次上移的低点连接成一条直线，RSI指标就会形成一条上升趋势线。一般而言，当RSI指标向下突破这条趋势线时，预示股价涨势接近尾声，因而构成卖出信号。可是，RSI指标向下击穿了这条趋势线后，股价并未出现大幅下跌走势，经过短暂的调整后，股价企稳并出现一波快速上涨行情，由此RSI指标向下突破为虚假信号。

技术解盘：从该股走势图中可以看出，虽然RSI指标出现向下突破形态，但市场仍然处于强势之中，30日均线依然缓缓上行，支撑股价继续走高。在调整过程中，成交量明显萎缩，显示主动性抛盘很小，盘中筹码依然被庄家掌握。从RSI指标位置分析，指标信号也没有完全转弱，指标线向下穿过上升趋势线后，仍然围绕50强弱分界线上下运行，表明市场还处于强势之中，后市仍然有上攻动力。

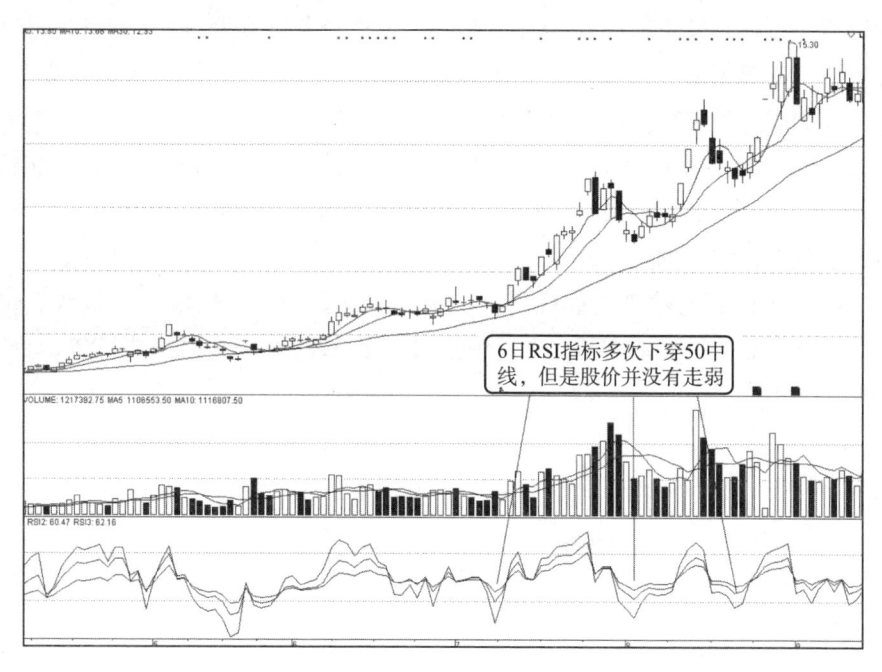

图1-35　华阳股份（600348）日K线图

3. 技术辨别方法

（1）突破时股价所处的位置或阶段。如果处于底部吸货区域、中途整理区域、庄家成本区域附近，若向上突破，真突破的概率较大，若向下突破，假突破的概率较大。如果处于高位派发区域、远离庄家成本区域，若向上突破，假突破的概率较大，若向下突破，真突破的概率较大。

（2）对庄家选择突破时机需要仔细研究，势道较好价位又不高的时候没有疑问，如果势道不好就需要结合庄家成本、股价位置、庄家类型及其控盘特点进行分析，在势道较好的时候前期不逆势的，在势道不好的时候突然逆势突破，提防庄家出货。

（3）观察成交量变化。通常在股价真正向上突破时，会得到成交量的积极配合，如果量价失衡（成交量巨大突破后回落、突破后放量不涨或突破时成交量过小），则可信度差，需提防庄家制造假突破信号。而股价在向下突破时，则无须关注成交量的放大，但是据多年实盘经验，无量下跌多数是空头陷阱，后市将会反转向上。

（4）有效突破一般都建立在充分蓄势整理的基础上。一是常见的各类形态整理，如三角形整理、楔形整理、旗形整理、箱体整理等；二是庄家吸完货以后，以拖延较长时间作为洗盘手段，或者因等待题材或拉升时机，长期任凭股价回落下跌，股价走出了比形态整理时间更长、范围更大的整理。股价一旦突破此种整理盘面，则往往是有效突破。

（5）股价突破必须有气势、力度，走势干脆利索，不拖泥带水，突破后能持续走势，既然是突破就不应该磨磨蹭蹭，如果在突破位置附近徘徊或放量不涨就有假信号的嫌疑。

（6）突破要成功跨越或脱离某一个有意义的位置，比如一个整数点位、一个整理形态、一条趋势线、一个成交密集区域或某一个时间之窗等，否则判断意义不大。

第五节　随机指标（KDJ）

一、虚假交叉信号

1. 虚假金叉

按照 KDJ 指标的一般特征，当 J 线、K 线在低位由下向上与 D 线形成金叉时，为买入信号。如果 KDJ 指标在低位连续出现两次向上金叉，则涨势确立。但在实盘中，这种信号时常作为虚假信号出现，这就是人们常说的"买入股票就跌"的现象,因此投资者必须有识别这种信号真假的能力,盲目抄底不可取。

图1-36,赛伍技术(603212):该股经过一段时间的盘升行情后见顶回落,KDJ指标滑落到低位,2021年1月22日J线、K线向上与D线形成金叉,之后再次回落,股价再创新低。不久,股价再度上攻,KDJ指标又一次在20左右形成金叉。通常KDJ指标在低位连续出现两次向上金叉,则涨势确立。然而,股价并没有走出持续性上涨行情,稍做上冲后就转为阴跌走势,之后股价渐行渐弱,从而该信号成为虚假金叉信号。

技术解盘:从该股走势图中可以看出,KDJ指标在底部金叉后,DIF线和MACD线均在负值区域运行,且没有出现交叉、即将交叉或走平转强迹象,股价的上涨属于反弹性质,不可盲目追高。股价在上涨过程中,成交量没有明显放量,场外跟风盘稀少,虚张声势的可能性较大。这时均线系统呈空头排列,30日均线不断下压,不能形成有效突破。而且,股价反弹时受盘区严重压制,无法形成突破走势。

图1-36 赛伍技术(603212)日K线图

2. 虚假死叉

KDJ指标在高位,J线、K线由上向下与D线形成死叉时,为卖出信号。如果 KDJ 指标在高位连续出现两次向下死叉，则跌势确立。但在实盘中，这种信号时常作为虚假信号出现，这就是人们常说的"卖出股票就涨"的现象，因此投资者必须有识别这种信号真假的能力，不然就会落入虚假信号的被动操作。

图 1-37，永福股份（300712）：该股见底后渐渐向上推高，KDJ 指标从底部金叉后到达超买区。2021 年 4 月 23 日，随着股价的震荡调整，KDJ 指标很快在 80 上方形成死叉，此时通常应有一定幅度的下跌，可是股价次日就出现回升走势。5 月 7 日，KDJ 指标在 80 以上再次形成死叉图形，但仅仅引发了股价的小幅整理，并没有出现大幅下跌走势，稍做调整后再拾升势，股价震荡走高。

技术解盘：该股 KDJ 指标在 80 上方第一次形成死叉时，MACD 指标中的 DIF 线已经成功穿越 0 轴，MACD 线也即将上穿 0 轴，指标曲线趋势保持良好，SAR 红柱逐日增长，表明短期股价即使下跌空间也不会很大。这时均线系统呈多头排列，30 日均线向上运行，支撑有力。成交量方面出现温和放大，表明有做多资金逐步入场，因此短期股价还不会下跌，回调可以逢低做多。

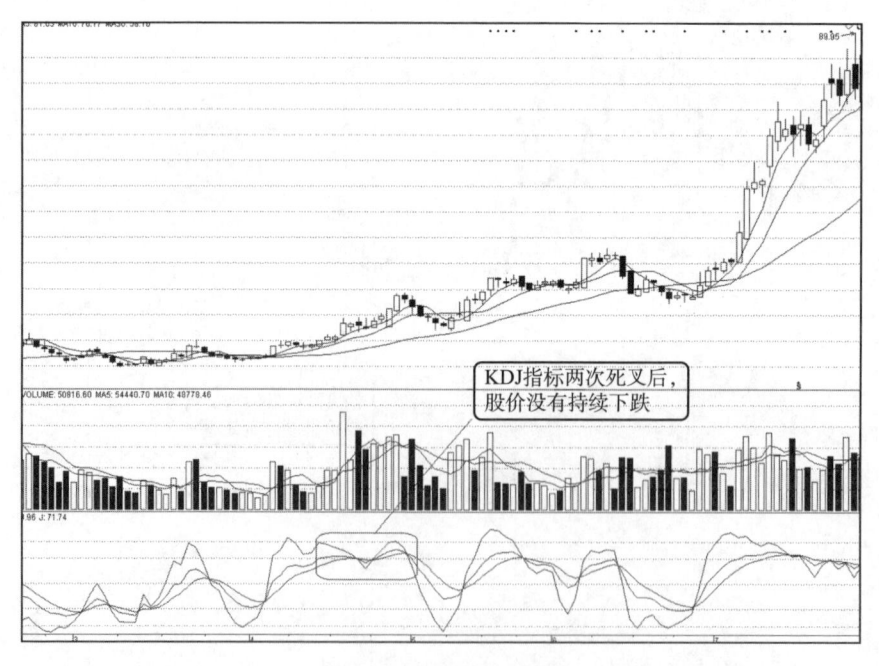

图 1-37　永福股份（300712）日 K 线图

3. 技术辨别方法

（1）看 MACD 指标的走势。该指标是一项中线指标，可以过滤掉一些细小的波动。如果 MACD 指标运行在正值区域，表明市场仍处于强势之中，或者当 DIF 线交叉 MACD 线后，DIF 线没有形成快速下滑（斜线较为平坦）的势头，表明股价主动回档而不是下跌，经过短期调整后会重拾升势。如果 MACD 指标运行在负值区域，表明股价处于弱势之中，或者当 DIF 线交叉 MACD 线后，DIF 线没有形成快速上行的势头，大多属于反弹行情，经过短期反弹后会再度下跌。

（2）看成交量变化，股价是靠成交量推动才能上涨的。如果 KDJ 指标在底部金叉后，股价放量上涨，多半是增量资金介入，可以看多做多；如果缩量上涨，一般是虚张声势，可以看多但不做多。相反，如果 KDJ 指标在高位死叉后，股价放量下跌，多数是庄家出货，可以看空做空；如果无量下跌，一般为空头陷阱，可以看空但不做空。

（3）结合移动平均线进行分析。当 KDJ 指标出现金叉后不要过分乐观，如果此时均线系统呈多头排列，可以看多做多；如果均线刚刚勾头向上或走平，可以看多但不做多；如果均线系统呈空头排列，股价反弹时无力向上突破，可以看空做空，反弹逢高离场。当 KDJ 指标出现死叉后也不必惊慌，如果此时均线系统呈空头排列，可以看空做空；如果均线刚刚勾头向下或走平，可以看空但不做空；如果均线系统呈多头排列，股价回调时得到有力支撑，可以看多做多，回调逢低介入。

（4）KDJ 指标金叉信号在弱势股、问题股中不可靠，在反弹行情、散户行情、庄家自救行情中准确性也很难保证，在强庄股、强势股中比较可靠。死叉信号应用在反弹行情、散户行情、庄家自救行情中准确性很高，在强庄股、调整行情中出现虚假信号较多。

（5）将 KDJ 指标的日线改为周线，可以过滤一些细小的波动。如果 KDJ 指标在低位金叉时，周线 KDJ 指标在低位也出现向上拐头，可以做多；如果 KDJ 指标在高位死叉时，周线 KDJ 指标在高位也出现向下拐头，应当做空。

二、虚假位置信号

1. 超买陷阱

通常，KDJ 指标处在 60~80 为强势区，80~100 为超强势区（即超买入区，表明买气相当强盛，超过了一般供求关系，达到了度的极限，大多出现相反走势）。一般研判法则是：K 值在 90 以上、D 值在 80 以上、J 值处在 100 时为超买状态，可以卖出。但在实际操作中，在这个区域内经常会出现虚假信号，股价稍做调整后立即上升，KDJ指标超买再超买，常常使人做出误判。

图1-38，康隆达（603665）：2021年8月2日，股价收出一字跌停板，造成技术向下破位，之后股价渐渐企稳，9月13日向上突破底部盘区。随着股价的企稳回升，KDJ指标很快到达超买区域。J线早已达到100，K线、D线的值均在80以上。按照KDJ指标"80以上卖出"的一般研判法则，这时应当减仓或抛出。但是，即使KDJ指标在80以上，股价仍然没有明显回落迹象，而是出现继续强劲上攻行情。

技术解盘：该股KDJ指标到达超买区后，K值和D值仍然保持向上势头，并没有出现向下掉头迹象，而且当J线和K线回落到D线附近时，再次拐头或金叉向上。股价已多个交易日成功站稳于30日均线之上，牛市特征初现，短期应当看多做多，即使有回档幅度也不会很大。成交量明显放大，显示有场外增量资金介入。而且，股价在30日均线"卡口"位置向上突破，可靠性比较高。

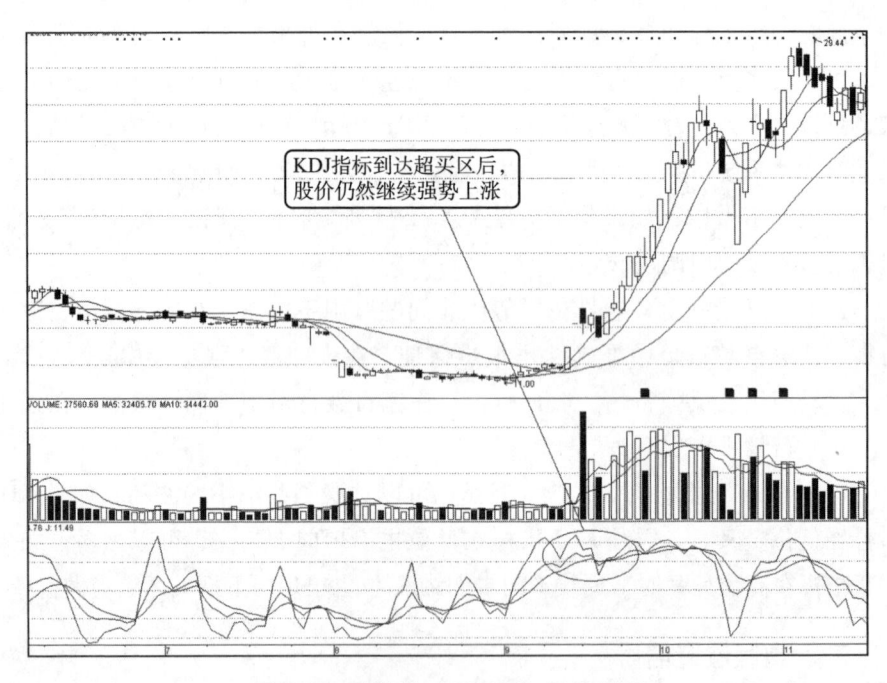

图1-38 康隆达（603665）日K线图

2. 超卖陷阱

通常，KDJ指标处在20~40为弱势区，0~20为超弱势区（又称超卖出区，表明卖压相当沉重，超过了一般供求关系，达到了度的极限，大多出现相反走势）。一般研判法则是：K值在10以下、D值在20以下、J值处于底部时为超卖状态，可以买入。但在实盘操作中，这个法则并不十分奏效，经常出现虚假信号，股价稍做反弹后立即下跌，KDJ指标超卖再超卖，常常使人掉进陷阱之中。

图1-39，龙软科技（688078）：该股上市初期略做上冲后就一路震荡下跌，中间也没有像样的反弹行情，2020年12月7日出现加速下跌走势。同期的KDJ指标随股价回落而到达超卖区，J线已经躺底，K线、D线的值均在20以下。此时，按照KDJ指标"20以下买入"的一般研判法则，是可以加仓或买入做多的。但是，即使KDJ指标在20以下，股价仍然没有止跌迹象，而是继续呈阴跌走势，不久股价再创新低，使买入抢反弹者个个被套牢其中。

技术解盘：该股KDJ指标到达超卖区后，K值和D值仍然趋于下降，尚无明显向上掉头迹象，而且J线在每次攻击K线和D线时遇挫回落。均线系统处于空头排列，熊相毕露，做空信号非常明显，尚未到抢反弹时机。多项中长线技术指标已经发出卖出信号，股价阴跌不休，显示做多时机尚不成熟。可见，即使KDJ指标处在20以下，也不能贸然做多。

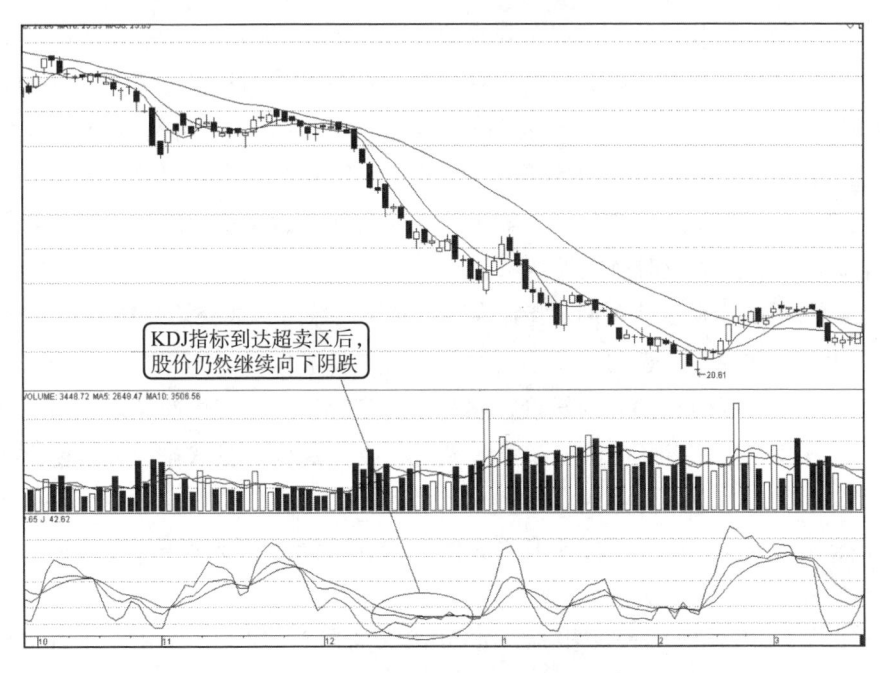

图1-39 龙软科技（688078）日K线图

3. 技术辨别方法

（1）观察K值与D值的相对位置，是仍然保持多头排列，还是已经呈现空头排列；是 K 值与 D 值在高位仍有金叉出现，还是在低位仍有死叉出现。根据 KDJ 指标应用功能，无论日线 KDJ 指标位置如何，金叉总是短线买入信号，因此，出现高位 KDJ 指标金叉，即使不敢追涨买入，至少也应继续持仓等待，在这时固守理论上超买区会随时产生回档的观念而贸然放空是断然要不得的；反之亦然，当低位 KDJ 指标再行死叉，则表明行情仍有下探的空间，如果此时固守理论上在超卖区会随时产生反弹的观念而买入，可能仍要吃套牢之苦。所以，出现低位 KDJ 指标死叉，即使不敢放空杀跌，至少也应持币等待一下做多的信号出现。

（2）看股价走势，股价脱离盘整后即转入趋势运行，这时的 KDJ 指标也离开 40~60 常态区，由于 KDJ 指标是一项短线指标，变化极其灵敏，很快到达超买超卖区域。这时可以摆脱 KDJ 指标的参考作用，以股价势道强弱作为后市研判的重要依据，在股市里要永远记住："强者恒强，弱者恒弱。"在牛市里用牛眼看市，超买再超买是牛市的特征，不要理会短期的回调；在熊市里要有熊向思维，超卖再超卖是熊市的本性，不要有过高的期望。

（3）移动平均线是判断股市强弱的重要指标。在多头市场中，通常 30 日均线具有较强支撑，一般不会被有效击穿，30 日均线附近是介入或加仓的重要位置，如果这个位置失守，表明涨升行情已经结束，应当及时逢高离场；在空头市场里，通常 30 日均线具有较大阻力，一般难以有效突破，30 日均线附近是出局或减仓的重要位置，如果这个位置被有效突破，表明行情已经开始转跌为涨，应当及时逢低吸纳。

（4）看成交量变化。KDJ 指标在高位超买区域时，成交量保持温和状态，没有出现异常变化，表明股价运行稳健，可以持股做多。如果在高位股价放量不涨，表明资金有抽离的嫌疑，此时应高度警惕，一有风吹草动就应迅速撤退。相反，KDJ 指标在低位超卖区域时，成交量呈等量状态，股价阴跌不休，表明做空力量依然强大，不可盲目抄底。如果在低位股价放量不涨，表明仍有资金抽离，此处仍然不是真正的底部，股价可能要再下一个台阶，不要被底部放量会涨所诱骗。

（5）改用其他中长线指标，如 MACD、TRIX、BOLL、DMA、EXPMA、SAR 技术指标，可以参考这些技术指标中买卖信号，如能相互验证，准确性就高，可以根据指标信号做多或做空；如果指标之间矛盾较多，则准确性较差，应及时采取行动。

（6）将 KDJ 指标的日线改为周线，可以过滤一些细小的波动。

三、虚假钝化信号

1. 高位钝化陷阱

根据 KDJ 指标的一般研判法则，当指标值到达超强势区时，应卖出股票。但 KDJ 指标进入超强势区后，长时间在那里徘徊，指标无法继续上升，到了极限值，此时股价却不理会指标的高位而节节升高，涨得让人不敢相信。股价在拉升过程中，高位钝化时很少有像样的调整，收盘价维持在近期最高价附近，才会使 KDJ 指标一直保持在高位出现钝化。当 KDJ 指标（包括其他类似的震荡指标）出现钝化时，如果股价继续上涨，不为指标钝化所影响，说明庄家志在高远；如果股价涨幅不大（因股而异，通常以 50% 为参考标准），则说明上涨势头未尽。

图 1-40，中国中免（601888）：在 2020 年 6-7 月的上涨过程中，KDJ 指标高位钝化时间之长是十分罕见的，说明庄家完全控盘，且志在高远。庄家在底部吸纳了大量的低价筹码，经过拉升前的预演和充分的洗盘调整后，股价进入主升浪阶段，上涨势头非常强势。KDJ 指标迅速到达强超买区域，J 线钝化后不久，K 线和 D 线也随之钝化。按照 KDJ 指标的一般作用法则，此时是卖出时机。然而，股价却不理会 KDJ 指标的高位钝化，超强上攻，飙升而上，短期涨幅非常大。之后，该股在 2020 年 12 月到 2021 年 1 月出现同样的盘面现象。

技术解盘：该股 KDJ 指标在高位出现钝化后，从 60 分钟、30 分钟以及 15 分钟的 KDJ 指标走势图中发现，KDJ 指标仍然有规律、有节奏地往上攀升，周线 KDJ 指标上升趋势更为明显。均线系统保持强势上涨势头，30 日均线支撑有力。K 线大阳小阴，节奏分明，说明庄家控盘程度良好。

2. 低位钝化陷阱

KDJ 指标在到达超弱势区时，有反弹行情出现应买入股票。但在实盘操作中，常常看到 KDJ 指标进入超弱势区后，指标线长时间卧底不动，指标无法继续下降，到了极限值，此时股价却不断地向下创出新低点，跌得让人无法接受。KDJ 指标的低位钝化通常出现在弱势股中，股价一跌再跌，每日跌幅不大，收盘价始终维持在近期最低价附近，通常这种股票不是问题股就是恶炒的后遗症。碰到这样的股票，投资者应有壮士断臂的勇气，越早离开它越好。

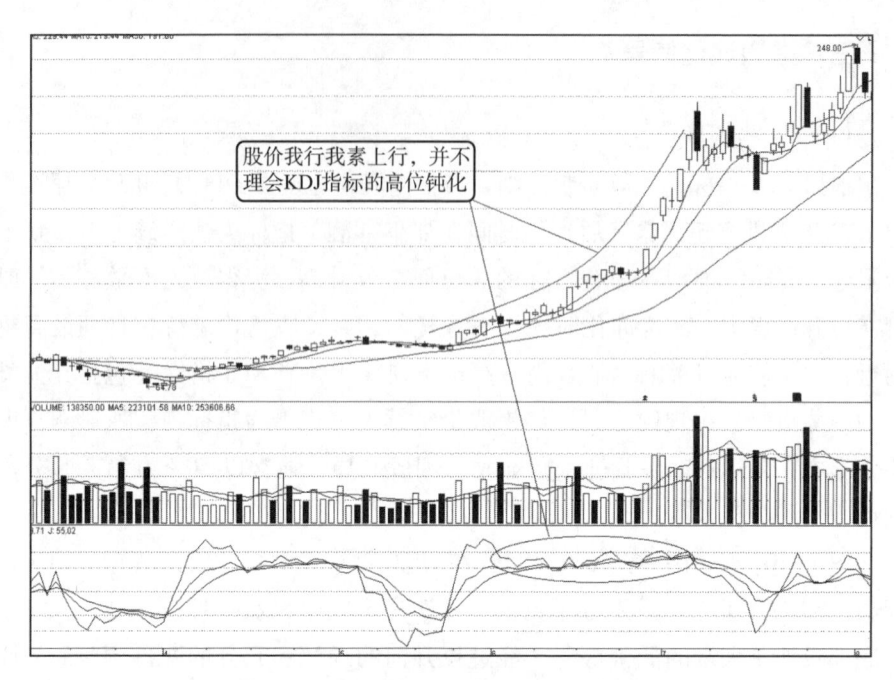

图1-40 中国中免（601888）日K线图

图1-41，电魂网络（603258）：该股见顶后逐波震荡走低，在2020年11月KDJ指标很快从强超买区域回落到强超卖区域，J线趴底不动，K线和D线也严重钝化，在弱势中出现底背离形态。按照KDJ指标的一般作用法则，此时应以买入对待。可是，股价依然震荡下跌，跌得着实让投资者难以忍受。

技术解盘：该股KDJ指标在低位出现钝化后，60分钟、30分钟、15分钟的KDJ指标每一次死叉后，股价都创出新低，周线KDJ指标下降趋势更为明显，显示股价仍有一定的下跌空间。成交量持续萎缩，人气冷淡，盘面无人问津。均线系统空头排列，30日均线压制股价上涨，所以短期难以走强。

3. 技术辨别方法

由于KDJ指标的数值永远在0~100的区间波动，就有可能产生一种特殊的现象：钝化。也就是说，KDJ指标的数值已经到顶而无法超越100或已经躺底而无法低于0，而此时行情和价位却依然在激烈地变化着，这必然会给用随机指标来判别行情带来盲区，这也是在应用该指标时应重视的问题。这种现象多发生在超强势个股或超弱势个股里，投资者应谨慎操作，防止过早买入或卖出造成不必要的损失。

（1）当日线KDJ指标出现了高位（或低位）钝化时，应观察K值与D值

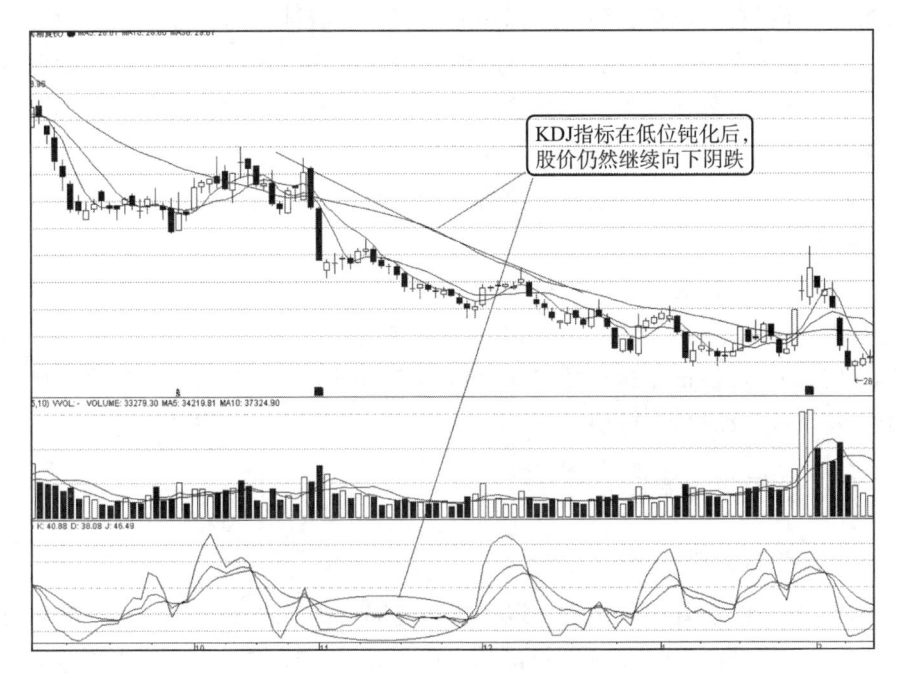

图 1-41 电魂网络（603258）日 K 线图

的相对位置，是保持多头排列还是已经呈现空头排列；是 K 值与 D 值在高位钝化后仍有金叉出现，还是在低位钝化后仍有死叉出现。如果是多头排列，在高位钝化后仍有金叉出现，则多头行情仍将延续。如果是空头排列，在低位钝化后仍有死叉出现，则空头行情仍将延续。钝化是背离的前奏，观察日线 KDJ 指标从钝化到背离的过程也有助于走出钝化的盲区。

（2）KDJ 指标钝化后，可以将日线改为分时走势图，如果难以从日线 KDJ 指标钝化后的相互位置关系来进行分析，不妨细细品味 60 分钟和 30 分钟走势图，根据分时指标的特点来把握最佳进出场点。因为毕竟分时的变化频率要比日线高得多，要使 30 分钟、60 分钟 KDJ 值产生钝化并非易事。况且，即使它们也无奈地一路钝化下去，还有频率更高的 15 分钟值和 5 分钟值，总是可以找出突破口的。此外，还可以通过周线 KDJ 指标研判中长线波动趋势，来进一步化解盲区的判断，这一点与 RSI、W%R 等技术指标的盲区钝化破解原理是一致的。

（3）看成交量变化。在 KDJ 指标出现钝化后，如果成交量没有异常变化，量价配合在恒等状态，表明股价仍运行于原来的势道之中。如果在高位股价出现放量不涨，表明资金有抽离的嫌疑，此时应高度警惕，一有风吹草动就应迅速撤退。相反，KDJ指标在低位超卖区域钝化后，如果股价放量下跌，表明有场内资金出逃；如果成交量呈恒等状态，股价阴跌不休，表明做空力量依然没有释放完毕，不可盲目抄底；如果在低位股价放量上涨，表明有新资金介入，可以逢低吸纳；如果在低位股价放量不涨，表明仍有资金抽离，此处仍然不是真正的底部，股价可能要再下一个台阶，不要被底部放量会涨所诱骗。

（4）改用其他中长线技术指标，如MACD、TRIX、BOLL、DMA、EXPMA、SAR等技术指标，可以参考这些指标中买卖信号，如能相互验证，准确性就高，可以根据指标信号做多或做空；如果指标之间矛盾较多，则准确性较差，应及时采取行动。

四、虚假背离信号

1. 顶背离陷阱

在一轮持续涨升的行情中，股价步步走高，高点一个比一个高，屡创近期新高，而同期的KDJ指标却没能随之而上，反而连连下挫，形成顶背离状态，视为短期、中期见顶信号，这时应卖出股票。发生顶背离时应以指标的方向作为参考依据，通常意味着股价上涨动力不足，即将见顶。但在实盘中，KDJ指标出现顶背离后，股价以横向盘整完成调整，或略做回落后立即反转继续上攻，就会在技术上形成一个多头陷阱。

图1-42，永福股份（300712）：该股成功见底后，股价缓缓向上走高。在2021年4-6月，股价不断创出上涨新高，但同期的KDJ指标的高点却一个比一个低，股价与指标形成典型的顶背离状态。这暗示股价已经出现短期见顶信号，不少投资者见此背离状态纷纷离场观望。然而，顶背离信号虽然引发了市场的短期调整，但并没有扭转上升趋势，股价仅仅进行小幅调整后，便出现加速上涨行情。

技术解盘：该股在KDJ指标出现顶背离信号时，均线系统呈现多头排列，股价回调时得到30日均线的有力支撑，下档接盘能力强，投资者不必为之顾虑重重。成交量呈恒等状态，多空双方交投活跃，盘内换手积极充分，尚未出现异常情况，庄家操作手法稳健，筹码锁定性好。当股价回调到30日均线附近，再次向上拉起时就是一个很好的入场机会。

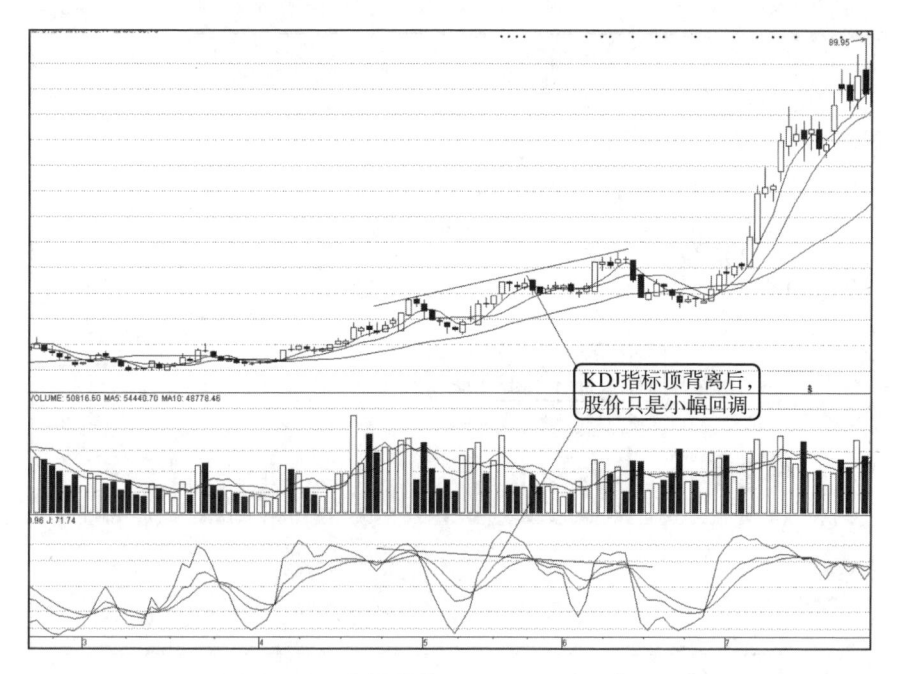

图 1-42　永福股份（300712）日 K 线图

2. 底背离陷阱

在一轮持续跌势的行情中，股价步步走低，低点一个比一个低，屡创近期新低，而同期的 KDJ 指标不但没有创新低，反而越走越高，形成底背离状态，这种现象意味着卖压减弱，行情有止跌回升的可能，因此可以作为短期、中期见底信号，这时应买入股票。但是在实盘中，股价在 KDJ 指标出现底背离后并没有见底反转，反而一跌再跌，不断创出新低，形成底背离陷阱。

图 1-43，天茂集团（000627）：在 2021 年 2-4 月的走势中，股价见顶后逐波回落，一浪比一浪低，不断创出调整新低点，而同期的 KDJ 指标却向上抬高，股价与 KDJ 指标形成明显的底背离走势。这种现象一般暗示股价下跌幅度不大，可以作为买入信号。可是，股价只是小幅反弹，随后再次回落创新低，该信号成为虚假的背离信号。

技术解盘：从该股走势图中可以看出，在 KDJ 指标出现底背离时，均线系统呈现空头排列，30 日均线对股价的上攻构成很大的阻力，股价上升乏力，每一次反弹时无力攻克其阻力而受阻回落，因此逢高了结为宜。加之，前期已经有了几波上涨行情，股价累计涨幅也不小，本身需要调整，所以这个底背离形态出现在高位，其可靠性就不高了。

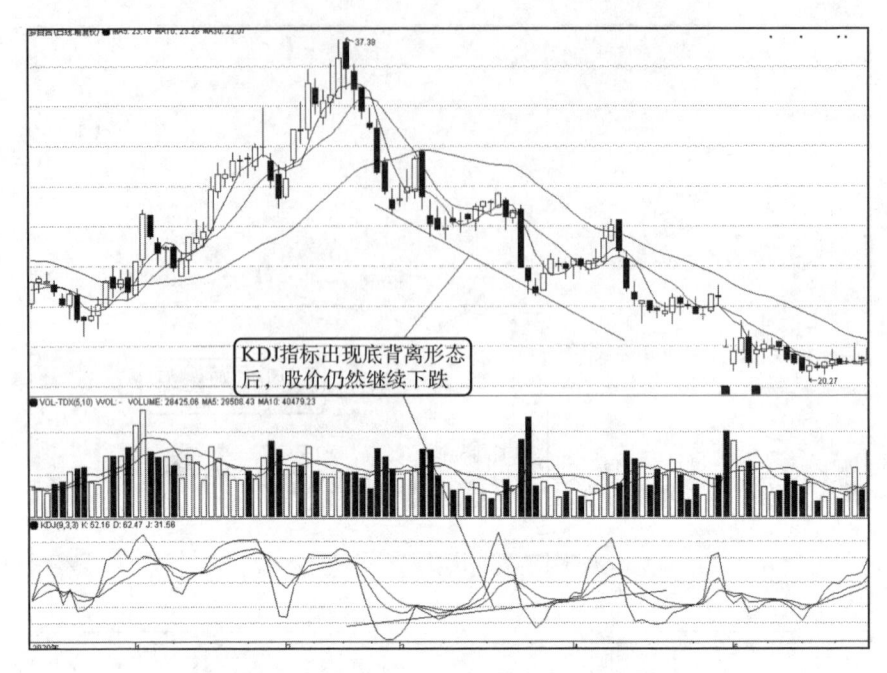

图 1-43　天茂集团（000627）日 K 线图

3. 技术辨别方法

KDJ 指标的背离现象也是较为频发的，虽然它可以提供较为准确的买卖信号，但是虚假信号屡见不鲜，致使不少散户深受其害，毕竟 KDJ 指标是短线操作的一大利器，但是，它绝非唯一的法宝。那么，如何避开这些技术陷阱呢？

（1）看移动平均线的支撑和阻力程度。在出现顶背离时，如果均线对股价的回调有较强的支撑作用，表明下档接盘能力强，可以继续持股看多；如果股价轻松击穿均线的支撑，表明股价已经见顶，应尽快逢高离场。在出现底背离时，如果均线对股价的上攻有较强的阻力作用，表明股价上升乏力，逢高了结为宜；如果股价向上突破均线的阻力，表明股价即将见底转势，可以逢低吸纳。

（2）看成交量变化情况，在出现顶背离时，如果成交量呈恒等状态，表明庄家在增加持仓量，场外资金在不断介入；如果是缩量上涨，表明跟风盘减少，有庄家刻意拉抬之嫌疑，预示股价即将见顶；如果是放巨量上涨，表明有资金抽离市场的嫌疑，应提早落袋为安。在出现底背离时，如果成交量呈恒等状态，表明空方力量仍然没有释放殆尽，场内资金在悄悄离场；如果是缩量下跌，表明抛盘减少，跌势即将接近尾声；如果是放巨量下跌，表明后市看空意识较浓或有恐慌盘涌出，后市仍有下跌空间，此时不要认为是底部放量。

（3）顶背离陷阱通常出现在强庄股中，是庄家控盘能力极强的标志，顶背离陷阱是强庄股的一个重要参考指标。强庄股走势不讲章法，因此分清庄家类型、掌握坐庄阶段、摸清庄家脾气，可以坚定地与庄共舞到底。底背离陷阱出现是弱势股的重要标志，也常常出现在问题股、弃庄股中，这种股票中通常没有庄家照看，套牢盘每一次反弹都应当出货，走得越快越好。

（4）结合波浪形态分析，顶背离形态出现在升势的1浪、3浪里可靠性低，出现在上升5浪、B浪、延长浪里可靠性较高；底背离形态出现在调整2浪、4浪或C浪后期，则可靠性较高，出现在A浪、C浪初期，则可靠性低。

五、虚假形态信号

1. 虚假顶部形态

从指标形态看，图上KDJ指标的形态比K线的形态更为清晰，容易判断买卖点。当KDJ指标在高位盘整时，所出现的各种顶部形态也是判断行情和决定买卖行动的一种分析方法。当KDJ指标在高位（80以上）形成头肩顶、双重顶或三重顶等高位反转形态时，意味着股价的上升动能已经衰竭，股价有可能出现中短期回落行情，投资者应及时卖出股票。可是卖出后，股价只是小幅回调并很快反转向上，从而成为虚假顶部形态。

图1-44，银座股份（600858）：在2020年5-7月的走势中，股价出现一波有力的盘升行情，当股价上涨到前期高点附近时，遭到低位获利盘和前期套牢盘的抛压而出现震荡。6月23日，KDJ指标在强势区构成死叉，出现双重顶形态，通常这是一个卖点。可是，卖出之后股价只是小幅调整，仍然走势坚挺，经过短暂的整理后，股价加速上涨。

技术解盘：虽然KDJ指标出现双重顶形态，但股价并没有发出空头信号。从该股走势图中可以看出，市场已经渐渐转强，股价成功穿越均线系统，形成多头排列特征，支持股价进一步走高。成交量开始温和放大，且在回调时出现缩量态势，说明量价配合比较理想。KDJ指标之所以形成双重顶形态，是因为股价上行遇到前期成交密集区域，对股价上涨构成一定的阻力，于是庄家主动采用洗盘方式消化上方阻力，当上方阻力消除后，庄家便适时将股价拉上一个台阶，这样就形成了虚假的双重顶形态。

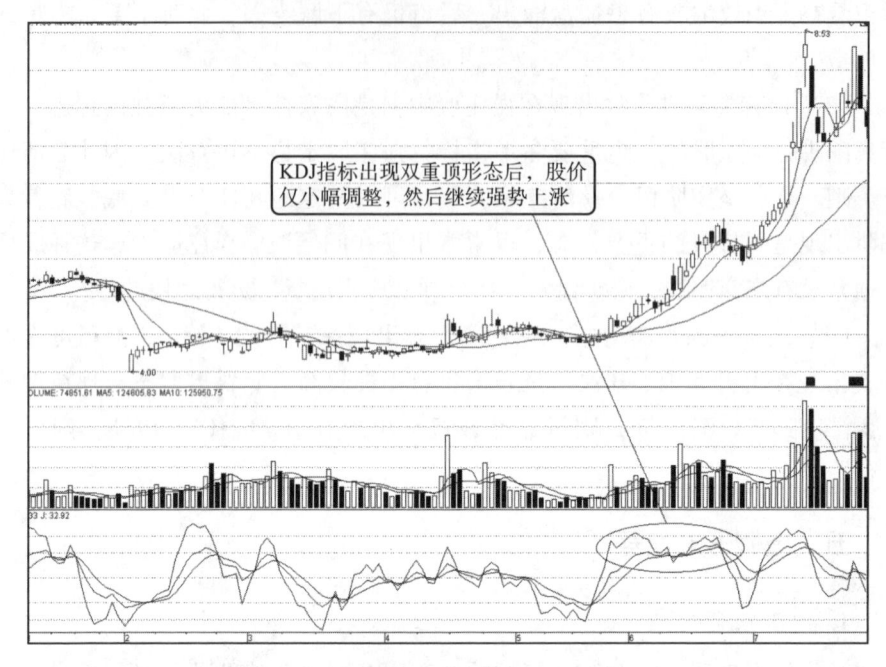

图 1-44　银座股份（600858）日 K 线图

2. 虚假底部形态

当 KDJ 指标在低位盘整时，所出现的各种底部形态也是判断行情和决定买卖行动的一种分析方法。当 KDJ 指标在低位（20 以下）形成头肩底、W 底或三重底等低位反转形态时，意味着股价的下跌动能已经衰竭，股价有可能构筑中长期底部，投资者可逢低分批建仓。谁知，买入后才知道这是个陷阱，股价只是小幅上涨并很快反转向下继续跌落，从而其为虚假底部形态。

图 1-45，江化微（603078）：该股完成一波反弹行情后向下回落，股价逐波震荡下跌，2021 年 8 月，KDJ 指标在超卖区构成一个双重底形态，通常这是一个理想的买入信号，后市股价应当企稳回升。可是，该股后来的走势与此恰恰相反，股价不涨反跌，套牢买入者，该形态成为一个虚假的双重底形态。

技术解盘：虽然 KDJ 指标出现双重底形态，但股价并没有发出多头信号。从该股走势图中可以看出，股价见顶后形成一个头部盘区，8 月 17 日股价向下突破这个盘区后，股价反弹明显受到该盘区的压制。此时，股价也向下击穿了30日均线的支撑，而后的反弹只是对30日均线的一次回抽确认过程。而且，在形成双重底形态时，也得不到成交量的配合，持续萎缩的成交量难以扭转股价下跌势头。因此，当KDJ指标出现多头信号时，应结合其他技术因素进行综合分析。

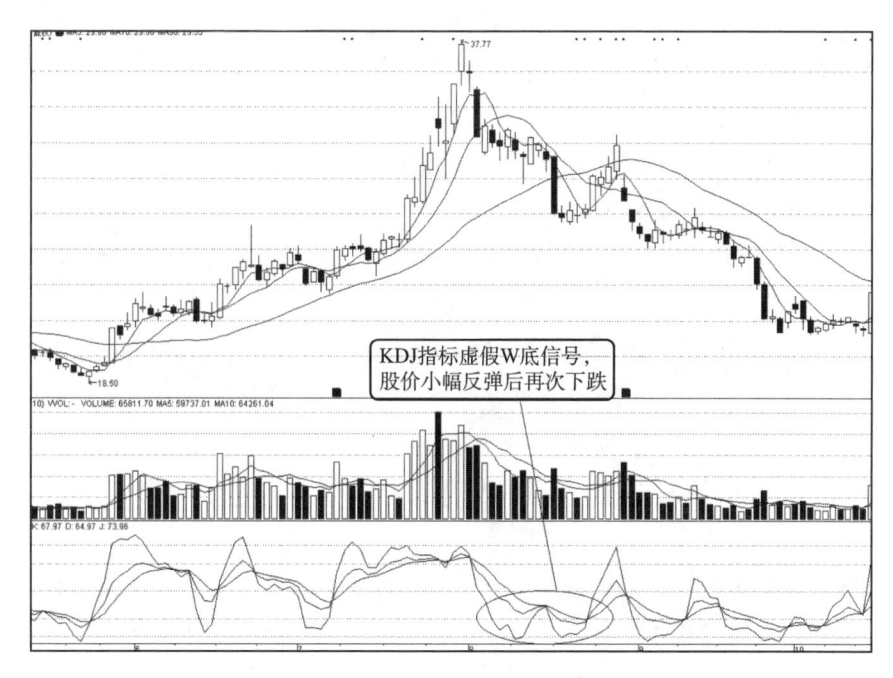

图1-45 江化微（603078）日K线图

3. 技术辨别方法

KDJ指标经常出现形态信号，其买卖信号有时准确性很高，有时却一无是处，以致是真是假，难分难辨，因此常常被庄家所利用。那么如何识别这样的虚假信号呢？

（1）在KDJ指标产生形态信号时，应观察成交量变化。在出现底部形态信号时，要有成交量放大的支持，否则为疑似多头陷阱；在出现顶部形态时，虽然并不强调成交量的放大，但在突破时如果成交量放大，那么形态的可靠性就大增。

（2）在KDJ指标产生形态信号时，也要观察均线运行方向。在一轮趋势行情中，KDJ指标信号与均线同向的，信号可信度高，与均线逆向的，为疑似信号。股价在均线之上，30日均线向上运行时，KDJ指标的底部形态信号准确率较高，这时的顶部形态信号准确率就低。股价在均线之下，30日均线向下运行时，KDJ指标的底部形态信号准确率较低，这时的顶部形态信号准确率较高。30日均线平行运行时，KDJ指标的所有信号准确率均较差，应结合其他技术因素综合分析。

（3）KDJ指标的形态信号还要与股价趋势结合起来分析。在股价上涨趋势中，KDJ指标的底部形态信号比较准确；在股价下降趋势中，KDJ指标的顶部形态信号比较准确。如果股价在高位，应当结合其他技术因素综合考虑，这样才能减少失误。

（4）KDJ指标出现形态信号时，如果股价走势曲线也先后出现同样的技术形态，则信号的可靠性就高。

（5）KDJ指标曲线顶部反转形态对行情判断的准确性，要高于底部反转形态的准确性。

（6）结合其他技术指标进行分析，如用EXPMA、TRIX、SAR、BOLL等中、长线技术指标，进行相互验证，可以减少失误，提高准确率。

第六节　均量线指标（VOL）

成交量是股价涨跌趋势的先行指标，在技术分析中，成交量（或成交额）是一项相当重要的技术指标，它能够反映市场的供需状况，买卖气势之强弱，以及投资者对未来股价变动的看法是否具有一致性。但在实际使用时，由于成交量的变化忽大忽小，投资者不容易把握其规律，而且其中掺和着庄家的许多人为因素，因此市场中会出现很多虚假信号，常见的陷阱有地量地价陷阱、天量天价陷阱、价涨量增陷阱等10多种。

一、地量地价陷阱

1. 地量地价误区

股价持续下跌较长时间之后，市场人气相当涣散，利空传闻仍然不绝于耳，此时由于股价下跌时间跨度和价格幅度都很大，该抛股票的投资者早已经抛出了，剩下的都是坚定中长线持有的投资者或迫于无奈的套牢者，因此股票的抛售阻力越来越小，但同时买盘也寥寥可数，导致成交量逐步萎缩。当成交量缩到不能再缩的情况下，股价将在此形成谷底并开始向上，此时严重萎缩的成交量就称为"地量"。

地量通常是原始空头市场结束的标志之一。有股谚称"地量之后是地价"

"低位放量会涨"，反映了每当成交量萎缩到地量时，通常都预示股价即将见底回升。当成交量萎缩到不能再萎缩时，显示场内该抛售的已经抛售了，持股的投资者十分惜售，不愿意再抛出股票，抛压越来越小。只要"地量"一出现，抛压一显小，多头马上转入反攻。如果此时买盘稍微放大，则股价就会出现回升，"地价"便随之而出。因此，在空头市场末段以及多头市场中，地量的出现往往都是市场即将见底的信号，也是中长线投资者开始对股票进行建仓的好时机。

"地量"之所以会见"地价"，通常的解释是沽盘、做空的动能已释放殆尽，股价跌无可跌，所以股价将要见底。但不能一概而论，在多头市场中，由于大部分投资者对后市较具信心、坚定看好，愿意持股待涨而不为微利所惑；或者流通筹码为庄家所控，高度锁定而不抛出或拖延时间隐蔽出货。在这两种情况下，就不存在获利盘枯竭、杀跌动力消耗已尽的问题。当某一环节出现松动或变化，股价就会再陷跌势，所以"地量之后有地价"也是庄家常用的做盘手法之一。

图 1-46，江南水务（601199）：该股见顶后逐波下跌，2020 年 7 月反弹结束后逐渐下跌，股价累计跌幅较大。在调整过程中，成交量经前期的逐步萎缩后再次萎缩到地量，从 9 月开始成交量萎缩到很低，盘中日内换手率不到 0.5%，多空交投十分清淡。按照"地量地价"的说法，这是个千载难逢的低吸机会。但股价并没有真正企稳回升，经过短期的横盘运行后，股价展开新一轮下调走势。

技术解盘：从该股走势图中可以看出，一是盘中出现"地量"的时候，股价已经回落到起涨位置，也就是前期盘区附近，该位置虽然有一定的支撑作用，但也反映庄家做多意愿不强，股价要想重新拉起来显然有点难度，"会跌的股票不会涨"就是这个道理。二是由于股价持续下跌，短期回落幅度太大，上方构成新的阻力。三是在横盘过程中（重心有所上移），成交量不能放大，说明没有新增资金入场，所以盘面还需要进一步调整。

2. 技术辨别方法

地量一般在牛市行情的启动初期出现，意味着市场即将结束调整行情，转入升市。但对地量的分析不能仅仅看成交量的多少，必须结合市场趋势、技术分析、市场热点这三个方面进行综合分析。出现地量的几个时段：

（1）地量在行情清淡的时候出现。当行情长期清淡的时候，持股的不想

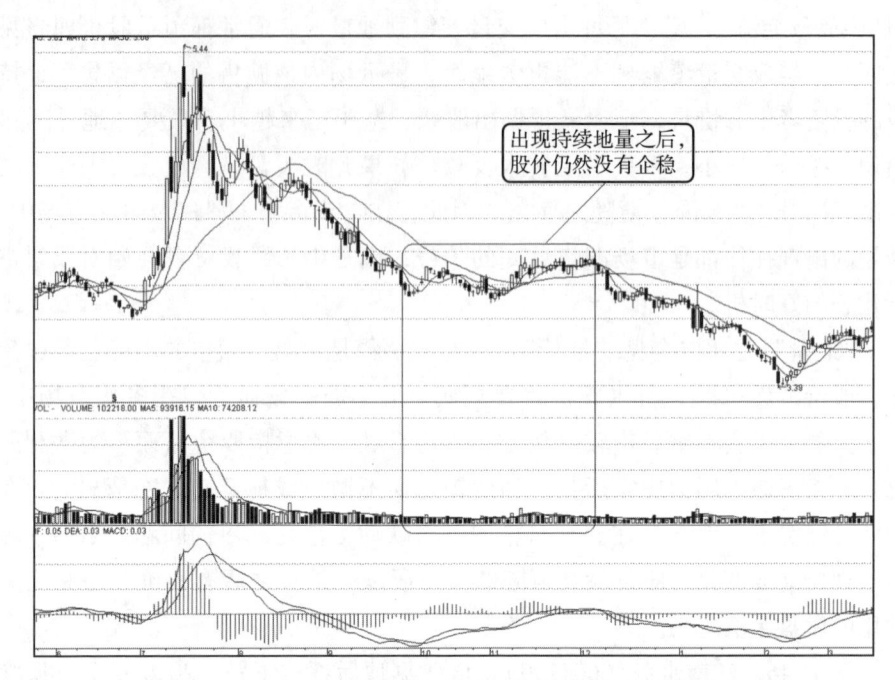

图 1-46　江南水务（601199）日 K 线图

卖出，持币的不愿意买入，地量就出现了，此时应观望。在跌势中期出现，为弱势信号，应继续做空。

（2）地量在股价即将见底的时候出现也很多见。一只股票在经过一番炒作之后，总有价格向价值回归的过程。在其漫漫下跌途中，虽然偶有地量出现，但很快就会被更多的抛压淹没。而在股价即将见底的时候，该卖的都已经卖了，没有卖的也不想再卖了，于是地量不断出现，而且持续性较强。一般到连续出现地量的时候，距离真正的底部也不远了。

（3）地量在庄家震仓洗盘的末期也常有出现。庄家如何判断自己震仓是否有效，是否该告一段落呢？方法与手段很多，地量的出现便是技术上的一个重要信号。此时，持股的不愿意再低价抛售，或者说已经没有股票可卖了，而持币的由于对该股后市走向迷茫，也不敢轻易进场抢反弹，于是成交清淡，地量便油然而生，而且一般还具有一定的持续性，这一时期往往是中线进场的时机。

（4）地量在股票拉升前整理的时期也会间断性地出现。庄家在拉升股价前，要让大部分筹码保持良好的锁定性。为了判断一只股票的锁仓程度，从技术上来说，地量的间断性出现是一个较好的信号。地量出现到末期往往就是庄家要开始拉升的时候。

（5）高位横盘时也经常出现地量。庄家把投价拉升到一个非常高的位置之后，经常会做横盘整理，同时会经常出现地量，但此时的地量反映了场外投资者不敢介入。因此，庄家为了吸引跟风盘，以达到出货的目的，必然要进行一定的放量拉升。但在这种情况下，买进的风险相对较大，因为如果遇到利空因素，庄家可能会放弃原有的计划而以杀跌的形式出货。

二、天量天价陷阱

1. 天量天价误区

股价持续上涨较长一段时间之后，盘中成交非常活跃，市场人气达到鼎盛。此时庄家为了做盘的需要，便展开整理走势，整理过程中，股价涨幅巨大，引发理性投资者大规模的获利回吐和恐慌性抛盘，成交量急剧放大后股价也随之出现大幅波动。通常，在高位成交量持续放大，表明有场内资金出逃迹象，后市走势偏空，故有"天量之后是天价""高位放量会跌"之说，投资者抛出为宜。可是，庄家正是利用投资者的这种思维定式，在上涨途中对敲放量，造成高位放量出货假象，当投资者纷纷出售筹码后，股价却出现向上走势，展开新一轮上涨行情。

图1-47，郑州煤电（600121）：该股庄家完成低位建仓后，在2020年11月16日向上突破，走出一波涨幅达到100%的拉升行情。之后，股价在相对高位出现震荡调整走势，成交量持续大幅放大，庄家巧妙地利用高点进行放量洗盘。这时由于股价涨幅已经达到一倍，不少投资者以为庄家放量出货，担心后市"跳水"，于是纷纷抛售离场。谁知，股价小幅调整后，在12月17日止跌企稳，然后展开新一轮拉升行情，股价涨幅又翻一倍。

技术解盘：从该股走势图中可以看出，庄家通过对敲的手法，制造"天量开价"盘面现象，其实这个量正是筹码充分换手的量，而且盘面处于强势之中，市场情绪高涨，有大量场外资金涌进，同时也有获利盘涌出。从基本面上，公司正处于产业提升和转型时期，吸引短线游资的普遍看好，虽然股价涨幅已经达到一倍，但后市仍有朦胧预期，因此这样的"天量"反而有利于后市走势。

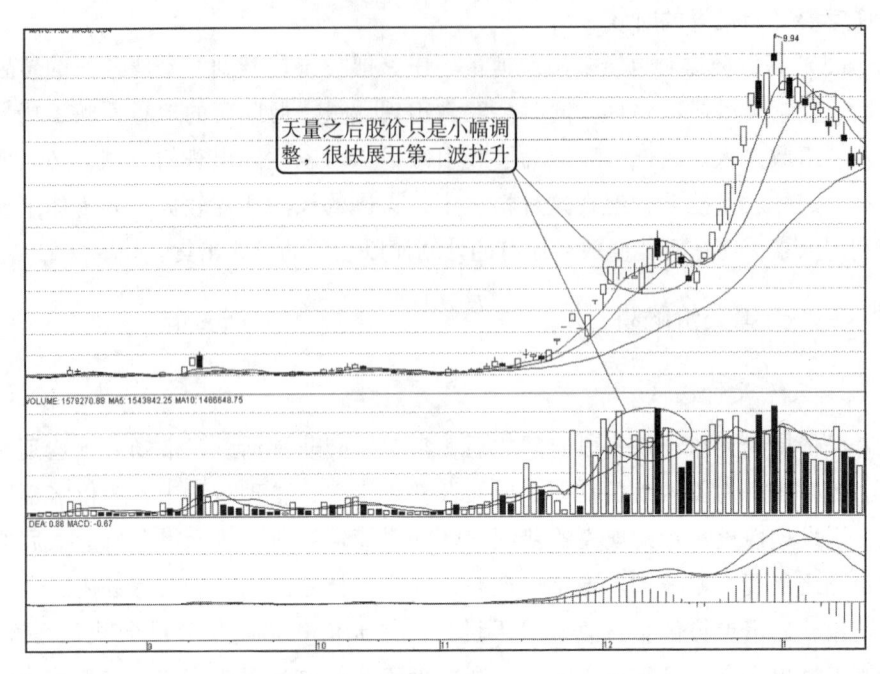

图 1-47　郑州煤电（600121）日 K 线图

2. 技术辨别方法

一般而言，创历史纪录的超大成交量产生之后，往往就是股价见顶回落并产生反转的时机，要在之后相当长的时间内对被市场鼎沸人气所推动的已经超出理性的股价进行修正。因此在天量出现之后，应该是中长线退出的最佳时间。但是传统的经验常常被庄家所利用，因此对"天量"应认真分析研究。

在牛市行情中，放量本来是件好事，但成交量必须是温和放大，而不能过分放大。衡量成交量是否过分放大，没有统一的依据。当翻开历史走势的时候，投资者当然很容易判断出哪些成交量为天量，但在实盘中，要在成交量出现大幅放大之时及时判断成交量是否属于天量，就是一项很考验功力的事情了，因为往往有时候一个创历史纪录的成交量出现了，可能过不了几天会更大。

那么，如何判断巨大的成交量是否属于天量呢？这是技术分析者们非常关心的问题，而且他们试图找出一个较易计算的公式或标准去判断天量，但实际上市场变幻无常，想简单地判断出天量谈何容易！对天量的判断主要依靠分析者本身的市场经验，从以往经验可以总结出，天量出现时通常都具备以下几个条件：

（1）天量出现之前股价已经出现连续上涨，且上涨的幅度很大，目前价格已经很高；

（2）股价进入飙升末期，连续大幅上扬后出现上涨乏力，且股价涨幅超过实际价值，有价值回归要求；

（3）市场人气鼎沸，交投异常活跃，利好消息到处传闻，说明此时市场炒作过热，往往失去理性；

（4）成交活跃度非常大，换手率连续数日保持在10%以上，反映短线有回归蓄势整理要求，市场需要重新聚集能量才能发动新的行情；

（5）天量形成之后，股价的回调幅度较大，通常初期跌幅超过30%；

（6）关键位置形成的突破量，可能出现"天量"，但不是冲高形成的天量，后市仍有上涨潜力。

三、价涨量增陷阱

1. 价涨量增误区

"价涨量增，价跌量缩"是量价关系的普遍规律，也几乎是业界人士一致认可的最正常、最理想的量价配合关系。股价上涨、成交量放大，为买盘积极的表现，通常反映市场投资者买卖情绪高涨。庄家坐庄具有实力强大、消息灵通等优势，要在盘面上与散户斗智斗勇。盘面是双方交战的阵地，使的是什么剑术，操的是什么刀法，看得一清二楚。如果庄家拿显而易见的套路跟散户交战，显然斗不过散户，那么这个庄就没法坐了（庄家是不按普遍规律坐庄的）。因此，庄家的奸诈、狡猾、险恶的特性就表现出来了。价涨量增，谁都看得明白，那岂不是谁都可以获利了吗？没那么简单，里头的陷阱多得很。只有破解陷阱，方可获利，这是技术难点，也是获利的关键之处。

图1-48，绿庭投资（600695）：这是庄家充分利用反弹出货的经典之作，其操盘手法可以说发挥到了极致。2021年2月1日开始，股价大幅跳水，然后展开一波有力的反弹行情，盘面出现价涨量增走势，从量价配合方面看十分诱人。不少投资者看到这种走势后，眼前顿感一亮，全身扑进，可是股价并没有出现持续上涨行情。此时，由于庄家还没有全部完成出货计划，在反弹高点构筑短期平台整理，给人以蓄势待发的假象，此处又一批散户买进，

庄家在多次震荡中派发大量的筹码，当跟风盘减少后，股价再下跌一截，再创调整新低。

技术解盘：对于该股，通过表面现象就可以发现完美中的瑕疵。问题在于：一是跳水股大多属于"问题股"，股价下跌总有原因，不会无缘无故地跳水；二是股价跳水之前本身就处于弱势调整之中，说明庄家渐渐撤离市场；三是反弹回升时，受前期盘区阻力；四是受30日均线下压。可见，如果是真实的底部，庄家就不会如此掩人耳目地放量上涨，只有庄家没有完成出货任务且有下跌空间时才这么做。股市在兴奋中死亡，行情在绝望中产生。同样，股价在追捧中下跌，在冷落中上涨。

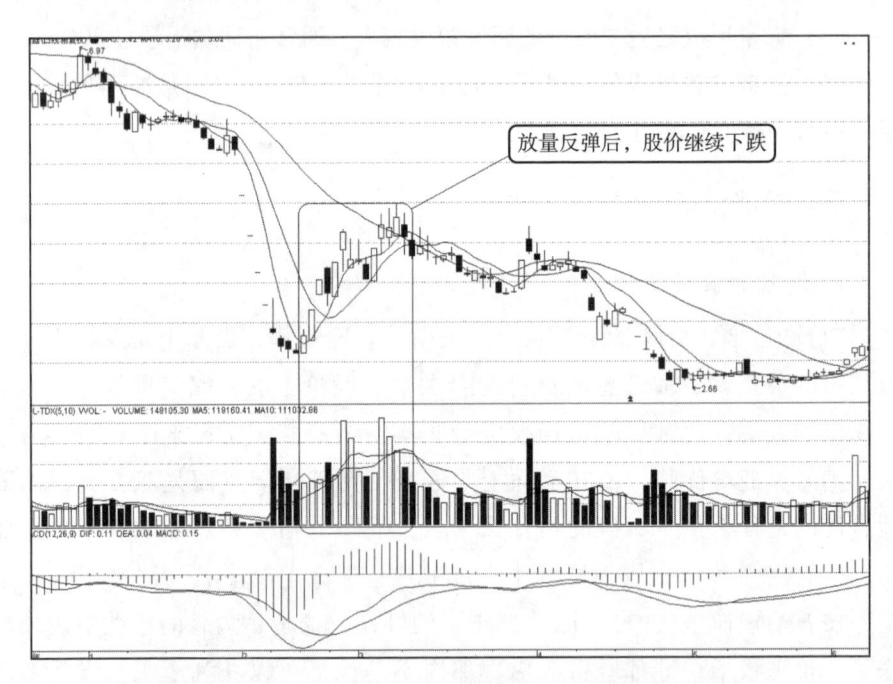

图 1-48　绿庭投资（600695）日 K 线图

2. 技术辨别方法

总体来说，股票成交量放大、股价上涨，行情将继续上涨。虽属典型升势现象，其是否一定利好后市，不可一概而论。由于个股股价高低不一，成交量放大程度有别，股价上涨的幅度不一样，加之大势势道的不同，庄家操纵股价的目标不同，以及个股所处的位置和阶段不同，不能肯定后市的发展趋势就一定向好。量价规律是变化多端的，根据这些变化，可以大致总结出一些量价配合的一般规律：

(1）成交量小幅增加，股价小幅上涨。一般情况下，出现这种情况预示后市向好。若股价反复下跌已有一段时间，出现价涨量增，反映多头出击，庄家在低位积极吸纳，后市可望止跌回升。若股价升势初段或中段（通常升势分三浪上升，第一浪及第二浪为所指的升势初段或中段）出现价涨量增，反映庄家竞相追货吸纳，构成足够的上升动能，预示后市继续上升机会很大。若股价上升已有一段时间，多次创下新高位时，某日股价再作急升，成交量膨胀很多（50%以上），可以视为庄家拉高股价借势大举沽货的伎俩，短期慎防见顶，应考虑将获利货沽出。此现象称为"喷出效应"，意指经过一段长期升势后突然爆发一轮急涨升势，成交量显著增大，然后股价又突然向下反转。

需要注意的是，这种规律最适用于没有爆炒过的股票。如果股价处于高位，则是庄家在酝酿出货。如果是已经爆炒过的股票，在下跌途中只是价格反弹现象，如果成交量不能持续放大，反弹将告结束。在整理形态中出现，有成交量配合，整理形态可能向上突破，应做多。

（2）成交量小幅增加，股价大幅上涨。一般情况下，成交量小幅增加而股价大幅上涨，上涨趋势可能改变或者股价需要调整。如果处于拉升过程中，成交量温和增加，股价大幅上涨，则股价仍将继续上涨。如果处在拉升阶段后期，成交量温和增加，股价大幅上涨，预示股价离顶部不远。

（3）成交量大幅增加，股价小幅上涨。在大多数情况下，预示着股价就要下跌。在股价累计涨幅很大的情况下，这往往是见顶信号。在少数情况下，股价从底部上涨一段以后，出现这种情况也意味着股价将要调整。在股价见顶不久后的下跌途中，出现成交量大幅增加，股价小幅上涨的情况，意味着股价后市将继续下跌并且有较大的下跌空间。

（4）成交量大幅增加，股价大幅上涨。在一般情况下，上涨趋势可能继续，特别在强势市场的初期更是如此。在强势市场中，对连续几天放量大涨的个股应该给予高度关注，这类股票有可能为新一轮的领涨板块或者未来的强势股。在弱势市场中，成交量突然大幅增加，股价突然大幅上涨，除了个股走独立行情，一般后市不可看好。不论是强势市场还是弱势市场，如果股价涨幅过大，股价位置过高，大都是庄家正在出货，股价最起码也需要短暂的调整，对此应保持高度警觉。

只有未被炒作过的或者没有很大涨幅的，在相当一段时间内，在前期大盘强势时逆向下跌，在弱势市场中却逆势走强的个股，才可以判断为个股独立行情。另外，单日突放巨量上涨的，绝大部分是骗人的圈套。

四、价跌量缩陷阱

1. 价跌量缩误区

股价上涨成交量就必须相应增加，股价仍有可能继续上涨，如果股价上涨成交量跟不上，则股价上涨的趋势可能会改变。反之，股价下跌成交量也会相应减少（股价从顶部刚刚开始下跌时成交量可能会增加，以及股价将要见底时庄家故意打压造成恐慌性抛盘，成交量也有可能增加），如果已经下跌了较大幅度，成交量萎缩至"地量"，股价下跌的趋势也有可能会改变。

价跌量缩，理论上这种量价关系配合正常，预示空头力量减弱，后市股价有望见底回升。但是股价在高位，这种情形不能说明股价一定会止跌回升，应防止庄家一路向下减仓，致使股价阴跌不止。同时从另一个角度来讲，股价下跌很多时候不需要成交量配合，可表现为自由落体。

图1-49，杰普特（688025）：股价从高位一路向下阴跌，成交量持续萎缩，表明庄家不断向外发货，同时也说明做空能量渐渐消退，可以逢低予以关注。而且，2020年10月之后，成交量出现温和放大，说明有新增资金入场，这种现象更加误导投资者买入。可是，之后一段时间股价重心仍然继续下移，不断创出调整新低。

技术解盘：从该股走势图中可以看出，庄家在高位平台整理时派发了大量的筹码，股价向下脱离整理平台后，该位置形成重要的阻力。从前期走势分析，该股庄家实力不强，盘面一旦转弱之后，很难重新拉起。技术面上，空头趋势已经形成，均线系统呈空头排列，依靠弱小的成交量很难扭转弱势盘面。可见，股价从高位下跌，成交量持续减少，盘面跌势形成，通常为卖出信号。无量阴跌，底部遥遥无期，正所谓多头不死跌势不止，一直跌到多头彻底丧失信心斩仓认赔，爆出大的成交量，跌势才会停止，所以在操作上，只要趋势逆转，应及时止损出局。但是，如果在中长期下降趋势逆转后的上升初、中期，庄家震荡洗盘时出现"价跌量减"，一旦价跌量减结束，再次出现价升量增时，不失为好的买入机会。

2. 技术辨别方法

第一，总体来说，股价下跌、成交量减少，股价处于下跌途中，或者正处于蓄势整理阶段，股价可能面临着变盘。其基本操作原则：

（1）在涨势初、中期出现，属于正常回档，后市看涨。

（2）在涨势末期出现，如果成交量仅少量减少，这是庄家出场的迹象，

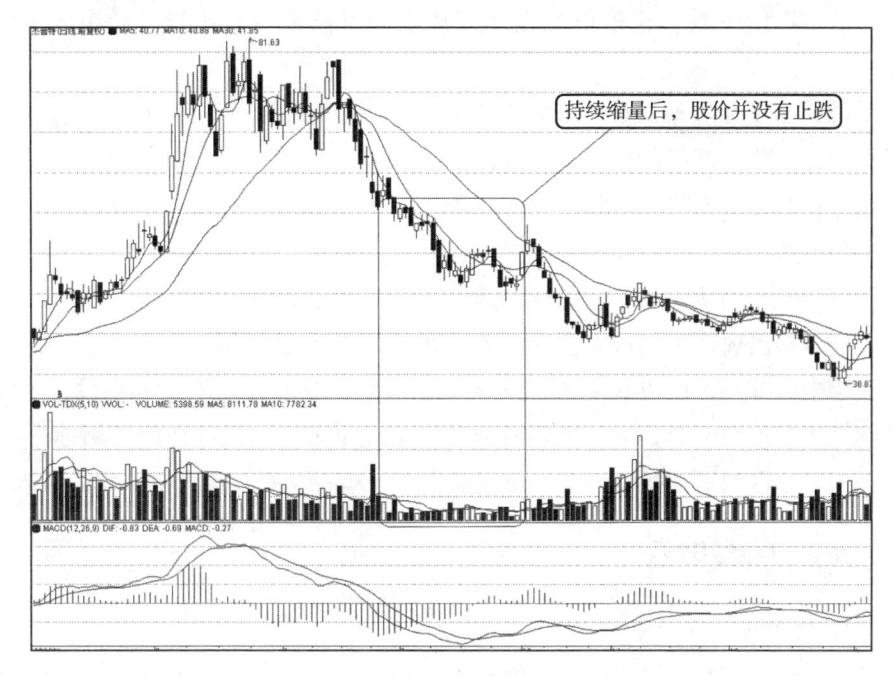

图 1-49　杰普特（688025）日 K 线图

假如价格能迅速往上涨、创新高的话，则后市仍可看好；但若近日内价格仍继续盘弱的话，应谨慎为好。

（3）在跌势初期出现，如果成交量急剧萎缩，而在数日内的成交量也未见增加时，表明市场资金已经不足或庄家已经撤退，后市看跌。

（4）在跌势中期出现，为弱市信号，应继续做空。

（5）在跌势后期出现，行情走势可望于近期获得反弹甚至见底回升。

（6）在整理形态中出现，行情向下突破的可能性不大，应继续观望。

第二，价跌量缩，具体还要根据成交量减少的程度、股价下跌幅度和具体位置来确定。

（1）成交量小幅减少，股价小幅下跌。这种情形一般发生在股价正在蓄势的时候，意味着股价即将变盘或者结束调整。在股价见顶出货时，庄家故作"蓄势整理"姿态，在别人看不明白的时候，以"整理"形态暗中出货，后市将结束上涨并转为下跌趋势。在股价上涨途中，股价出现盘整蓄势时，成交量可能会小幅减少，股价也可能小幅下跌，但盘整结束后，后市将维持继续上涨的趋势。

（2）成交量小幅减少，股价大幅下跌。这种情况以出货的情形最为常见，预示后市继续下跌。这种情况在庄家洗盘的时候也经常出现，后市应继续上涨。

（3）成交量大幅减少，股价小幅下跌。这种情况常见于股价盘整的时候，股价的每个阶段都可能发生这种情况。在上升趋势中，股价仍然可能维持上涨趋势；在下跌趋势中，股价仍然可能维持下跌趋势（成交量大幅减少、股价小幅下跌，对判断趋势的决定意义不大）。

（4）成交量大幅减少，股价大幅下跌。在吸货结束，进入洗盘阶段的后期，最容易出现这种情况。这时候在外的浮动筹码已很稀少，庄家也不愿意丢失手中的筹码，所以只有以成交量大幅减少，股价大幅下跌的手段，才能达到打压股价的洗盘目的。个别时候这一情况也可能出现在庄股"跳水"途中，由于抛盘汹涌而接盘稀少，出现成交量大幅减少而股价大幅下跌的走势。

五、价涨量缩陷阱

1. 价涨量缩误区

正常的量价关系是：价涨量增、价跌量缩。因此，大多数投资者习惯于行情向上逐渐放量时跟进做多，行情向下逐渐缩量时退出观望。股价的上升要有大的成交量来推动的观点，已经成为广大投资者的金科玉律。总体来说，股价上涨而成交量减少，理论上量价关系背离，预示多方力量减弱，股价有见顶回落调整的可能，甚至可能面临着变盘。因此，庄家就运用这种传统投资理念，在盘面上制造价涨量缩的技术陷阱，以欺骗投资者。在实际操作中不难发现，很多投资者尤其是做短线的投资者，经常会依据成交量的大小来判断股价走势，有时会把处于上升过程中的好股票轻易地拱手相让，把应得的利润随便让给他人，其原因就是成交量太小使他们不敢再坚持做多。这些投资者不懂更想不通的是，在逐渐缩量的情况下，股价竟然还会继续向上走高。

图1-50，中兵红箭（000519）：该股成功脱离底部后，股价逐波向上推高。2021年8月底，股价在相对高位放量调整，进行充分换手后出现价涨量缩的走势。有的投资者看到这种盘面走势后，以为"价涨量缩"是量价配合不理想的表现，因此选择了抛空操作，结果一大截利润与其无缘。

技术解盘：从该股走势图中可以看出，庄家在低位吸纳了大量的低价筹码，股价已步入上涨通道之中，先期的放量现象是庄家洗盘行为所致，因为股价刚刚脱离底部区域不久，部分投资者对后市走势存在分歧，因此筹码换手率比较高。而且，股价已进入强势上涨区间，均线系统呈多头排列，30日均线支撑股价持续走高。因此股价一旦形成强势后，只要维持一定的成交量就能使股价稳步走高，无须强调必须有大的成交量配合，此时若是放量上涨反倒会引起投资者的谨慎了。

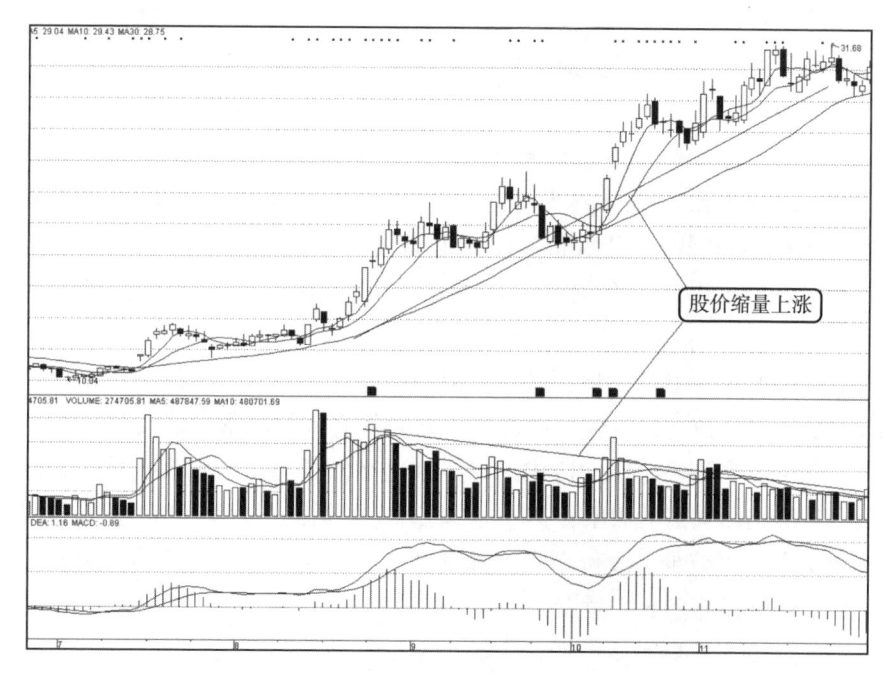

图1-50 中兵红箭（000519）日K线图

2. 技术辨别方法

众所周知，所谓成交量就是交易期间买卖双方所成交的量，买进的量等于卖出的量，股票总数绝对不会因交易而增加或减少。它只是从一方投资者手中转移到另一方投资者手中，也就是说，过去看好持有该股的一方投资者转让给了现在看好并想持有该股的一方投资者。可见，从成交量本身含义来说，它并没有规定上涨时必须要有量。在一定条件下，缩量上涨和放量上涨是一样的，都是一种合理现象，因而没有什么可奇怪的。因此从图1-50中可发现，该股上升初期曾经出现过很大的成交量，这说明该股前期已进行了非常充分的换手，空方抛出的筹码被看好该股未来的多方接走，当多方庄家把大量筹码锁定后，只要动用少量兵力就可以轻松拉抬股价，这样就出现了逐渐缩量而股价大幅飙升的走势。由此可见，一旦多方庄家高度控盘后，股价的继续上升已不需要很大的成交量来推动，这是一种非常安全的强势态势。

其实，这时候成交量放大反而对多方不利，说明空方的抛盘在增强，多方庄家对盘面失去了控制。所以，对于逐渐缩量而股价大幅上升的个股，投资者千万不要因为它不符合传统的价升必须量增的量价关系，就看空做空，这样很有可能与大黑马失之交臂。对这类个股正确的操作方法是：股价上升时，成交量缩小越要捂住股票不放，只要上升趋势不改变就坚决不退场。

价涨量缩，具体要根据成交量减少的程度、股票上涨的幅度和股票的具体位置来确定。

（1）成交量小幅减少，股价小幅上涨。如果出现在波段上涨行情的末期，多数情况下预示股价需要调整。少数情况下，出现在股价正在上涨过程中，庄家小幅缓慢推升股价，K线形态为一小串连接的小阳线，此类形态出现时，表示上涨没有阻力，并不需要较大的调整，后市仍然有较大的上升空间。

此类情况也会出现在顶部阶段，但前提是：股价累计上涨幅度较大，在见顶时股价快速拉升并有较大的涨幅，同时伴有大幅增加的成交量（成交量大增、股价大涨是快速拉升造成的，庄家这么做是为了给别人造成股价涨势凶猛，后市仍然大涨的假象，实际上是庄家为以后的出货做准备），在这以后出现成交量小幅减少，股价小幅上涨的情况，显示股价上涨乏力，反映了庄家不愿意继续做多的真实意图。

（2）成交量小幅减少，股价大幅上涨。这种情况一般预示上涨趋势可能反转。在整理形态中出现，价格将上冲回落整理，应观望。在上涨初期出现，上涨无量配合，可能要回调，应观望。价格持续上涨而成交量萎缩，应谨慎做多。在涨势后期出现，量价背离，是反转信号，应逢高沽出。如果股价涨幅累计过大，或者短期急拉暴涨，股价肯定就要见顶。

如果属于前一段时期放过巨量的，在拉升途中出现成交量小幅减少，股价大幅上涨这种情形，则股价继续上涨。因为前期换手充分，庄家已控制了绝大部分的筹码，股价上涨时，当然不可能再有多大的成交量。

（3）成交量大幅减少，股价小幅上涨。一般在盘整快要结束的时候最容易出现成交量大幅减少而股价小幅上涨的情况，后期走势不能单独依照成交量大幅减少而股价小幅上涨的量价配合情况来确定，但是可以依照盘整的性质来确定。在上升中途盘整，成交量大幅减少而股价小幅上涨时，意味着股价上涨几乎没有阻力，庄家整理的目的已经达到，股价后市继续上涨。在下跌中途盘整，出现这种情况时，由于庄家在高位派发大量筹码，跟风盘稀少，反弹行情即告结束，股价之后继续下跌。

（4）成交量大幅减少，股价大幅上涨。这种情况极为罕见，但是一旦出现，意味着上涨趋势不久（也许未来三天内）就有反转的可能。

另外，有一种常见的现象是，股价上涨突破前一波的高峰创新高，此波段股价上涨的整个成交量水平却低于前一波段上涨的成交量水平。股价突破创新高，量却没有突破创出新高，说明此波段股价的涨势令人怀疑，同时也是股价趋势潜在反转的警示信号。

六、价跌量增陷阱

1. 价跌量增误区

这是传统的量价关系背离现象。当行情经过一段持续上涨后，如果成交量不断放大，而股价却在不断下跌，说明空头力量强大或庄家在减仓、出货，后市股价将继续下跌，应及时退出观望。因此，庄家就常常根据大众投资者的思维方式，采取反大众思维方式的操作手法，在盘面上制造价跌量增的技术陷阱，以欺骗投资者。而且价跌量增陷阱比价涨量缩陷阱的操作效果更佳，因为投资者怕跌不怕涨，所以它能够引起的恐慌更强，庄家很容易实现操盘目的。不少投资者看到股价放量下跌，就产生恐慌心理，不敢再坚持做多。可是搞不明白的是，放量下跌后股价竟然很快止跌且大幅上涨。

图1-51，合盛硅业（603260）：该股庄家在低位吸纳了大量的低价筹码后，股价开始逐波走高，累计涨幅巨大。在2021年5-9月的上涨过程中，先后5次出现放量下跌走势，给人的感觉就是庄家放量出货，不少投资者看到这种走势，判定庄家减仓、出货无疑，于是纷纷抛出筹码，还暗暗庆幸自己的操作技术。可是，事实总是与判断相反，原来这是庄家放量洗盘手法，没等多久股价不跌反涨了，而且一波比一波高。

技术解盘：乍看该股走势确实让人担忧，但要分析这股力量来自哪方面，如果来自空头力量，那么他们肯定获得丰厚的利润，后市必然会出现持续的下跌走势。但从放量下跌的走势看，股价仅仅小幅下跌，不符合顶部的基本构成条件，这样基本可以排除下跌力量来自庄家出货。那这又是谁在打压？应当是中小投资者的"逃顶"资金。想一想，庄家在高价位买走散户的筹码干吗呢？庄家在后面肯定还要再做一把、再拉一波。而且，在调整中出现成交量放大态势，也说明盘中接盘力量很强，有如此大的资金在接盘，表示很多人看好它的未来，形势对多方有利，可见放量下跌不一定都是坏事。

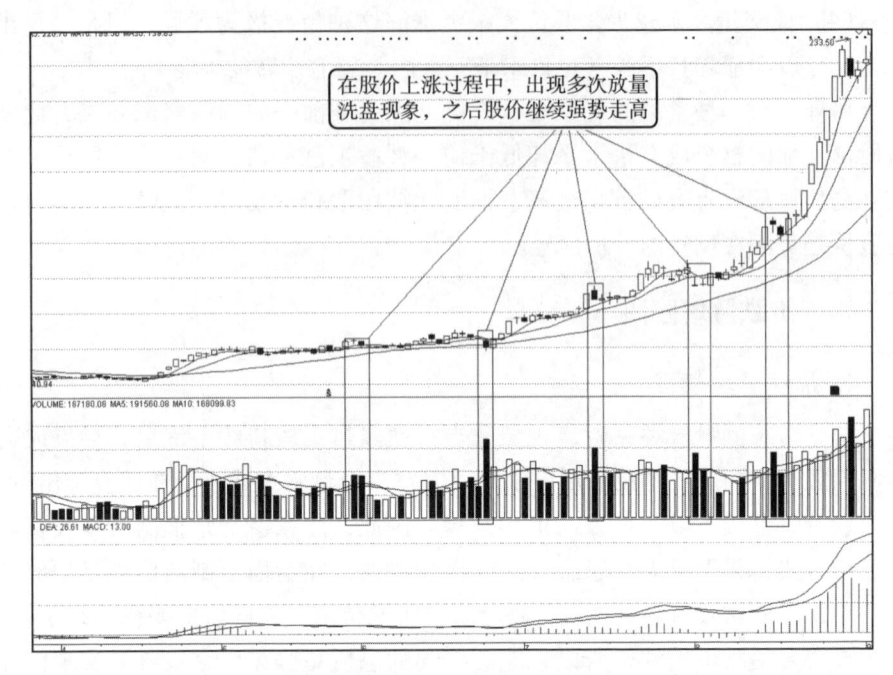

图1-51 中标注：在股价上涨过程中，出现多次放量洗盘现象，之后股价继续强势走高

图1-51　合盛硅业（603260）日K线图

2. 技术辨别方法

总体来说，成交量放大、股价下跌，市场呈现继续下跌走势。但是，也需要根据成交量放大的程度、股票下跌的幅度和股票所处的具体位置来确定。

（1）成交量小幅增加，股价小幅下跌。这种情况一般出现在顶部出货阶段，在股价刚刚进入回落阶段时最容易出现，为助跌信号。在股价下跌途中，成交量小幅增加，表明空头能量仍然很强，价格仍需要下跌一段时间。在洗盘阶段也会发生成交量小幅增加，股价小幅下跌的情况，只要股价回档不破30日均线，后市仍有上涨潜力，则中长线可以继续持股做多。这种情况在跌势末期出现，为见底信号，可以介入做多。

（2）成交量小幅增加，股价大幅下跌。这种情况一般都出现在派发阶段后期，或者处于顶部阶段，股价进行盘整后的向下突破初期。出现这种情况，预示股价后期仍有较大的下跌空间。当然，在股票洗盘的初期，也可能会出现类似情况。最主要的区别是股价的位置，股价上涨幅度不大的，洗盘的可能性较大；股价累计上涨幅度很大的，很有可能就是出货。

（3）成交量大幅增加，股价大幅下跌。这是量价配合规律中，最常见的一类情况，因股价的位置不同，可以分为5种情形：

①一般都出现在股价拉升结束后的最初几天中，而且以短期疯狂急拉暴涨型为主，由于股价上涨的幅度巨大，获利丰厚的庄家会不顾一切地大肆派发，由此造成成交量剧增，股价大跌。此类股票往往从此一蹶不振，会连续数年步入漫漫熊途。

②发生在股票加速下跌途中，庄家不计成本跳水（因为获利丰厚），中小散户也不惜血本割肉，因此造成了放量大幅下跌的"壮观"景象。

③发生在股价见底前夕，这类股票大多经历了数年的慢慢下跌过程，加之庄家也混杂在其中故意打压股价，制造"恐慌"气氛，所以到了股价下跌见底前夕的最后阶段，成交量会大幅增加，股价大幅下跌，实际上这是最后的砸盘行为，股价即将见底。因此，如果股价经过长期大幅下跌以后，在股价底部区域出现成交量增加，即使股价仍在下跌，也要慎重对待极度恐慌的杀跌，必须注意低价区的增量说明庄家在大量承接散户恐慌杀跌抛出来的筹码，后市有望形成底部或产生反弹。

④发生在庄家洗盘结束前。成交量突然大增，股价大幅下跌，其洗盘就快要结束了，即将迎来主升浪行情。

⑤在整理形态中出现，一般多是行情突然受到某种较大利空消息或不利因素的影响，市场出现了多杀多的悲壮场面。

（4）成交量大幅增加，股价小幅下跌。这种情况一般出现在庄家正在出货的时候。有两种出货情形会发生此类情况：第一种情形是庄家以缓慢拉升的方式在顶部出货；第二种情形是爆拉以后庄家在顶部无法出货或者出不干净，会等到股价回落一小段，别人感觉股价很低的时候，在"整理"中寻找机会出货。当然，股价处于底部区域的时候，庄家也经常利用局部形态，以大幅增加成交量（对倒），小幅打压股价，制造假的头部形态的手段，来实现其洗盘兼吸货的目的。

七、对敲放量陷阱

1. 对敲放量误区

市场普遍认为，股市里什么都可以骗人，唯独成交量是真实可信的。正因为如此，庄家便处心积虑地在成交量上制造许多假象，诱使跟风者追涨杀跌，上当受骗。比如说，有的股票底部突然放量，好像庄家在建仓，跟进应该会赚钱，但进去后往往发现是一个陷阱，股价跌了；有的股票经过一段时间上涨后，在相对高位持续放量，好像庄家在出货，可是抛出之后又是一个骗局，股价涨了。

　　通常来说，成交量不会骗人，说的是当天成交的实际数量，比如今天成交了1000万手，这个数字是真实的、不骗人的，但是买入还是卖出就不知道了，这时成交量的图形就有骗人的一面。有时大家觉得，放量是庄家进来了，有资金入场了，但它用对敲的方式把成交量放大，这就是一种骗人的方式。庄家通常在某一个时间段里放大成交量，图形上有一堆非常大的成交量柱子，在这里一般人会觉得庄家入场了，而且成交量放得这么大应该是实力机构，看起来好像是一个底部，但实际上这个底部是庄家做出来的，庄家在这里继续出货，放大成交量是假吸货，真出仓。同样，庄家可以通过对敲放量，在相对高位制造假出货，真建仓。可见，庄家通过对敲的操盘手法，大幅增加成交量，来影响股价波动和散户看盘效果，达到自己坐庄的目的。

　　图1-52，合盛硅业（603260）：该股在底部长时间运行，盘中散户套的套、割的割、跑的跑了，庄家在低位吸纳了大量的低价筹码。2020年11月，股价开始放量走高，然后在相对高位大幅对敲放量，造成拉高出货的假象。这时，不少投资者以为股价反弹结束，庄家高位放量出货，担心股价回落整理，因此纷纷将筹码抛出。谁知，股价经过打压洗盘后，再次强势拉起并创出新高，令投资者深感意外。这时，投资者想重新介入又觉得价位高了一些，因此只得场外观望，结果股价涨了又涨，大牛股就这样诞生了。

　　技术解盘：从该股走势图中可以看出，这是庄家运用"高位放量会跌"的传统经验，所采取的放量对敲的洗盘方式。其实，认真分析一下就可以发现不少疑点：首先，股价维持高位盘整，放走套牢散户的目的是什么？庄家绝对不会拿起枷锁套自己。其次，庄家如果真出货，是不会放这么大的成交量而引起投资者的各种猜测，这样于己不利。最后，股价不高，虽然有一波小幅拉升，但累计涨幅才30%，仍在庄家持仓成本附近，后市仍有炒作空间。因此可以断定庄家是通过对敲放量实现建仓和洗盘目的，此后股价盘升而上，累计涨幅巨大。

2. 技术辨别方法

　　对敲，是指庄家一边在盘面上堆积大量筹码，一边扮演买家或卖家，自己吃进或吐出自己的筹码（筹码从一个账户转移到另一个账户），使股价或成交量出现明显变化。这样做主要是为了制造无中生有的成交量以及利用成交量制造有利于庄家的股票价位。庄家操盘常用对敲，过去一般是为了吸引散户跟进，而现在则变成了一种常用的操盘手段，建仓时对敲、洗盘时对敲、

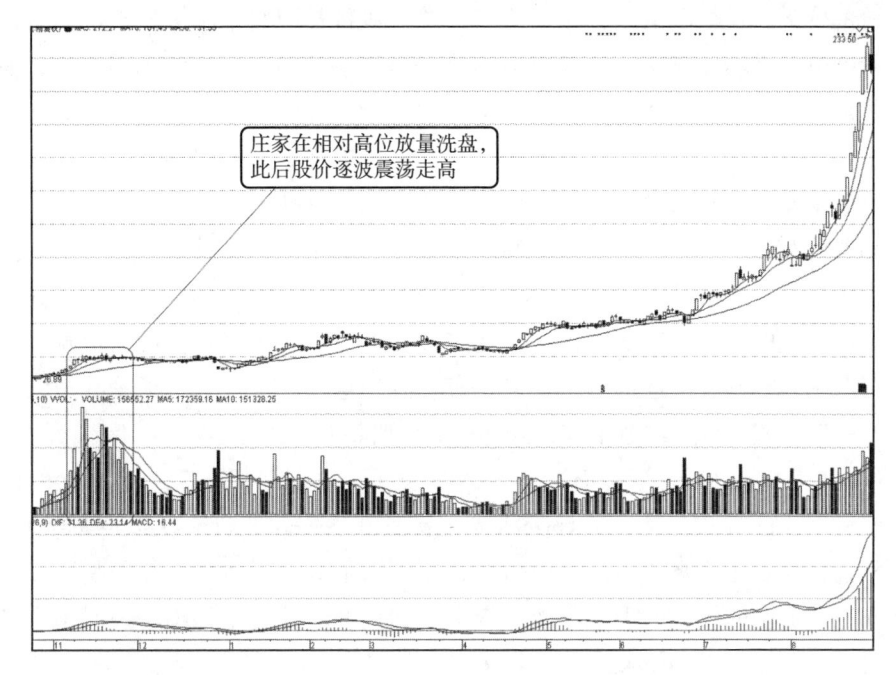

图中标注:庄家在相对高位放量洗盘,此后股价逐波震荡走高

图 1-52　合盛硅业（603260）日 K 线图

拉高时对敲、出货时对敲,做反弹行情仍然运用对敲。了解各阶段的对敲特点,有助于破解庄家运用对敲设置的陷阱。

（1）对敲建仓。在建仓时,庄家为了能够在低价位搜集到更多的筹码,往往通过对敲的手法来压制股价。在个股的 K 线图上可以看到,股价处于较低的价位时,股价往往以小阴小阳的形态持续性上扬,这说明有较大的买家在积极吸纳。之后,出现成交量较大的并且较长的阴线回调,而阴线往往是由于庄家大手笔对敲打压股价形成的。从较长的时间上看,这期间股价基本是处于低位横盘,成交量却在悄悄地放大。这时候盘面表现的特点是股价下跌时,单笔成交量明显大于上涨或者横盘时的单笔成交量。如果能够在这个时候识别出庄家的对敲建仓,可以踏踏实实买一个地板价。

（2）对敲拉抬。以大幅度拉抬股价为目的的对敲,一般是庄家在基本完成建仓过程之后的常用手法。在庄家基本完成建仓过程之后,股价往往会以很快的速度上扬,以巨量长阳甚至是以跳空缺口突破层层阻力,往往以较大的手笔大量对敲,制造该股票被市场看好、大买家纷纷抢盘的假象,提升其他持股者的期望值,减小日后在高位盘整时的抛盘阻力,使筹码锁定更牢,股价能够比较轻松地拉抬起来。在这个时期,一般散户投资者往往有追不上股价的感觉，往往看准了价格，下了买单后股价却飘起来了，似乎不高报许多价位就几乎不能成交。这时候盘面特点是小手笔的买单往往不易成交，而单笔成交量明显放大并且比较有节奏。

（3）对敲洗盘。当股价被拉抬到较高的位置之后，外围跟风盘的获利已经比较丰厚，庄家随时有可能在继续拉抬过程中兑现出局。为了减少进一步拉抬股价时的阻力，庄家采用大幅度对敲震仓的手法，使一些不够坚定的投资者出局，从而使持仓者的成本提高。这期间的盘面特点是在盘中震荡时，高点和低点的成交量明显较大，这是庄家为了控制股价涨跌幅度而用相当大的对敲手笔控制股价造成的。如果投资者看到这样的走势，除了少数短线高手，一般投资者应该注意不宜介入这样的股票。

（4）对敲出货。经过高位的对敲震仓之后，这只股票的利好消息会及时以多种多样的方式传播，股评分析等也都长线看好。股价再次以巨量上攻，其实这已经是庄家开始出货的时候了，在盘面上显示的数据，往往是在卖二或卖三上成交的较大的手笔，而并没有看到大的实际卖单挂出，纯属子虚乌有之举，而成交之后原来买一或者买二甚至是买三上的买单已经不见了或者减小了。这往往是庄家利用多账户，以比较微妙的时间差报单的方法，对一些经验不足的投资者布下的陷阱，也就是我们常听说的所谓"吃上家，喂下家"，吃的往往是庄家事先挂好的卖单，而喂的往往是跟风的买家。

（5）对敲反弹。经过一段时间的出货之后，股票的价格有了一定的下跌，许多跟风买进的中小散户已经纷纷被套牢，抛盘开始减轻，成交量明显萎缩。这时，庄家往往会不失时机地找机会，以较大的手笔连续对敲拉抬股价，但是这时的庄家已经不会再像以前那样卖力，较大的买卖盘总是突然出现又突然消失，因为庄家此时对敲拉抬的目的只是适当地抬高股价，以便能够把手中最后的筹码也卖个好价钱。

观察对敲盘需要耐心的长时间连续观察，结合大盘情况和个股的价位以及消息面等情况综合分析，一旦学会观察和把握对敲盘，就好像是掌握了庄家的脉搏，只要有足够的耐心，就等着庄家给你送钱吧。

八、逆势放量陷阱

1. 逆势放量误区

逆势，就是逆大势而行，大势上涨它不涨，大势下跌它不跌。通常，个股走势在大多数时间里是随大势而行的，只有在某一段时间里庄家为了坐庄利益，走出与大盘相逆的独立行情。在大盘上涨或下跌时，它闻而不动构筑平台整理；某一天或某一段时间，在大势放量下跌，个股纷纷翻绿下行之时，该股逆势飘红，放量强势上涨，可谓"万绿丛中一点红"，很是吸引众人眼球。这时候，许多投资者认为，该股敢于逆势上涨，一定有潜在的利好题材，或者有大量新资金入驻其中，于是大胆跟风买进。不料，该股往往只有短暂或一两天的行情，随后反而加速下跌，致使许多在逆势放量上涨时跟进的人被套牢其中。

图1-53，宇新股份（002986）：该股庄家完成建仓计划后，缓缓向上推高股价，2021年8月16日放量涨停，盘口出现加速上涨走势。次日，上证指数开盘后不久一路下跌，收盘大跌2%，市场一片恐慌，大批个股跌停收盘，但该股小幅低开1.91%后却逆势逐波上涨，继续强势涨停，成交量持续放大，走出独立上涨行情，成为当时市场的闪亮热点。8月18日指数出现反弹，该股继续放量涨停，引起市场的高度关注。不少投资者看到该股的表现后，认为庄家做多意志坚决，因而纷纷加入其中，不料此后在大势上涨时，该股却不涨了，高位盘整一段时间后，转为下跌行情。

技术解盘：从该股走势图中可以看出，这种急速放量拉高现象属于典型的脉冲走势，通常是短线游资炒作所为，其特点就是拉一把就走人，股价往往是大起大落。成交量来得非常突然，一阵放量后很快缩量，盘面又归于沉寂。快速放量的目的就是吸引投资者的目光，造成股价放量上涨的虚假盘面迹象，这种逆势放量的个股，投资者应谨慎对待。

2. 技术辨别方法

庄家在顺势操作不够奏效时，通过反大众心理操作，误导散户抛出筹码或引诱散户承接筹码，不愧是建仓或出货的一种特殊方式，能够达到意想不到的坐庄效果。

如果庄家在底部建仓，遇大势上涨时，庄家压价横盘徘徊或微幅上涨（或下跌），给人以"无庄家"之感。散户看到别的股票大幅上扬，自己捂的股票却纹丝不动，由于暴富心理强烈，心急如焚，从而动摇持股信心，纷纷抛出股票去追热门股。遇大势下跌时，庄家却竭力托价或微幅下跌（或上涨），散户以为自己持的股票也会出现补跌行情，于是先走为快，免得被套，拿着庄家赐给的小惠夺门而出，离场观望，庄家欢天喜地去接筹。或者在大势下跌时，庄家先将股价下放几个点位后横盘震荡，伏兵不动，迎接散户的抛盘，尾市又基本回复原位。如果股价列在跌幅榜的前头，可能在出货，属领跌品种。由于庄家常常不按规律操作，怪招频出，让投资者捉摸不定，这

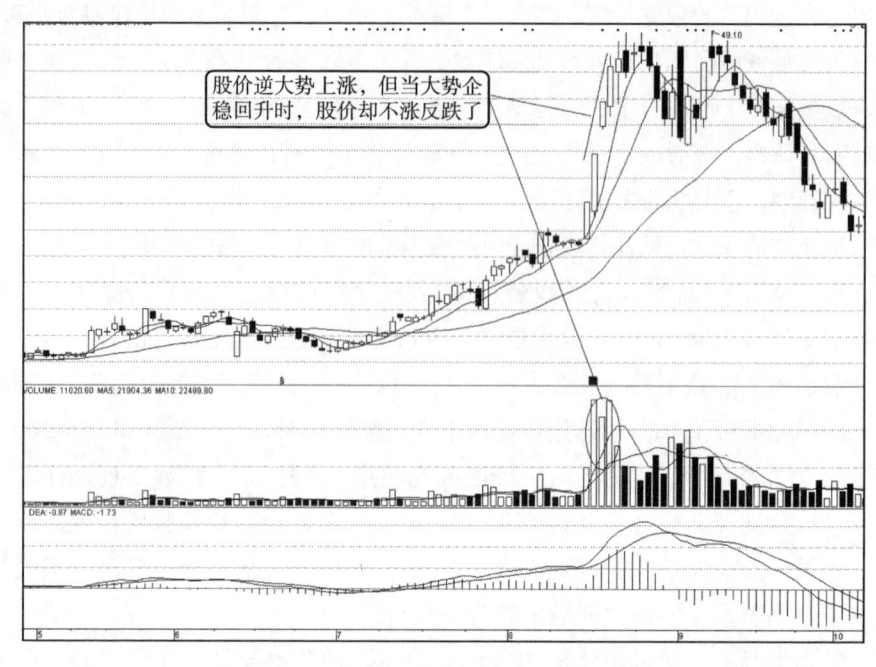

图1-53 宇新股份（002986）日K线图

种进庄方式建仓效果较佳。但庄家这样操作有一定风险性，一旦失当，便会作茧自缚，最终无法兑现利润。

在弱势市场中，成交量突然大幅增加，股价突然大幅上涨的，一般后市不可看好。只有没有很大涨幅或者未被炒作过，在相当一段时间内，前期与大盘强势走势逆向下跌，在弱势市场中却逆势走强的个股，才可以判断为个股独立行情。

基本操作原则：

（1）在低位，大势上涨而个股不涨，大势下跌而个股下跌，继续做空。

（2）在低位，大势上涨而个股不涨，大势下跌而个股上涨，谨慎做空。

（3）在低位，大势上涨而个股上涨，大势下跌而个股上涨，继续做多。

（4）在高位，大势上涨而个股不涨，大势下跌而个股下跌，继续做空。

（5）在高位，大势上涨而个股不涨，大势下跌而个股上涨，谨慎做多。

（6）在高位，大势上涨而个股上涨，大势下跌而个股上涨，继续做多。

总之，如果大盘已经启动一轮行情，该股若是底部区域，应持股不动；若是高位区域，要谨防庄家出货，一旦其开始出货，就会迎来"跳水"走势；如果大盘已经见顶回落，无论该股处于低位还是高位，都应防止庄家出货。

第二章

K线虚假信号 >>>>

第一节 大阳线虚假信号

一、形态分析精华

1. 大阳线应用法则

在长期的低迷市场中，往往积累了一股难以阻挡的做多能量，这股能量一旦喷薄而发，就会产生十分惊人的场面，大阳线就属于这种形态。大阳线的收盘价远远高出开盘价，具有强烈的底部单日反转或强势持续信号，但需要进一步确认形态的有效性。大阳线的应用法则：

（1）收盘价大大高于开盘价，一般涨幅在5%以上。

（2）实体部分较长，股价实际涨幅较大。

（3）没有上下影线，或上下影线很短。

（4）一般伴随着底部放量，放量越明显，信号越强烈。

技术意义：股价经过长期的下跌或充分的调整后，多方累积了大量的做多能量，长长的阳线表明多方发挥了最大的力量，以压倒性优势战胜空方，取得了决定性的胜利，上涨势头迅猛，市场轰动效应十分明显，具有强烈的看涨意义。

2. 形态效力和操作要点

（1）大阳线出现在市场的底部，会产生强烈的冲击力突破某个长期压制股价上涨的阻力位（线），股价将迅速脱离底部区域，此时应及时跟进，甚至追高买入。

（2）股价洗盘调整结束后产生的大阳线，可逢低跟进。横盘整理后出现的大阳线突破将是很好的买点。突破后股价回抽箱体的上边线时，是再次介入的机会。

（3）在低位，大阳线所吞没的日 K 线数量越多，其上攻力量越大。

（4）带成交量的大阳线，意味着市场上涨能量巨大，看涨意义强烈。没有成交量配合的大阳线，应谨慎看多。

（5）大阳线可能会出现逼空行情，短期涨幅大，速度快。

（6）大阳线同时上穿 5 日、10 日、30 日三条均线，使短期均线形成多头排列，后市看涨，股价小幅度回抽即可买入。

（7）光头光脚的大阳线分析意义更大。后市股价上涨的力度与阳线长度成正比。

（8）反弹高点出现的大阳线，应逢高及时离场。

（9）有过一段涨升后形成的大阳线，应谨防阶段性头部。

（10）在几波上涨后的高位出现大阳线，应及时了结。

二、常见虚假信号

1. 低位大阳线陷阱

股价经过长期的大幅下跌或深幅调整后，在低位出现大阳线，通常预示空方能量释放殆尽，多方发起有力攻势，股价见底反转上升，因此具有强烈的看涨意义，是一个难得的买入机会。可是买入股票后，并未出现预期的上涨行情，股价小幅冲高后回落并再现跌势，从而形成底部大阳线买入陷阱。

图 2-1，济南高新（600807）：该股反弹结束后再次出现盘跌状态，当股价回落到前期低点附近，受前低支撑而出现反弹，似乎已经跌不下去了。2021 年 1 月 8 日、1 月 14 日，分别拉出两根涨停大阳线，单从这两根涨停大阳线观察，具有一定的看涨意义，后市应有一波像样的反弹行情出现，可以作为短线看涨信号。可是，随后股价并没有出现预期走势，经过短暂的震荡后，股价又转入下跌走势，再次创出调整新低，将在大阳线附近买入的散户套牢。

技术解盘：该股为什么在底部出现大阳线后而股价不涨呢？主要原因有以下几点：

（1）在涨停大阳线的第二天，股价冲高回落或高开低走，没有继续巩固大阳线的成果，也就是说大阳线得不到有效确认。

（2）成交量没有持续放大，说明庄家做多意愿不强，也反映市场跟风不足，只是股价在前低附近出现修复性反弹而已。

（3）股价受长期的下降趋势线压制，对股价上涨构成极大的阻力，两根涨停大阳线并没有形成突破走势，而且 30 日均线依然处于下行状态之中。

（4）股价受前期成交密集区的阻力，无法形成持续性上涨。

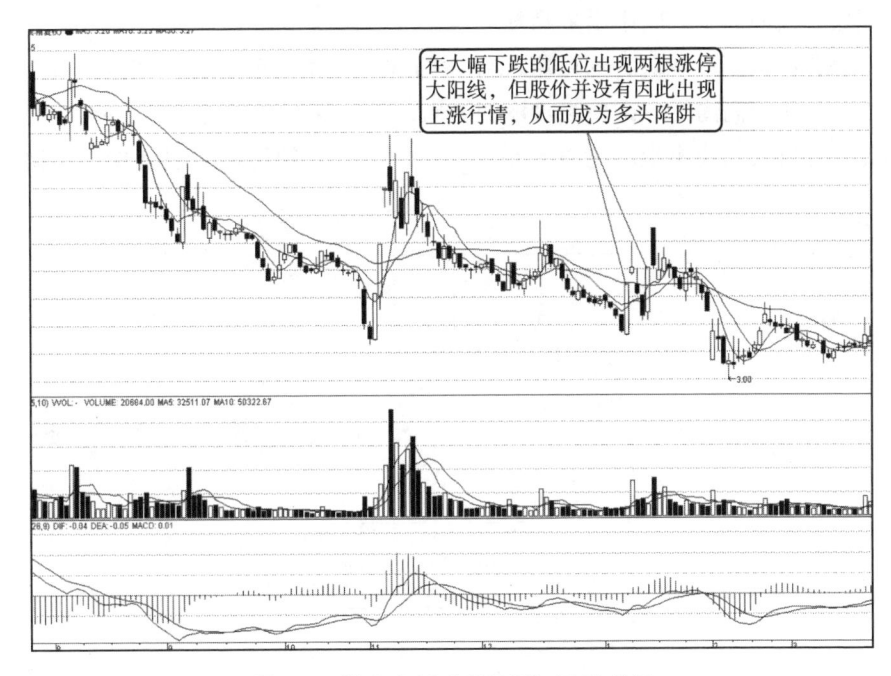

图 2-1　济南高新（600807）日 K 线图

2. 高位大阳线陷阱

股价经过持续的大幅上涨或反弹行情后，庄家为了达到出货目的而刻意拉高股价收出大阳线，制造多头陷阱，引诱散户入场接单。因此，在高位出现大阳线，反映中、短期涨幅过大，市场过度投机或炒作，股价需要回调整理，预示股价快要见顶，投资者应当逢高卖出，获利了结。

图 2-2，华联综超（600361）：该股庄家在低位完成建仓计划后，展开一波大幅快速拉升行情，股价连拉 7 个一字板，短期涨幅较大，庄家获利非常丰厚。为了兑现手中获利筹码，股价在高位出现震荡走势，2021 年 8 月 30 日、9 月 14 日，在高位收出两根涨停大阳线。从形态上看，这两根大阳线多头气势非常强劲，大有再来一波快速拉升的意思，从而吸引不少散户入场接单。可是，该股偏偏不给散户获利机会，次日股价都是高开低走，从此盘面渐渐走弱，股价进入弱势调整。此时，散户才恍然大悟，原来这两根涨停大阳线是典型的庄家诱多出货行为。

技术解盘：判断这两根大阳线的关键就在于股价所处的位置，当时股价处于快速上涨后的高位震荡中，这时就要意识到每次上涨都有可能是诱多行为，或者是多头涨后余波所致。在大阳线出现的前几天，已经出现明显的滞涨现象，说明庄家有暗中出货嫌疑。

综合盘面多种现象，这两根涨停大阳线是庄家诱多行为，落实到具体操作上，只能逢高离场，即使当日没能退出，随后盘面出现疲软时也应该离场。因此，分析大阳线出现的背景是最关键的，切不可掉进庄家设置的诱多陷阱之中。

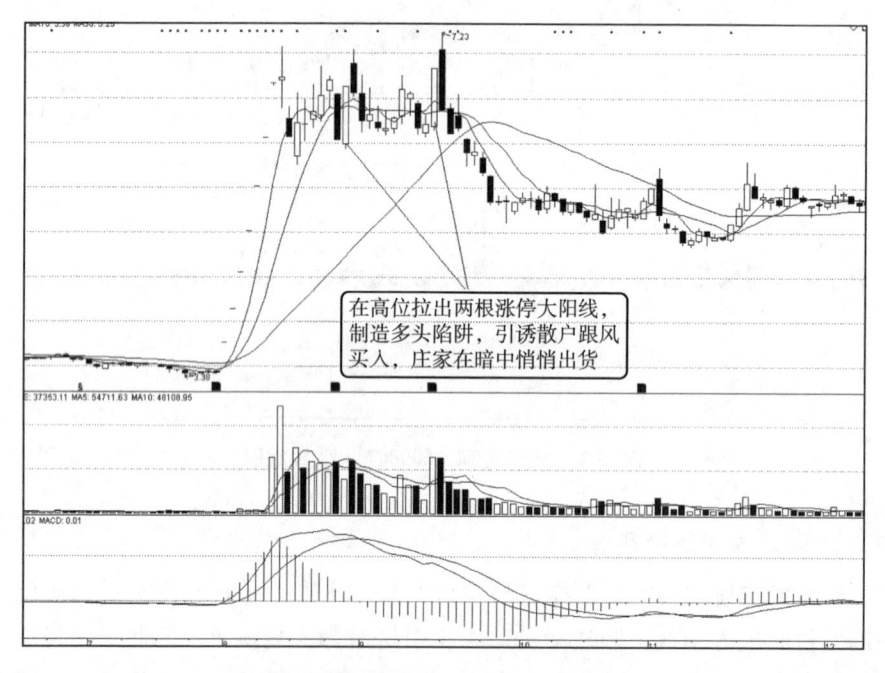

图 2-2　华联综超（600361）日 K 线图

3. 主升浪后的大阳线陷阱

股价经过成功的大幅炒作后，完成了主升浪上涨行情，此后庄家为了达到出货目的，还要将股价维持在较高价位，不时地拉出大阳线，以期引起投资者的关注和参与，从而不断地在暗中出货。因此，主升浪之后出现的大阳线，往往是庄家制造的多头陷阱，投资者应谨慎对待。

图 2-3，华东数控（002248）：该股庄家成功构筑底部后，2021 年 8 月 20 日开始拉升，8 个交易日拉出 7 个涨停，股价涨幅达到 1 倍。这时主力的首要任务就是出货，但对于大幅炒作后的个股，主力出货并非易事，需要讲究出

货章法，而运用大阳线诱多是最好的出货手法之一。股价小幅回落后，9月14日在高位收出涨停大阳线，保持盘面相对活跃状态，形成新一轮上攻态势。这时，有的投资者以为第二波行情启动，因而纷纷跟风介入做多。谁知，这是一个多头陷阱，次日股价冲高回落，之后几日股价快速下跌，将高位跟风买入的投资者套牢。

技术解盘：从该股走势图分析，高位出现的这几根大阳线明显是一个多头陷阱：

（1）股价已经完成了主升浪炒作，后市即使上涨也是涨后余波行情，上涨空间十分有限，介入风险极大。

（2）大阳线之后股价冲高回落，没有形成持续上涨走势，且很快收回大阳线的全部涨幅，虚假性更大。

（3）成交量渐渐萎缩，说明跟风者已经不多，股价无法突破前高阻力。

（4）MACD、RSI、KDJ、W%R等多项技术指标呈现顶背离或钝化状态，不支持股价进一步走高。

在实盘操作中，经过主升浪炒作之后的个股，无论出现多么诱人的看涨信号，也不要轻易介入，以免落入庄家设置的多头陷阱之中。夕阳余晖，虽然美丽，但已是落幕前的残波。

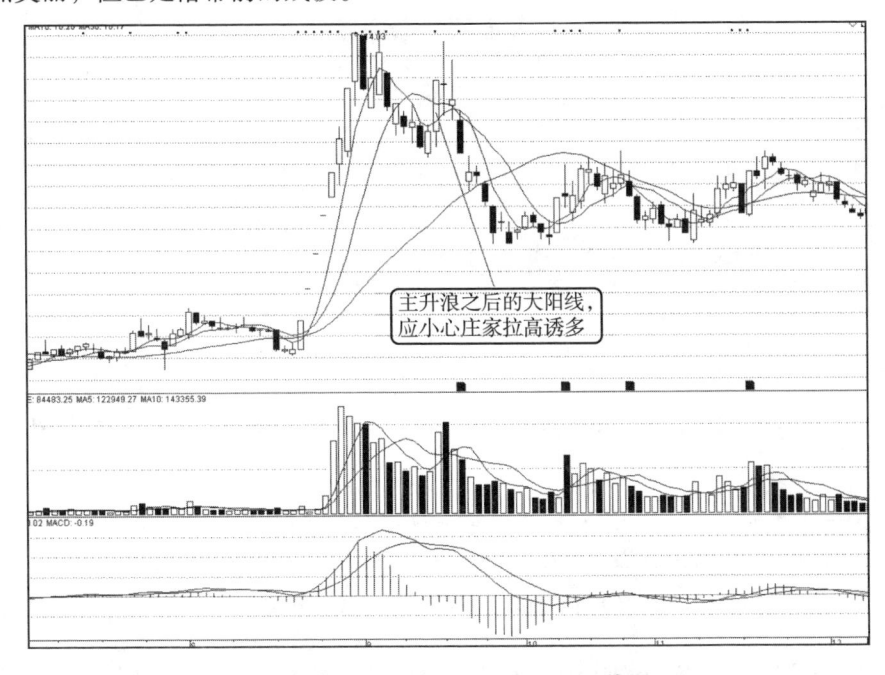

图 2-3　华东数控（002248）日 K 线图

4. 一字形或T字形后的大阳线陷阱

庄家完成建仓并成功构筑底部后，股价进入快速拉升行情，常常连续以一字板或T字板拉高，这种走势短期内堆积了大量的获利筹码，一旦打开涨停板后，可能会引发巨大的抛盘。但是，庄家往往竭尽全力护盘，并希望投资者积极参与，因为庄家还没有完成出货，需要在高位筑巢引凤，继续拉出大阳线。那些"初生牛犊不怕虎"的投资者纷纷介入后，股价却很快反转下跌，从而形成高位大阳线陷阱。

图2-4，迪生力（603335）：该股庄家在底部震荡过程中吸纳了大量的低价筹码，2021年12月6日形成突破走势，接着连续出现3个一字板，12月10日继续拉出涨停大阳线，短期涨幅非常惊人。这时，庄家将股价维持在高位震荡，从而暗中派发筹码，为了吸引投资者积极参与，12月14日和20日再次在高位拉出两根放量涨停大阳线。这时有的投资者以为股价调整结束，新一轮上涨行情即将开始，因此忽略风险而贸然追高介入，可是第二天股价都是低开低走，之后股价4个交易日中3个跌停。如果逃跑不及时，则亏损较大，这就是高位大阳线陷阱造成的损失。

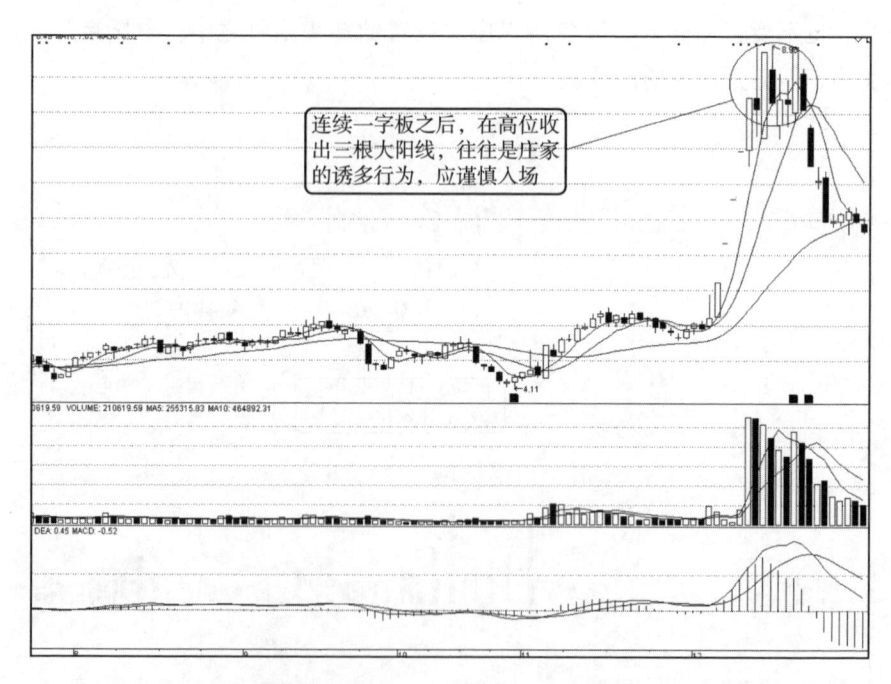

图2-4 迪生力（603335）日K线图

技术解盘：在实盘操作中，连续一字板或T字板之后出现的大阳线风险非常高，投资者切莫受暴利思想的影响贸然介入。其实，这里的风险非常直观，无须用太多的精力去分析研究，就能一目了然，倘若落入这样的陷阱之中，实属炒股之大悲矣。当然，要掌握一个量度问题，通常以连续 3 个以上一字板或 T 字板为风险区，5 个以上为高风险警戒区，8 个以上为超级高风险区。对于 3 个以下的一字板或 T 字板，可以用常规方法进行分析研判。

5. 短期快速暴涨后的大阳线陷阱

股价经过短期的快速拉升后，多方能量损耗过大，需要回调蓄势整理，往往形成阶段性头部，此时在高位出现的大阳线，容易成为多头陷阱，投资者应谨慎对待。

图 2-5，跃岭股份（002725）：该股成功构筑底部后，2021 年 12 月 6 日开始向上突破，股价连拉 7 个涨停，短期庄家获利丰厚。庄家为了吸引散户的积极追捧，实现自己的胜利大逃亡，调整 3 个交易日后，12 月 20 日再次大阳线而起，形成新一轮上攻之势。此时，有的散户以为新一轮上涨行情开始，而纷纷跟风买入，结果次日低开低走跌停，散户被套其中。

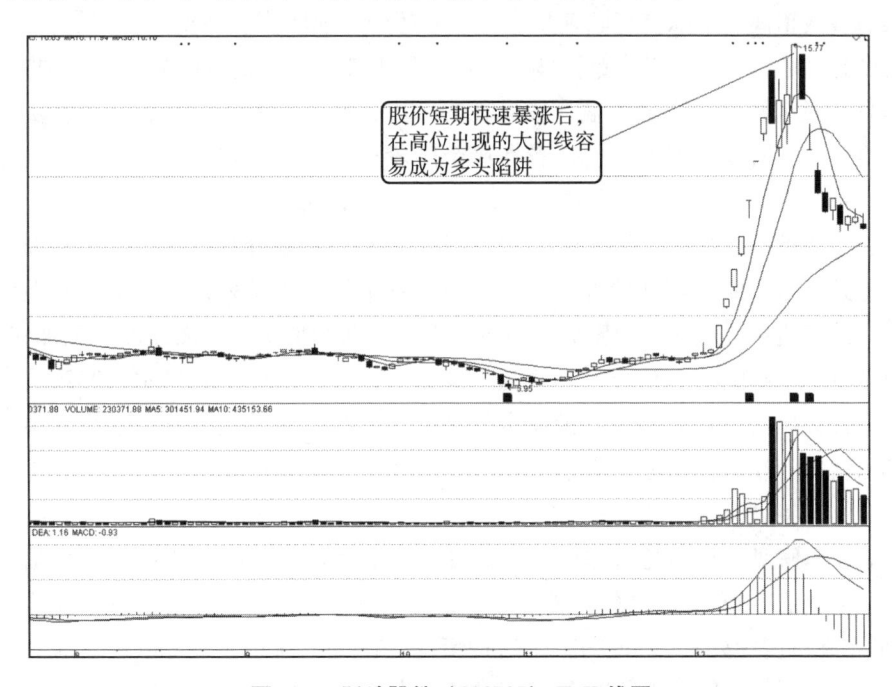

图 2-5　跃岭股份（002725）日 K 线图

技术解盘：这样的大阳线有什么技术意义呢？投资者如何操作？

（1）由于短期涨幅过大，拉升过急，多方需要回调蓄势，因而容易形成阶段性头部。这也是主升浪之后的涨后余波行情，短期上涨空间非常小，介入风险大。

（2）短期股价远离移动平均线，造成乖离率偏大，根据葛氏移动平均线八大法则，股价有回归移动平均线附近的要求。

（3）RSI、KDJ、DMI、W%R等多项技术指标出现钝化或顶背离现象，不支持股价继续走高。

因此，投资者遇到短期暴涨的个股时，不要轻易介入，以免落入庄家设置的多头陷阱之中。在认识判断上，也可以从量度上进行把握，一般连续5个以上涨停板或短期持续涨幅超过70%时，应视为高风险区，无论该股后市潜力大小，这时股价离阶段性头部已经不远了，对于3个以下涨停板或涨幅在30%以下的个股，可以用常规方法进行分析研判。

6. 最后冲刺中的大阳线陷阱

股价上涨过程如同"飞行理论"，也分为进入跑道、开始滑行、离开地面、加速爬高、高空飞行等几个过程。庄家完成建仓后，股价慢慢脱离底部，然后缓缓抬高，上涨步伐渐渐加快，最后达到加速爬高。在整个上涨过程中，速度越来越快，角度越来越陡峭，呈圆弧形上涨，成交量也明显放大。"加速爬高"是上涨过程中最凶猛、最疯狂的阶段，也是最引人注目的过程，更是风险聚集的阶段。因此，投资者在这个阶段里一定要沉得住气，一旦在这个阶段被套牢的话，无异于瓮中之鳖，短期内难以脱身。

图2-6，王府井（600859）：该股庄家成功完成建仓计划后，股价渐渐步入上升通道，成交量开始温和放大，均线系统呈多头排列，股价缓缓向上盘升。经过边拉、边洗、边整后，股价上涨步伐渐渐加快，上涨速度明显加快，角度也越来越陡峭，整个上升过程呈圆弧形，最后出现疯狂走势。2020年7月8日，拉出冲刺大阳线，盘面走势完整，形态非常诱人，但隐隐约约中透露出多方已经力不从心。果然，随后几日在高位出现放量滞涨，接着股价渐渐走弱，将高位入场的散户套牢。

技术解盘：在实盘操作中，投资者遇到最后冲刺中的大阳线时，哪怕错过一段上涨行情，也不要贸然介入，因为这里累积了大量的风险。股谚说"股市在沸腾中死亡"，说的就是这种情况。在认识判断上，可以从上涨角度上进行把握，一般上涨角度在45度左右比较理想，提速到45~70度时属于快速上涨阶段，加速到70度以上则属于最后的疯狂飙升阶段，股价很快面临回调，这时明智的做法就是回避风险，保持场外观望乃为上策。

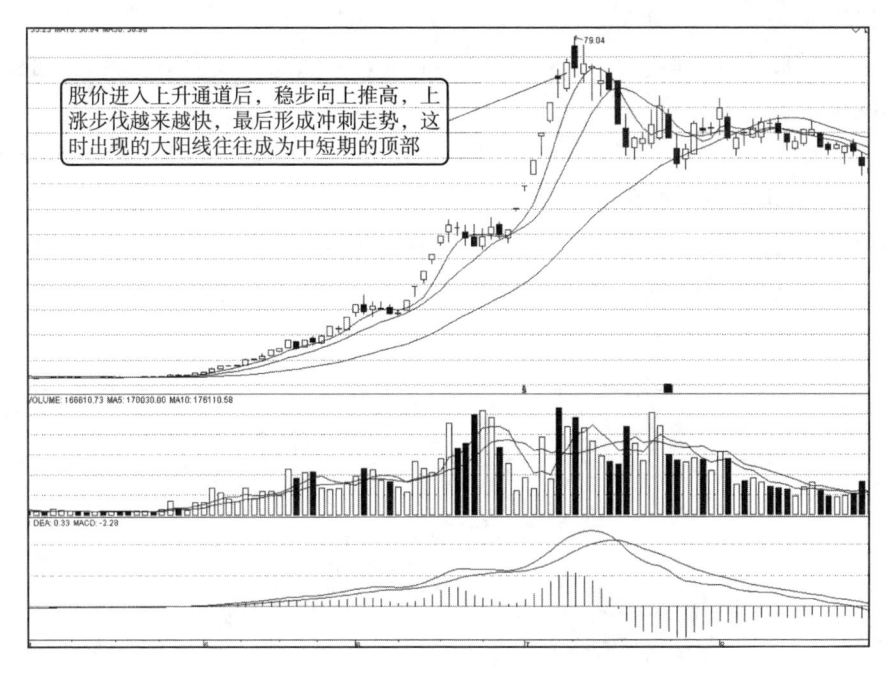

股价进入上升通道后，稳步向上推高，上涨步伐越来越快，最后形成冲刺走势，这时出现的大阳线往往成为中短期的顶部

图 2-6　王府井（600859）日 K 线图

7. 向下突破后的回抽大阳线陷阱

股价向下突破某一个重要技术位置后，往往会出现向上回抽动作，回抽是确认股价突破有效的一种盘面波动形态，也是一种反趋势的短暂现象，回抽结束后股价将重归下跌之路，因此在回抽过程中出现的大阳线没有持续性，投资者不要上当受骗。但庄家为了欺骗散户，在股价破位之后故意拉出一根大阳线，形成股价企稳回升迹象，从而形成大阳线诱多陷阱。

图 2-7，特一药业（002728）：该股经过快速拉高后见顶回落，股价不断向下阴跌，渐渐地跌落到 30 日均线之下。2021 年 7 月 1 日，收出一根涨幅 7 个多点的大阳线，对股价跌破 30 日均线进行回抽确认。次日，股价低开低走，没有延续上涨走势，表明股价突破 30 日均线有效，后市仍有一段下跌空间。如果投资者将这根大阳线误读为企稳回升信号，而加入多头行列的话，正好落入庄家设置的多头陷阱之中。

技术解盘：如何解读这根大阳线呢？投资者应如何操作？

（1）股价向下突破 30 日均线后，30 日均线由支撑变为阻力，大阳线受制于 30 日均线和前期高位套牢筹码的阻力，很难重新返回到该区域之上。

（2）次日低开低走，说明股价跌破 30 日均线有效，回抽确认成功，股价难以走强，并将再次下探。

（3）股价见顶后，人气渐散，失去上涨时的风光，成为市场弃儿，股价易跌难涨。

在实盘操作中，通常股价突破的技术位置，如移动平均线、趋势线（通道线）、技术形态、整数点位、黄金分割位或成交密集区域等，都是非常敏感的位置，股价突破后大多会出现回抽动作。因此，投资者遇到这类个股时，千万不要被大阳线所骗，应先以回抽动作对待为好，等待股价真正转势之后介入也不晚。

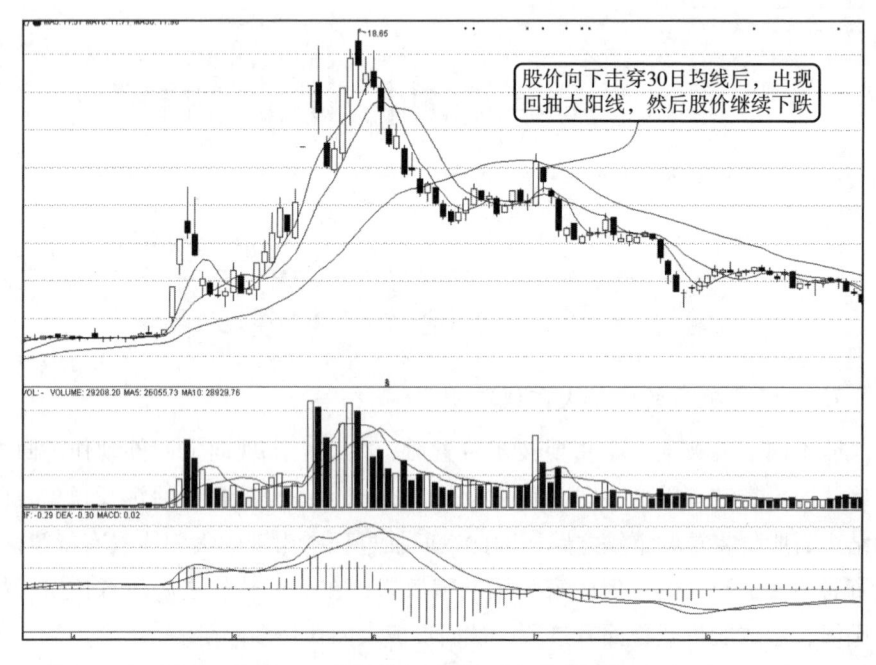

图 2-7　特一药业（002728）日 K 线图

8. 单根放量的大阳线陷阱

在长期的实践中，"放量上涨"或"放量突破"已经成为不少投资者的操盘经验，因此庄家就顺应大众心理做盘。为了吸引更多的散户，庄家特意制造剧烈放大的成交量，在日 K 线图上形成天量柱状线，让散户产生许多幻想，结果股价没有上涨，成为"金鸡独立"的单日放量大阳线陷阱。

图 2-8，厦门银行（601187）：股价企稳后维持盘局态势，2021 年 12 月 10 日向上突破盘局，收出一根上涨大阳线，当天出现巨大的成交量，形成放量向上突破之势。这根大阳线吸引不少散户跟风入场，可是第二天低

开低走，成交量同步萎缩，股价没有朝突破的方向继续上攻，而是陷入盘局困境。

技术解盘：股价以放量大阳线的方式向上突破盘区后，为什么股价不涨反跌呢？根本原因在于成交量方面，股价仅在突破的当天放出天量，然后快速缩量，在成交量图中出现"金鸡独立"的形态，这种没有持续性的间歇性放量，表明场外资金十分谨慎，跟风意愿不强，因此股价上涨缺乏内在动力，行情很难持续下去，股价向上突破只是庄家欺骗散户的一种行为。而且，股价回升时受到上方盘区的明显阻力，出现冲高回落，次日低开弱势运行，K线图中同样是"金鸡独立"形态。在实盘操作中，投资者遇到单根放量大阳线突破某一技术位置，然后快速缩量的现象，要小心突破失败。

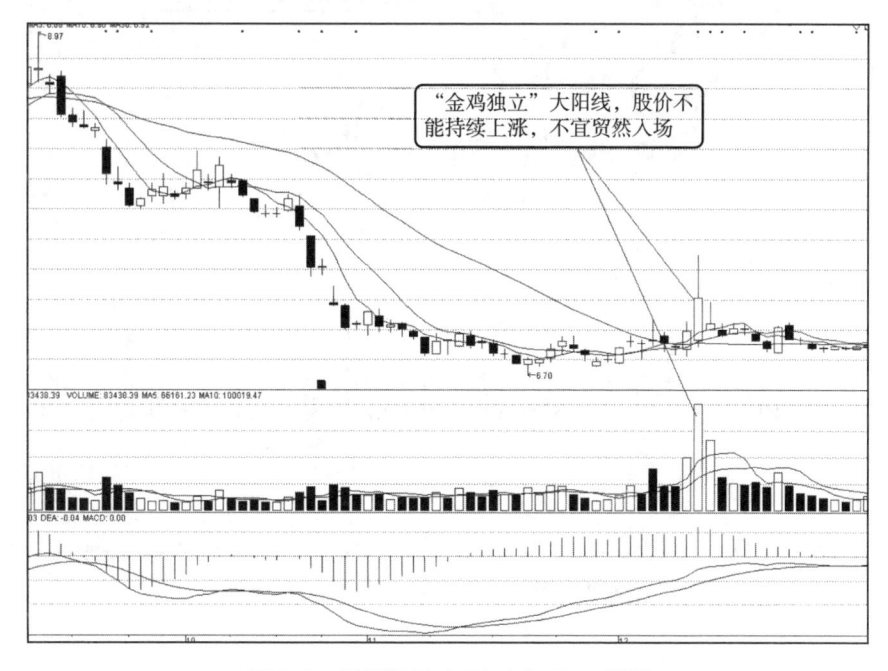

图 2-8　厦门银行（601187）日 K 线图

9. 弱势反弹中的大阳线陷阱

一般而言，反弹是为了更好地积蓄做空能量，反弹结束后股价仍将继续下跌，因此不要被反弹中的大阳线所迷惑。

图 2-9，中炬高新（600872）：该股见顶后逐波走低，成交量大幅萎缩，盘面弱势特征十分明显。2021 年 7 月 1 日、8 月 9 日和 10 日，分别收出反弹大阳线，可是股价都没有出现持续走强，而是继续阴跌，再创调整

新低。

技术解盘：从该股走势图中可以看出，这几根大阳线都属于弱势反弹性质，而且得不到成交量的积极配合，随后也没有补量出现，股价没有继续上攻的势头。更重要的是，股价运行于下降通道之中，盘面弱势特征非常明显，均线系统呈空头排列，股价反弹受制于均线和下降趋势线的压制，因此股价很难走出上涨行情。在实盘操作中，投资者尽量不要参与弱势反弹操作，即使参与，仓位不宜过重，目标不宜过高，做到快进快出，否则偷鸡不成蚀把米，得不偿失。

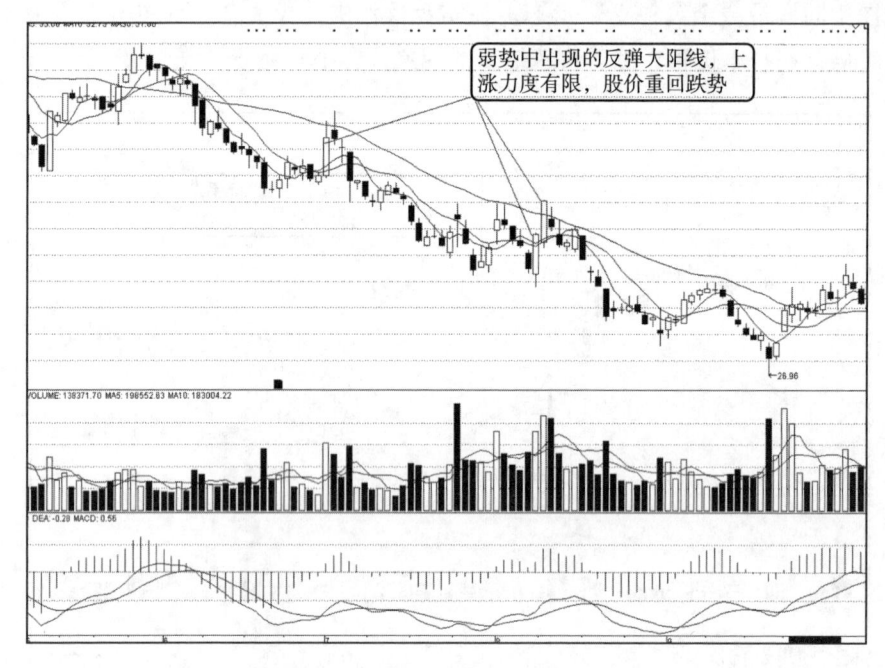

图 2-9　中炬高新（600872）日 K 线图

三、技术辨别方法

在股市中出现大阳线的频率非常高，可以出现在任何一个时段，但不同时段的大阳线，分析意义也不尽相同，不能一概看涨。根据实盘经验，大阳线可以从以下几个方面进行分析：

（1）大阳线与位置。如果在连续下跌情况下出现大阳线，则反映了多方不甘心失败，发起了反攻，股价可能见底回升；如果在涨势刚刚形成时出现大阳线，则表示股价有持续上扬的意味；如果出现在股价上涨趋势中途，则说明此时买方占据市场，股价很可能进入加速上涨的态势；如果在股价连续上涨后的情况下，在高位拉出大阳线，则要小心多方能量耗尽，股价见顶回落。

（2）大阳线与盘面。散户遇到大阳线时，应分析此时股价处于哪个阶段、什么位置，如果股价经过一轮下跌后出现大阳线，为了安全，可以观察第二天股价的走势。若第二天盘中的买盘积极，并且当股价震荡下探时，没有超过前一天阳线实体的 1/2 位置就被多方快速拉起，那么投资者这时可以进场操作。若第二天盘中的买盘不积极，并且股价震荡下探幅度较大，也没有明显护盘动作，那么投资者此时观望为宜，而不应急于进场操作。若在收盘前股价能够被拉起的话，那么可以适当参与操作，否则观望为宜。如果在股价上涨中期出现大阳线，那么只要当天不放出巨量，并且次日不收出大阴线，散户就可以进场操作，否则观望为宜。

（3）大阳线与移动平均线。移动平均线具有提示运行趋势、行情强弱、支撑阻力、助涨助跌以及技术骗线较少等优点，将大阳线与移动平均线一起进行分析，可以得到许多市场信息（参考 30 日均线效果更佳）：

①30 日均线向上，市场强势仍将持续，股价向上运行，此时出现大阳线时，做多信号最强，买入。

②30 日均线向下，市场处于弱势之中，股价向下运行，此时出现大阳线时，做多信号最弱，清空。

③30 日均线走平，市场处于横盘态势，股价方向不明，此时出现大阳线时，做多信号一般，观望。

④30 日均线呈 45 度角运行时最为理想，太陡时谨防回落；平坦时支撑力度较弱，大阳线谨慎看多。

⑤大阳线出现时，黏合后的均线向上发散，加强做多信号；大阳线出现时，均线已呈多头排列，进一步加强做多信号。

（4）大阳线与乖离率（BIAS）。股价在移动平均线之下且远离移动平均线时（负 BIAS 值增大），出现的大阳线为反弹信号，可以轻仓参与；股价在移动平均线之上且远离移动平均线时（正 BIAS 值增大），出现的大阳线为短期见顶信号，应当获利了结。

（5）大阳线与成交量。大阳线必须伴随较大的成交量，无论出现在底部区域还是顶部区域，其技术含义都会更加强烈。可以得出这样的结论：成交量可以确认和验证大阳线的有效性，大阳线在成交量的配合下，才更具有操作价值。大阳线与成交量的关系：

①大阳线量增。在升势初期或中途，可看涨做多；在升势后期，观望为宜。在跌势初期或中途，观望为宜；在跌势后期，可谨慎看多。

②大阳线量平。在升势初期或中途，可看涨做多；在升势后期，观望为宜。在跌势初期或中途，逢高卖出为上；在跌势后期，观望为宜。

③大阳线量减。在升势初期，可谨慎做多；在升势中途，观望为宜；在升势后期，卖出为上。在跌势初期或中途，卖出为宜；在跌势后期，观望为宜。

（6）突破关键位置时要注意的是：大阳线突破某一个具有重要意义的位置时，如果上涨幅度小于3%，应考虑是否属于"破高反跌"形态。如果大阳线的上影线刺破高点，出现"破高反跌"形态的可能性极大。如果大阳线突破高点后，持续时间很短暂（通常少于3个交易日），应考虑是否属于庄家刻意拉抬所为。

第二节　大阴线虚假信号

一、形态分析精华

1. 大阴线应用法则

大阴线与大阳线对称，在长期被多方控制的火爆行情中，往往会积蓄不可低估的做空能量，当能量达到极限时便会爆发出来，其结果往往超出预料。大阴线就属于这种现象，其收盘价远远低于开盘价，因此具有强烈的顶部单日反转或弱势持续信号，但需要进一步确认形态的有效性。大阴线的应用法则：

（1）收盘价大大低于开盘价。

（2）实体部分较长，股价实际跌幅较大。

（3）没有上下影线，或上下影线很短。

技术意义：股价经过大幅上涨后，空方累积了大量的做空能量，这种能量一旦得到发挥，下跌势头十分猛烈，市场遇到严重的破坏，具有强烈的看涨意义。

2. 形态效力和操作要点

（1）大阴线出现在市场的顶部，或者出现在反弹行情结束时，往往会以强烈的冲击力突破某个长期支撑股价上涨的支撑位（线），股价将迅速脱离顶部区域，应及时卖出。

（2）在高位，大阴线吞没前面的日 K 线数量越多，其反转的市场意义越大。

（3）大牛市末期出现大阴线，应及时退出，甚至不惜赔本撤退。

（4）大阴线经常伴随较大的成交量，意味着下跌能量威力无比。

（5）大阴线可能出现在暴跌行情之中，短期跌幅大，速度快。

（6）后市下跌的力度与阴线长度成正比。

（7）光头光脚的大阴线分析意义更大。

（8）股价洗盘调整结束后产生的大阴线，可逢低跟进。

（9）有过一段下跌后形成的大阴线，应谨慎做多，防止惯性下跌。

（10）股价经几波下跌后的低位出现大阴线时，可能是空头陷阱。

二、常见虚假信号

1. 低位大阴线陷阱

股价经过长期的大幅下跌或深幅调整后，庄家为了拿到更多的低价筹码，蓄意向下打压股价，收出实体大阴线，造成股价再度下跌之势，产生强烈的看跌信号。可是，当投资者卖出股票后，并未出现预期的下跌行情，股价小幅下探后反转向上步入升势行情，从而形成底部大阴线空头陷阱。

图 2-10，美邦服饰（605033）：该股上市初期略做冲高后回落，在底部企稳震荡整理，庄家为了继续加强低价筹码的收集，2021 年 12 月 6 日打压股价，收出破位性下跌大阴线，击穿 30 日均线的支撑，盘面看空气氛油然而生。按常规的研判，这是短期走势变坏的技术标志，后市以下跌调整为主。可是，股价没有持续下跌，次日企稳后渐渐向上推高，当庄家成功完成建仓后，股价出现快速上涨行情。可见，如果在出现大阴线的时候止损出局，那无疑是卖在地板价上。

技术解盘：为什么这时候股价没有继续下跌，反而成为下跌的尾声呢？从位置观察，这根大阴线出现在大幅下跌低位，股价下跌空间有限。从形态上分析，30 日均线没有下行，下方有前期盘区支撑，短期难以出现持续下跌走势。从量能上看，在股价向下破位时，没有出现明显的成交量，说明底部惜售意识增强。因此，这种没理由的杀跌值得大家密切关注，很可能是庄家的诱空手法，投资者不要轻易被砸出局。

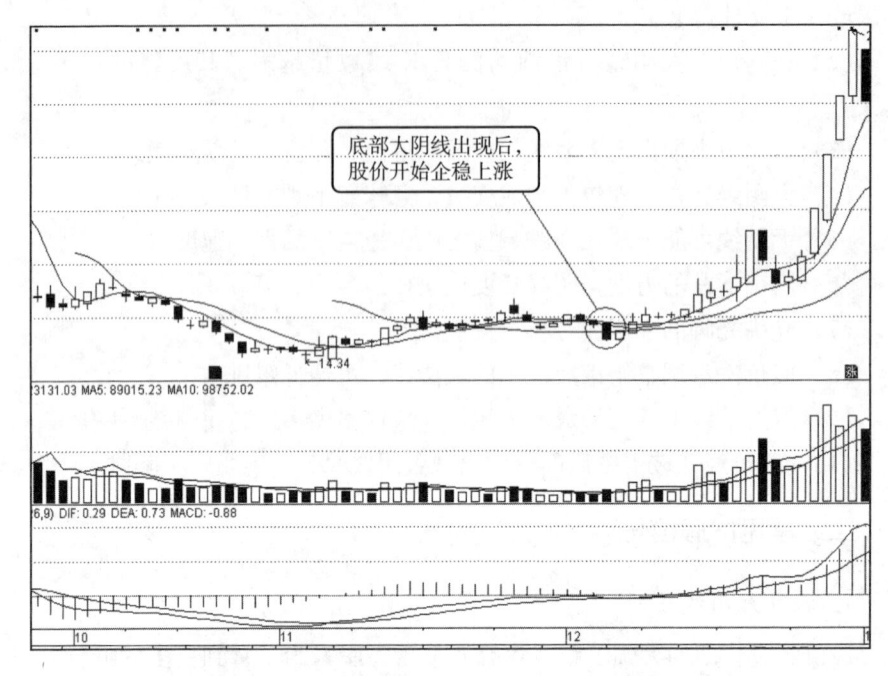

图 2-10　美邦服饰（605033）日 K 线图

2. 高位大阴线陷阱

股价经过一波上涨或反弹行情后，在相对高位出现大阴线，反映中、短期涨幅过大，市场过度投机或炒作，股价需要回调整理，预示股价快要见顶回落，同时也反映庄家在高位出货，从而形成大阴线卖出信号。可是卖出股票后，并没有出现大幅下跌走势，股价小幅回落后很快止跌，而再度强势上涨，从而形成高位大阴线卖出陷阱。

图 2-11，陕西金叶（000812）：2021 年 11 月 23 日，股价放量向上突破，成功脱离底部盘区，产生一波拉升行情，8 个交易日拉出 6 个涨停，由于短期涨幅较大，股价在高位出现震荡。12 月 3 日和 7 日，分别拉出放量大阴线，而且形成阴包阳 K 线组合形态。由于当时股价距离底部涨幅已经达到一倍，在这个位置收出这样的大阴线着实让人担心，成交量也明显放大，大有庄家出货嫌疑。在这种背景下，庄家出货是可以理解的。可是，如果据此操作的话，则会失去后面的巨大涨幅。大背景是分析过了，但细节就体现在大阴线的形成过程中，需要从分时图和次日的走势去解读。

技术解盘：在分时图走势中，12 月 3 日的盘面走势虽然低迷，但全天跌幅不大，收盘下跌 5.27%，大部分时间保持红盘运行。只是到了收盘前 1 个小时，盘中开始放量杀跌，成交量密集放大，但即便如此，下跌幅度也不是很大，说明接盘不弱。直到收盘前半个小时，盘中再度放量杀跌。这就让人产生疑问了——为什么在尾盘放量杀跌，说到底就是庄家想在此收出一根大阴线。其实，也可以试想一下，既然庄家要刻意做盘，大家不妨静观其变。次日股价再度涨停，保持良好的盘面气势。

那么，如何看待12月7日的走势呢？当天低开后直奔跌停，看似空头气势汹汹，但盘中多次开板回升，说明有资金看好后市，直到午后才封跌停板。但是，次日低开3.69%后，快速翻红震荡，全天股价仅微跌0.48%，可见杀跌气势不强，股价没有延续跌势，说明此前的杀跌就是一个空头陷阱。

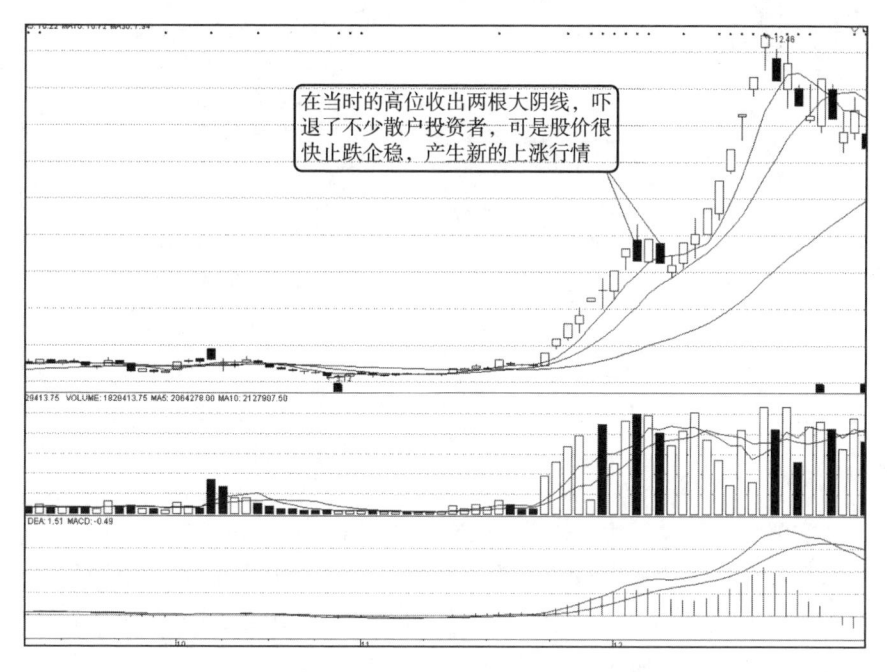

图 2-11 陕西金叶（000812）日 K 线图

3. 利空大阴线陷阱

在A股市场中，利多、利空引发股价大起大落是常见的盘面现象，因此庄家往往会借助消息面的影响，制造各式各样的盘面图形。当遇到利空消息砸盘后，空方能量得到较好释放，股价容易出现报复性反弹行情，市场可能会形成阶段性底部，此时在低位出现利空大阴线，往往容易成为空头陷阱。

图2-12，南岭民爆（002096）：该股见底企稳后，股价向上爬高，2021年9月24日周五公告"内幕交易自查"消息，周一股价大幅低开7.5%后，

盘中冲高回落，以跌停收盘，次日低开高走，但第三天高开低走收出大阴线，K线图中弱势气氛非常明显，为短线看空卖出信号。可是，随后股价并没有出现持续性下跌走势，很快企稳后，经过短期修复整理，展开一波飙升行情，股价连拉8个涨停。

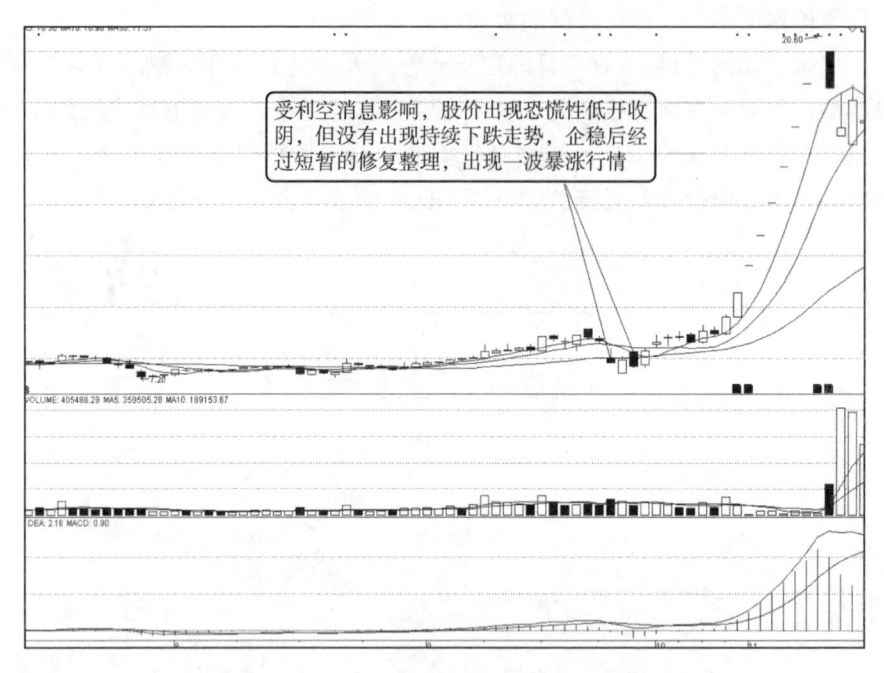

图 2-12 南岭民爆（002096）日 K 线图

技术解盘：该股有什么技术疑问呢？从图中可以看出：

（1）股价向下突破时成交量没有放大，表明盘中主动性抛压不明显。通常，在股价下跌时，一般不强调成交量的大小，但在突破的关键位置也要有成交量的放大，才能加强突破的力度。该股单从K线形态上分析，后市看跌意味十分强烈，但细心观察却发现这根K线没有成交量的配合，属于无量空跌的典型走势。底部这种价跌量缩现象，说明没有恐慌盘出现，庄家对筹码掌握得非常好，向下突破则进一步加强筹码的稳定性。

（2）从价位情况分析，股价总体下跌幅度较大，调整时间充分，基本处于历史性底部区域，中长期投资价值凸显，此处下跌往往是一个低位空头陷阱。

（3）从坐庄角度分析，庄家的建仓成本高于突破价位，股价继续下跌会加大庄家账户亏损额度。根据实盘经验，一个比较均匀的水平通道形态，市场的平均成本价位于水平通道的中心价附近，庄家的成本价位相对略低一些，但不会相差太远，所以此时的大阴线为空头陷阱可能性大。

根据上述分析，可以判断该股出现的大阴线是一个虚假信号，是庄家建仓、试盘或砸盘行为所致。投资者遇到这种走势时以逢低吸纳为主，不宜盲目杀跌，持币者可以在股价重返趋势线之上或突破30日均线时买入。

4. 向上突破后的回抽大阴线陷阱

股价向上突破某一个重要技术位置后，往往会出现向下回抽动作，回抽是确认股价突破是否有效的一种盘面波动形态，也是一种反趋势的短暂现象，回抽结束后股价将重归上涨之路，因此在回抽过程中出现的大阴线不会持续下跌，投资者反倒可以逢低介入。

图2-13，金鸿顺（603922）：在该股长时间的底部盘整过程中，庄家吸纳了大量的低价筹码，2021年9月22日开始连拉两个涨停，向上突破底部盘区。庄家为了日后更好地拉升和出货，主动展开洗盘整理，并对突破是否有效进行回抽确认。9月29日，股价小幅高开后，直线奔向跌停板，K线图中收出一根放量跌停大阴线，次日继续低开弱势震荡，股价重新回到前期盘区内，技术形态遭到了一定的破坏，人气也受到不小的打击。但是，10月8日股价强势涨停，成功扭转下跌势头，K线形成"早晨之星"组合形态，此后股价强势上涨。

技术解盘：如何解读这根大阴线呢？投资者应如何操作？

（1）股价向上突破盘整区域后，由原先的阻力变为现在的支撑，大阴线回落时得到该区域的支撑。

（2）随后股价企稳回升，说明股价向上突破有效，回抽确认成功，股价再次上涨。

（3）30日均线没有转弱，对股价有支撑作用。

（4）股价再次上攻时，成交量温和放大，说明多头资金开始活跃。

在实盘操作中，通常股价突破的技术位置，如移动平均线、趋势线（通道线）、技术形态、整数点位、黄金分割位或成交密集区域等，都是非常敏感的位置，股价突破后大多会出现回抽动作。因此，投资者遇到这类个股时，不要对大阴线产生怀疑，在技术遭到破坏之前应以回抽动作对待为好，一旦技术走坏则应及时止损出局。

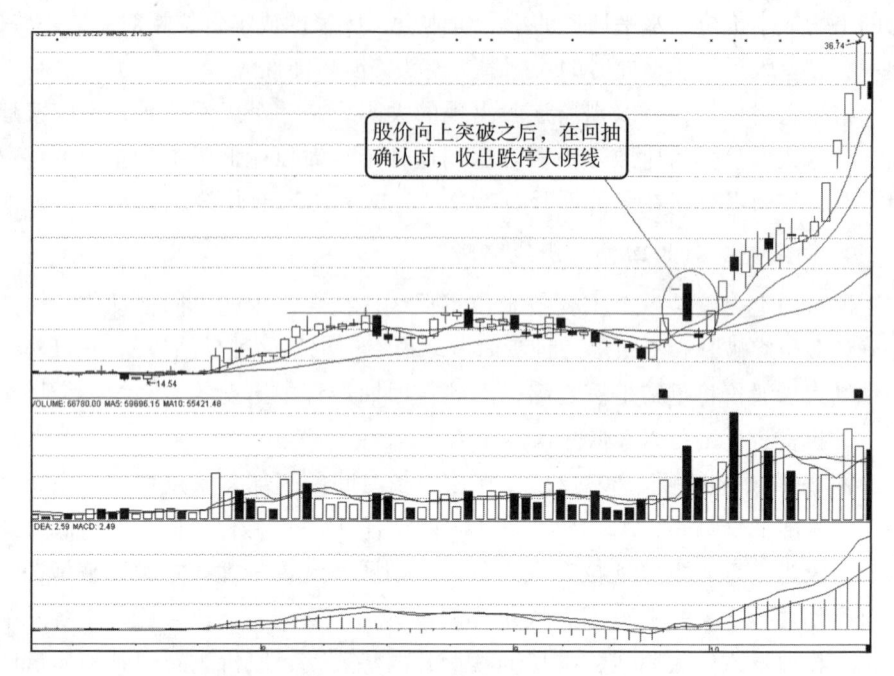

图 2-13　金鸿顺（603922）日 K 线图

5. 大阴线突破陷阱

股价在长期的运行过程中，可能会形成某一个有意义的位置，比如一个整数点位、一个整理形态、一条趋势线、一个密集区域或一个时间之窗等，大阴线成功向下跨越或脱离这些重要位置时，说明股价已经形成破位下跌行情，应当及时卖出观望。可是，这些信号有时是庄家为了达到坐庄意图而刻意制造的技术图形，经常在这些位置制造大阴线，形成股价向下突破的假象，从而形成大阴线空头陷阱。

图 2-14，泰晶科技（603738）：该股反弹结束后回落整理，在底部呈现横向震荡走势，形成一个上有阻力、下有支撑的箱体形态（参考实盘图形），2021 年 1 月，股价再次回落到箱体的底边线附近弱势整理。2 月 5 日，一根跌停大阴线向下突破了这个长达 9 个多月的箱体底边线，在技术图形上产生破位下跌之势。然而，正当投资者普遍看空后市的时候，次日股价即止跌，并回升 8.1% 的涨幅，收回了前一天跌停大阴线的大部分失地，此后股价稳步向上走高。

技术解盘：该股在向下突破之后，股价并没有出现持续性跌势，这反映有主力刻意打压行为。在股价向下突破时，成交量并没有明显地放大，从这方面来看，就反映了在股价回落的过程中，恐慌性抛盘并不是很重。按道理来说，在股价面临重要突破时会出现较大的成交量，很多前期被套牢的投资者会趁机止损出局。这样一来，成交量必将放大，但在盘面上没有出现这种情况，说明虽然股价出现了破位，但持股者的持股信心还是比较坚定的，没有因此而大量抛售，盘中筹码非常稳固。而且最关键的是，第二天股价就止跌回升，收回大部分失地，表明前一天的下跌有庄家刻意打压行为，是典型的假突破动作。

图 2-14　泰晶科技（603738）日 K 线图

图 2-15，动力源（600405）：该股企稳后渐渐向上盘升，庄家采用边拉、边吸、边洗的综合手法，将股价稳步推高。2021 年 12 月 6 日开始，连续两根大阴线跌破了 30 日均线的支撑，预示股价反弹结束，开启下跌调整走势，因而构成卖出信号。可是，股价没有出现持续下跌走势，在下方收出两根小阳线后，12 月 10 日放量拉起，一根涨停大阳线返回到 30 日均线上方，之后股价加速上涨。

技术解盘：该股在大阴线向下突破 30 日均线之后，股价没有出现持续下跌走势，从这个动作上就可以看出，空方下跌力量不强。当然，这仅是一种推测而已，还不足以说明就是假突破动作。关键在于随后的表现：股价很快收复了两根大阴线实体，并重新站在中短期均线系统之上。这时完全可以判断前面的大阴线是一次假突破动作。

其实，从技术上也能看出一些疑点：首先，该股从底部上涨后第一次出现回调，一般情况下，一个趋势产生后的第一次回调不会是真正的下跌走势，此时股价形成的突破走势是假突破的可能性较大。其次，当大阴线突破30日均线后，股价在其下方仅停留一天时间，在时间上和幅度上都没有达到突破要求。最后，30日均线保持上行趋势，对股价起到一定的向上牵引作用。可见，投资者在实盘操作中遇到这种情形时，可以结合上述因素进行分析，逢低积极介入，或在股价重返30日均线之上时加码买入。

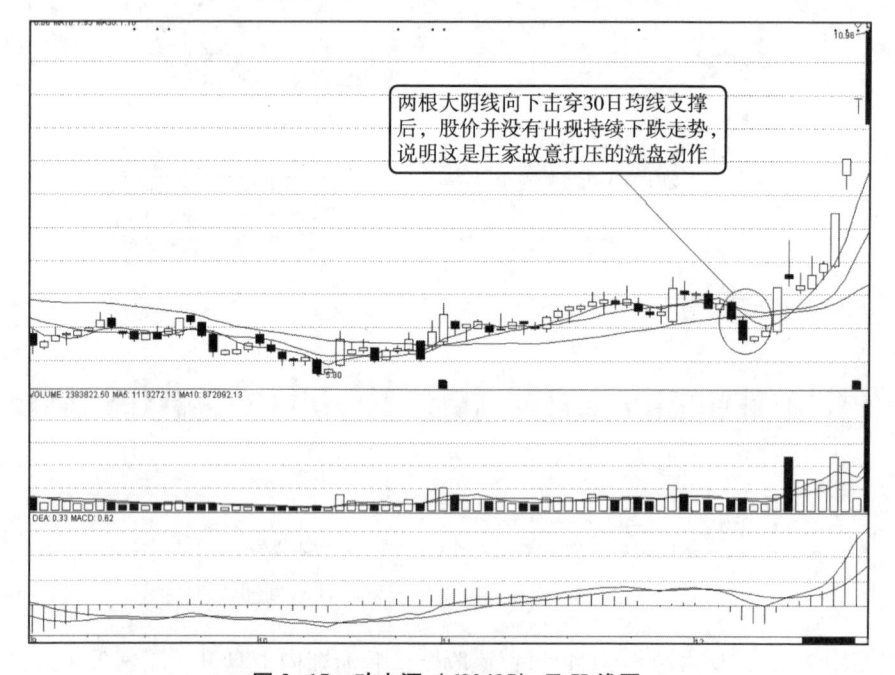

图 2-15　动力源（600405）日 K 线图

三、技术辨别方法

一般而言，大阴线的出现对多方来说是一种不祥之兆，但事实并非这么简单，不能把所有的大阴线都看成后市向淡的信号，有时大阴线出现后，会出现不跌反涨的市场走势。根据实盘经验，可以从以下几个方面进行分析：

（1）大阴线与位置。如果股价累计涨幅大，在高位出现大阴线时，表示股价即将回档或正在构筑头部，这时及时离场为宜。若大阴线出现在跌幅较大的底部，暗示做空能量已经释放殆尽，这时的大阴线成为空头陷阱的可能性比较大，不必为此感到惊慌，根据"物极必反"的原理，此时可以逢低吸纳，积极做多。

（2）大阴线与盘面。散户遇到大阴线时，应分析股价处于哪个阶段、什么位置，如果股价经过一轮上涨后，出现实体大阴线，可以观察第二天的股价走势。若第二天盘中的卖盘较大，并且在股价震荡回升时，没有超过前一天大阴线实体的 1/2 就被空方快速压低，说明抛压较大，那么投资者这时可以退出观望。若第二天盘中的卖盘不明显，并且股价震荡回升时幅度较大，也没有明显的大手笔抛盘出现，那么投资者此时可以适量参与操作，若当天能够收复大阴线的话，那么可以大胆参与操作。如果是在股价下跌中期出现大阴线，不管当天是否放量，也不管第二天是否收出大阳线，盘面将继续趋弱，散户就可以离场观望。

（3）大阴线与移动平均线。将大阴线与移动平均线一起分析，可以获得许多市场信息：

①在移动平均线呈多头排列的上涨趋势中，大阴线往往不是反转信号，而是喘息换挡，大阴线是上升过程中庄家清洗短线获利筹码的结果，也是空头力量的短暂宣泄，这时收出大阴线对后市上涨更加有利，可以逢低介入。

②在移动平均线呈空头排列的下跌趋势中，移动平均线对股价构成强大的阻力，大阴线会加强做空气氛，此时应逢高减磅或清仓出局。

③移动平均线走平，市场处于横盘态势，后市股价方向不明，此时出现大阴线，若股价大幅跌破移动平均线，有向下脱离盘区迹象时，应逢高抛出；若股价仅是小幅跌破移动平均线，可关注第二天盘面反应。

④大阴线出现时，黏合后的移动平均线向下发散，为后市看空信号。

⑤大阴线出现时，移动平均线已呈空头排列，进一步加强做空信号。

（4）大阴线与乖离率（BIAS）。股价在移动平均线之下且远离移动平均线时（负 BIAS 值增大），出现大阴线下跌，短期将酝酿超跌反弹，可以轻仓参与；股价在均线之上且远离移动平均线时（正 BIAS 值增大），出现大阴线为见顶信号，应当获利了结。

（5）大阴线与成交量。大阴线的出现也会伴随着放量过程，通常成交量越大，其短期杀伤力越强。尤其是市场快速上涨后，出现向上跳空并带巨量下跌的大阴线，往往是中级调整的开始。但跌势一旦形成，成交量的放大与否没有太大的分析意义，因为跌势之中的成交量没有涨势之中的成交量重要。大阴线与成交量的关系：

①大阴线量增。在跌势初期或中途，可看跌做空；在跌势后期，观望为宜。在升势初期或中途，观望为好；在升势后期，后市看空。

②大阴线量平。在跌势初期或中途，后市看空；在跌势后期，观望为宜。在升势初期或中途，可逢低适量买入；在升势后期，后市看空。

③大阴线量减。在跌势初期，减仓为宜；在跌势中途，观望为好；在跌势后期，可逢低买入。在升势初期或中途，可积极买入；在升势后期，谨慎看多。

（6）在升势中出现大阴线，要观察有没有跌破重要支撑位（线），如果支撑位完好，则不必为之惊慌。当大阴线击穿关键位置时，应观察：如果击穿低点时，下跌幅度小于3%，应考虑是否属于触底反弹形态，如果大阴线的下影线触及低点，则"破低反弹"的可能性比较大，如果大阴线击穿低点时，持续时间很短暂（通常少于3天），应考虑是否属于刻意打压行为。

第三节 锤头线虚假信号

一、形态分析精华

1. 锤头线应用法则

锤头线的下影线很长，实体K线却很短，呈锤子状，故称其为锤头线。股价持续下跌一段时间后，在底部出现了一条小实体带长下影线的K线。标准锤头线的下影线长度至少是实体部分的2倍，没有上影线或上影线极短。锤头线的应用法则：

（1）短小的K线实体部分必须处于市场的最下端。

（2）K线实体部分可以是阴线或阳线，其意义基本相同。

（3）锤头线的实体部分较短，下影线很长，而上影线很短或没有。

（4）下影线的长度应当至少为K线实体长度的2倍。

（5）实体为阳线的锤头线，其看涨意义更大。

（6）一般会伴随着底部放量，放量越明显，信号越强烈。

技术意义：在底部区域出现的锤头线，一般认为是一种强势K线，表明空方的抛售力度渐渐转小，做空动能渐渐衰竭，失去对盘面的控制，由于在此区域多方积聚了大量的做多能量，一旦多头掌控盘面，就会形成有力的上攻行情，因此是一个做多信号。

2. 形态效力和操作要点

锤头线可以出现在底部，也可以出现在涨势中途。在下降趋势的低位出现，属于底部单日反转形态，具有看涨意义。出现在上涨中途，后市可能会出现加速上涨行情。

（1）锤头线意味着多空力量出现微妙变化，多方能量日趋见大，下跌势头随时逆转。一般来说，股价发展趋势越长，越容易被确认反转，也就是说跌势越久、跌幅越大，在低位出现锤头线的见底机会越高，可以逢低买入。

（2）在底部出现锤头线，表示股价"探底"成功。判断锤头线的利好效力，最重要的是看下影线。下影线要至少是实体的2倍，下影线越长，实体及上影越小，止跌效果就越明显。

（3）虽说锤头线的实体颜色不太重要，但底部阳线锤头，在散户心里更具有看涨作用，而顶部阴线锤头，在散户心里更具有看跌作用。

（4）股价在低位出现锤头线，若配合当日成交量在股价回升时大增，更能反映买盘积极吸纳，见底上涨机会很大，应做好买入打算。

（5）在出现锤头线时，暗示多方已发动攻势将股价推上，但往往会因市场积弱多时遭到空方顽强抵抗，将股价力压打低，令股价回落再次测试锤头线的低点，只要此低点不破，成功筑底将使底部更加坚固，后市涨势更可看好。

（6）出现锤头线的第二天，开盘价与锤头线实体之间的向上缺口越大，反映低位接盘越多，形态见底的爆发力越强。

（7）锤头线形态出现之后的第二根线一般为阳线，阳线长度越长，新一轮涨势开始的可能性越大。如果锤头线的第二天收阴线，其阴线长度越长、跌幅越大，则锤头线的看多意义越差，锤头线有可能成为失败形态，出现新一轮跌势的可能性越大。

二、常见虚假信号

在实盘中，锤头线经常成为多头防守反击的一种K线形态，有时锤头线出现后，股价仍将继续下跌，容易失败从而演变成抵抗性下跌走势，结果利多的锤头线演变为利淡的吊颈线，成为一个虚假的多头信号。

在下跌过程中，人气极度悲观，股价顺势低开低走，受熊市思维影响和下跌惯性的作用，股价开盘后继续深幅下挫，但由于买盘逢低介入，封堵了下跌空间，并将股价从低位拉起，在当日最高价或次高价收盘，出现标准的锤头线形态，从而构成一个十分漂亮的买入信号。可是，根据这个信号买入后，股价并没有出现预期的上涨行情，或者只是小幅的弱势反弹，很快市场又恢复下跌走势并创出跌势新低，形成低位锤头线陷阱。

图 2-16，爱婴室（603214）：该股反弹结束后再次下跌，盘面弱势特征十分明显，2020 年 12 月 14 日和 17 日两天行情中，出现先抑后扬走势，收出一根长长的下影线，形成一根标准的锤头线，显示价格已不能继续下跌，因而构成买入信号。这表明空方能量得到大量释放，主动性买盘开始逢低介入，市场出现探底回升走势，后市行情值得期待。可是，随后股价走势依然疲弱，继续出现下跌走势，锤头线成为失败形态。

技术解盘：为什么该股的锤头线产生后没有出现上涨行情呢？主要原因：在出现锤头线的当天，成交量没有出现明显的放大，表明做多意愿不强，而且均线系统呈现空头排列。特别是次日股价没有进一步巩固前一天的回升成果，在上涨过程中遇到 10 日均线压制明显。可以看出，股价上涨显然得不到成交量的积极配合，这种现象至少说明了 10 日均线附近存在着不小的阻力。因此，股价要想获得反弹就必须放量突破 10 日均线的阻力，或者逐步消化 10 日均线的阻力，否则反弹必将夭折。所以，在接下来的走势中，并没有出现这种现象，在这之后股价受 5 日均线的阻力而继续走弱，成交量继续呈现萎缩状态，盘面渐渐走弱，最终未能企稳上涨。

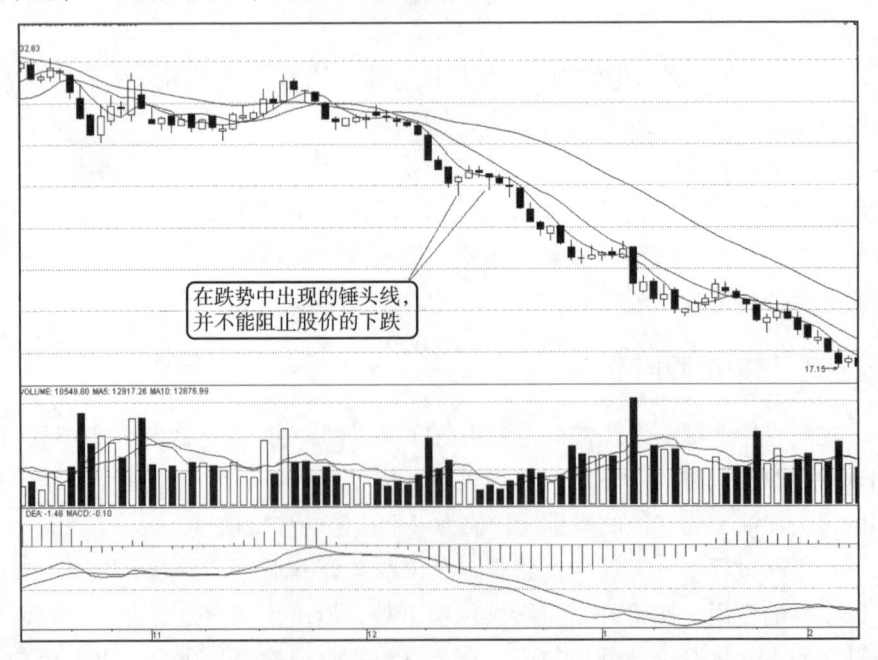

图 2-16 爱婴室（603214）日 K 线图

此外，在股价震荡整理过程中，盘面上蹿下跳，经常出现锤头线形态，但由于这一时期股价运行趋势并不明确，形态信号的技术含金量也大大降低，所以锤头线的看涨信号容易演变成为失败形态。另外，庄股盘面也容易出现虚假锤头线，大盘股也经常产生锤头线。

三、技术辨别方法

（1）一般而言，在低位出现锤头线，表示下档支撑很强，股价探底成功，显示股价已到近期底部，反弹在即，投资者应果断介入。在中位出现锤头线，通常为庄家洗盘行为，后市仍有升势行情。但如果在下跌初始阶段出现锤头线，则是顶部或继续下跌的信号，不应错当买入信号。如果在横向震荡过程中出现锤头线，则后市发展趋势难以判断，不能作为买卖参考依据。

（2）锤头线与均线。锤头线出现时，均线向上移动，表明洗盘整理结束，则看涨信号更可靠，后市上涨空间较大；均线向下移动，锤头线的看涨意义不强，可能仅是小幅反弹而已，后市上涨需要其他方面的支持；均线横向胶着，锤头线为疑似信号。需要后市进一步验证。

（3）分析图形的市场原因或性质。在低位出现锤头线要分析庄家是出货还是建仓，有时庄家将股价拉高后，很难在高位一次性完成出货任务，不得不将股价放下一个台阶，然后用少量的资金将股价再度拉起，在盘面上给散户形成见底反转的形态，待散户介入减少后，庄家便不断地向外撤退，以致出现失败的低位锤头线。当股价真正到了底部后，庄家害怕股价深跌造成筹码丢失，很快地把股价拉起，从而形成真的锤头线看涨信号。

（4）锤头线形态的买卖时机，要等待验证信号的形成，第二天的走势是锤头线更好的验证信号。锤头线之所以要有一个验证信号，是因为形成该形态时的股价运行走势是下跌的，也就是说，在该形态形成的当日，收盘价处于下跌趋势的较低位置，虽然盘中有所收复失地，但多方并未掌控盘面，因此需要从下一天的走势得到进一步验证。

低位锤头线的第二天能收出上涨中阳线，则锤头线确立，如果第二天高开高走，留下当日不回补的跳空缺口，便看涨意义强烈，为锤头线的验证信号。缺口距离越大，阳线实体越长，后市看涨意义越强烈。相反，如果第二天 K 线收阴线，则锤头线形态值得怀疑，可以作为下跌抵抗形态对待，后市可能进入横盘整理或继续盘跌，投资者不必心存幻想。

高位出现锤头线后的第二天如果收出上涨阳线,则表明前一日的走势为庄家洗盘所为,市场仍然处于强势之中,股价上涨行情仍将延续一段时间。同样,如果第二天K线收阴线,表明上行阻力较大,若低开低走,留下一个当日没有回补的跳空缺口,则看跌意义强烈,验证信号失败,缺口距离越大或阴线越长,后市看跌意义越强烈。

(5)观察第二天的盘面细节。在收出锤头线的第二天,投资者还应注意以下几点:

①第二天若是出现下跌走势,股价不能跌破前一天收出锤头线的最低点,可以触及这个最低点,但必须在触及这个最低点时立刻被大买单拉起。

②在第二天的运行中,成交量不能出现明显的萎缩,最好与前一天持平或小幅放量。

③第二天收盘时,收盘价必须高于开盘价,最好是能收在前一天的收盘价之上。

④如果第二天出现低开,股价必须呈现出逐步回升的走势,并且要收出阳线,如果第二天收出一根下跌阴线,那么后市股价继续下跌的可能性就相当大。

(6)在底部出现锤头线形态后,需要成交量的积极配合,量增价涨,量价齐升,形态的可靠性较高,否则为疑似信号,但在顶部出现锤头线形态,无须强调成交量的大小。但出现天量或极度缩量时,要警惕转势信号的有效性。

(7)锤头线出现在突破颈线后的回抽位置,通常成为强势整理形态。整理形态中的锤头线与顶部形态中的锤头线的区别有两点:

①锤头线的位置。如果上涨幅度很大,出现锤头线形态,即使不成为单日反转也足以构成一个重要的警示信号。如果上涨幅度不大,股价刚刚脱离底部,则成为整理形态的可能性较大。

②锤头线形态形成的成交量。如果锤头线伴随巨大的成交量,尤其是出现近期天量,要特别警惕单日反转。如果分时走势图上显示当日是大幅下挫,尾盘缩量拉高,则几乎是庄家出货的走势;如果锤头线形成时的成交量大幅萎缩,则应等待下一个时间窗口,以免落入陷阱。

第四节　吊颈线虚假信号

一、形态分析精华

1. 形态应用法则

吊颈线与锤头线的形态相同，只是两者出现的位置不同，锤头线出现在跌势行情的底部，吊颈线出现在涨势行情的顶部。股价经过一轮持续涨升行情后，在高位出现一条长下影线的小实体 K 线图形，称为吊颈线。吊颈线的应用法则：

（1）短小的 K 线实体部分必须处于市场的最上端。
（2）K 线实体部分可以是阴线，也可以是阳线，其意义基本相同。
（3）吊颈线的实体部分较短，下影线很长，而上影线很短或没有。
（4）下影线的长度应当至少为 K 线实体长度的 2 倍。
（5）实体为阴线的吊颈线，其看跌意义更加突出。

技术意义：在出现吊颈线时，表明空方力量已经聚集到一定的规模，致使股价短时间内出现大跌，虽然多头最终还是把股价拉了上来，但是吊颈线的出现表明市场中的多空力量已经发生变化，空方开始给多方造成阻力，因此是一个做空信号。

2. 形态效力和操作要点

（1）吊颈线的出现表明顶部已经或即将到来，是强烈的卖出信号。股价上涨趋势越长，越容易被确认反转，也就是说，股价涨势越久、涨幅越大，在高位发现吊颈线的见顶机会越高，一旦得到确认应及时卖出。

（2）判断吊颈线的利空效力，最重要的是看下影线，下影线长度至少是实体的 2 倍，下影线越长，实体及上影线长度越短，其效果越明显。长长的下影线揭示高位筹码有所松动，先知先决者已获利了结。

（3）虽说吊颈线的实体颜色不太重要，但吊颈阴线显示股价见顶机会更大，吊颈阴线在散户心里更具有看跌作用。

（4）吊颈线实体部分与前一根 K 线形成跳空高开缺口，代表追高一族成本高于前一天，多为散户行为。

（5）股价在高位出现吊颈线，虽然对成交量大小没有太严格的要求，但若当天放出巨量可以增加见顶的机会，反映市场放量下跌。

（6）在出现吊颈线时，暗示空方已发力向下打压股价，但往往会因市场多头未退遭到多方防守反击，竭力将股价推高，令股价上升再次测试吊颈线的高点，只要此高点没有突破，成功构筑头部将使顶部更加完整，后市跌势更可确定。

（7）出现吊颈线的第二天，开盘价与吊颈线实体之间的向下缺口越大，反映高位被套牢的筹码越多，形态见顶的杀伤力越强，应及时离场观望。

（8）吊颈线形态出现之后的第二根 K 线一般为阴线，阴线长度越长，新一轮跌势开始的可能性越大。如果吊颈线的第二天收阳线，其阳线长度越长、涨幅越大，则吊颈线的看跌意义越差，吊颈线有可能成为失败形态，出现新一轮涨势的可能性越大。

二、常见虚假信号

1. 洗盘吊颈线陷阱

在上涨过程中，多头优势得到充分的展示，股价创出了上涨新高，盘内聚集了大量的获利筹码，某日庄家顺势高开后，由于散户追涨不够积极，加之获利盘的套现，股价快速下滑，但多头未死，又神奇地将股价拉回到高点附近，从而构成吊颈线形态。这一下一上使惊魂未定的散户感到大势已去，落袋为安是较好的选择。可谁知道，后市股价竟然不跌反涨，而且上涨行情煞是靓丽。

图 2-17，锦泓集团（603518）：该股庄家在低位吸纳了大量的低价筹码，然后放量上涨成功脱离底部区域，股价连拉两个涨停后开始洗盘。2021 年 4 月 22 日，在第三板位置，股价高开 7.14% 后，盘中出现剧烈震荡，当天收出一根吊颈线，预示股价上涨受阻，有短期回调要求，因而不少散户选择获利了结。可是，股价并没有回调，继续连板飙升，出现 11 连板行情。

技术解盘：从该股走势图中可以看出，虽然 K 线收出一根吊颈线，但这是强势盘面特征的体现，也是股价突破前期盘区阻力的正常盘面反应。通过吊颈线的盘中震荡，让底部获利盘和前期套解盘离场换手，形成合理的持仓结构，然后继续向上拉高，这是强庄的表现。投资者遇到这种盘面现象时，可以在次日打板入场，因为筹码换手后，得到次日涨停确认，也就是说次日能够涨停，说明前一天换手成功，股价将继续走高。

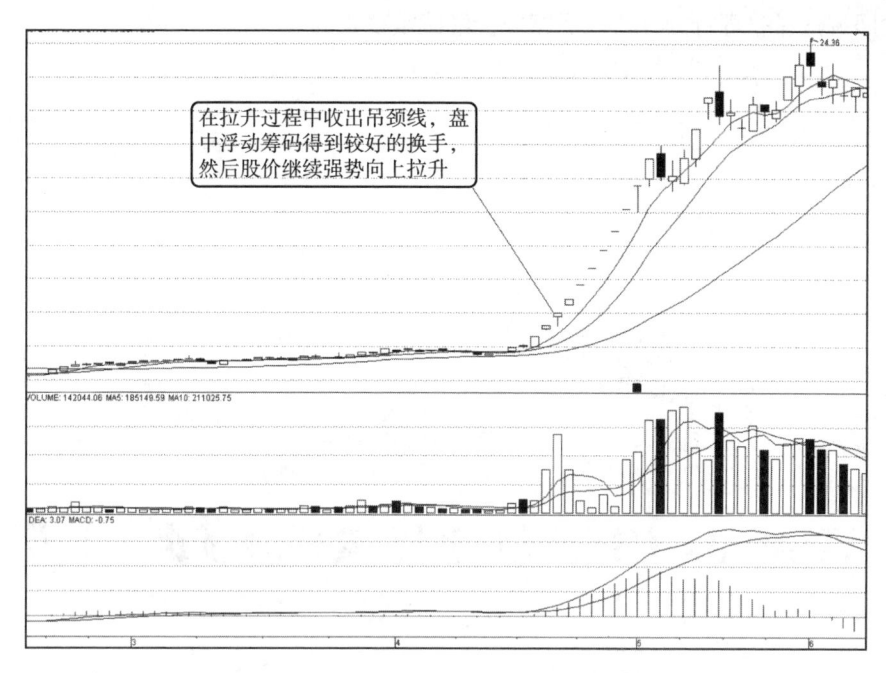

图 2-17　锦泓集团（603518）日 K 线图

2. 中位吊颈线陷阱

经过一轮较长时间的上涨行情后，股价处于阶段性高位，市场人气高涨，某日股价顺势高开，但受获利盘抛压影响，股价深幅下挫。最后庄家不甘就此败阵，力挽狂澜，将股价从低位再次拉起，在当日次高价收盘，由此产生吊颈线形态。这通常是一个短期见顶信号，应当作为卖出信号对待。可是，根据这个信号卖出股票后，才发现这是庄家洗盘行为所致，股价仍将保持强势上涨走势，这种"吊颈"变"锤头"的现象，也称为吊颈线陷阱。

图 2-18，大金重工（002487）：该股见底后向上爬高，经过两次吊颈线洗盘后，股价出现快速上涨。2021 年 10 月 11 日和 14 日，在当时的高位出现两次吊颈线，此时股价已经有了一定的上涨幅度，在此位置出现这样的吊颈线，通常认为是短期见顶形态，可以作为卖出信号对待。可是，股价并没有出现大幅调整，经过短暂的修复调整后，股价继续保持强劲的上涨走势，吊顶线成为虚假的看跌信号。

技术解盘：首先，在出现吊颈线之前，股价上涨幅度并不是很大，上升趋势已经形成。其次，均线系统呈现多头排列，对股价上涨构成技术支撑。最后，量价配合理想，股价仍将维持上涨行情态势。因此，吊颈线属于正常

127

的回调洗盘整理行为，所以后续股价继续震荡走高。

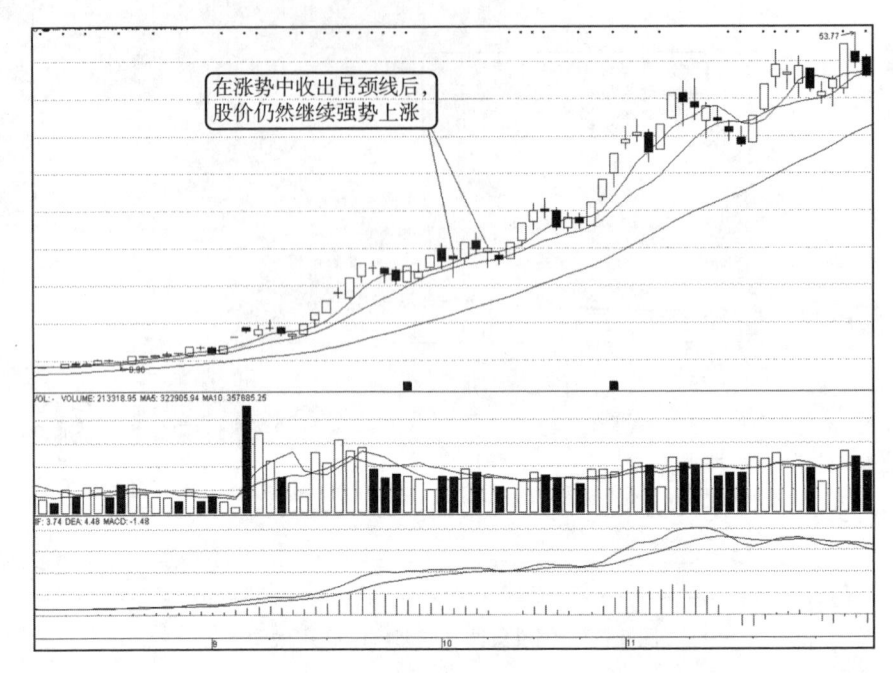

图 2-18　大金重工（002487）日 K 线图

三、技术辨别方法

吊颈线的出现是一种不好的预兆，意在提醒投资者，注意风险，及时离场。可是，股市中有着太多的变数，吊颈线不全是"吊人"的工具，有时利空的吊颈线会演变为利好的锤头线。如此，吊颈线则成为真正的"骗人"工具。那么如何分析判断吊颈线呢？

（1）吊颈线与均线。吊颈线如果出现在均线向上角度十分陡峭的时候，其顶部反转信号更可信。因为在均线大角度向上发散时，股价上升速度过快，短时间内多头力量消耗过大，获利盘急剧增加，变盘现象随时发生。此时收出吊颈线，意味着空方能量聚集膨胀，顶部反转信号更强。如果吊颈线出现在上涨初期，均线刚刚开始调头向上，此时或处于庄家洗盘换手阶段，或出现在均线稳步上移的多头排列情况下，其顶部反转的信号会大大减弱，这时反而应逢低买入。

（2）吊颈线与成交量。在出现吊颈线时，如果当日成交量放大，或近期出现非常明显的大成交量，其顶部反转信号更可信。同样，吊颈线形态出现时，当日或前几日的成交量较为萎缩，说明此时股价为无量空涨形态，进一步印证涨势的不可持续性。但如果在出现吊颈线的第二天股价能够继续走强的话，投资者可以在第二天轻仓买进，或在第三天股价回调时适量买进。

（3）在上涨中途出现吊颈线的当天，股价逐步震荡回落，在回落的过程中成交量出现了明显的放量，但股价在反弹回升的过程中则呈现快速反弹，并且反弹的过程中是由大量的对倒盘把股价拉上去的，这种情况下投资者就要高度谨慎了。一旦后市股价出现上冲无力，并且是放量滞涨的话，投资者就要果断清仓出局。

（4）吊颈线与阻力位。吊颈线虽为顶部反转信号，但需要得到后面K线的证实。如果它出现在重要的阻力位置，其顶部反转信号的可信度大增，实盘中不必等到后面的K线验证即可提早卖出。在出现吊颈线的当天或第二天，股价放量下行跌破吊颈线的最低点时，投资者就要果断卖出，后市股价出现大跌的可能性极大。在出现吊颈线后，如果股价跌破5日均线，应进行短线减仓操作，如果股价跌破10日均线，应清仓离场。

（5）要是在出现吊颈线当天，股价大幅度高开3个点以上，开盘之后股价就一路下跌，最终形成吊颈线的话，那么投资者在当天收盘前几分钟就应该清仓出局。

（6）对什么是高价区要有一个理性的定义，高价区是对即时行情而言的，一旦后市出现大幅上扬，就豁然发现原本的高价区变成低价区了，因此股价创出新高并不可怕。吊颈线也如此，在盘面细节上，股价在高位出现快速回落，但在快速回落之后，股价又出现了快速放量拉升的，仍可看高一线。第二天如果出现相似的震荡走势，股价跌幅不大，收出小阴、小阳线的话，只要成交量保持与前几天恒等，就不必为之惊恐，后市必有一段主升行情出现。记住：就短期而言，"会涨的股票是不会跌的，会跌的股票是不会涨的"。

第五节　倒锤头线虚假信号

一、形态分析精华

1. 倒锤头线应用法则

倒锤头线与锤头线的形态正好相反，倒锤头线的上影线很长，实体K线却很短，呈倒锤头状态。标准的倒锤头线上影线长度至少是实体部分的2倍，没有下影线或下影线很短。倒锤头线应用法则：

（1）短小的 K 线实体部分必须处于形态的最下端。

（2）倒锤头线的实体较短，上影线很长，而下影线很短或没有。

（3）实体部分可以是阴线，也可以是阳线，其意义基本相同。

（4）上影线长度应远远较实体长，至少是实体的 2 倍。

（5）一般会伴随着底部放量，放量越明显，信号越强烈。

技术意义：如果倒锤头线出现在底部区域，通常认为是一种潜在的底部转势 K 线，是股价回升的先兆，表明空方的卖盘渐渐趋弱，做空动能渐渐衰竭，失去了对盘面的控制，由于在此区域多方积聚了大量的做多能量，一旦多头市场确立，其上涨力度往往是惊人的，因此是一个做多信号。

2. 形态效力和操作要点

判断倒锤头线的形态效力和操作要点与锤头线相似。

（1）在底部出现倒锤头线，表示多方能量日趋见大，这是即将发动行情的征兆。有时在股价的阶段性整理中也会出现倒锤头线形态。

（2）股价发展趋势越长，越容易被确认反转，也就是说跌势越久、跌幅越大，在低位发现倒锤头线的见底机会越高。要加强倒锤头线的利多效力，最重要的是看上影线的长度，应至少是实体长度的 2 倍。此外，实体颜色能够反之前趋势，也就是说在底部出现的倒锤头线的实体最好为阳线，这样效果更佳。

（3）倒锤头线出现后，需要进一步确认，才可跟进买入。道理很简单，在形成此形态当日，股价虽见反弹，但仍被空方力压，所以根据出现倒转的第二天表现，可以判断多空双方的力量。如果第二天以缺口高开，幅度较大，且一段时间维持在高水平，成交量也配合上升，可确认倒锤头线的见底信号。假如在第二天，开盘价高于倒锤头线的实体，并维持一段时间，预计在前一日低位抛售的空方已出现踏空，而急于买货补仓。补仓盘触发的涨势大大改善市场气氛，激发更多买盘加入承接股票，从而出现强烈的低位转势信号。就算第二天未能以跳空缺口开盘，但只要当日收盘价高于前一日收盘价且呈阳线，就可成功构成见底信号。

（4）倒锤头线在上攻过程中要有成交量的支持。股价在低位出现倒锤头线，若配合当日成交量在股价回升时大增，更能反映买盘积极吸纳，见底上涨机会很大，此时可以逢低买入。

（5）在出现倒锤头线时，暗示多方已发动攻势将股价上推，但往往会因市场积弱多时遭到空方顽强抵抗，将股价极力打低，令股价回落再次测试倒锤头线的低点，只要此低点不破，成功筑底将使底部更加坚固，后市涨势更可看好。

（6）倒锤头线与锤头线相比，后者能以接近全天最高价位收盘，利好信号较强烈，也即倒锤头线利好信号较锤头线信号要弱。

（7）倒锤头线形态出现之后的第二天一般为阳线，阳线长度越长，新一轮涨势开始的可能性越大。如果第二天收出下跌阴线，其阴线长度越长，跌幅越大，则倒锤头线的看多意义越差，出现新一轮跌势的可能性越大。

二、常见虚假信号

1. 低位倒锤头线陷阱

股价经过深幅调整后，处于相对底部区域，此时市场极度疲弱，股价受熊市思维影响和下跌惯性的作用，股价跳空低开，但此时场内该卖出的人都卖掉了，不卖的人也属多头一族。因此，股价也不会有太大的下跌力度了，在买盘的推动下，股价迅速升高。但是，由于熊气未散，市场难以持续走高，很快遇到短线抛压，股价又回落到开盘价附近或略高于开盘价企稳，以重新积聚上涨能量，因而形成倒锤头线形态，构成一个较佳的买入时机。可是，据此信号买入股票后，股价并没有出现预期的上涨行情，只是小幅的弱势反弹走势，不久股价又恢复下跌走势，并创出调整新低，形成倒锤头线多头陷阱。

图2-19，罗曼股份（605289）：股价快速回落后渐渐企稳，2021年5月12日，开盘后多方快速将股价拉起，但盘中再次遇到空方的打压，股价震荡回落，当天以实体部分短小而上影线很长的K线收盘，这种形态通常表明庄家有拉升愿望，意味着股价已经跌到了尽头，后市将迎来升势行情。一般而言，后市要想跌破倒锤头线形成的最低点，往往需要较大的做空力量，也需要较长的时间，因此可以作为买入信号对待。可是，第二天股价没有持续上涨，继续呈现震荡态势，渐渐地失去了做多动能，股价缓缓向下滑落，将买入的散户套牢其中，成了一个不折不扣的倒锤头线多头陷阱。此后，在6月3日出现同样的走势，也没有出现升势行情。

技术解盘：从该股走势图观察，倒锤头线在企稳后的上攻过程中，得不到成交量的积极配合，表明买盘不够积极，难以推动股价持续上涨。同时，均线系统呈空头排列，股价受到均线压制非常明显，在倒锤头线上涨的当天股价就遇到 10 日均线阻力，表明上方阻力不可低估。而且，前方的向下跳空缺口对股价上涨也构成较大的阻力。因此，当股价再次跌破倒锤头线的低点或击穿前期股价调整低点时，应及时离场。

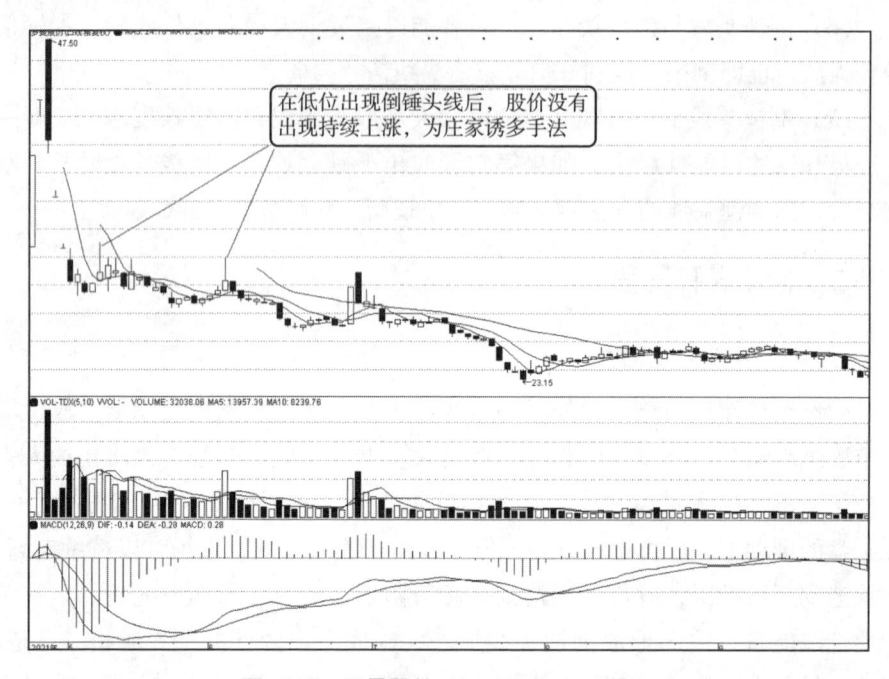

图 2-19 罗曼股份（605289）日 K 线图

2. 盘整中的倒锤头线陷阱

在震荡盘整过程中，股价运行趋势让人揣摩不定，容易产生各种图表形态，而这些技术图形也有庄家故意打造的虚假盘面。

在庄家高度控盘的庄股中，也经常出现倒锤头线形态，大多是盘中脉冲式拉高所致，这类股票操作难度极大，投资者应以观望为主，不宜参与。

图 2-20，星光农机（603789）：股价反弹结束后回落，在低位长时间的震荡过程中，盘面变化无常，时起时落，操作难度非常大。2020 年 11 月以来的一年多时间里，多次出现倒锤头线形态，但均没有出现上涨走势。

技术解盘：倒锤头线形态要求处于股价运行区间的最下端，而盘整势道显然不具备这一要素，但是庄家高控盘的个股应另当别论。因此，投资者在实盘操作中，不能将在震荡盘整或庄股中出现的倒锤头线当作买卖信号，应该采用其他技术分析方法进行判断。

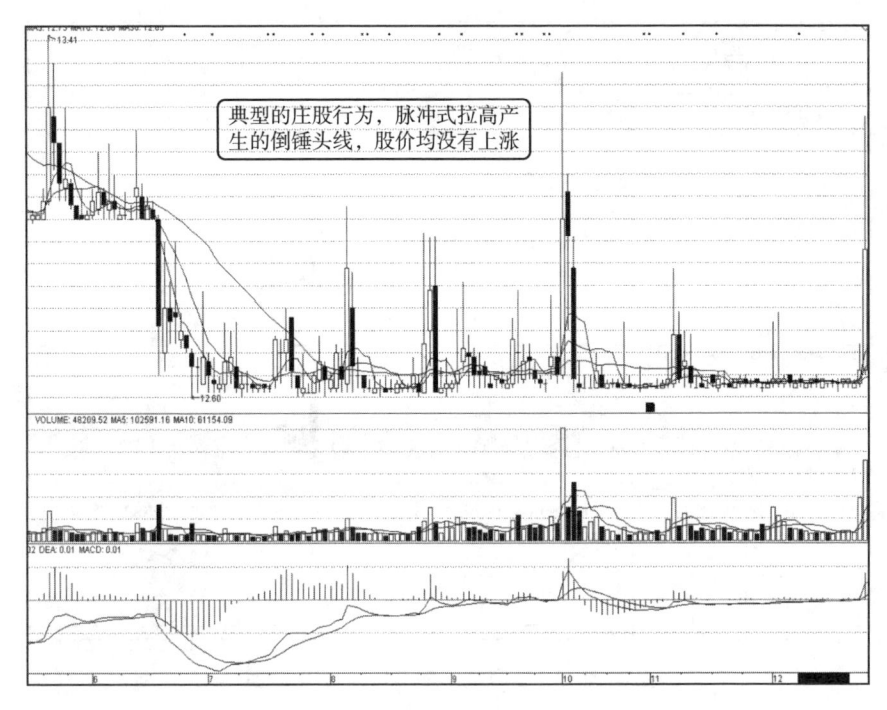

图 2-20 星光农机（603789）日 K 线图

3. 一字线后的倒锤头线陷阱

股价经过连续的一字板或⊥字板跌停后，打开跌停板产生震荡，这时出现倒锤头线形态，通常说明股价已经跌到尽头，往往是短线买入的机会。但在实盘中，这时形成的倒锤头线形态仅仅是多头抵抗性走势，后市仍有一跌，所以此时出现的倒锤头线不是一个好的买入信号。

图 2-21，三变科技（002112）：该股受利空消息影响，在 2018 年 2 月 22 日复牌后股价连收 3 个跌停，第四天受下跌惯性影响，股价继续从跌停价位开盘，在尾盘 10 分钟内巨量打开跌停板，股价冲高回落，收出倒锤头线形态。次日，股价低开高走，冲高回落再次收出倒锤头线形态，之后股价仍将震荡走低。

技术解盘：这两根倒锤头线形态 K 线能否构成买入信号呢？不能。因为，该股价连续一字跌停后，做空动能并没有释放殆尽，仅仅是多头的防御性抵抗而已，加之基本面的利空，短期很难改变整体弱势格局，所以投资者不要轻易入场。

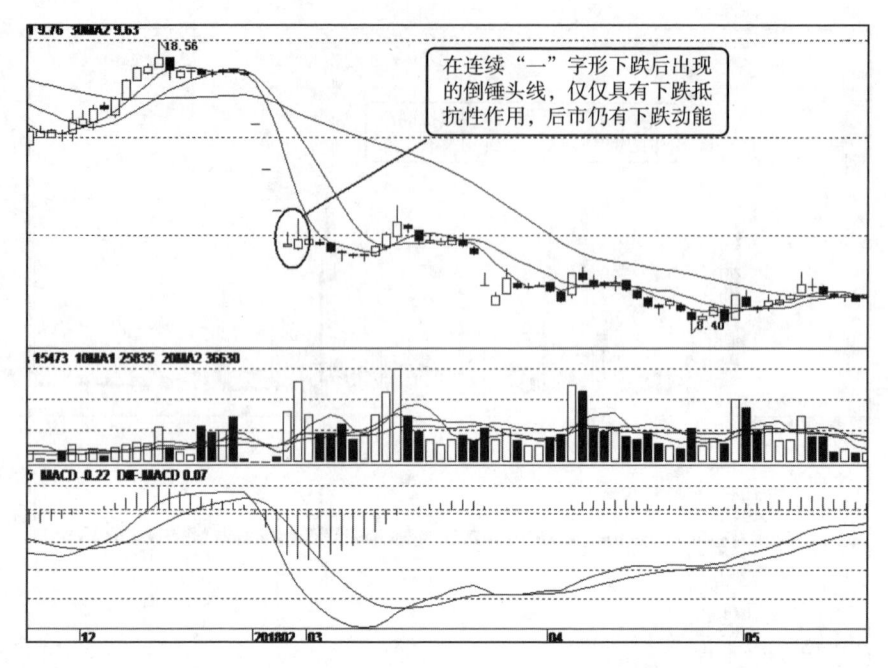

图 2-21 三变科技（002112）日 K 线图

三、技术辨别方法

倒锤头线虽然是单日反转信号，但虚假信号非常多，散户经常出现操作失误的情况，对此应有鉴别信号真假的技巧和能力。

（1）倒锤头线与均线。均线处于上升趋势时出现倒锤头线，经常是中途调整的最低位置，也是很好的买点。如果在均线呈空头排列时出现倒锤头线，其看涨作用就黯然失色了。无论是上升趋势还是下跌趋势，形成倒锤头线前，市场调整越充分，倒锤头线的反转作用就越强烈，后市上涨或反弹力度也就越大。

（2）在底部要谨防下跌抵抗性走势，分析这方面因素应当从盘面细节入手，通常股价刚脱离头部不久，在下跌幅度不深的位置，出现倒锤头线形态，这往往是多方防守反击后形成的一种 K 线形态，出现抵抗性走势的概率更大，因此这时不能过分地用技术图形去套盘面走势，否则容易被套牢在半山腰上。正确的做法是等待股价充分调整后，或股价在跌势的中后期出现急跌时，或技术指标出现严重超卖时，其倒锤头线形态的成功率比较高。

（3）在阶段性高位形成倒锤头线，要分析庄家是试盘还是出货，股价上行是否遇到重要的阻力，进而分析其上影线是在上攻时遇到阻力无功而返所致，还是庄家特意将图形制作成"射击"形顶部形态。若是前者，后市下跌概率较大；若是后者，则是庄家虚晃一枪，后市将迎来新的上涨行情，投资者不必为之惊慌。

（4）等待验证信号出现。在市场底部出现倒锤头线时，应该等待验证信号出现，只有出现了验证信号后，才能进场操作。如果出现倒锤头线的第二天股价能够走强，且能够收出大阳线的话，则这根大阳线就是一个验证信号，此时可以逢低介入。如果在出现倒锤头线的第二天，股价走势仍然很疲弱，且收出阴线的话，投资者就不必急于进场，应观察接下来几天的市场表现。若在接下来几天里股价重新走强，且能够收出大阳线，包容了前面的阴线，那么前面出现的这个倒锤头线才可以看作有效的反转信号，此时投资者才可以进场操作。

（5）成交量对倒锤头线的预示作用也有参考价值，底部放量会强化倒锤头线见底的信号意义，否则为疑似信号。

第六节　流星线虚假信号

一、形态分析精华

1. 流星线应用法则

流星线与倒锤头线的形态相同，只是流星线发生在市场的顶部，看跌；倒锤头线出现在市场的底部，看涨。流星线的应用法则：

（1）短小的 K 线实体必须处于市场的最上端。

（2）K 线实体部分可以是阴线，也可以是阳线，其意义基本相同。

（3）流星线的实体部分较短，上影线很长，而下影线很短或没有。

（4）上影线的长度应当至少为 K 线实体长度的 2 倍。

技术意义：在顶部区域出现的流星线，一般认为是一种衰竭性 K 线，是股价下跌较为强烈的信号，表明多方的买入力度渐渐减弱，做空动能渐渐增大，多方失去对盘面的控制，由于在此区域空方积聚了大量的做空能量，一旦空头掌控盘面，就会形成有力的下跌行情，因此是一个做空信号。

2. 形态效力和操作要点

判断流星线的形态效力和操作要点与吊颈线相似。

（1）流星线必须发生在上升趋势之后，或者出现在波段行情的相对高点，才能具有判断意义。通常股价发展趋势越长，越容易被确认反转，也就是说股价涨势越久、涨幅越大，在高位发现流星线的见顶机会越高。

（2）流星线只有出现在短线超买的情况下可靠性才高，在牛皮势道或横盘势道中却没有分析价值，这期间流星线形态往往失去判断意义，而且在一段行情中频繁出现类似流星线时，则不宜使用此技术方法。

（3）判断流星线的利空效力，最重要的是看上影线的长度，上影线长度要至少是实体的2倍，说明高位抛压很重。此外，虽说流星线的实体颜色不太重要，但实体颜色能够反之前趋势，也就是说阴线流星线显示股价见顶机会更大，在散户心里更具有看跌作用。

（4）股价在高位出现流星线，虽然对成交量大小没有太严格的要求，但若当天成交量放大，可以增加见顶的概率。

（5）在出现流星线时，暗示空方已发力，有向下打压股价的迹象，但往往会因市场多头未退遭到多方防守反击，竭力将股价推高，令股价上升再次测试流星线的高点，只要此高点没有被突破，成功构筑头部将使顶部更加完整，后市跌势更可确定。

（6）出现流星线的第二天，如果开盘价与流星线实体之间出现向下的跳空缺口，反映高位被套的筹码较多。缺口越大，形态见顶的杀伤力越强。流星线与吊颈线相比，前者以接近全天最低位收盘，利空信号更为强烈。

二、常见虚假信号

1. 洗盘流星线陷阱

股价经过持续的大幅度上涨行情之后，多头优势得到充分的展示，股价创出了历史新高，盘内聚集了大量的获利筹码。某日，开盘后由于市场人气沸腾，庄家顺势将股价拉高，但散户追涨热情不高，加之获利盘的套现，造成股价快速下滑，最终以星线报收（或K线实体部分较短），留下长长的上影线。这种形态表明股价失去了上升动能，或者为庄家拉高出货所致。通常，后市要想突破流星线形成的最高点非常不容易，因此是一个卖出信号。可谁知道，后市竟然不跌反涨，而且走势十分强劲。

图2-22，泰禾集团（000732）：该股经过大幅调整后，在底部出现长时间的震荡整理走势，庄家在低位吸纳了大量的低价筹码，然后股价反弹回落，形成一个明显的阶段性高点，当股价再次回落到前期盘区附近时，连续两天放量涨停，股价突破前期反弹高点的阻力。2017年12月28日和29日，股价

冲高回落，长长的上影线构成流星线形态，预示股价上涨遇阻，短期有回调风险，构成短线卖出信号。可是，股价并没有像想象的那样下滑，2018年1月2日股价创新高，形成快速拉升行情。

技术解盘：从该股走势图中可以看出，虽然流星线出现在当时的高点，但此时股价刚刚突破，上涨幅度也不大，盘面走势当属正常，量价配合得当，这是实力庄家的普遍坐庄手法。而且，股价突破之后，也需要一次回抽确认和洗盘过程，流星线正好是一种技术性修复走势。

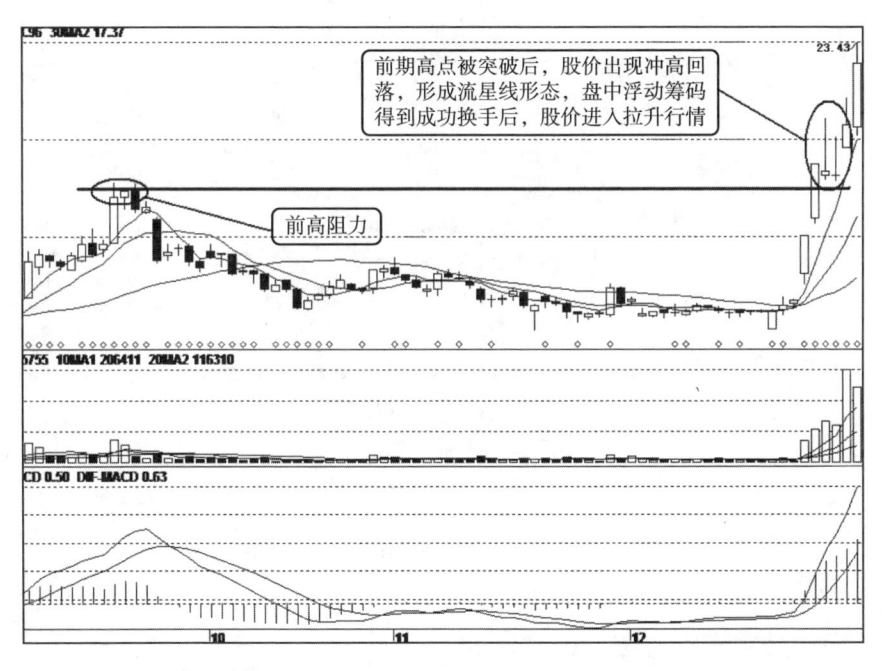

图2-22 泰禾集团（000732）日K线图

2. 试盘流星线陷阱

在坐庄过程中，庄家需要对盘面进行试盘，以观察盘中抛压和跟风情况，然后庄家见风使舵，采取对应的坐庄策略，所以在此时也经常出现流星线形态。

图2-23，兰石重装（603169）：该股经过一轮急挫后，释放了大量的做空能量，然后股价慢慢企稳回升。2021年11月22日，当股价接近前期盘区附近，庄家对盘区阻力进行试盘，当天股价冲高回落，形成流星线形态。这时，有的投资者误以为是短线头部，而选择抛售离场操作。但是，股价经过短期修复整理后，12月14日放量向上突破，产生一波飙升行情，股价连拉6

个涨停。

技术解盘：首先，流星线出现后股价没有回落，整理盘区有支撑。其次，30日均线处于横向移动状态，对股价仍有支撑作用。再次，成交量不大，没有杀跌动能。最后，前期股价涨幅不大，不会成为顶部信号。

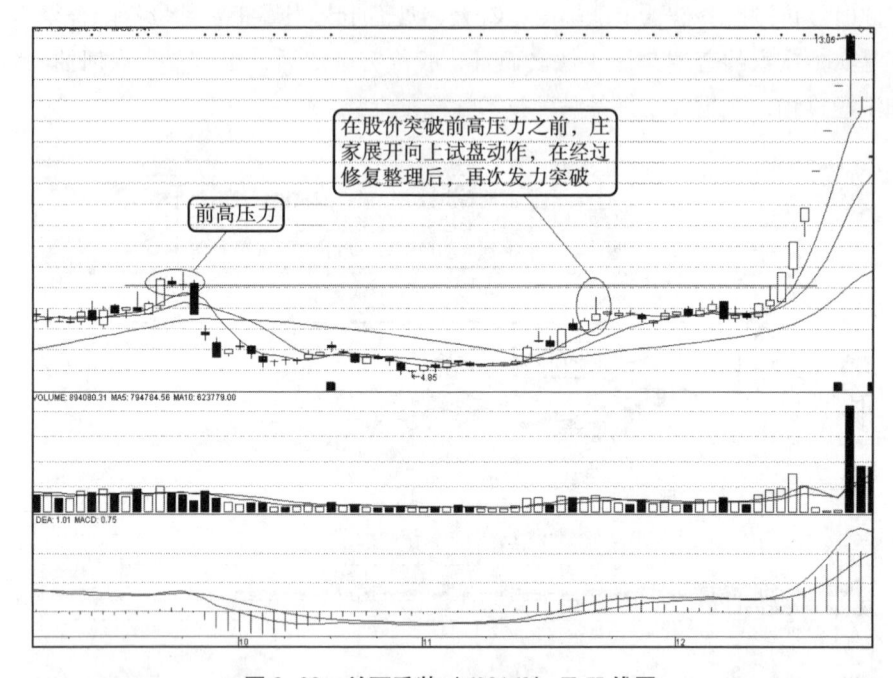

图2-23　兰石重装（603169）日K线图

三、技术辨别方法

流星线是一个次要的单日反转信号，因此失败形态很常见，尤其是在强势整理或洗盘换手中更为突出，加之庄家的刻意行为，其形态信号更是扑朔迷离。根据多年的市场经验，遇到这种信号时应把握以下几点：

（1）结合均线分析。如果流星线远离均线，股价超过10日均线15%以上，且股价累计涨幅较大，显示市场短期处于不理智状态，则短线有回归均线的要求。如果股价紧贴均线系统上行，则看30日均线的支撑和阻力作用大小，这样可以避免操作失误。在一个缓升行情中，K线围绕均线上下波动，此时流星线的看跌意义不强，下跌幅度也有限，均线具有较强的支撑作用。

（2）看成交量的变化。如果流星线形成时，成交量创近期天量，则市场反转的可能性大，信号可靠性高，否则可靠性低。如果流星线前一根K线伴随着天量，市场发生反转的可能性也很大，投资者可以据此做出买卖决策。

缩量的流星线应引起警觉，但缩量后继续上涨的，往往意味着庄家已经完全控盘，这类个股成为超级大黑马的可能性很大。而对这样的情况应使用流星线实战操作的另一条重要规则，那就是耐心等待"验证信号"的出现。当然，同时也可以采取适当减仓的保护性措施。

（3）判别流星线形态的性质。了解这种形态是庄家试盘整理所为，还是市场本身构成的强大阻力。如果是庄家试盘时所形成的，后市上涨的机会比较大，则该形态的看跌意义大大降低。如果股价下跌来自市场本身的阻力，则看跌意义强烈。

（4）分析流星线形态的位置。观察盘面是否试图突破一个重要的阻力位、前期的成交密集区域、一个整数点位等，在这些关键位置出现的流星线，也具有重要的市场分析意义。通常股价有一个短暂的回抽动作，然后恢复上涨走势。如果是短线高手，可以速战速决，成功做一波涨升行情。

（5）最重要的一点就是流星线形成后，在上涨行情中，出现一个向上发散的流星线，此时要分析第二天的市场表现情况，如果第二天股价反转向下运行，收出一根大阴线或者跳空大幅低开呈低开低走态势，则形态信号的可靠性高。如果第二天股价仍然朝流星线原来的方向运行，且收出一根与趋势同向的上涨K线，则"反转"信号为虚假信号，股价仍然朝原来趋势继续发展。因此散户应当顺势而为，保持看多思维，才能把握行情节奏。

第七节　曙光初现虚假信号

一、形态分析精华

1. 形态形成过程

曙光初现与乌云盖顶的形态相对应。曙光初现出现在行情的底部，表示下跌动力减弱，为见底反转信号。曙光初现形态由两根K线组成，其形成过程：

（1）第一天的K线是一根向下的大阴线或中阴线，显示跌势持续向下。

（2）第二天的K线为一根跳空低开高走的大阳线或中阳线，即第二天的开盘价低于第一天的最低价，也就是说低于第一天 K 线下影线的底部，但是股价却收在接近最高价的水平。

（3）阳线的收盘价明显向上深入到第一天阴线实体中，收盘价至少高于第一根阴线实体的 1/2，这样才是标准的曙光初现形态。

2. 形态应用法则

曙光初现形态的强弱程度，可以用比例进行分析。通常第二天的阳线深入到第一天阴线实体的幅度越大，说明该形态的技术含义越高，即底部反转形态的可靠性越强。曙光初现形态的应用法则：

（1）第一日为大阴线或中阴线，继续其下跌趋势。

（2）第二日为大阳线或中阳线，其开盘价低于前一日大阴线的最低价。

（3）第二日的收盘价位于前一日大阴线实体的 1/2（中点）之上。如果阳线深入到阴线实体的 2/3 以上，说明多方上攻力度强；如果阳线仅仅深入到阴线实体的 1/3 位置附近，则说明上涨力度不够，后市仍需要观察。如果全部吞没第一根阴线实体，则见底信号更加明确。

（4）曙光初现形态应出现在下跌趋势的底部或阶段性低点。

技术意义：在股价经过很长一段时间下跌之后，空方的量能已经得到了比较充分的释放，或者股价已经毫无下跌空间，盘面上出现了十分强烈的转势信号。

3. 形态效力和操作要点

（1）第二天上涨的大阳线，深入第一天大阴线实体越深，见底回升的机会越大，若第二天大阳线所显示的收盘价高于前一日阴线的实体，则演变成破脚穿头形态，利多信号进一步加强。

（2）第二天反弹的大阳线，成交量若配合上升，此形态利好、见底信号强，逢低积极做多。

（3）曙光初现形成之后，第二天继续上涨收出阳线，形态可信度更高。此时投资者不要急于入场，可等待股价回调时逢低买入。

二、常见虚假信号

股价出现一段下跌走势后，在低位出现一根加速下跌的大阴线，第二天开盘时惯性跳空低开，但股价并未下跌多少即向上拉起，并插入到第一天的大阴线实体之内，收复了大部分失地，当日在次高点收盘，形成了标准的曙光初现形态，通常这是一个底部信号，投资者可以介入做多。可是，曙光初现形态产生后，市场并没有出现乐观的上涨行情，反而出现下跌走势，成为骗人的诱多陷阱。有以下几种常见盘面现象：

1. 高位曙光初现陷阱

股价经过一轮上涨行情后，由于获利盘的涌出，股价向下回落，一根大阴线加剧了下跌势头，但第二天一根大阳线向上拉起，构成一个曙光初现形态，预示股价调整结束，市场将重现生机，因此构成买入信号。但是，买入后股价只是小幅上涨或横盘整理，很快又出现下跌走势，因而形成曙光初现多头陷阱。

2. 无量曙光初现陷阱

在曙光初现形态中，成交量也十分重要，在第二根上涨阳线中成交量必须明显放大，才能推动股价进一步上涨，否则就是虚张声势，十有八九是庄家设置的多头陷阱。

3. 跌势中曙光初现陷阱

股价处于持续的下跌行情中，空头气氛十分强盛，任何做空因素都会加剧下跌势头。但如果股价经过一段时间的下跌后，出现曙光初现形态时，预示股价将止跌回升，因而构成买入信号。但是，买入后股价只是小幅上涨或横盘整理，很快又出现下跌走势，因而成为中位曙光初现陷阱。

图 2-24，常山药业（300255）：这是在下跌途中出现的曙光初现形态。该股见顶后逐波盘跌，不断创出调整新低，在下跌过程中一根大阴线向下击穿了整理小平台，加剧了市场空头气氛，但是第二天惯性低开后向上拉起，这根大阳线深入到前一天的大阴线实体之内，形成曙光初现形态，预示股价将扭转下跌势头，因而可以逢低买入。可是，股价并未因此止跌企稳回升，仍然在弱势中缓缓阴跌，将入场者套牢其中。

技术解盘：该股在形态上符合曙光初现形态特征，但美中不足的是：首先，股价始终处于弱势之中，并没有形成有效的向上突破，形态中的这根大阳线是对股价向下突破整理平台的一次回抽确认。其次，均线系统呈现空头排列，做空力度非常大，30日均线压制着股价不断走低。最后，成交量不能有效放大，说明入场资金寥寥可数，制约着股价的反弹力度。因此，此时出现曙光初现形态，很容易演变为失败形态或多头陷阱，投资者应认真分析。

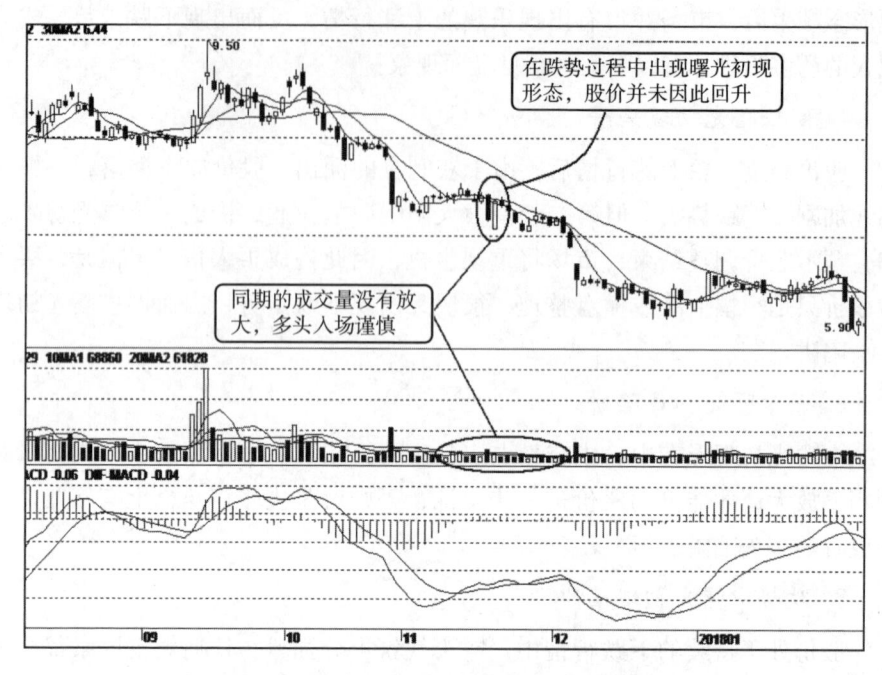

图 2-24 常山药业（300255）日 K 线图

三、技术辨别方法

（1）一般情况下曙光初现形态要有成交量的积极配合，在向上插入到阴线实体部分时，成交量必须同步放大，超过前一日成交量的 2/3 或 5 日均量的一倍，且不是单日的脉冲式放量，而是要持续多日放量，这样形态信号才能巩固，否则其形态的可靠性不高，为疑似信号。

（2）分析当日分时走势，插入时间早晚不同，也会有不同的意义和判断结果，通常插入时间越早，其可靠性越高，插入时间越晚，其可靠性越低，特别是尾盘拉升，都是不正常的盘面表现，其欺骗性更大。在开盘后股价很快被拉起，插入到阴线实体内部，表明第一天的下跌为庄家刻意所为，下方有较强承接盘，股价将出现一波升势行情。若在尾盘较短暂时间内迅速拉起，表明庄家在做"美人图"，有虚张声势之嫌，后市难以出现上涨行情。

（3）观察均线系统，短期股价离均线系统越近，形态信号的可靠性越差，短期股价离均线系统越远，形态信号的可靠性越高，因为股价一旦远离移动平均线，根据葛氏移动平均线法则，短期股价有反弹或回落的要求。

（4）看股价所处的位置。在股价较低、涨幅又不大的低位形成曙光初现形态，其可靠性要比高位出现此信号高得多，因此应以逢低吸纳或持股待涨为主。但是股市的规律是：下跌容易，上涨难。在底部更需要时间，更需要耐性和意志，虽然是一个上涨转势形态，但不一定马上出现拉升行情。

（5）观察次日的走势，可以进一步判断庄家的真实意图，如果曙光初现形态产生后在第二天立即出现一根大阴线，收盘价低于曙光初现形态中第二根阳线的最低价，应否定形态见底的可能，预期后市继续下跌。

（6）曙光初现形态产生后，在日K线图中呈现V形底，在形态理论上V形底形态的准确性不甚高，通常有一个回抽确认过程。因此，建议散户在股价返回到V形底的颈线附近时，适当地减仓操作。若此处再次出现曙光初现形态时，在K线形态上就构成了"W"底形态，其准确性远远高于"V"形底形态，这时投资者可以加大筹码的流动。

（7）仅凭两根阴阳K线涨跌来判断行情的发展方向，未免有点主观臆断，因此还要结合其他技术特征，如技术指标、形态、趋势、波浪以及庄家意图、持仓成本、坐庄手法等进行综合分析，才能有助于散户踏准市场节拍，摸准涨跌规律。

第八节　乌云盖顶虚假信号

一、形态分析精华

1. 形态形成过程

乌云盖顶与曙光初现的形态相对应。乌云盖顶出现在顶部，表示上升动力减弱，为见顶反转信号。无须确认，利淡信号强烈。它由两根K线组成，第一根K线是一根坚挺向上的阳线，第二根K线为一根跳空高开低走的大阴线。乌云盖顶形态的形成过程：

（1）第一天是一根坚挺向上的大阳线或中阳线，显示涨势强烈。

（2）第二天，股价跳空高开低走，收出大阴线或中阴线，第二天的开盘价超过第一天的最高价，也就是说超过第一天K线上影线的顶端，但是收盘却收在大阳线的实体之内，且接近最低价收盘。

（3）第二天的阴线收盘价明显向下深入到第一天阳线实体的一半位置以下，通常深入到第一天阳线实体的幅度越大，则该形态的技术含义越高，即顶部反转形态的可靠性越高，如果全部吞没第一根阳线实体，就构成穿头破脚形态，则见顶信号更加明确。

2. 形态应用法则

（1）第一日为大阳线，继续其上升趋势。

（2）第二日为大阴线，其开盘价高于前一日大阳线的最高价。

（3）第二日的阴线收盘价低于前一日大阳线实体的一半位置。

（4）乌云盖顶形态应出现在上涨趋势的顶部或阶段性高点。

技术意义：乌云盖顶形态是一个见顶信号，预示股价可能见顶回落，为强烈的卖出信号。

3. 形态效力和操作要点

在实际操作中，可以通过以下几个方面判断其反转力度的强弱：

（1）第二根阴线深入第一根阳线实体部分超过1/2，深入幅度越大，说明市场见顶回落的概率越大，否则见顶反转的意义不大。若第二天大阴线所显示的收盘价低于前一日阳线的实体，则演变成穿头破脚包容形态，同属利淡信号，应逢高了结。

（2）第二天开盘时股价以跳空缺口向上穿越主要阻力区，然后很快掉头向下，证明买盘的力量弱，高位缺乏接盘，大势见顶的迹象已经显露，这可加强形态的见顶信号。

（3）第二天开盘初期的成交量越大，表明其中潜伏的投资者获利回吐的意义越强，但也反映有人入市买货，股价一旦被压低回落，这批在高位买货的投资者将会亏损并被套牢，将来股价一旦接近高位，即引发这批投资者争相抛盘。也就是说，高位抢货的投资者将成为日后潜在的抛盘，今后市场再上涨的机会减少，乌云盖顶形态发挥的见顶效力因此而更为强烈。

二、常见虚假信号

股价经过一段时间的上涨行情后，在相对高位拉出一根加速上涨的大阳线，接着第二天市场借势高开，但股价略做冲高后，坚守不住市场抛压，向下滑落到第一天的大阳线实体之内且吞没了大半条阳线，形成了标准的乌云盖顶形态，构成卖出信号。投资者据此纷纷抛售股票离场，等待股价的深幅回调。可是，乌云盖顶形态产生后，经过短暂的蓄势整理，股价重拾升势，形成乌云盖顶形态诱空陷阱。有以下几种常见盘面现象：

1. 反弹高点乌云盖顶陷阱

股价经过充分调整后出现反弹，不久一个乌云盖顶形态封堵了上涨势头，预示股价反弹结束，股价将再次出现下跌走势，从而构成卖出信号。但是，卖出后股价只是小幅下跌或横盘整理，很快又回到上涨通道之中，因而形成反弹高点乌云盖顶陷阱。

2. 上涨中途乌云盖顶陷阱

在实盘操作中，有时庄家采用边拉边洗的方式将股价稳步推高，这时候乌云盖顶形态经常出现。通过该形态制造空头陷阱，既可以达到洗盘的目的，又不会对大趋势造成破坏，坐庄效果非常好。

分析判断乌云盖顶形态属于上涨过程中的调整形态，还是上涨后期的顶部形态，可以参考以下几方面因素：

（1）股价已经大幅上涨，涨幅在一倍或几倍以上的，则属于头部形态的可能性大。

（2）在出现乌云盖顶形态之前的几天里，股价出现加速上涨过程，且此时成交量明显放大，则属于头部形态的可能性大。

（3）在出现乌云盖顶形态之前的上涨过程中，庄家经常在买二或买三处挂出大单，但一直都没有成交，这是庄家引诱投资者接盘的伎俩。而且，在乌云盖顶形态产生的当天，盘中出现了大量的主动性抛盘，且在委买处挂出大手笔买单，当股价下跌到这些价位附近时，这些买单却不见了，然后在低几个价位上又重新出现，以此吸引投资者接盘，这是真正的乌云盖顶形态的盘口现象。

（4）真正的顶部乌云盖顶形态出现后，股价会快速脱离该形态。有时会出现短暂的平台整理形态，不时地出现上冲动作，但坚持不到两三天股价就会出现明显的回落，随后出现大跌行情。

（5）如果乌云盖顶形态出现之后的第二天或几天里，股价被快速拉起，成交量也明显放大，说明前面的大阴线为洗盘所为，后市仍将持续升势行情。

3. 洗盘、试盘中的乌云盖顶陷阱

庄家为了后市更好地拉升，经常运用乌云盖顶形态进行洗盘或试盘，散户把乌云盖顶当作头部形态，纷纷抛出筹码而落入乌云盖顶陷阱之中。

图2-25，泰坦股份（003036）：这是庄家运用乌云盖顶形态进行洗盘的典型例子。该股回落构筑圆弧底形态，右侧渐渐向上抬高，股价脱离底部盘区。当股价反弹到前期上涨高点附近时，庄家主动展开洗盘整理。2021年3月25日，股价从涨停板开盘，以跌停板收盘，一根高开低走的"天地板"大阴线，将前一天的涨停大阳线全部覆盖，从而构成乌云盖顶形态。那么，此

后的行情如何演变呢？经过短暂的下跌调整后，庄家成功地完成了洗盘和试盘目的。3月30日，股价放量涨停，产生8连板行情。

技术解盘：为什么该股的乌云盖顶形态成为空头陷阱了呢？主要原因：首先，乌云盖顶形态产生后，股价下跌到前期盘区附近，回落空间有限，该位置具有较强支撑，庄家洗盘点到为止。其次，均线系统保持多头排列，对股价具有较强的支撑作用，此后虽然一度击穿10日均线，但很快被拉回到均线之上，说明庄家洗盘恰到好处。最后，上方套牢筹码很少，股价高开后，对上方阻力进行了较好的测试，成功消化了上方的阻力。因此，该乌云盖顶形态是股价上涨过程中的一次洗盘动作。

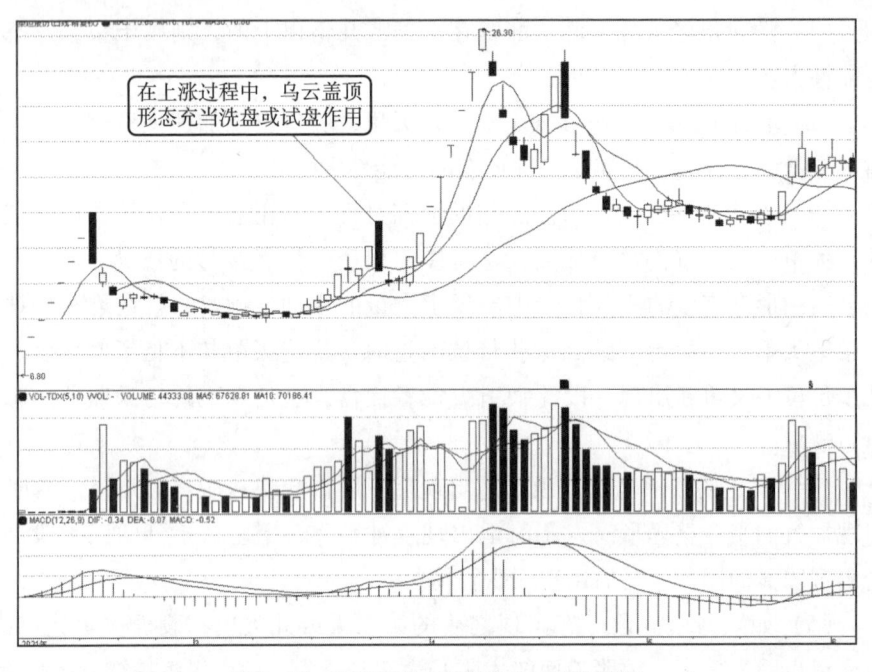

图 2-25　泰坦股份（003036）日 K 线图

三、技术辨别方法

（1）一般情况下，股价下跌无须成交量的配合，但乌云盖顶形态如果有成交量的积极配合，在向下深入到前一天阳线实体部分时，成交量同步放大，达到前一日成交量的 2/3 以上或 5 日均量的一倍以上，说明高位抛压大，其形态的可靠性会增强。

（2）分析当日分时走势，插入时间早晚不同，也会有不同的意义和判断结果。通常插入时间越早,其可靠性越高,插入时间越晚,其可靠性越低,特别是尾盘打压,都是不正常的盘面表现,其欺骗性更大。在乌云盖顶形态中,若开盘后很快即插入到阳线的实体部分较深位置,表明第一天的拉升为假动作,是庄家为出货而刻意拉升。若在中盘时段插入,表明上方阻力较大,庄家放弃上攻,上涨行情暂时告一段落。若在尾盘几分钟甚至更短的时间里,以迅雷不及掩耳之势偷袭打压股价,表明庄家故弄玄虚,虚晃一枪,制造空头市场,后市还将有续升行情出现。

(3) 乌云盖顶形态出现在市场的顶部是散户普遍可以接受的形态,但有时出现在水平整理的末端,其形态效果也非常明显。比如,股价遇到一个短期无法攻克的重要阻力位,庄家一时又无耐心消化这个阻力位,而主动选择放弃,最终股价向下滑落,其杀伤力也是可怕的。散户不要以为不是市场顶端,而轻视了这个形态,结果吃了大亏。

(4) 看股价所处的位置。股价较高的,涨幅较大的,特别是主升浪行情之后出现的乌云盖顶形态,其可靠性远远比底部出现此信号要高得多,因此适时逢高减仓或出局观望为宜。尤其是那些上涨超过一倍或几倍的股票,市场本身累积了巨大的风险。而在乌云盖顶形态出现之前,股价有过加速上涨走势的,风险也很大。

(5) 有经验的投资者还可以观察一些盘面细节。在乌云盖顶形态出现之前,股价加速拉升过程中庄家经常会在委买处挂出大手笔买单,但真正成交的却很少,这是庄家引诱散户接盘的假象。在形态出现的当天,盘中出现了大量的主动性抛盘,且在股价下跌过程中在买二或买三的位置不断有大手笔的买单挂出,但股价却步步走低。当股价下跌几个价位后,这些大买单又会在下面的价位上重新挂出,如此反复多次,庄家的筹码也所剩无几了。当形态出现后,在委买价位就没有大买单了,只是一些零散小单出现,且盘面上出现大量的主动性抛单。通过这些盘面细节变化,可以确定乌云盖顶形态的可信度。

(6) 乌云盖顶形态产生后,结合技术指标、形态、趋势和波浪等因素综合分析,进行相互验证,比如技术指标有无出现死叉、顶背离现象,股价是否向下突破一个重要技术形态,如下降三角形、上升楔形、头肩顶等,以及乌云盖顶形态是否出现在第 5 浪上升的后期,若出现这些因素时,乌云盖顶形态的可靠性比较高,应及时离场观望。

第九节　早晨之星虚假信号

一、形态分析精华

1. 形态形成过程

早晨之星形态大多出现在下降趋势的末端，是一个较强烈的趋势反转信号。一个标准的早晨之星形态由三根 K 线组成，其形成过程：

（1）第一天，在下跌过程中，股价延续跌势产生一根较长的实体大阴线，显示大势不妙，同时也说明空方能量得到进一步宣泄。

（2）第二天，股价跳空低开，但跌势趋缓而呈低位牛皮走势，收盘价与开盘价差不多在同一个水平，形成一个十字星形态（小实体阴、阳 K 线亦可，其分析意义更佳），这根 K 线为早晨之星形态的主体部分。

（3）第三天，股价强势上涨，出现较大的反弹走势，收出一根较长的实体阳线，其实体部分或全部吞食第一根阴线的实体，显示出多头已经开始了初步的反攻。

简单地说，就是第一天下跌收出大阴线，第二天初步止跌收出星线，第三天上涨收出大阳线，说明股价扭转下跌趋势。

2. 形态应用法则

（1）第一根 K 线的颜色承原先趋势，也就是说，发生在下跌趋势中的早晨之星，第一根应为阴线。

（2）第三根 K 线颜色应与第一根相反，即为阳线。

（3）第二根 K 线可以小幅高开或低开，也可以与第一根 K 线实体之间产生小缺口，而且第二根 K 线是阴线或阳线，并不影响分析。

（4）第二天 K 线可以是小幅上涨或下跌的十字星或小实体 K 线，这不影响形态的实盘分析。

（5）第三根阳线实体的长度越长，后市上涨力度越大。也就是说，第三根阳线实体收盘价深入第一根阴线实体之中越多，其信号就越可靠。

技术意义：这种形态意味着下跌行情即将结束，市场开始见底回升。表明下跌势头被成功扭转，确定成功筑底，市场发出看涨信号。

3. 形态效力和操作要点

（1）理想的早晨之星形态，第二根星线与第一根大阴线之间有一个小小的向下跳空缺口，第三根阳线应小幅高开，可加强早晨之星效力。

（2）第三根阳线要求插入到第一根阴线实体以内 1/2 以上。通常，插入越深，看涨意义越大，如果全部吞没第一根大阴线，则看涨意义更强烈。

（3）如果第一根阴线的成交量较小，而第三根阳线的成交量较大，这一点表明了原先趋势力量的衰弱，及新趋势力量的增长。或者，第三根阳线的成交量明显放大，超过第一根和第二根 K 线的成交量三成以上，代表股价在反弹时买盘积极，更有利于后市见底回升。

（4）早晨之星形态出现在前期低点附近，其反转上涨的意义更大。

（5）早晨之星形态出现在长期下跌的末期、暴跌之后、回调洗盘结束之时，其准确率较高。

（6）早晨之星形态如果出现在横向整理区域，虽然是看涨信号，但实盘效果不佳，容易出现失败形态。

二、常见虚假信号

在实际操作中，早晨之星形态也有许多虚假信号，正当散户笑逐颜开，以为下跌行情迎来"雨过天晴"时，孰料暴风雨才正要开始，蓦然发现这是一个多头大骗局。

1. 低位早晨之星陷阱

股价出现一轮较长时间的下跌行情后，在低位收出一根下跌阴线，由于空头力量占据市场优势，同时受惯性作用的影响，第二天股价大幅跳空低开，这时买盘逢低介入，将股价推升到第一日的收盘价附近，当天以十字星线报收，但第三天小幅高开后，向上高走收出一根大阳线，从而形成一个看涨早晨之星形态。此时，不少投资者以为底部来临，而纷纷介入市场。谁知，这是一个多头陷阱，股价很快出现新一轮下跌走势，套牢了不少投资者。

2. 中位早晨之星陷阱

股价经过一波反弹行情后，开始向下回落调整，当股价下跌到一定幅度时，跌势有所企稳，形成一个早晨之星形态。此时不少投资者以为洗盘换手结束，股价将重拾升势行情，因而纷纷买入股票。但是，这种信号经常演变为弱势反弹行情，股价很快出现新的下跌走势，从而早晨之星成为多头陷阱，股价不断创出新低。

3. 震荡中的早晨之星陷阱

下面是一个发生在震荡行情中的早晨之星形态，该形态虽然是看涨信号，但如果出现在横向整理区域，实战效果不佳，容易出现失败形态，投资者应注意。

图2-26，大庆华科（000985）：这是低位早晨之星形态陷阱。该股反弹结束后再次向下回落，不断创出调整新低，不久在低位产生一个早晨之星形态，而且该形态出现在大跌之后，股价累计跌幅较大，因而不少投资者以为这是一个见底回升信号。但是，后市走势却完全相反，股价经过短暂的整理后，再次陷入盘跌走势，早晨之星成为一个失败形态或技术陷阱。

技术解盘：从该股的早晨之星形态分析，以及这三根K线本身的力度来说，多头攻击的力量一般，因为：一是总体成交量不大，做多的热情不高，特别是早晨之星形态出现的几个交易日里，成交量出现明显的萎缩，得不到成交量的积极配合，单靠盘中仅有的残余力量，难以推动股价持续上涨，一旦多头不力，空头势力将再度掌控盘面，股价将再度走弱。二是股价见顶后，形成了一条下降趋势线，盘面渐渐走弱，股价受下降趋势压制，很难扭转弱势局面。三是均线系统呈现空头发散，不断压制股价使其走低，MACD、RSI、KDJ、DMI等多项技术指标没有转强迹象，因此下跌势头仍将延续一段时间。

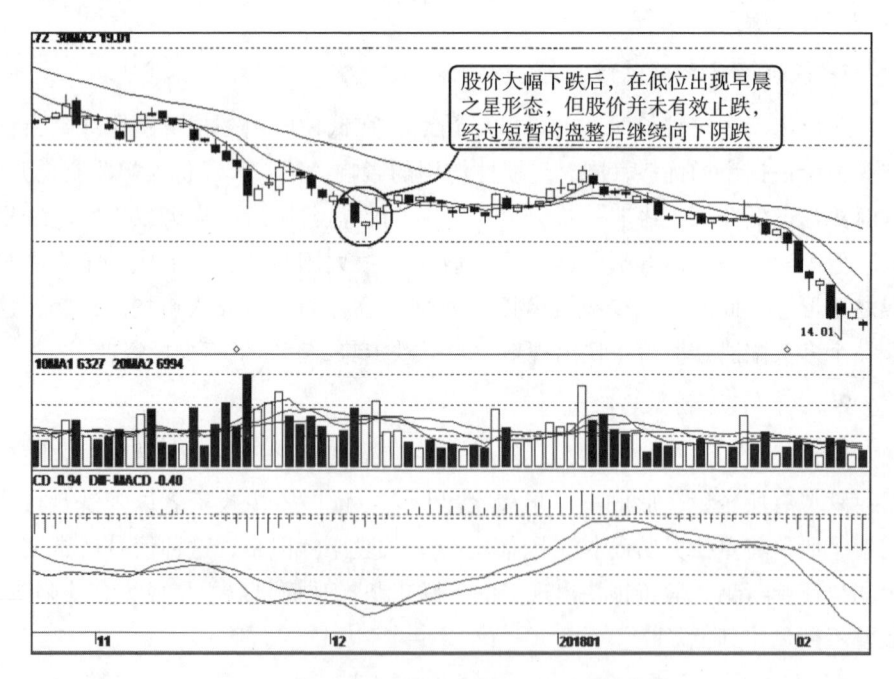

图2-26　大庆华科（000985）日K线图

三、技术辨别方法

（1）看早晨之星形态出现的位置，形态发生在高位，股价已经有较大的涨幅，后市可能仅仅是一波小幅上涨行情，属于庄家出货行情，投资者应及时逢高离场，如果形态发生在低位，股价跌幅较大，可能是真正的见底信号，投资者可以逢低介入。

（2）如果早晨之星形态中的下影线较长，并伴随较大的成交量，表明有买盘介入，投资者可以及时跟进，否则应谨慎对待。

（3）如果股价位于移动平均线之下且远离移动平均线，负乖离率偏大，市场将要出现报复性反弹行情，投资者可以介入做一波反弹行情，以30日移动平均线作为短线获利点止盈了结。

（4）早晨之星形态产生后，第四天继续拉出阳线，其可靠性更高；如果第四天股价回调时，超过第三天实体阳线的1/2，其可靠性将大大降低。

（5）谨慎的投资者可以把早晨之星形态看成一个提示性信号，待股价向上突破下跌趋势线、技术形态或出现其他看涨信号时，再采取买卖行动。同时，把止损位设在早晨之星形态的最低价附近，股价有效跌破最低价位时，应及时离场观望。

（6）早晨之星形态只有在趋势行情的底部，上涨途中的回调洗盘中出现，才具有测市判势的意义。在下跌途中或牛皮盘整市里，则无实质性分析意义，应改用其他技术分析方法进行研判。

（7）早晨之星形态与超跌反弹行情的关系。在跌势初期出现早晨之星形态，以庄家出货行情对待为好，此处不可以恋战。在跌势中途出现早晨之星形态，不妨把它当作反弹行情或庄家自救行情对待。在跌势末期出现早晨之星形态，可以与成交量一起进行分析。

（8）在一轮下跌趋势行情中，可能多次出现早晨之星形态，初次出现的早晨之星形态可信度最差，其后准确率逐步提高。反之，在一轮上涨趋势行情的洗盘整理过程中，也可能多次出现早晨之星形态，初次出现的早晨之星形态可靠性最高，其后准确率逐步降低。

（9）将早晨之星形态与支撑位结合进行分析，如果股价下跌遇到重要支撑位，如趋势线、技术形态、一个浪形的转折点、黄金分割线、成交密集区域和整数关口等，并在这些区域附近出现早晨之星形态，其信号的可靠性较高。或者说，处在支撑位之上的早晨之星形态，看涨效力更强。

第十节　黄昏之星虚假信号

一、形态分析精华

1. 形态形成过程

夕阳无限好，只是近黄昏。黄昏之星意味着日落西山，夜幕悄然来临，预示市场上涨行情即将结束，因此是一个比较可靠的顶部反转形态。一个标准的黄昏之星形态由三根K线组成。其形成过程：

（1）先是一根较长的实体阳线，股价延续强势上涨势头。

（2）第二天股价跳空高开，但上涨势头明显减弱，形成一个十字星形态（实体小阴、小阳K线亦可，分析意义相同）。

（3）第三天股价小幅低开，并产生一根较长的实体阴线，其实体部分明显地向下深入到第一根实体阳线之内，显示头部形态构成，这就形成了一个标准的黄昏之星形态。

2. 形态应用法则

（1）第一根K线的颜色承原先趋势，也就是说，发生在上涨趋势中的黄昏之星形态，第一根应为阳线。

（2）第二根K线可以是小幅上涨或下跌的十字星或小实体K线，这不影响形态的实盘分析。

（3）第三根K线颜色应与第一根相反，即为阴线。

（4）第二根K线与第一根K线的实体之间有跳空缺口，而第二根K线为阴线或阳线，并不影响分析。

（5）第三根阴线实体的长度越长，后市下跌力度越大。也就是说，第三根阴线实体收盘价深入到第一根阳线实体之中越多，其信号就越可靠。

技术意义：这种形态意味着涨升行情的结束，市场开始见顶回落。表明股价上涨势头遇到抑制，市场发出看跌信号，顶部信号产生。

3. 形态效力和操作要点

（1）理想的黄昏之星形态，第二根十字星与第一根阳线之间有一个小小的向上跳空缺口，第三根阴线应小幅低开，这样可以加强黄昏之星形态的效力。

（2）第三根大阴线的收盘价深入到第一根大阳线的实体内，超过第一根阳线实体的 1/2，则有助于加强形态效力。通常，插入越深，看跌意义越大。

（3）在黄昏之星形态中，若第三根大阴线的成交量较第一根阳线大，代表股价在下跌时抛盘较多，后市见顶下跌概率更大。

（4）黄昏之星形态出现在前期高点附近，其反转下跌的意义更大。

（5）黄昏之星形态出现在长期上涨的末期、暴涨之后、超跌反弹结束之时，其准确率较高。

（6）黄昏之星形态如果出现在横向整理区域，虽然是看跌信号，但实战效果不佳，可放弃操作，参考其他技术分析。

二、常见虚假信号

在实盘操作中，黄昏之星形态也有许多虚假信号，股价经过一轮涨升行情后，在高位区域形成一个极其标准的黄昏之星形态，投资者见此形态，纷纷抛售手中的股票，可是随后的股价走势并没有出现预期的下跌行情，经过短暂的休整后，股价重返升势，甚至走出主升浪行情，否定了这个具有强烈看跌意义的黄昏之星形态，使离场的投资者后悔不迭。

1. 高位黄昏之星陷阱

股价经过较长时间的持续上涨行情后，一根上涨大阳线出现形成加强上涨势头，但第二天在高位收出一根十字星线，股价上涨势头遇到一定的遏制，第三天一根大阴线从上而下，股价的上涨势头被彻底扭转，一个看跌的黄昏之星形态形成。但是，当投资者纷纷抛空股票后，股价只是小幅回落或经短暂的横向整理后，再拾升势行情，黄昏之星成为一个空头陷阱。

2. 中位黄昏之星陷阱

股价经过较长时间的持续下跌行情后，市场出现反弹走势，但上涨幅度不大，在相对高点形成一个看跌的黄昏之星形态，预示股价反弹结束，市场将重拾跌势，因此构成卖出信号。但是这种信号经常演变为空方防守反击的一种失败形态，成为空头陷阱，市场继续向上运行，不断创出新高。

3. 低位黄昏之星陷阱

在大幅调整后的低位，庄家出于建仓或洗盘的需要，往往会故意构筑黄昏之星形态，误导散户抛售筹码离场后，股价很快出现拉升行情。

4. 洗盘黄昏之星陷阱

股价经过小幅上涨后，庄家利用黄昏之星形态进行洗盘换手，是较好的一种坐庄方式，因此这时的黄昏之星形态就是一个空头陷阱。

图 2-27，贝肯能源（002828）：该股大幅下跌后，庄家在低位吸纳了大量的低价筹码，经过一段时间的筑底后，底部渐渐向上抬高。2018 年 5 月 11 日，出现一个黄昏之星形态，该形态让不少散户产生恐慌。可是，经过几个交易日的蓄势整理后，股价出现快速拉升行情。

技术解盘：首先，股价涨幅不大，回落空间有限。其次，黄昏之星形态产生后，股价没有出现持续下跌，做空意愿不强。最后，30 日均线缓慢上行，对股价有较强的支撑作用。因此，该股的这个形态只是股价遇到前期盘区阻力而展开的一次洗盘整理走势，投资者不必为之担忧。

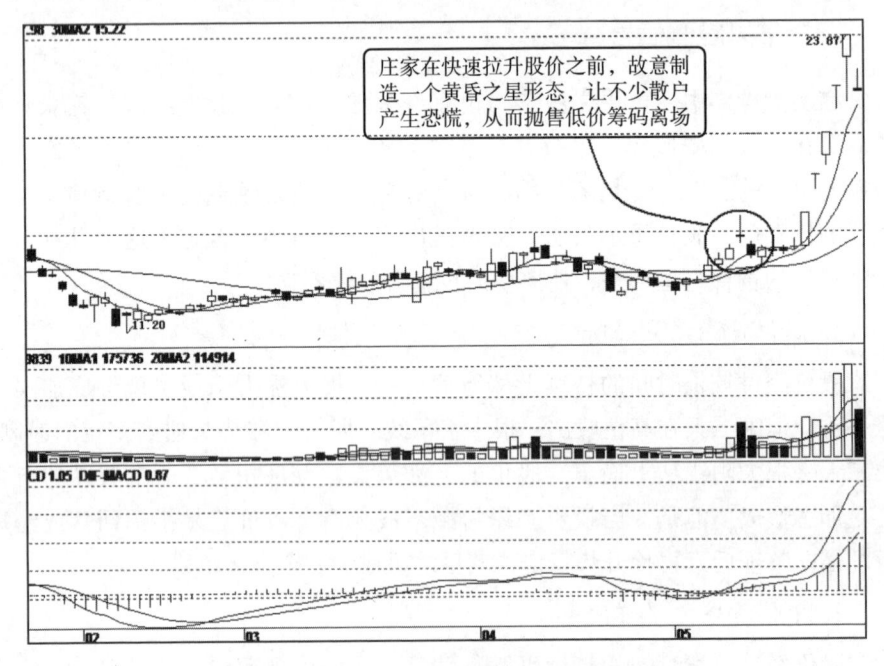

图 2-27　贝肯能源（002828）日 K 线图

三、技术辨别方法

（1）认真分析行情性质。通常在由散户主导的行情、庄家自救的行情中，出现黄昏之星形态要高度警惕，随时有可能出现下跌走势。当然，如果有足够的理由证明庄家在洗盘换手，可以不必理会其形态，甚至可以采用反技术操作。

（2）看黄昏之星形态出现的位置。形态发生在高位，股价累计涨幅比较大，可能是真正的见顶形态。形态发生在低位，股价涨幅不大的，属于正常回档整理的可能性较大，后市仍有上涨潜力。一般而言，在长期的熊市末期，股价从高位回落跌幅超过50%，若出现黄昏之星形态时，其可靠性较低。同样，股价从底部开始，经过充分炒作后上涨幅度达到一倍甚至两三倍以上的，若出现黄昏之星形态时，其可靠性较高。对于回调洗盘，一般正常的洗盘幅度在20%左右，超过这个幅度时，其形态值得分析。对于反弹行情，虽然反弹幅度有时难以预测，但可以运用阻力位、黄金分割线、成交密集区域等进行判断，若在这些区域附近出现黄昏之星形态，其信号的可靠性较高。

（3）如果形态中的上影线较长，并伴随较大的成交量，应采取减仓观望的保护性措施。

（4）股价远离移动平均线、乖离率偏大时，市场存在回调的要求，此时如果出现黄昏之星形态，其准确率较高。

（5）黄昏之星形态产生后，第四天继续拉出阴线，其可靠性更高，如果第四天股价盘中反弹时，超过第三天实体阴线的1/2，其可靠性大大降低。

（6）谨慎的投资者可以把黄昏之星形态看成一个提示性信号，待股价突破上升趋势线、技术形态或出现其他看跌信号时，再采取买卖行动。同时，观察黄昏之星形态最高价附近的盘面反应，股价有效突破最高价位时，应持股待涨。

（7）黄昏之星形态只有在趋势行情的顶部，下跌途中的反弹高点出现，才具有测市判势的意义。在上涨途中，牛皮盘整市里，则无实质性分析意义，应改用其他技术分析方法进行研判。

（8）黄昏之星形态与回抽确认走势的关系。在涨势初期出现黄昏之星形态，以庄家建仓对待为好，此处可以逢低吸纳，在涨势中途出现黄昏之星形态，把它当作回抽确认或震荡洗盘对待为上，在涨势末期出现黄昏之星形态，不管成交量是否放大，先离场观望为好。

（9）在一轮上涨趋势行情中，可能多次出现黄昏之星形态，初次出现的黄昏之星形态可信度最差，其后准确率逐步提高。反之，在一轮下跌趋势行情中，也可能多次出现黄昏之星形态，初次出现的黄昏之星形态可靠性最高，其后准确率逐步降低。

（10）将黄昏之星形态与阻力位结合进行分析，如果股价上涨遇到重要阻力位，如趋势线、技术形态、一个浪形的转折点、黄金分割线、成交密集区域和整数关口等，并在这些区域附近出现黄昏之星形态，其信号的可靠性较高。或者说，处在阻力位之下的黄昏之星形态，看跌效力更强。

第十一节　红三兵虚假信号

一、形态分析精华

1. 形态形成过程

红三兵形态是K线技术的重要形态之一，它由三根上涨阳线组成，每一根K线较上一日价格上涨，由呈梯状向上稳步攀升的大阳线所形成，三根实体阳线长度相近，其势如同三个坚挺刚强的士兵，给人以可靠的安全感，因此是一个普遍看涨的转势信号。

根据技术含量高低可分为前进红三兵、受阻红三兵、停顿红三兵三种。

（1）前进红三兵形态，在底部出现三根大小相当的阳线，上下影线比较短小，成交量温和放大，具有上攻态势。在该形态中，出现第一根阳线实体之后，随后紧跟着出现了第二根阳线，且第二根阳线实体的开盘价在前一天阳线实体内部或者在其附近的位置，第三根阳线实体的开盘价在第二天阳线实体内部或者在其附近的位置。这三根阳线实体的收盘价，都处于当日走势的最高价或者接近当日最高价。

（2）在受阻红三兵形态中，第二根和第三根K线，或者仅仅是第三根K线，表现出上涨势头减弱的迹象，从而构成一个前进受阻的红三兵形态。实盘中，其阳线实体既可以是一天比一天小，也可以是后面两根阳线实体具有相对较长的上影线。

（3）停顿红三兵形态的后两根K线中，前一根为长长的阳线实体，并且向上创出近期新高，后一根只是一个小的阳线实体。一般而言，最后一根阳线未能创出新的高点，即在前一根阳线最高点下方运行，从而停止了红三兵形态的前进势头。

2. 形态应用法则

（1）红三兵形态必然出现在市场的底部。
（2）每天的开盘价应该在前一根阳线的实体或附近水平。
（3）每根阳线的收盘价应在全日最高价或附近水平。
（4）三根阳线的实体长度相近，由呈梯状向上攀升的大阳线所形成。

技术意义：红三兵形态表明有场外资金源源不断地介入市场，中长期看好市场前景，推动股价稳步上行，底部特征十分明显，因此是一个可靠的见底反转信号。在股价下跌趋势中出现前进红三兵形态时，则标志着股价即将见底反转。如果是在股价已经有一定上涨的势道中出现红三兵形态，则表示股价将加速上涨的可能性极大；如果股价在经过横盘后出现红三兵形态，意味着股价将向上突破，这是行情启动的前奏。

3. 形态效力和操作要点

（1）第二日及第三日的开盘价可以在前一日实体之内的任何部分，但如果开盘价在前一日实体的中间部分，呈梯形上升，利好效力强。

（2）红三兵形态一般出现在市场见底回升的初期，因而回升幅度不大，速度缓慢，但走势相当稳健，此阶段逢低建仓来得相当容易，且风险不大。

（3）三根阳线的成交量比较平均，与前期缓慢下跌时的成交量基本持平，显示买盘力量持续，进一步确认走势，在随后的突破飙升阶段，成交量会成倍放大。红三兵形态通常预示着市场见底，稍后阶段产生"井喷"式上升的机会较大。

（4）如果红三兵形态的阳线实体过长，短期技术指标显示有超买迹象，谨防短线技术回调。

（5）上涨趋势持续一段时间后，在高位出现红三兵形态，谨防出现多头陷阱。在高位出现受阻红三兵形态或停顿红三兵形态时，应及时采取保护性措施。

（6）经过充分盘整后向上突破形成的红三兵形态，比超跌反弹出现的红三兵形态要可靠得多。

（7）确认红三兵形态的强弱法则：第一，如果高低点整体涨幅在20%以上，最后一根K线实体涨幅在5%以上，说明股价涨势极强。第二，如果高低点整体涨幅在15%左右，最后一根K线实体涨幅在3%左右，说明股价涨势呈中性。第三，如果高低点整体涨幅在10%以内，最后一根K线实体涨幅仅在1%左右，说明股价涨势偏弱。

4. 红三兵形态注意事项

（1）三根阳线不能太长，如果太长了的话，说明攻势过猛，短期获利回吐的阻力也加大，最好是三根中阳线或小阳线，更易厚积而薄发。

（2）三根阳线对应的成交量应温和放大，最好是一天比一天大，显示庄家资金慢慢潜入。如果过大，则树大招风，容易吸引更多的跟风盘，反而不利于庄家拉升；如果过小，则说明后市拉升力度可能不够。

（3）红三兵虽然是一种很典型的底部形态，但是投资者在买入时，也应该设好止损位,如果股价跌破了红三兵形态的低点,则见底形态失败,短线投资者应该考虑及时止损出局。

二、前进红三兵虚假信号

红三兵形态在股市技术分析中占有十分重要的地位,是重要的 K 线形态之一,但在实盘中也经常产生虚假信号,常见的技术陷阱有以下几种:

1. 低位红三兵形态陷阱

股价经过较长时间的下跌调整后,形成底部震荡走势,中长期底部渐渐凸显出来。不久,市场出现逼空走势,三条阳线拔地而起,红三兵形态分明告诉大家底部已经成功构成,股价即将脱离底部,转入升势行情,三阳开泰,给人带来无限的遐想,因此是一个比较好的买入时机。

可是,当投资者纷纷介入后,股价并没有出现如期的上涨行情,一波小幅反弹之后,宣告红三兵形态失败,从而套牢大批投资者。造成这种失败形态的主要因素有:

(1) 底部没有探明。红三兵形态仅是一个普通超跌反弹走势,通常为多方防守反击的抵抗性结果。

(2) 价位较高。庄家为了顺利实施出货计划,在高位制造红三兵形态,从而形成技术陷阱。

(3) 庄家试盘。拉升时机未到,股价重新回归调整或下跌走势。

(4) 庄家自救。庄家没有顺利撤退,但股价已经下跌一截,因而被套牢于盘中,只有依靠自救行情才能顺利脱身,这时容易出现多头陷阱。

(5) 非主流板块跟风而为。主流热点退却后,非主流板块跟风下跌,因而产生技术陷阱。

2. 中位红三兵形态陷阱

中位红三兵形态陷阱可分为上涨中途红三兵形态陷阱和下跌中途红三兵形态陷阱两种。

上涨中途红三兵形态陷阱,表现为股价脱离底部出现一定的涨幅后,经过洗盘调整而出现红三兵形态,表明洗盘调整结束,买盘重新加强,股价有望再现涨升行情,可以买入做多。可是,买入后股价并没有上涨,小幅上涨到前期高点附近时,遇阻回落形成双头形态,将追高介入的散户套牢。

下跌中途红三兵形态陷阱,表现为股价脱离顶部出现一定的跌幅后,出现反弹走势,在反弹高点出现红三兵形态,表明买盘进一步加强,股价将加速上涨，可以追涨买入做多。可是，买入后股价却冲高回落，反弹行情结束，股价重归下跌走势，红三兵形态成为套牢散户的多头陷阱。

在上涨中途调整过程中，遇到红三兵形态时应注意：

（1）在出现红三兵形态之前，股价涨幅不能过大，上涨最好不能超过50%，而且在上涨过程中不能频繁出现大幅度的波动。

（2）在洗盘回落过程中，成交量必须缩小，而且股价在回落到10日均线附近时，必须受到强大的支撑而回升。在回升过程中，成交量必须再次放大，才能推动股价进一步上涨。

（3）如果出现红三兵形态之前，股价一直呈现出稳健地向上攀升趋势，只要在红三兵形态中成交量持续放大，后市股价必将会出现一波加速上涨行情。

（4）如果出现红三兵形态之后，股价出现了一段时间的震荡整理，但在这个过程中股价波动幅度并不是很大，而且在整个过程中成交量始终没有出现放大现象，当股价再次放量上涨时，意味着后市将会继续上涨。

3. 高位红三兵形态陷阱

当股价经过长期的上涨后，在高价位区出现红三兵形态时，就应引起投资者的高度谨慎了，这往往是股价上涨的尾声，预示着股价即将迎来一波下跌行情，这通常是庄家故意拉高股价完成出货的一种坐庄手法。但在实盘操作中，总有一些投资者禁不住漂亮形态的诱惑，盲目追涨而落入技术陷阱之中。

当看到这种情况时，投资者就应该思考以下几个问题：

（1）如果股价经过了大幅度的上涨，在加速过程中出现的红三兵形态应引起警惕。

（2）红三兵形态标志着买盘力量在增强，那么接下来股价就必将继续向上拉升，即便出现震荡停顿，股价的重心也会逐步上移，否则有诱多嫌疑。

（3）红三兵形态必须得到成交量的积极配合，才能推动股价进一步上涨。否则，说明做多意愿不强，市场跟风不积极，股价上涨值得怀疑。

4. 反弹红三兵形态陷阱

股价短期超卖后，必然会出现反弹，从本质上讲反弹只是对下跌过程中的一种技术性修复走势，反弹结束后股价仍将继续原来的下跌走势，因此在反弹行情中容易出现虚假技术信号，而红三兵形态是较为常见的多头陷阱。反弹中的红三兵形态陷阱分强势反弹红三兵形态陷阱和弱势反弹红三兵形态陷阱两种。

图2-28，东方日升（300118）：这是弱势反弹中的红三兵失败形态。股

价从最高 25.42 元开始一路下跌，不久，股价跳空低开低走，当天以跌停板收盘，创出 5.15 元新低，第二天股价跳空低开后向上盘升，当日报收小阳线，然后继续反弹再收两根小阳线，从而形成一个红三兵形态。但股价随后并没有出现持续上涨走势，第二天股价就出现冲高回落走势，红三兵形态成为一个多头陷阱。

技术解盘：这个红三兵形态有什么意义？投资者应该如何操作？从 K 线形态上很难做出正确的判断，那就需要放在大背景下来审视一下。出现红三兵形态之前，一根大阴线形成急跌走势。随后的红三兵形态走势有上涨乏力的感觉，三根小 K 线累计涨幅不及前一根大阴线的 1/3，说明反弹力度极其脆弱，只是股价超跌后的一种技术性修复走势。从成交量上也可以看出一些征兆，连续三天的成交量低于前面的平均量，说明场内交易比较清淡，资金入场十分谨慎，股价虽然出现回升走势，但要小心股价继续下跌。而且整个势道十分脆弱，均线系统呈现空头发散，股价受 5 日均线压制后进一步走低。此时可以想象得到，股价连 5 日均线都突破不了，怎么指望后市上涨呢？综上所述，这是一个弱势反弹形态，实盘中遇到此类盘面时，谨慎操作为宜。

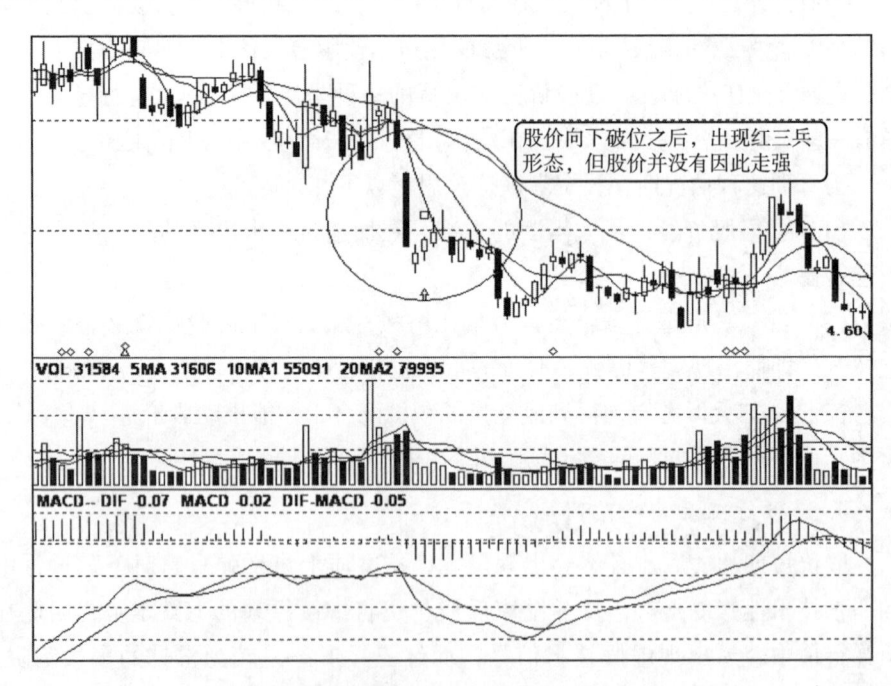

图 2-28　东方日升（300118）日 K 线图

三、受阻红三兵虚假信号

受阻红三兵形态是见顶回落征兆，但在实盘操作中，经常出现受阻红三兵失败形态。在盘面上表现为，股价经过一段时间的上涨或反弹后，在相对高位出现受阻红三兵形态时，说明上涨势头减弱或竭尽，可视为卖出信号。但卖出后，受阻红三兵形态未能阻止股价上涨，股价在经过短暂的整理后仍然继续上涨，该形态成为一个空头陷阱。

图 2-29，欧普康视（300595）：该股经过长时间的下跌调整后，在底部形成横盘整理，在庄家建仓末期故意向下击穿横盘整理区间的底边线，制造空头陷阱，然后股价企稳回升。在回升过程中，分别在 2018 年 2 月下旬和 3 月上旬形成受阻红三兵形态。形态内的阳线实体一个比一个短小，特别是第三根 K 线，表现出上涨势头明显减弱的迹象，股价冲高回落形成较长的上影线。这种盘面现象预示着后市股价上涨乏力或反弹即将结束，因此是一个卖出信号。但是，随后股价走势依然坚挺地向上盘升，如果在受阻红三兵形态附近卖出，显然已经踏空。

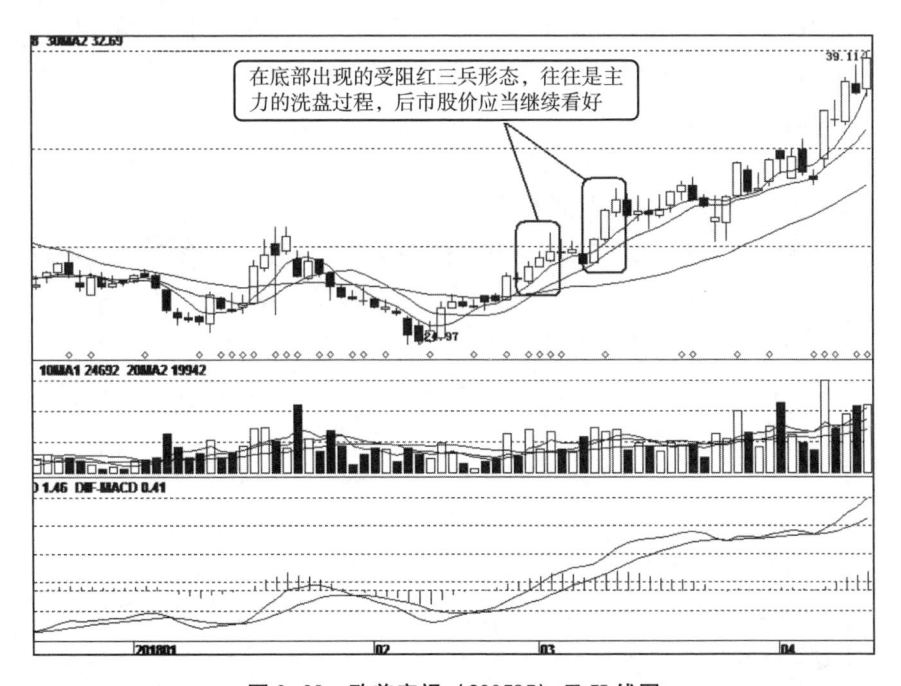

图 2-29 欧普康视（300595）日 K 线图

技术解盘：如何解读这个受阻红三兵形态呢？从该股走势图中可以看出：

（1）股价向下击穿前期低点时，在时间上没有达到有效突破要求的三天以上，股价第三天就返回到盘整区域之内，说明是一次假突破动作。

（2）股价向下击穿前期低点时，成交量不大，说明没有出现恐慌性抛盘现象，筹码已经完全被锁定。

（3）股价重新返回到均线系统之上，5日和10日均线不断上行，支撑短期股价走高，随后30日均线上行，这样短期内股价没有太大的风险。

（4）量价配合理想，形成涨时放量、跌时缩量的正常盘面现象。

（5）受阻红三兵形态应当出现在一个明确升势之中或累计升幅较大的高位，而在该股中却出现在底部区域，这不符合形态位置要求。由此可见，该股虽然出现一个受阻红三兵形态，但总体盘面比较健康，不至于造成大幅下跌走势，所以是一个失败形态。

四、停顿红三兵虚假信号

停顿红三兵形态是见顶回落征兆，但在实盘操作中，经常出现停顿红三兵形态陷阱。在盘面上表现为，股价经过一段时间的上涨或反弹后，在相对高位出现停顿红三兵形态时，说明上涨势头减弱或竭尽，可视为卖出信号。但卖出后，停顿红三兵形态未能阻止股价上涨，或经过短暂的整理后股价仍然继续上涨，该形态成为一个空头陷阱。

图2-30，铁龙物流（600125）：股价经过长时间的横向震荡后，虽然在2017年7月17日向上突破盘区整理，但股价又受到前期盘区的阻力，从而形成一个停顿红三兵形态，在形态中前面两根K线为长长的阳线实体，最后一根只是一个小的阳线实体，K线深入到前一根阳线实体内部，第三根阳线未能创出新的高点，即在前一根阳线最高点下方运行，从而停止了红三兵形态的前进势头，预示股价将出现下跌调整走势。但是经过短暂的小幅下跌后，股价再度走强，出现一轮快速飙升行情。

技术解盘：从该股走势图中可以看出，停顿红三兵形态只是充当洗盘换手的一种坐庄手法，股价上涨并没有停顿，其主要原因：

（1）股价处于历史底部区域，下跌空间已经不大。

（2）停顿红三兵形态出现之后，成交量不大，说明没有出现恐慌性抛盘现象，筹码已经完全被锁定。

（3）停顿红三兵形态应当出现在一个明确升势之中或累计升幅较大的高位，而在该股中却出现在底部区域，这不符合形态位置要求。

（4）该股前期没有被大幅炒作过，具有一定的投资价值和上涨潜力。因此，投资者遇到此种情形时，要将股价与所处的价位高低、基本面情况和其他技术因素结合在一起进行综合分析。

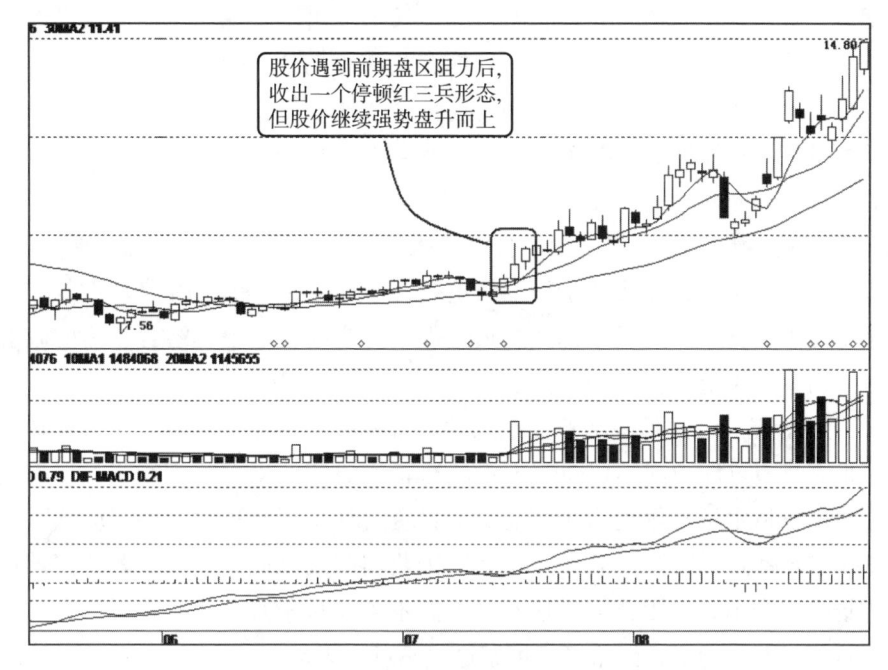

图中标注："股价遇到前期盘区阻力后，收出一个停顿红三兵形态，但股价继续强势盘升而上"

图 2-30　铁龙物流（600125）日 K 线图

五、技术辨别方法

在实盘操作中，红三兵形态也经常出现虚假的信号或演变为多头陷阱，投资者在实盘中遇到这种走势时，应把握以下几方面要点：

（1）在红三兵形态出现之前，股价必须经过长期的大幅下跌，下跌幅度应超过 50%，而且在股价下跌过程中成交量应呈现逐步萎缩态势，特别是在加速下跌趋势中，成交量没有明显放大，说明抛盘已经减弱。红三兵形态中的第三根阳线收盘时，股价应突破 10 日或 30 日均线的阻力。

（2）由于红三兵形态具有逼空性质，往往导致短线技术指标超买，需要有一个回调修复过程，因此把握回调走势非常重要。一般而言，正常的回调幅度不能过深，通常以上涨幅度的 1/3 位置或黄金分割位作为极限位置，如果回调幅度过深，超过上涨幅度的 1/3，就会破坏强势形态，再次上涨将遇到强大的阻力，上涨幅度或力度将大打折扣，因此对回调幅度过深的股票要多一分小心，不能因为下跌幅度大就认为拿到了便宜货而贸然介入。要明白

"会跌的股票不会涨，会涨的股票不会跌"的道理。

（3）红三兵形态理想的买入时机不是形态形成时立即买入，而是等待回调确认有效后再度上扬时介入，因为红三兵形态出现时往往短期股价已经有一定的涨幅，此时如果立即入场，可能会买在短期高点位置，特别是遇到大幅上涨的大阳线时。因此等待回调时逢低介入比较好，这样可以避免一些失误，而且红三兵形态的上涨速度比较缓慢，追高介入有一定的短期市场风险，耐心等待逢低介入才是上策。

（4）观察形态出现的位置，在实盘操作中，投资者遇到红三兵形态时，操作上应注意寻找红三兵形态下方的重要支撑点，如 5 日、10 日均线等，如果下方有重要支撑，可以考虑把止损位设在此支撑位之下，结合整体的收益比或成功率，决定是否建仓。

（5）受阻红三兵形态和停顿红三兵形态在一般情况下不属于顶部反转形态，但有时也可能引起不可忽视的下跌行情，通常如果这两类红三兵形态出现在较高价格水平，则更有预测意义。投资者如果遇到这种形态，应该考虑的就是市场回落带来的风险，一旦第二天收出阴线就应先止损，等待回落后再进场操作也不晚。因此，对这两种形态不可盲目乐观，持股者可选择先行离场观望，落袋为安，持币者宁可错过，不可错买。

（6）关注成交量的配合情况，得到成交量支持的，行情才能持久，无量空涨的肯定不可靠。理想的成交量是三天基本持平或温和放大，过大或过小的不规则的成交量，都应引起怀疑。

（7）红三兵整体是上攻形态，但是攻击的力度也是有差别的。光头光脚阳线构成的红三兵形态是最干净有力的形态，带有上影线则攻击力度要差很多。另外，三根 K 线的长短也能显示力度变化，实体越来越长说明攻击力度在加强，越来越短则是攻击力度在减弱。

第十二节　黑三鸦虚假信号

一、形态分析精华

1. 形态形成过程

三只乌鸦，不祥之兆，强烈见顶反转信号。它由三根下跌阴线构成，实体阴线大小相近，呈阶梯状下跌走势，每日的开盘价均在前一日阴线的实体内,但开盘后即下挫形成阴线,收盘价向下跌落,三根阴线有秩序地呈下跌走势。三只乌鸦嘴,不涨就会跌,这是一个普遍看跌的转势信号。

黑三鸦与红三兵的形态相对应。在顶部出现一根下跌阴线后,再连续出现两根大体相当的阴线,后一根阴线的开盘价处于前一根阴线的实体之内或在前一日的收盘价附近,当日收于最低价位或次低价位,其上下影线均比较短。说明上档卖压十分沉重,多方每次高开后均被空方打压下去,已经失去上升动力,是多方能量耗尽的信号。

2. 形态应用法则

(1) 黑三鸦形态应出现在市场的顶部,每天的收盘价向下收出新低。

(2) 每天都跳高到前一根阴线的实体内或附近开盘,最后以下跌收盘。

(3) 每一根阴线的收盘价应在全日最低价或附近水平。

(4) 三根阴线的实体长度相近,由呈梯状下跌的大阴线所形成。

技术意义:从黑三鸦形态的形成过程中可以看出,买方的能量出现明显的衰退,在股价回落过程中有场内资金悄悄撤离市场,从而使得股价出现了持续回落。三根阴线对技术形态破坏力极强,头部特征初露端倪,尤其在股价大幅上涨后的高位出现这种形态,就是一个可靠的见顶转势信号。

3. 形态效力和操作要点

(1) 第二日及第三日的开盘价可以在前一日实体之内的任何部分,但如果开盘价在前一日实体的中间部分,呈梯状下降,利空效力更强。

(2) 在黑三鸦形态出现之前,股价已经有一段涨幅,多方持续上攻明显体力不支,因此黑三鸦形态一般出现在市场见顶回落的初期,虽然还没有造成巨大的恐慌,但对技术形态造成极强的破坏,有大厦将倾的忧虑。

(3) 黑三鸦形态看跌信号的强度和真实性,受成交量的影响很大,此时如果出现成交量放大,其看跌作用更强。若是成交量温和放大,表明市场的杀跌能量开始有节制地释放,随后有可能出现加速放量下滑现象。

(4) 持续的下跌走势可能会导致技术指标的超卖,经过短暂的弱势反弹修复后,市场再现跌势,因而常常演变为下跌三法走势。

(5) 形态的第一天开盘价位置,最好在前一天阳线实体的最高价下侧,这样可以加强黑三鸦形态的空头走势。

(6) 经过充分盘整后向下突破形成的黑三鸦形态,比技术回调出现的黑三鸦形态要可靠得多。在大幅下跌后的低位出现黑三鸦形态时,应谨防出现空头陷阱,此时不应盲目杀跌。

二、常见虚假信号

1. 高位黑三鸦形态陷阱

股价经过一波较大的上涨行情后，多方力量得到较好的发挥，同时又遇到上行阻力，股价停止了原来的上涨趋势，盘面形成震荡调整走势。不久，三根持续向下的阴线形成了黑三鸦形态，彻底动摇了多方的信心，技术形态呈现空头趋势，预示股价出现深跌走势，因此是一个较好的卖出时机。

可是在实盘操作中，投资者根据这个技术形态卖出股票后，股价并没有出现预期的下跌行情，仅仅是小幅的技术性回探，很快结束调整走势，市场出现新一轮上升行情，令出局者唏嘘不已。

构成失败形态或技术陷阱的主要原因有：
（1）正常的庄家洗盘行为。
（2）遇到技术阻力需要消化。
（3）庄家故意向下试盘行为。
（4）股价未到庄家目标价位。
（5）有时庄家坐庄手法失误，造成一时筹码松动，庄家不得不重新锁定筹码，这时也有可能出现技术陷阱。

2. 中位黑三鸦形态陷阱

股价成功构筑头部后，开始脱离顶部区域，形成明显的下降趋势，释放了大量的做空能量。这时多头反击，股价出现大幅反弹行情，在相对高位出现三根大阴线，形成标准的黑三鸦形态，卖出信号十分清晰。可是卖出股票后，股价并未出现下跌走势，小幅回落后再度大幅走高，从而形成中位黑三鸦卖出陷阱。

3. 低位黑三鸦形态陷阱

股价经过长时间的下跌调整后，在相对低位出现三根大阴线，形成标准的黑三鸦形态，预示股价将出现加速下跌走势，按技术形态此时应及时卖出股票，以回避市场加速赶底带来的风险。但是，股价并没有下跌多少就企稳回升，并形成大底部区域，黑三鸦形态成为一个底部空头陷阱。

图2-31，天下秀（600556）：这是底部黑三鸦诱空陷阱。该股见顶后逐波下跌，在低位出现长时间的震荡，庄家在整理过程中吸纳了大量的低价筹码。在建仓过程中，庄家刻意砸低股价，2021年9月27日开始连续拉出三根相似的阴线，呈现标准的黑三鸦形态。这个形态对技术走势不利，后市有看

空意义,可以作为卖出信号看待。可是,股价并没有持续下跌,经过修复整理后,出现一波强势拉升行情。

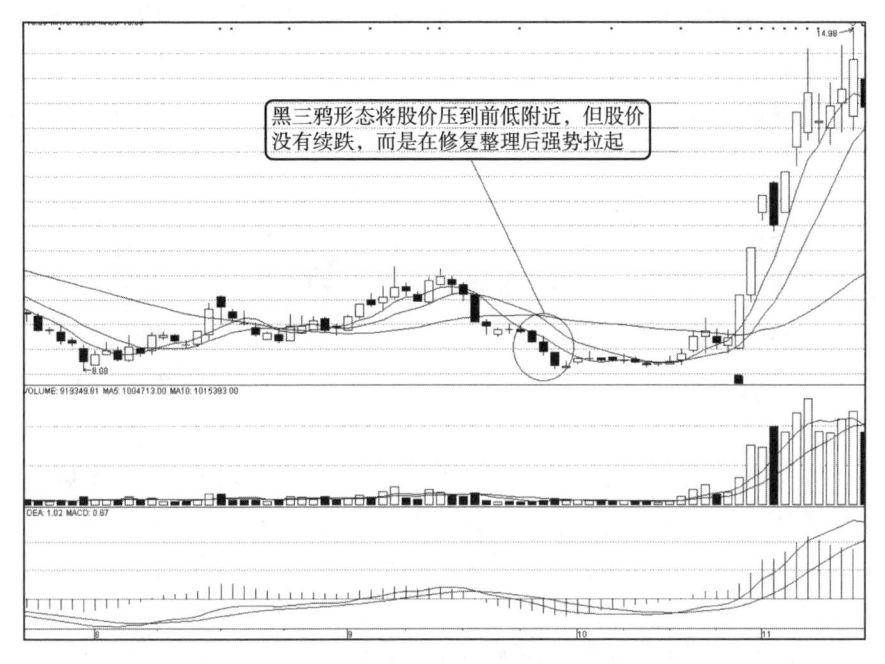

图 2-31　天下秀(600556)日 K 线图

技术解盘:如何解读该股这个黑三鸦形态呢?从图中可以看出:

(1)从价位分析,股价总体下跌幅度较大,调整时间充分,基本处于历史性底部区域,股价下跌空间有限,中长期投资价值凸显。因此,这时出现的黑三鸦形态,往往是一个低位空头陷阱。

(2)股价向下突破时,成交量没有放大。股价下跌时虽然不强调成交量的大小,但在突破的关键位置也要有成交量的放大,才能加强突破的力度。从该股的盘面可以发现,突破时产生三条阴线,单从 K 线形态上分析,后市看跌意义十分强烈,但细心观察却发现这三根 K 线没有成交量的配合,是无量空跌的典型例子。底部出现这种价跌量缩的走势,说明没有恐慌盘出现,庄家对筹码掌握得非常好,向下突破则进一步加强筹码的稳定性。

(3)从坐庄角度分析,庄家的建仓成本高于突破价位,股价继续下跌会加大庄家账户亏损额度。根据实盘经验,一个比较均匀的水平通道形态,市场的平均成本价位于水平通道的中心价附近,庄家的成本价位相对略低一些,但不会相差太远,更不会超出中心价至下轨线的垂直距离。通过测算,该股庄家的持仓成本为11.50元左右，因而股价不会长时间大幅下跌，向下破位是底部空头陷阱，投资者遇此情形切不可盲目斩仓割肉。

（4）突破后的下跌力度不大。一般而言，股价突破一个重要的技术位置后，往往会出现一段下跌行情，且股价也会迅速脱离突破位置。而该股向下突破水平支撑线后，股价并没有出现持续下跌走势，说明下跌力度非常小，虚假信号的可能性很大。

根据上述分析，可以判断该股黑三鸦形态是一个虚假信号，是由于庄家建仓、试盘或砸盘行为所致。投资者遇到这种走势时，以逢低吸纳为主，不宜盲目杀跌，持币者可以在股价重返30日均线之上时买入。

在实盘操作中，大幅下跌后出现黑三鸦形态必须具备三个前提条件：

（1）在出现黑三鸦形态之前，股价必须经历长期且大幅的下跌调整，下跌幅度最好超过50%。

（2）在出现黑三鸦形态之前的一段时间里，成交量出现逐步萎缩态势，特别是在下跌趋势中，成交量没有出现明显的放大。

（3）在出现黑三鸦形态之后，股价很快企稳回升，重返10日均线或30日均线之上，成交量同步放大。

由此可见，投资者在操作中遇到低位出现黑三鸦形态时，一定要仔细观察盘面上呈现出来的迹象是否符合上述条件。如果所有条件都符合的话，那么后市股价将很快止跌回升；反之，就要谨慎操作，后市股价往往还会继续下跌，或者出现反弹夭折的现象。

4. 洗盘黑三鸦形态陷阱

洗盘就是庄家运用种种手段，驱逐场内散户离场，同时吸引场外散户进场，使流动筹码得到成功交换，即筹码交换，以提高市场平均持仓成本，减少股价上涨阻力，达到顺利拉升和派发的目的。因此，庄家为了达到洗盘目的，就会在上涨初期制造一些空头陷阱，让散户误以为庄家在出货而纷纷离场，结果与大黑马、大牛股失之交臂，而黑三鸦形态是洗盘过程中经常采用的一种做盘手法。

图2-32，西上海（605151）：这是庄家利用黑三鸦形态洗盘的例子。该股经过长时间的盘跌后见底回升，股价经过小幅向上推高后，2021年12月3日开始连续3天遭到打压，3根相似的阴线形成一个黑三鸦形态。不少投资者看到这个形态后，担心股价再次下跌，于是纷纷抛售离场。可是，随后股价走势否定了散户的这个判断，经过短暂的整理后，股价出现强势上涨行情，

黑三鸦形态成为一个空头陷阱。

技术解盘：对于洗盘类个股，投资者可以从以下几个方面进行分析：

（1）在黑三鸦形态出现之前，股价的上涨幅度不能太大，上涨幅度最好在50%以下，如果上涨幅度超过100%那就要谨慎了，股价可能真的要下跌了。

（2）在黑三鸦形态产生过程中，成交量必须出现明显的萎缩，而且这个过程中股价的回落幅度不能太大，盘中也不能出现过多的主动性抛盘。

（3）在黑三鸦形态产生过程中，经常会出现大单挂在卖三或卖四位置，但是在股价回落到一定程度之后，这些大单又不见了。这些大单明显是庄家故意挂在上面压制股价上涨的。投资者可以想象得到，如果庄家真想出货的话，就不可能在上面挂大卖单了，因为这样做的话就等于直接告诉投资者庄家在出货，最笨的庄家也不会这么做。

（4）一旦股价回落到30日均线附近时，将会遇到强大的支撑而回升。在这个过程中，买盘明显要比之前强劲，随后股价就会直接向上突破5日或10日均线的阻力。

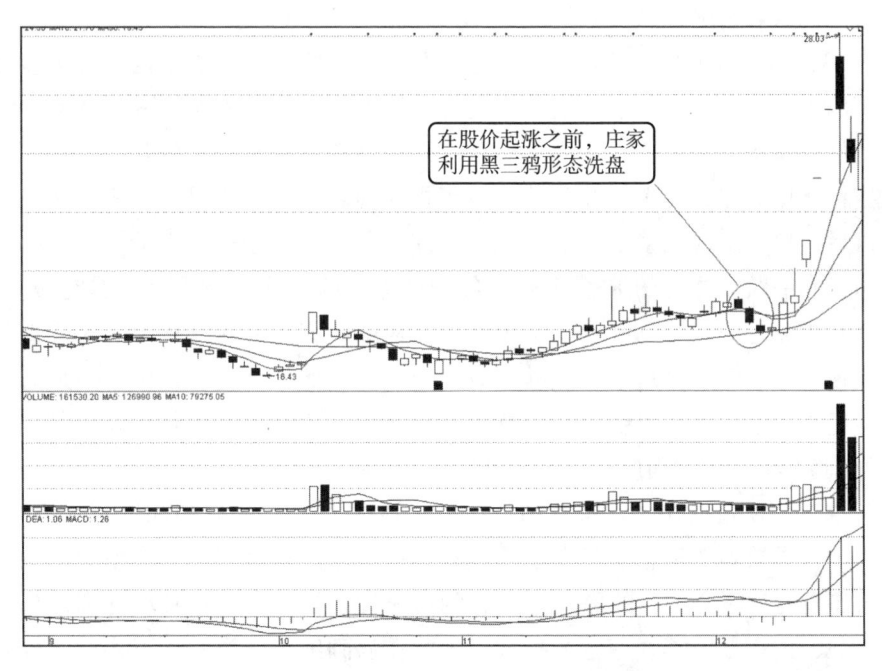

图 2-32　西上海（605151）日K线图

三、技术辨别方法

在实盘操作中，黑三鸦形态也经常出现虚假的信号或演变为空头陷阱，投资者在实盘中遇到黑三鸦形态时，应把握以下几个要点：

（1）关注形态出现的位置，在股价涨幅较大的高位，出现这种形态时可以不考虑后市走势如何，先行离场保住胜利的果实是上策。在股价盘整的突破走势下，可以将该形态与移动平均线、技术指标以及技术形态、趋势等结合起来进行分析。如果黑三鸦形态得到空方技术趋势的支持，则下跌的可靠性比较大，如果黑三鸦形态与空方的技术趋势相反，则有可能回归到多方技术发展趋势之中，这时的黑三鸦形态就演变为空头陷阱。在股价长期盘跌后的底部出现黑三鸦形态时，可以试探性介入做多。

（2）分析黑三鸦形态形成后的技术意义，是否成功击穿移动平均线的支撑，是否脱离一个技术形态，如：下降三角形、对称三角形、箱体形态、上升楔形等，是否脱离一个长期形成的盘区，如前期成交密集区域、整数点位、黄金分割位等，这时技术因素对黑三鸦形态的验证十分有效，可以验证黑三鸦形态的真假情况，以及涨跌力度。

（3）持币者或稳健型投资者，可以观察黑三鸦形态产生后的反弹力度如何，因为黑三鸦形态由于短期的超卖行为导致技术指标的钝化，需要有一个反弹修复过程，而这个反弹过程对后市的发展趋势起到很大的作用，甚至起决定性作用。在具体操作策略上可以把握两点：一种现象是，在黑三鸦形态出现后，仅仅出现几根小阴阳 K 线，未能收复该形态至少 1/2 的失地，那么后市必有一跌，这时的 K 线组合已经演变为下跌三法形态了，应看空做空；另一种现象是，在黑三鸦形态出现后，几根阳线就成功收复该形态 1/2 以上的失地，那么后市很可能就止跌回升，通常收复的失地越多，黑三鸦形态的作用越小，股价重新回到前期的技术形态之中，这时就不能轻易地将其定为"黑三鸦"的结论，而应从空头陷阱去思考问题。

（4）在实盘操作中，黑三鸦形态更多地注重 K 线的排列和形态的组合，而一个重要缺陷就是忽视了下跌阴线实体的大小。很显然，一个粗大的黑三鸦形态肯定比一个细小的黑三鸦形态的可靠性要高得多，其破坏性和杀伤力都更强，这一点投资者一定要把握，因此在遇到细小的黑三鸦形态时，要分析是否构筑上升三法形态。

（5）在实盘操作中，黑三鸦形态出现时往往短期股价已经有一定的跌幅，此时如果跟风杀跌，可能会卖在短期低点位置，不妨等待回抽反弹时逢高出局。可见，黑三鸦形态理想的卖出时机不是形态形成时立即卖出，而是等待回抽反弹确认有效后再度下跌时卖出，这样可以减少损失。

（6）由于黑三鸦形态对多方的打击力度较大，因此实战中遇到黑三鸦形态时，无论是在上涨中后期、横盘后期，还是下跌趋势的前期、下跌中期，唯一的操作就是立即卖出。

（7）在股价大幅下跌后出现黑三鸦形态，则要谨慎空头陷阱。在低位出现的支撑黑三鸦形态、停顿黑三鸦形态，可能是空方最后的搏击，可以试探性逢低吸纳。

第十三节　两阳夹一阴虚假信号

一、形态分析精华

1. 形态形成过程

两阳夹一阴形态也叫多方炮，由三根 K 线组成，即由两根阳线中间夹着一根阴线组成。股价经过较长时间的下跌调整后，呈现企稳走势，底部逐渐抬高，随时有可能向上突破，终于有一天股价选择放量向上突破形成第一根大阳线，第二天股价出现回落走势，收出一根下跌缩量小阴线，第三天多方继续发力，盘面形成放量强势上行走势，当日以大阳线报收，这就形成了两阳夹一阴形态。

2. 形态应用法则

（1）第一根阳线要具有明显的向上突破标志。
（2）第二根为小幅调整的阴线，一般不能超过第一天阳线的 1/2。
（3）第三根阳线的收盘价应高于前面两天的最高价或收盘价。

技术意义：股价在长期的盘整过程中，构筑了坚实的底部基础，多方处于整装待发状态。第一根上涨阳线表明多方主动发动攻势，掌握了盘面的优势；第二根缩量回调小阴线通常是对前一日突破阳线的确认；第三根阳线说明股价突破经确认有效后，开始步入上升通道，多头信号形成。

3. 形态效力和操作要点

（1）经过充分调整后出现明显企稳走势，股价形成明显的向上突破走势，即两阳夹一阴形态出现之前市场有一个潜伏底过程，为突破起到铺垫作用。也就是说，两阳夹一阴形态应该出现在形成底部的后期或上涨中继整理的后期。

（2）理想的两阳夹一阴形态，第一天的放量阳线要决定性地突破中短期的重要阻力位，当日收盘于阻力位之上。第二天的回调阴线不能收于阻力位之下。第三天一定要创出阶段性新高，收盘价要高于前面两根K线的实体。但在实盘中，只要整个形态是一个突破性信号即可，也就是说如果第一根阳线处于待突破情形，第三根阳线担当了带量突破的角色，则二阳夹一阴形态也成立。

（3）第二天的冲高回调阴线，成交量应相应萎缩，同时应维持在中短期移动平均线之上，表明前一交易日的向上突破有效。

（4）第三天的阳线收盘价应高于第一天和第二天的收盘价，如果成交量大于第一天的上涨阳线，则更具有技术分析意义。

（5）在形态结构上，两边的阳线比较长，中间的阴线比较短，如果中间的阴线与两边的阳线差太小的话，就不是两阳夹一阴形态了。

二、常见虚假信号

根据多年实盘经验总结，两阳夹一阴形态经常出现的多头陷阱或失败形态有以下几种可能：

1. 高位两阳夹一阴陷阱

股价经过一轮下跌行情后，形成横盘调整走势，显示市场有底部支撑。某日，市场放量向上突破横盘调整区域，股价站于三条中短期移动平均线之上，次日股价小幅回落。第三天市场再次放量，股价强势上行，形成两阳夹一阴形态，通常这是一个较好的买入机会。可是，当投资者纷纷介入后，股价并没有出现如期的上涨行情，仅仅是弱势小反弹，很快再陷跌势，且创出市场调整新低，将入场者个个套牢其中。

对于高位两阳夹一阴形态，投资者可以从以下盘面细节进行分析判断：

（1）如果在出现两阳夹一阴之前，股价经过了大幅的上涨行情，而且在形成这种形态之前的几天里出现了快速拉升，在快速拉升过程中不断有对倒单将股价拉起，盘中不断有主动性的卖盘涌现，那么就可以确定这是庄家出货。

（2）如果在出现两阳夹一阴之前，股价在高位区域经过了一段时间的横盘，而且在整个过程中呈现出放量现象，那么此时这个形态同样可以确定是庄家出货导致的，而之前的横盘就是庄家在出货。

（3）如果在形成两阳夹一阴之后的第二天，或者在接下来的几天里股价出现快速拉高，在拉高过程中股价基本上都是大手笔的对倒单拉上去的，不断有大手笔的买单挂在买二或买三处，而不是由市场主动性买单推高的话，那么此时出现的这个形态也可以断定为庄家出货所致,此时投资者就要高度重视了。一旦股价冲高受阻调头向下,就要在第一时间卖出,后市股价必将会出现下跌行情,希望投资者牢记这一点。

(4) 在出现两阳夹一阴形态之后的第二天,股价一旦走弱,特别是大幅度低开的话,持股者一定要果断清仓出局,后市必将出现下跌行情。在此时来不及卖出的投资者,在股价跌破了10日均线之后就要赶紧卖出,此时就不能再犹豫不决了,否则就会越套越牢。

2. 中位两阳夹一阴陷阱

中位两阳夹一阴陷阱可分为两种情况:上涨中途两阳夹一阴陷阱和下跌中途两阳夹一阴陷阱。

股价经过一波小幅反弹行情后,进入震荡整理走势,不久出现两阳夹一阴形态,表明震荡调整结束,买盘重新加强,股价有望再现涨升行情,可以买入做多。可是买入后股价并没有持续上涨,小幅上涨后很快转入下跌走势,将追高介入的散户套牢。

或者,股价从顶部下跌一定的幅度后,出现企稳筑底走势,不久出现一个向上反弹的两阳夹一阴形态,表明买盘逢低介入,股价有望出现上涨走势,此时可以买入做多。可是买入后股价却冲高回落,重归下跌走势,两阳夹一阴形态成为套牢散户的多头陷阱。

3. 反弹两阳夹一阴陷阱

在股价下跌反弹过程中,也经常出现两阳夹一阴形态,但形态出现后股价并没有出现如期的上涨行情,且很快恢复弱势调整行情,成为一个多头失败形态。

图2-33,南京公用(000421):该股见顶后逐波回落,调整时间较长,累计跌幅较大,空方能量得到一定的释放,在低位渐渐形成企稳迹象,产生一个小平台整理形态。不久,一根放量上涨大阳线向上突破了底部盘整区域,同时又攻克了30日均线的压制,次日出现缩量调整,而第三天再次放量上涨,从而构成一个两阳夹一阴形态,通常这是一个买入信号。可是,随后的盘面走势恰恰相反,股价不仅没有上涨,反而很快回归盘跌走势,该形态成为多头失败形态。

技术解盘:为什么该股的两阳夹一阴形态会成为多头陷阱呢?主要原因:一是下降趋势线对股价构成重大阻力。二是30日均线持续走低,对股价有向下牵引作用。三是两阳夹一阴形态出现后,连续两个交易日股价大幅回落收低，吃掉了两阳夹一阴形态的第一根阳线，且股价重新回落到 30 日均线之下，盘面重回弱势之中。

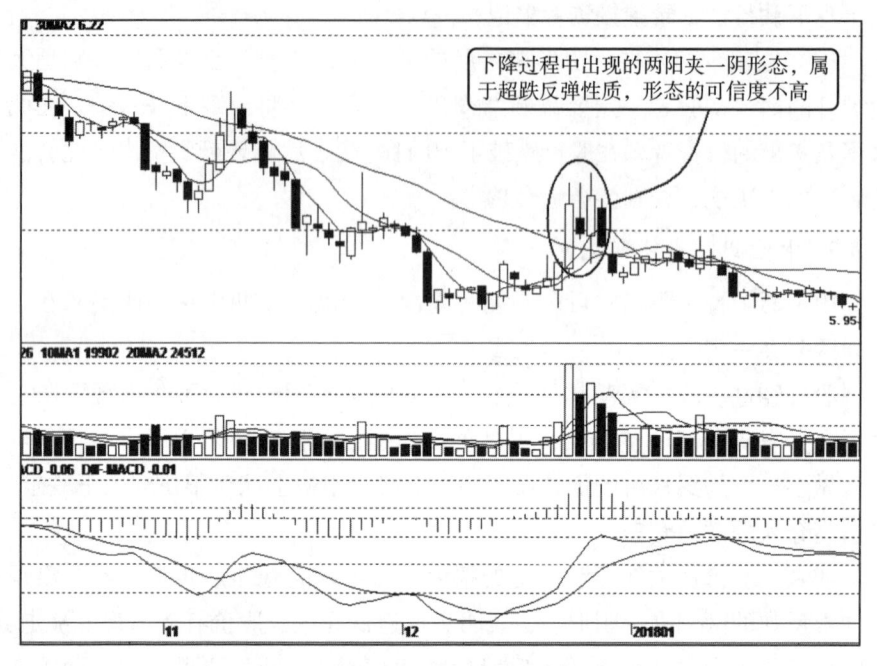

下降过程中出现的两阳夹一阴形态，属于超跌反弹性质，形态的可信度不高

图 2-33　南京公用（000421）日 K 线图

三、技术辨别方法

（1）两阳夹一阴形态产生后接下来的走势十分重要，如果股价在第四天继续出现强势放量上行，为多方发起进攻的盘面表现，称为多方开炮，股价将有巨大的上升空间。如果以跳空高开上涨的方式形成突破，其上涨力度更为强劲。如果股价在第四天走弱下跌收出阴线，则多方开了一个哑炮，后市股价将回到原来的整理势道之中，甚至出现破位下跌情形，此时止损离场为宜。

（2）两阳夹一阴形态形成之前，市场要经过充分整理，中短期移动平均线从下降趋势转为走平或上行移动趋势，这时如果市场形成向上突破走势，其信号的可靠性会更高。如果中短期移动平均线还是空头排列，即使股价一时向上冲过均线系统，也不能说明市场就会止跌上涨。

（3）看形态出现的位置，如果股价涨幅较大特别是涨幅超过一倍甚至几倍，在高位即使出现两阳夹一阴形态，也不能盲目相信形态的看涨作用，晚餐虽然好吃，但毕竟骨刺多，少吃或不吃为好。

（4）在这个形态中，成交量十分重要，第一根阳线突破阻力位时，一定要有成交量放大的配合，第二根阴线需要缩量，第三天的阳线要再次放量，最好能够大于第一根阳线的成交量，但不能出现天量，必须达到量价配合，价涨量增，张弛有序，才是健康形态的表现。

（5）有时两阳夹一阴形态与其他 K 线的反转形态相结合，可以构成相当强烈的反转信号。例如其与十字星、孕育线、包容线等 K 线组合时，反转意味相当浓烈，并可伴随急剧放量，一旦遇到此类形态时，应迅速采取行动才不至于痛失好局。

（6）寻找其他技术信号支持，如 MACD、RSI、DMI、BOLL 和 KDJ 等中短期技术指标信号，是否有相应的金叉、突破、底背离、走强等多头信号出现，发出的支持信号越多，看涨意义越大。

第十四节　两阴夹一阳虚假信号

一、形态分析精华

1. 形态形成过程

特征：两阴夹一阳为看跌形态，由三根 K 线组成，即由两根阴线中间夹着一根阳线组成。股价经过较长时间的上涨行情后，在高位呈现盘头走势，随时有可能出现向下突破。终于有一天股价选择向下突破形成第一根阴线，第二天股价出现小幅回抽，收出一根上涨缩量小阳线，第三天空方继续打压，盘面形成放量下行态势，当日以大阴线报收，这就形成了两阴夹一阳形态。

2. 形态应用法则

（1）第一根阴线要具有明显的向下突破标志。

（2）第二根为小幅反弹的阳线，一般不能超过第一天阴线的 1/2。

（3）第三根阴线的收盘价应低于前面两天的最低价或收盘价。

技术意义：股价在较长的盘头过程中，基本构筑了顶部形态，空方处于整装待发状态，第一根下跌阴线表明空方开始发动进攻，掌握了盘面的优势，第二根缩量回升小阳线通常是对前一日突破阴线的回抽确认，第三根下跌阴线说明股价跌破经确认有效后，开始步入下降通道，空头信号形成。

3. 形态效力和操作要点

（1）在两阴夹一阳形态出现之前，市场有一个潜伏顶盘整过程，为向下突破起到铺垫作用，然后出现向下突破形态。

（2）第一天的放量阴线要决定性地跌破中短期技术支撑位，当日收盘于支撑位之下，第二根阳线不能高于支撑位，第三根阴线继续创出阶段性新低。但在实盘中，只要整个形态内构成向下突破即可，也就是说，向下突破不局限于第一根阴线，可以由第三根阴线完成突破任务。

（3）第二天的回升小阳线，成交量没有出现放大迹象，同时应维持在中短期移动平均线之下，表明前一交易日的向下突破有效。

（4）第三天的阴线收盘价低于第一天和第二天的收盘价，才具有技术分析意义。

（5）在形态结构上，两边的阴线比较长，中间的阳线比较短，如果中间的阳线与两边的阴线差太小的话，就不是两阴夹一阳形态了。

二、常见虚假信号

股价经过一轮上涨行情后，在高位出现横盘调整走势，显示市场上行受阻较大。某日，市场放量向下突破头部调整区域，股价落到三条中短期移动平均线之下，次日股价小幅回升，第三天市场再次放量下行，形成两阴夹一阳形态，通常这是一个较好的卖出机会。可是，当投资者纷纷离场观望后，股价并没有想象的那么悲观，仅仅是小幅调整而已，很快再拾升势且创出市场新高，使出场者个个踏空。根据多年实战经验，两阴夹一阳形态出现的主要陷阱有：

1. 低位两阴夹一阳陷阱

股价长时间处于下跌调整走势，在相对低位出现两阴夹一阳形态，预示股价将出现加速下跌走势，此时应及时卖出股票，以回避市场加速赶底带来的风险。但是，股价并没有下跌多少就企稳回升，并形成大底部区域，两阴夹一阳形态成为一个底部空头陷阱。

2. 中位两阴夹一阳陷阱

股价经过一波上涨行情后，消耗了大量的多头能量，多头需要回调蓄势，股价出现滞涨回落，在高位出现一个两阴夹一阳形态，从而构成卖出信号。可是卖出股票后，股价并未出现大幅下跌走势，小幅回落后企稳，随后再度大幅走高，两阴夹一阳形态成为一个空头陷阱。

3. 洗盘两阴夹一阳陷阱

庄家为了达到洗盘目的，也经常制造出两阴夹一阳形态，当持股心态不稳的散户离场后，股价继续强势上涨，从而成为诱空陷阱。

图 2-34，陕西金叶（000812）：这是庄家利用两阴夹一阳形态洗盘的例子。该股庄家在长时间的底部震荡过程中，吸纳了大量的低价筹码，2021 年 11 月 23 日股价向上脱离底部区域，展开一波强势拉升行情。庄家为了更好地拉升，便主动进行洗盘换手，在 12 月 3 日到 7 日形成一个两阴夹一阳 K 线形态，不少投资者看到这个形态后，纷纷选择获利了结。可是，第二天股价低开高走，出现明显的止跌企稳迹象，第三天强势上攻，展开新一轮拉升行情。

技术解盘：就该股而言，市场人气、投资情绪非常重要，该股当时是两市为数不多的大牛股之一，吸引市场大众投资者的眼球，成为游资和散户追逐的对象，大量流动资金纷纷涌入，抑制了股价的大幅下跌势头。技术方面，股价该跌不跌，均线系统多头发散，量能高度活跃，庄家做多意愿强烈，因此属于庄家洗盘行为。

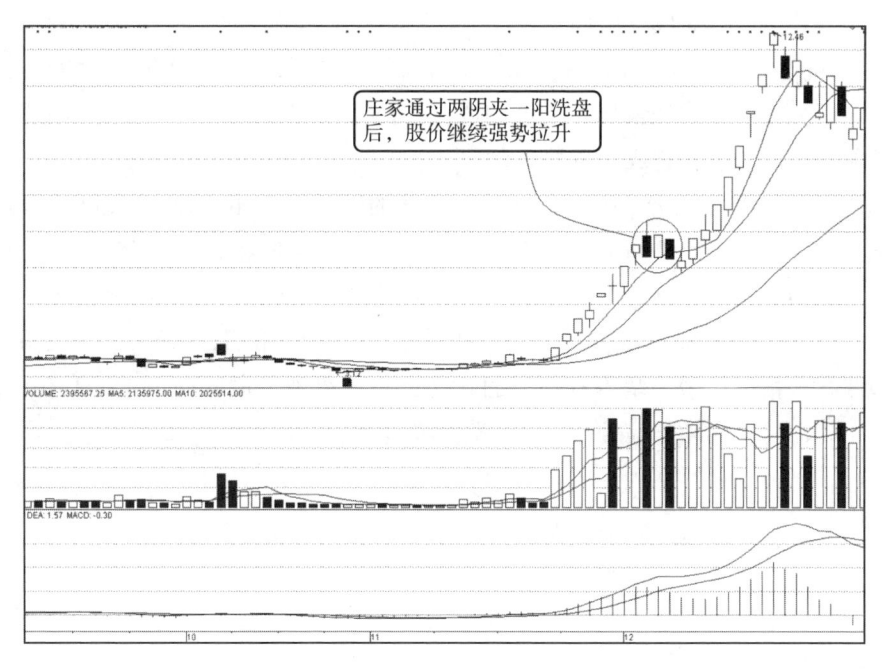

图 2-34　陕西金叶（000812）日 K 线图

三、技术辨别方法

（1）两阴夹一阳形态产生后，接下来的走势十分重要。通常真正的两阴夹一阳形态出现后，股价会迅速脱离头部区域，即使股价出现反弹，一般也会在头部区域下方遇阻而返。如果形态出现后，股价没有成功摆脱头部牵制，则空头陷阱的可能性大。

（2）看形态出现的位置。如果发生在股价已经有一段升幅的中段，投资者可以先行退出观望，等待回调低点择机再次介入，这样成功地玩一把短差，当属一种美事，要是短线技术不堪娴熟，则可以放弃这样的机会，等待下一个升势的来临。

如果发生在股价已经大幅上涨的末期，应当择高离场，对后市不要产生更多的幻想。那么如何辨别价位的高低呢？根据多年的市场经验，高价位可以从以下几点把握：①涨幅巨大，超过一倍以上的；②刚刚退却的前期市场领头羊或热门股；③成交量持续放出天量的；④市盈率很高的。

（3）在两阴夹一阳形态之前，有一个盘头过程。股谚有"久盘必跌"之说，当股价处于较高价位时，如果长时间横盘整理，始终无法向上突破，那么下跌趋势悄然而成，市场总是"下跌容易，上涨难"。

（4）在这个形态中，成交量也很重要，但如果庄家在高位已大量出货，这时不见得有大成交量出现。虽然股价下跌不要求成交量的大小，但是在突破关键位置时也要有成交量的放大。

（5）有时两阴夹一阳形态与其他K线的反转形态相结合，可以构成相当强烈的反转信号。例如其与十字星、孕育线、包容线等K线组合，反转意味相当浓烈。

（6）寻找其他技术信号支持，如MACD、RSI、DMI、BOLL和KDJ等中短线技术指标信号，是否有相应的死叉、向下突破、顶背离、走弱等空头信号出现，发出的做空信号越多，看跌意义越大。

第十五节　上升三法虚假信号

一、形态分析精华

1. 形态形成过程

上升三法也叫上升三部曲，是上升强势整理形态，而不是反转信号，后市继续看涨。它由五根阴阳K线组成。标准的上升三部曲形态可以分解为三个部分：第一部分为上升部分；第二部分为回调部分；第三部分为再次上升部分，它是一个维持原来上涨趋势的巩固信号。

上升三法形态的形成过程：第一步，在持续的上升趋势行情中，多方力量推动股价强劲上行，收出一根长阳线。在此长阳线之后，股价回落整理，连续呈现三根短小的下跌阴线（实盘中两根或三根以上小阴线也可），显示原先的上涨趋势面临一定的阻力，但是这些小阴线的实体不大，股价跌幅也很小，实际涨跌幅度没有超出前面这根阳线的高、低价范围，同时成交量下降，这是第二步。第三步是指股价经过温和调整后，多方再度发力，第五天高开高走，又一根长阳线飞奔而上，突破调整局面，股价创出了新高，并成功站于第一天阳线的收盘价之上，股价创五日以来高位。

2. 形态应用法则

（1）在上升趋势中出现大阳线，代表涨势处于延续状态。

（2）大阳线实体后跟随一组小实体（大多为阴线），与当前趋势相反排列（从高到低），并保持在第一天大阳线的最高价和最低价所限定的范围之内（不包括上影线和下影线）。在实盘中，如果第一根是大幅跳空阳线，只要随后的调整不低于大阳线前一天的收盘价也可认为是正常的回档，升势形态没有遭到破坏，后市依然看多。

（3）中间所出现的K线，全部为实体较短小的K线，最理想的数量为三根（两根或多于三根也可以接受），唯一条件是它们必须处于第一根大阳线的实体之内（中间K线的影线部分可以不计）。此外，这些小K线也具有弹性，可以是小阴线、小阳线或十字星，也可以阴阳交错出现，但普遍以阴线较多。

（4）最后一日的大阳线，其开盘价应高于前一日小阴线的收盘价。

（5）最后一日的大阳线，其收盘价应高于第一根大阳线的收盘价。

技术意义：上升三法形态表示价格趋势的暂时中断，但其力量太弱，还不足以造成趋势的反转，其回落过程是趋势的"小憩"时间，这种情况一般不会改变行情原有的运行趋势，最后一根大阳线进一步维持了原来上升的趋势，因此投资者可以积极持股待涨。

3. 形态效力和操作要点

在上涨行情中，大阳线之后出现三根连续小阴线，这是蓄势待发的征兆，价格将进一步上升，因此可以考虑建仓或加仓。其技术分析要点：

（1）上升三法形态并不是一个转势信号，而是表明升势将继续的巩固信号，因此，在信号出现之前股价已经有一小段升幅，这是与其他底部信号的不同之处。

（2）在成交量方面，第一根大阳线应该较长，代表买盘强劲，中间调整部分的成交量应相应缩小，以显示调整时主力仍未大量抛售，因此属健康获利回吐盘。最后一根大阳线突破调整闷局时，成交量应相对增大，代表看好的多方在积极买货。记着，成交量变化是"高、低、高"形态。

（3）第三部分应是高开高走的大阳线，且收盘价必须创出第一日大阳线收盘的新高，甚至是上升趋势以来的最高点，收盘价超出第一日越高，形态上攻的动力越强，但是同时要注意最后的这根大阳线的上影线不宜过长，最为理想的是以当日最高价或近乎当日最高价收盘。

（4）上升三法形态应出现在大阳线之后，表明多方快速上涨，然后通过三根小阴线进行休整，第五天的阳线就是跳空高开，并一举攻上第一天形成的高点。

（5）休整的时间可能会超过三天，但无论如何小阴线的高、低价格（中间K线的影线部分可以不计）始终保持在第一天的大阳线价格范围之内。

二、常见虚假信号

股价见底后盘升而上，市场呈多头发展趋势，上攻力量不减，在K线图中出现一根大阳线。多方保持稳扎稳打的态势，在大阳线之后主动控制上涨步伐，连续出现三根细小的回调阴线。随后第五天股价高开高走并一举吞没了三根小阴线，股价创出了趋势行情的新高，成功站于第一天收盘价上方。K线组合形成标准的上升三法形态，是一个加仓或买入的机会。

可是在实盘操作中，当投资者纷纷买入后，股价并没有出现上涨行情，通常在形态产生后的第二天，多头升势遇到空头的抑制，很容易使上升三法的趋势受到阻碍，形态出现失败。失败之后股价会进入横向整理形成另一个更大的整理形态或者发展成为头部形态，最终股价选择向下，导致上升三法形态失败。实盘中常见的上升三法陷阱有以下几种：

1. 高位上升三法陷阱

在股价涨幅较大的高位，出现上升三法形态后，很容易产生盘整走势或直接震荡下跌，因为该形态本身就是一个有节奏的上涨走势，相对快速暴涨类个股来说，盘面显得温柔许多，这很容易导致该形态失败，给散户分析判断带来一定的困难。

2. 无量上升三法陷阱

大家知道，股价上涨需要成交量的支持，上升三法形态如果得不到成交量的支持，就容易演变为失败形态或庄家故意设置的技术陷阱。这里需要关注两个盘面细节：一是在形态构筑结束时的上攻阳线，必须要有成交量的配合；二是形态构筑完成后，成交量要持续放大。这两方面要素同时具备，多头形态才完美。

3. 反弹上升三法陷阱

在股价下跌反弹过程中，也经常出现上升三法形态，但形态出现后股价并没有出现如期的上涨行情，且很快恢复弱势调整行情，该形态成为一个多头陷阱。

图 2-35，凤竹纺织（600493）：这是诱多上升三法形态。该股见顶后大幅回落，空方能量得到一定的释放，随后股价出现反弹，先是拉出一根大阳线，然后回落调整几日，最后又一根大阳线拉起，形成一个标准的上升三法形态。但是，股价并没有出现持续上涨行情，反而很快回归盘跌走势，从而成为多头陷阱。

技术解盘：为什么该股的上升三法会成为多头陷阱呢？主要原因：一是在最后一根大阳线中，成交量放大不明显，且随后继续缩量整理，反映买盘欠积极，这应引起投资者怀疑。二是下降趋势线对股价构成重大阻力。三是上方阻力重重，在底部获利盘和上方套牢盘双重抛压下，股价难以出现持续性的上涨。

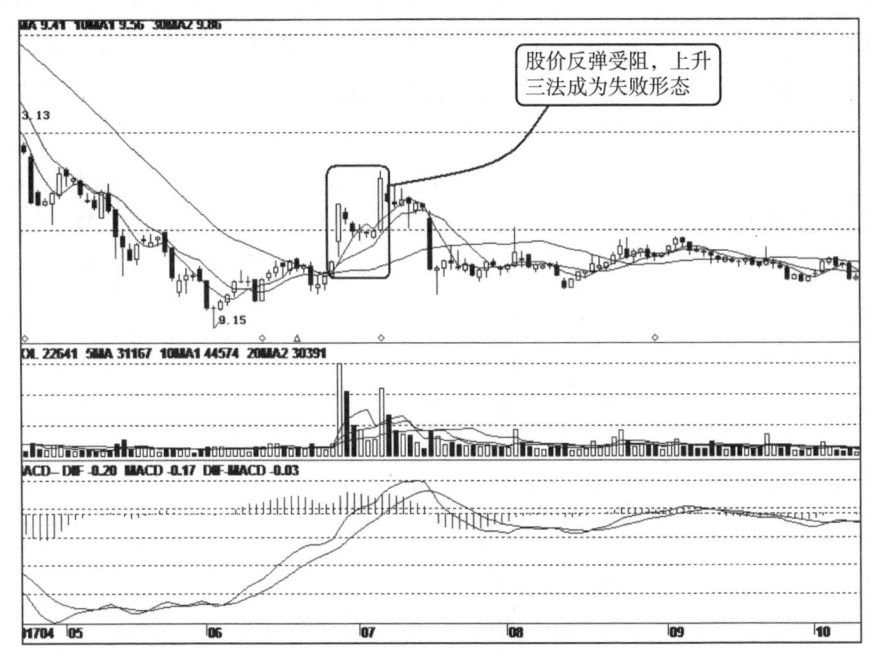

图 2-35　凤竹纺织（600493）日 K 线图

三、技术辨别方法

（1）在上升三法形态中，投资者应把握两方面的技术要点：一是把握中间的三根小阴线。如果这三根小阴线击穿了第一根长阳的最低价，那么形态即宣告失败。二是把握第五天的阳线长度。原则上第五天阳线实体越长越有效，股价创出并收于新高。如果第五天收盘价没能突破第一根阳线的收盘价，则形态难以确立。

（2）投资者不应被其中的几根阴线所迷惑，只要这些小阴线在第一天的高、低价格范围内，就不用担心股价会大幅回落，其回落很大程度上只是股价暂时休整的一个过程。一旦第五天的上涨阳线创出并收盘于新高，就确立了上升三法的有效性。

（3）结合移动平均线和乖离率进行分析，股价前期上涨的乖离率大小对后市具有重要的参考作用。如果股价在前期上涨过程中乖离率很大，股价远离均线系统，即使经过三根小阴线的回落修复后，仍然较大的话，如果股价在第五天进一步上涨，就会导致乖离率进一步加大。这样不利于后续发展，很可能出现冲高回落，形成高位震荡或下跌走势。

（4）上升三法形态发生在盘升行情中，信号可靠性比较高，但在"井喷"式暴涨行情后出现的上升三法形态值得怀疑。因为，在暴涨行情中多方短期消耗能量过大，乖离率也很大，需要有一个回落蓄势整理过程。这时市场就存在许多变数，风险难以预料，选择以静制动的投资策略是控制风险的最好途径。

（5）在上升三法形态出现之后的第二天，如果股价出现了向上跳空高开的情况，而且开盘之后盘中的买盘非常积极，股价逐步向上攀升，那么投资者就可以放心买进。如果股价开盘之后就出现直线式的拉升，那么投资者可以观察一段时间，如果股价冲高后出现回落，但是在回落到开盘价附近时买盘不断涌现，再次把股价拉起，此时投资者也可以放心买进，后市股价必将会出现上涨。如果第二天股价出现了回落，但是回落的幅度很小，而且在这个过程中成交量也明显萎缩，股价回落到10日均线附近时就受到强大的支撑而回升，那么投资者可以在股价再次放量上涨时买入。

（6）在庄家自救性行情中，也很容易导致技术失败，因此要区分行情的性质和坐庄阶段，辨别庄家出货和建仓的盘面现象。

第十六节　下降三法虚假信号

一、形态分析精华

下降三法也叫下降三部曲，与上升三法对称，为下跌持续调整形态，后市继续看跌。它由五根阴阳 K 线组成，可以分解为三个部分：第一部分为下降部分；第二部分为回升部分；第三部分为再次下降部分，它是一个维持原来下跌趋势的加强信号。

下降三法形态的形成过程、在持续的下跌趋势行情中，空方力量打压股价走低，收出一根大阴线。在此长阴之后，连续呈现三根短小的上涨阳线（实盘中两根或三根以上小阴线也可以接受），显示原先的下跌趋势面临一定的支撑。但是，这些小阳线的实体不大，股价涨幅很小，其收盘价没有超出前面这根阴线的高、低价范围。而第五天低开低走又一根大阴线飞流直下，股价创出了新低，且位于第一天阴线的收盘价之下，股价创五日以来新低。这种大跌小涨的形态，显示空方绝对占优。

1. 形态应用法则

（1）在下跌趋势中出现大阴线，代表趋势处于下降之中。

（2）长阴线实体之后跟随一组小实体（大多为阳线），且与当前趋势相反排列（从低到高），并保持在第一天长阴线的最高价和最低价所限定的范围之内（不包括上影线和下影线）。在实盘中，如果第一根是大幅跳空阴线，只要随后的回升不高于大阴线前一天的收盘价，也可认为是正常的回抽，跌势形态没有遭到破坏，后市依然看空。

（3）中间实体较短小的 K 线，最理想的数量为三根（两根或多于三根也可以接受），唯一条件是它们必须处于第一根大阴线内（中间小 K 线的影线部分可以不计）。此外，这些小 K 线也具有弹性，可以是小阴线、小阳线或十字星，也可以阴阳交错出现，但普遍以阳线较多。

（4）最后一日的大阴线，其开盘价应低于前一日小阳线的收盘价。

（5）最后一日的大阴线，其收盘价应低于第一根大阴线的收盘价。

技术意义：下降三法形态表示下跌趋势的暂时停顿，但下跌力量不大，还不足以造成下跌趋势的反转，其回升过程是下跌趋势的休息时间，这种情况一般不会改变行情原有的下跌趋势，最后一根长阴线进一步维持了原来下降的趋势，因此投资者可以继续观望，等待真正的底部出现时再买进。

2. 形态效力和操作要点

（1）下降三法形态并不是一个转势信号，而是表明跌势将继续的巩固信号，因此在信号出现之前，股价已经有一小段跌幅，这是与其他顶部信号的不同之处。

（2）第三部分应是对前面部分低点的突破，市场创出下跌趋势以来的新低，表明下跌趋势比较强劲。一般情况下，大阴线越长，形态下跌的动力越强，且最后这根大阴线的下影线越短，说明股价下跌力度越大。

（3）在下降三法形态中，如果头、尾两根大阴线的成交量超过了中间那几根小K线的成交量，那么该形态的看跌分量就更重了。

（4）下降三法形态应出现在大阴线之后，表明空方快速下降，然后通过三根小阳线进行反弹修复，第五天的阴线跳空低开，并一举跌破第一天形成的低点。

（5）中间休整的时间可能会超过三天，但无论如何小阳线的高、低价格（中间小K线的影线部分可以不计）始终保持在第一天的大阴线价格范围之内。

二、常见虚假信号

股价见顶后回落，市场呈现空头发展趋势，做空动能不断聚集，在K线图形中出现一根大阴线。这时空头攻势有所收敛，在大阴线之后连续出现几根向上回升的细小阳线。可是在第五天又一根阴线破位而下，击穿了市场多日形成的盘整巩固区间。市场重新步入下跌轨道，并创出了跌势新低。K线组合形成一个标准的下降形态，是一个清仓离场时机。

可是在实盘操作中，当投资者纷纷卖出股票后，股价却没有出现明显的下跌行情。通常股价会在第五天的下跌过程中遇到多方狙击，下跌势头被封堵，下降三法形态失败。失败之后经过蓄势整理，股价迎来一段可观的上涨行情。

出现下降三法失败形态的主要原因有：

（1）在前期的下跌过程中，空方能量得到充分释放，下跌动能衰竭，从而导致技术形态失败。

（2）下方遇到强大的技术支撑，股价触底回升。

（3）股价继续下跌不利于坐庄意图，比如，股价未到目标价位，或者庄家没有顺利出货，需要拉高股价将筹码卖个好价钱，导致下降三法形态失败。

图 2-36，西王食品（000639）：该股见顶后逐波下跌，然后在底部形成一个盘区，庄家在底部震荡过程中吸纳了大量的低价筹码，为了构筑扎实的底部基础，2018 年 5 月 2 日股价放量跌停，并再次向下击穿盘区支撑，由此出现了一个下降三法形态，从盘面看股价大有加速下跌之势。

技术解盘：这个下降三法形态有什么技术意义呢？股价是否继续下跌？从该股的走势图中可以看出，股价的下跌幅度并不大。因为，股价累计跌幅非常大，后市下跌空间不大，基本处于历史大底区域。而且，在下降三法形态产生后，股价并没有出现持续下跌走势，次日收出一个止跌性星线，随后几个交易日继续收阳线，构成一个早晨之星形态，此后股价开始震荡回升。

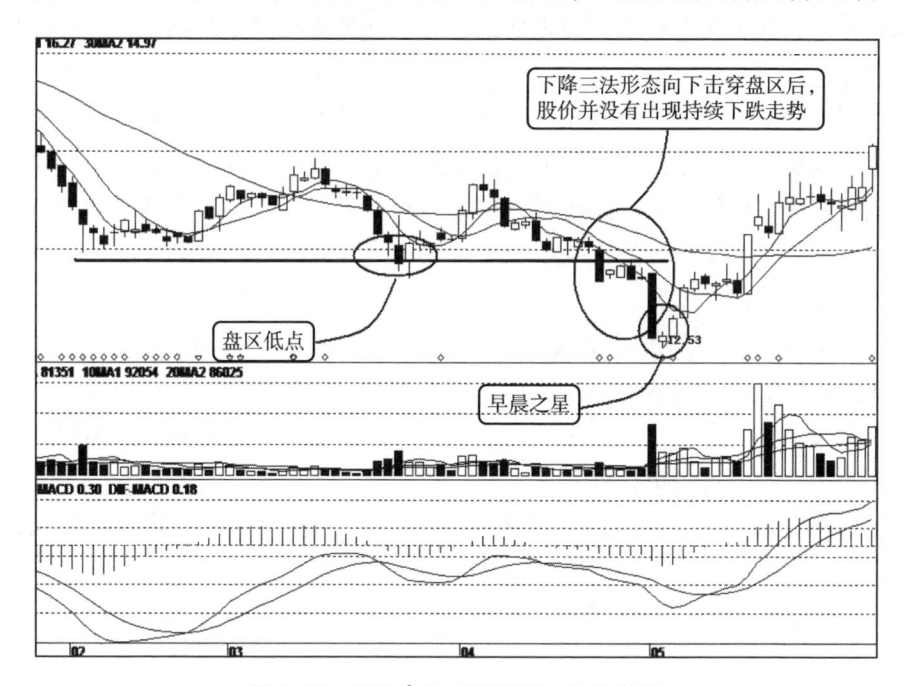

图 2-36　西王食品（000639）日 K 线图

投资者遇到这类个股时，可以从以下几方面进行思考：

（1）出现下降三法形态时，股价处于明显的下跌通道之中，而且之前没有任何止跌迹象，此时投资者不要盲目进场，持股者应在盘中逢高止损出局，以防后市股价出现快速下跌走势。

（2）在形态中间的回升过程中，股价的上涨幅度不是很大，而且主动性买盘也不是很积极，股价基本在 10 日均线之下运行。

（3）在形态出现的第二天，如果股价出现了回升，只要股价没有成功突破 10 日均线的阻力，并且成交量也没有明显放大，就不要轻易买进。

三、技术辨别方法

（1）在下降三法形态中，应把握两方面的技术要点：一是把握中间的三根小阳线。如果这三根小阳线突破了第一根大阴线的最高价，那么形态即宣告失败。二是把握第五天的阴线长度。原则上第五天阴K线实体越长越有效，股价创出并收于新低。如果第五天收盘价没有跌破第一根阴线的收盘价，则形态难以确立。

（2）在下降三法形态中的成交量，不如上升三法形态那样重要，第一天阴线的成交量可以与第二部分反弹出现的阳线的成交量持平，即使是无量空跌的市场，其杀伤力也是相当强大的。但第五天的成交量必须放大，这样显示抛压沉重，其杀伤力强大。

（3）结合移动平均线和乖离率进行分析，股价前期下跌的乖离率大小对后市具有重要的参考作用。如果股价在前期下跌过程中乖离率很大，股价远离均线系统，即使经过三根小阳线的回升修复后，仍然较大，这时如果股价在第五天进一步下跌，就会导致乖离率进一步加大。这样不利于空头的持续发展，很可能出现见底回升，或者出现底部盘整震荡走势。

（4）下降三法形态发生在盘跌行情中，信号可靠性比较高。在"跳水"式暴跌行情后，出现的下降三法形态值得注意，因为在暴跌行情中空方短期消耗能量过大，乖离率也很大，很可能出现一轮报复性反弹走势，这时不应盲目做空。在实盘中很有可能会产生V形底部（问题股、庄股除外），或者股价回升到起跌位置附近。这时技术高手可以积极参与，搏一轮可观的反弹行情。

（5）关注形态出现的位置。反弹行情结束后出现的下降三法形态，可靠性比较高。在高位形成的下降三法形态要小心头部，一旦头部形成，股价将会陷入中长期调整走势。在长期下跌后的底部出现下降三法形态，其可靠性比较低，可能是一个空头陷阱。

第三章

虚假技术形态 >>>>

第一节 虚假 V 型底形态

一、常见虚假形态

V 型底是非常猛烈的底部反转信号,标志着原来的空方突然翻多,使整个形态发生突变,仅此而言,V 型底本身其实就是一个巨大的陷阱。V 型底的常见虚假形态或失败形态有以下几种:

1. 高位虚假 V 型底形态

股价经过一轮炒作后,庄家获得丰厚的账面利润,开始兑现筹码,股价出现下跌走势。但庄家很难一次性完成出货任务,因而当股价下跌一定幅度后,开始企稳反弹,再次向上拉高,在图形上形成 V 型底形态。这时不少投资者以为是 V 型反转,股价将要出现新一轮上涨行情,因此大举介入做多。可是,股价并没有上涨多少就转为下跌走势,买入者落入高位 V 型底陷阱之中。

图 3-1,川恒股份(002895):这是典型的高位虚假 V 型底形态。股价被大幅炒高后,在 2021 年 9 月中旬见顶回落,股价持续下跌,10 月中旬股价企稳反弹,股价强势回升,图形上出现 V 型底形态。这个 V 型底形态,就使少数投资者误判,认为该股调整结束,V 型底形态确立,为介入做多的信号。可是,此后股价并没有出现上涨,且很快转为下跌走势。

技术解盘:从图上看是一个 V 型底形态,但并不能作为买入依据。理由是:

(1)该股处在高位。出现 V 型底的前提是股价必须经过大幅下跌调整,或者股价突然遇到不寻常的打压,处于底部区域,绝大多数投资者被套其中。

而该股很明显处于高价位区，股价没有出现大幅下跌走势，盘中大多数筹码是获利的，此处买盘介入非常少，因而不能构成 V 型反转。其实，该股走势属于见顶后的 A 浪下跌和 B 浪反弹过程，而 B 浪反弹属于出货阶段，因此不是进货时机。

（2）该股股价下跌不急。在 V 型反转之前要有一段持续急速的下跌过程，引起盘面极度恐慌，股价出现严重超卖现象，这时有出其不意的买盘介入，引发了 V 型反转走势。而该股显然没有出现这种盘面现象，股价只是短期超跌走势，而盘面恐慌程度不强，所以很难出现 V 型反转走势。

（3）该股成交量也不大。在股价回升时，成交量出现萎缩，不具备上涨动力，由此进一步否定了 V 型反转走势。

由此可见，该股不符合 V 型反转的基本特征，属于庄家拉高出货的盘面走势。投资者遇此情形时，应当逢高卖出。最佳卖出点：一是在前期高点附近；二是股价跌破 30 日均线时全面清仓。

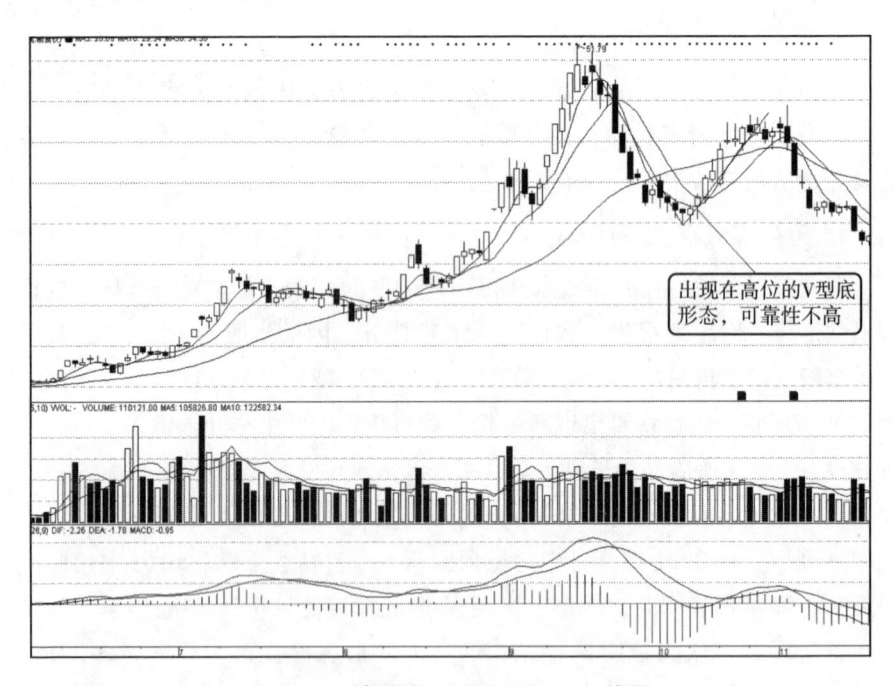

图 3-1　川恒股份（002895）日 K 线图

2. 回抽虚假 V 型底形态

股价快速下跌一段时间后，一般会有反弹行情出现，有时候反弹的角度与前期下跌的角度相近，这就形成 V 型反弹走势。在实盘操作中，成功抓住一波 V 型反弹行情，其收益不亚于一波中级行情。但是反弹行情中风险很大，经常在股价快速急跌后，并没有出现强势的 V 型反弹行情，股价仅仅是一次弱势反弹或横向盘整走势，不久股价再次形成跌势。

图 3-2，环旭电子（601231）：该股见顶后回落，2020 年 10 月 30 日一根大阴线向下击穿 30 日均线，次日收出企稳性十字星线，随后几日股价出现反弹走势，形成底部"早晨之星"K 线看涨信号，图形又符合 V 型反弹走势，可以买入抢反弹。可是，股价并没有出现 V 型反转，在大阴线起跌位置附近受阻回落，之后股价逐波下跌。

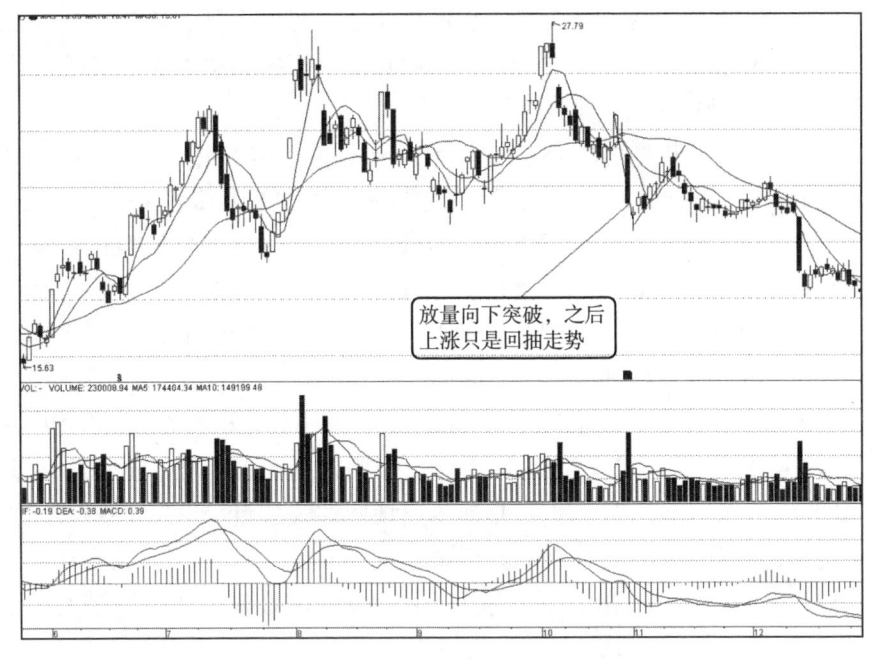

图 3-2　环旭电子（601231）日 K 线图

技术解盘：该股为什么没有出现 V 型反转呢？在高位已经形成一个盘区，并构筑标准的 M 头形态，股价向下击穿 30 日均线后，表明上方阻力越来越大。之后的股价回升走势，只是对 M 头和 30 日均线突破的一种确认走势，确认有效后股价向下走弱。而且，该股成交量未能有效放大，在出现长下影阳 K 线当天没有放量，随后几天也未见补量现象。这表明场外资金犹豫不决，不敢贸然介入，由于受下跌惯性的影响，股价最终选择下行也并非意外。

一般而言，股价快速下跌一段时间以后，再以相同的上涨角度快速反弹，其下跌与上涨的角度在图形上是对称的，但反弹幅度不一定对称。如果庄家筹码没有派发完毕，股价刚刚开始下跌时很容易出现 V 型反弹，强势反弹的幅度可能与下跌幅度大致相当；如果庄家已经基本完成出货，就不能指望有较大的反弹幅度。一般情况下，强势反弹可能达到下跌幅度的 1/3～2/3，一般性反弹可能只有下跌幅度的 1/3 左右，弱势反弹的涨幅更小，有时会以平台整理代替反弹走势。

3. 无量 V 型底形态

大家知道，股价上涨必须有成交量的支持，且价量配合要得当，否则就会影响股价上涨的力度和持续性。V 型反转更需要成交量的显著放大，无量或小量不可能出现反转。但有时在操作中只注重形态结构，往往忽视了对成交量的考察，最终造成操作失败。

图 3-3，白云机场（600004）：该股反弹结束后再次回落，2021 年 5 月 10 日，当股价下跌到前期低点附近时，获得一定的技术支撑而出现向上反弹。日 K 线图中，形成底部"早晨之星"看涨信号，同时也符合 V 型底形态，预示股价探底成功，后市有回升要求，可以作为买入信号对待。可是，随后股价只是小幅上涨，并没有出现预期的上涨行情，很快转为下跌，该形态成为虚假的 V 型底形态，将追高买入者套牢。

技术解盘：为什么该股 V 型底形成之后，股价只有小幅上涨呢？理由是：

从该股走势图中可以看出，一个重要原因就是股价上涨得不到成交量的积极配合，在整个回升过程中只是偶尔出现脉冲式放量，没有出现持续性的放量过程，因而后市走势存在许多变数。

该股之所以出现反弹走势，主要是因为股价在前期低点附近获得一定的技术支撑，但市场并不认可这里的支撑作用，所以后续反弹力度不大。而且，该股前期下跌幅度不大，下跌速度不急，不具备 V 型反转的形成条件。V 型反转必须有一个急速的下跌过程，股价超跌才是引发 V 型反转的重要原因。该股刚刚脱离下跌中继平台后，并没有形成超跌走势，不足以产生恐慌现象，因而很难形成 V 型反转走势。

股价在回升过程中，受到前期低点和平台整理区域的阻力，前期低点由原先的支撑位变为阻力位，因此封堵了股价的上涨空间。投资者在实盘操作中遇到这种盘面时，应当在阻力位附近进行抛空操作，而且这个阻力位非常直观，一般都能发现此处的阻力，或者在股价再次跌破 30 日均线时清空。

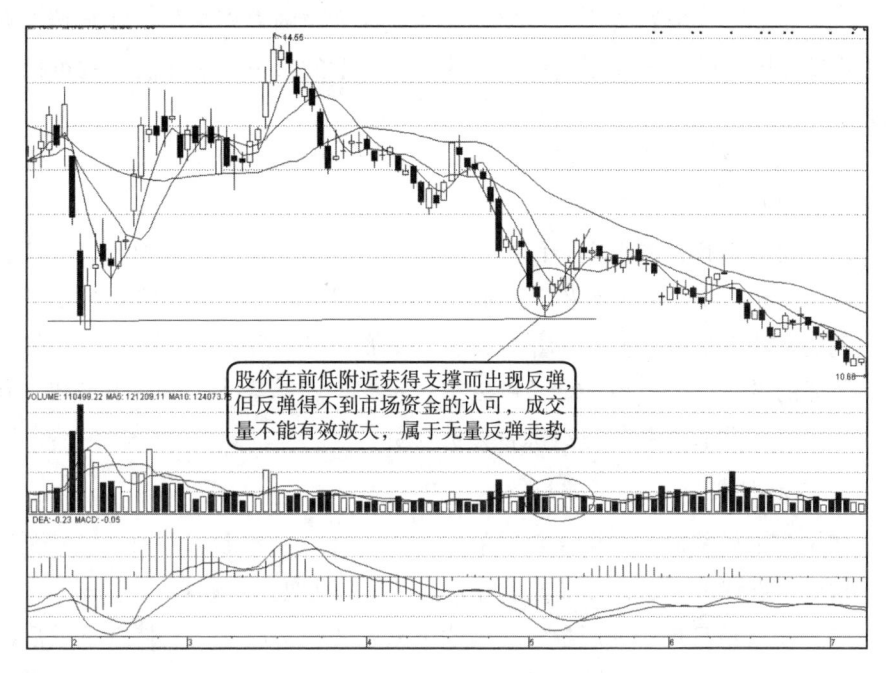

图 3-3 白云机场 (600004) 日 K 线图

标注：股价在前低附近获得支撑而出现反弹，但反弹得不到市场资金的认可，成交量不能有效放大，属于无量反弹走势

二、技术辨别方法

1. 技术要点

在实盘操作中，V 型底形态经常出现，也伴随着许多虚假信号，那么怎样正确判断 V 型底形态呢？可以参考以下几方面的技术要点：

（1）必须有明显的下降趋势存在，而且股价出现持续性下跌走势，一路很少反弹或只有微小反弹，并经常伴随着向下的跳空，下跌的幅度已远远超过绝大多数投资者的预期。

（2）V 型底出现之前，股价要有比较长时间的下跌过程，并且跌幅比较大，阶段性跌幅达到 30% 或 50% 以上。

（3）V 型底出现之前，股价应有一个加速暴跌过程。在日线图上明显地看到股价下跌速度加快，下跌斜率趋陡。一般而言，股价暴跌的幅度越大，持续时间越长，后市 V 型反转的力度越大，上涨幅度越高。

（4）V 型底出现后，股价应快速回升，回升速度越快，其 V 型反转的可能性和爆发性越大，同时股价回升的速度应很流畅，在阻力位只是略做停留就一跃而过，这样的 V 型反转才可能形成大黑马。

（5）股价在回升过程中，成交量应明显放大。随之而来的上涨行情，在几天内即反弹到原先下跌幅度的 1/2 或 2/3 以上的价位，这样反转的可信度就高。

（6）股价必须远离均线系统，短期出现明显的超卖现象，均线对股价具有强烈的向心力。

（7）如果股价以岛形反转的形式发生，则可信度较高。这种走势市场会出现陡然反转，使人措手不及，因而在识别 V 型反转时，可以借助 K 线理论中出现的反转信号来分析。如早晨之星、底部锤头、曙光初现等 K 线形态，都是明显的见底信号。另外，还可以结合短期下降趋势线、移动平均线、乖离率（BIAS）等技术指标进行综合分析判断。

2. 盘面现象

在 V 型底转势时，如果伴随着单日（或双日）反转形态，确立信号更清晰。这里重点解析一下单日（或双日）反转的一些盘面现象。

（1）出现单日反转的现象时，表明下跌趋势将会改变。在持续下跌后出现单日反转的当天，成交量虽然不一定是前面一段时间内的最大量，但其成交量也大概率会明显增加。

（2）跌势行情中出现单日反转的当天，股价往往在开盘时就步步走低，低档似乎毫无支撑存在。有时开盘后即大幅度跳空而下，甚至以跌停板开盘。但在交易中产生急剧震荡现象，并未能以当天最低价或次低价收盘。纵然当天以最低价收盘，但第二天的收盘价会比出现单日反转当天的收盘价还高。至于出现单日反转的当天，如果留有较长下影线或以阳线实体收盘的话，那么对于这个单日反转的判断，就更加确定了。

（3）跌势行情中的单日反转形态，往往出现于筹码较集中的情况下，因庄家持股较多，股价容易向上拉高，导致其涨幅将会较大。

（4）有时在跌势行情之后，出现单日反转的第二天，在盘中股价也会略做下跌，这种现象为空头的"回补点"，应积极买入补回。

（5）通常在出现单日反转后，股价上涨速度都会很快，但假如出现单日反转现象之后，股价上涨的速度甚慢，则上涨的时间可能会持续而延长。

（6）单日反转的现象并不限于在大行情里出现，有时它仅影响近期数天的行情走势而已。这种现象大多出现在急速下跌之后，突然具有单日反转的特性时，也可以考虑短线买入，以便短线获利卖出。

（7）底部双日反转，股价经过不断的下跌后，在某一个交易日股价突然大幅下跌，成交量出现倍增，而且当天差不多以全天最低价收盘。可是，第二天股价在前一天收盘价附近开盘后，多方发力向上拉升价位，将前一天的跌势拉回原形，最后差不多以全天最高价收盘，而成交量也较第一日差不多，这反映买盘力度大，属利多信号。

3. 注意事项

（1）不论是标准的 V 型反转，还是扩张的 V 型反转，由于大部分是出现在突发的重大利多或利空消息发布时，因此在正常情况下，其顶部或底部的成交量，都不会有异常的增加或减少。

（2）V 型底反转虽然是很有上升潜力的形态，但它不容易操作，它只给投资者一次买入机会。因为在短期时间内暴涨给投资者研判的时间非常有限，机会稍纵即逝，股价在底部停留时间极短，所以想在底部抄底买入几乎不可能。因此，投资者可以在股价刚放量上涨时追涨买入。

（3）V 型底的安全系数远比不上双重底、头肩底。有时短期看起来像 V 型底，不久又回落再测一次底部，形态便转成双重底或头肩底了。

（4）V 型底的走势十分剽悍，上升的角度与下跌时一样陡峭，很快便涨回到起跌位置，而且继续向上飙升。但一般突破颈线之后就会变成震荡趋紧的方式，因此不必过分追高，只要把握回升时逢低买进时机即可。

（5）V 型底来得急，去得快，经常让人措手不及。重点看成交量，敢于冒险的人，在盘中看到一路无量重挫的股票，突然出现异常大量时，便可以少量介入抢短。而较保守安全的做法，就是在股价突破均线，再回抽测试均线有效性时介入，这也是一个不错的买点。

（6）如果庄家因被套牢而刻意营造 V 型底，通常会采用速战速决的策略，极力拉抬只求解套脱身，所以在高档一定会制造大量，用上冲下洗的方法出货，届时将对逢高追进的投资者造成更大的伤害，不可不慎。

（7）虽然无量度涨幅可测，但可以估计 V 型反转的上涨高点，大部分是距离反转点较远的形态颈线、趋势线、波段高点及低点的水平支撑、阻力点，或是年线、半年线等附近。或者以底部至颈线之等倍距离作为参考价位。

第二节　虚假倒 V 型顶形态

一、常见虚假形态

倒 V 型顶是非常猛烈的顶部反转信号，标志着原来的多方突然翻空，使整个形态发生突变，仅此而言，倒 V 型顶其实本身就是一个巨大的陷阱。因此，研究虚假倒 V 型形态就是分析其形态的失败。其常见的虚假或失败形态有以下几种：

1. 低位虚假倒 V 型顶形态

股价经过一段时间的下跌后，庄家入场吸纳筹码。当庄家基本完成建仓计划后，开始向上拉抬或试盘，股价出现快速上升。但由于股价刚刚脱离底部区域，抛盘仍然较重，此时庄家顺势将股价压低使其回落，从而在图表上形成倒 V 型顶形态。这时不少投资者以为这是倒 V 型反转，股价将要出现下跌行情，因此纷纷抛空操作。可是，股价并没有下跌多少就转为上涨走势，从此股价出现新的上升行情。

图 3-4，上海电力（600021）：该股庄家完成建仓计划后，股价向上拉起脱离底部盘区，成交量温和放大。2021 年 9 月 9 日在高位收出一根十字星线，次日收出一根下跌大阴线，日 K 线呈"黄昏之星"形态，扼杀了反弹势头，形成倒 V 型顶形态，说明股价将进入下跌调整走势，为普遍看跌信号。据此，不少投资者担心股价再次步入熊市调整，而纷纷抛空离场。可是，事实上股价并没有大幅下跌，而是在小幅调整后强势拉起，连拉 4 个涨停。

技术解盘：为什么该股会成为虚假的倒 V 型顶形态呢？理由是：

（1）股价处于低价区。出现倒 V 型反转的前提是股价必须经过大幅上涨，或者突然股价出现一段飙涨行情，处于顶部区域，绝大多数投资者持有获利筹码，而该股距离起涨位置才 30% 左右的涨幅，属于低价位区，因而不能构成倒 V 型反转。

（2）该股股价上涨不急。在倒 V 型反转之前要有一段持续急速的上涨过程，造成盘面极度狂热，股价出现严重超买现象，这时出其不意的抛盘出现，引发了倒 V 型反转走势。而该股显然没有出现这种盘面现象，股价只出现了连续几天的反弹走势，所以不具备产生倒 V 型反转的环境。

（3）股价向上突破 3 月的高位之后，本身需要一次回抽确认过程，所以它的回落属于普遍规律，而且股价回调低点在前期盘区上方获得技术支撑。

由此可见，该股不符合倒 V 型反转的基本特征，属于庄家洗盘或试盘行为，也是一次重要的突破后的回抽确认走势。投资者遇此情形时，应当逢低吸纳为主，最佳买入点：一是在前期盘高点附近；二是股价突破倒 V 型高点时加仓买入。

第三章｜虚假技术形态

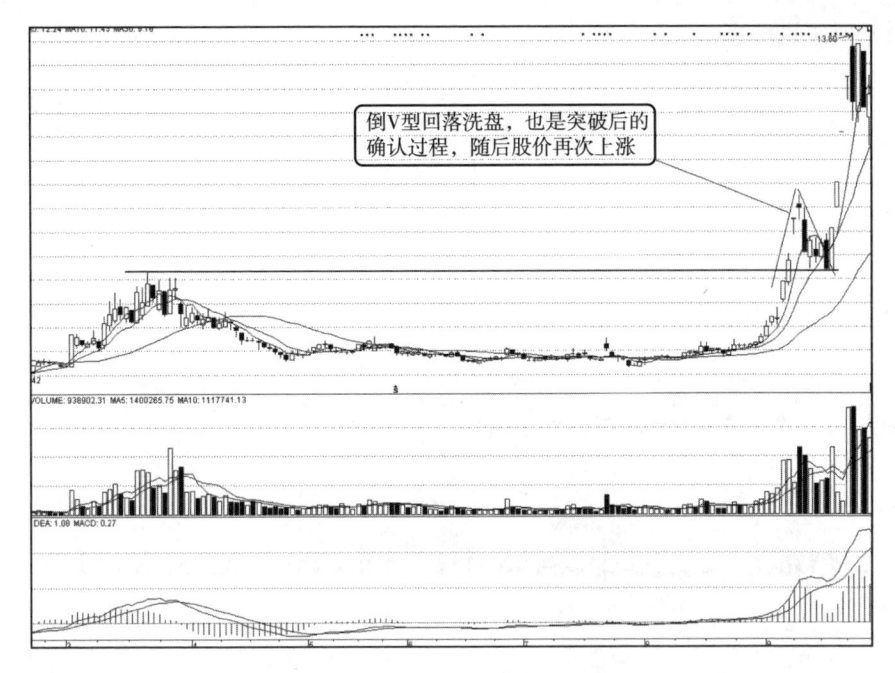

[倒V型回落洗盘，也是突破后的确认过程，随后股价再次上涨]

图 3-4　上海电力（600021）日 K 线图

2. 无量倒 V 型顶形态

股价上涨要有成交量，而下跌则无须看量，几乎成了人们看盘的基本共识。但当股价在高位形成倒 V 型反转时，也要密切关注成交量的变化。一般而言，倒 V 型成为中级顶部需要在下跌过程中有成交量的放大配合。因为，倒 V 型意味着原来的多方突然翻空，不惜一切地逃命，成交量放大是发生这种情况的验证信号。如果没有成交量的配合，倒 V 型往往只是短期调整形态，后市仍有上涨潜力。

图 3-5，福建金森（002679）：该股经过长时间调整后，于 2021 年 3 月见底回升，成交量温和放大，经过一轮盘升行情后股价持续回落，日 K 线形成倒 V 型形态。这个形态在投资者心里具有很强的看空性质，股价几乎回到前期起涨位置附近。5 月 20 日，股价向上拉起，开启一波强有力的拉升行情。

技术解盘：如何看待该股的这个倒 V 型顶形态呢？从该股走势图中可以看出，股价在回落时成交量大幅萎缩，表明庄家没有大规模派发筹码，对盘面仍然控制得非常好，仅仅是一些短线散户获利出局。而且，在股价回落到前期低点附近时，得到低点位置的技术支撑，在抄底资金介入推动之下，股价出现向上拉升走强。可见，这个倒 V 型顶形态只是股价回调洗盘时形成的一个普通图形，不具备顶部反转形态的技术特征，投资者可在股价向上拉起时及时跟进做多。

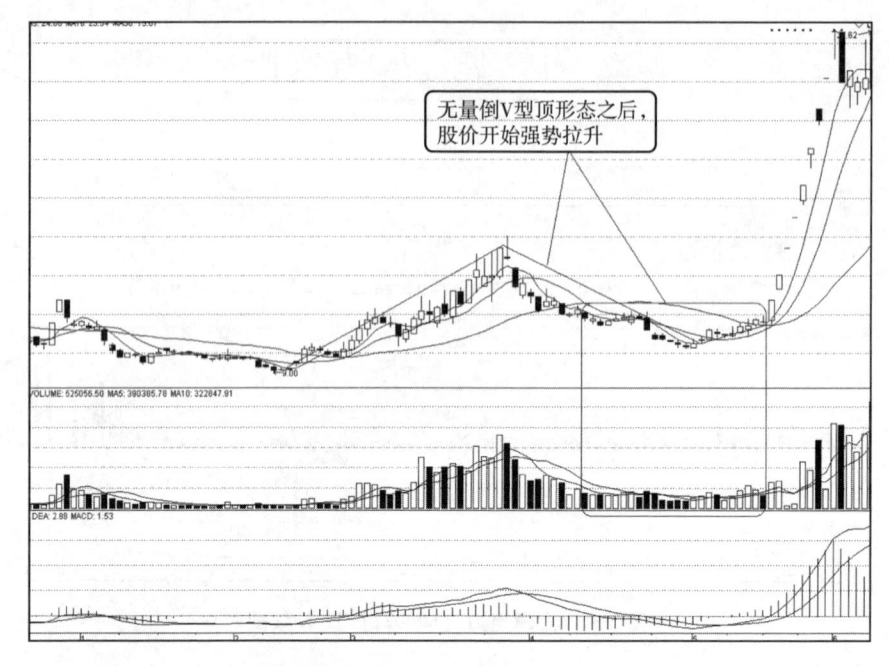

图 3-5　福建金森（002679）日 K 线图

3. 倒 V 型遇支撑形态

股价经过一段时间的快速上涨后，回落形成倒 V 型下跌形态，意味着市场转向空头走势，为普遍看跌形态。但股价没有下跌多少就遇到下方的有力支撑，而再次出现上涨走势。

图 3-6，美邦服饰（002269）：该股庄家在低位完成建仓计划后，从 2021 年 3 月 15 日开始连拉 4 涨停。为了日后更好地拉升，庄家展开连续 4 天调整，股价大起大落，呈现倒 V 型顶形态。盘面图形十分难看，不少投资者对后市股价走势没有太大的期望，因此选择离场观望。可是，股价没有下跌多少即遇到 30 日均线及前期盘区高点的有力支撑而止跌回升，股价连拉 9 个涨停。

技术解盘：如何看待该股的倒 V 型顶形态呢？从该股的走势图中可以看出：

（1）该股虽然出现几天的快速上涨行情，但总体上涨幅度不大，如果行情就此了结，庄家获利并不大，从坐庄成本角度分析，行情结束的可能性非常小，反而说明这是庄家借用技术形态进行洗盘整理。

（2）在股价回落时虽然成交量较大，但属于"价跌量增"的虚假信号，这种情况如果出现在低位往往是散户出逃，而不是庄家出货。

（3）股价下跌时遇到 30 日均线的支撑，不断上移的 30 日均线有力地支撑着股价进一步走高，而且股价下跌时也遇到前期高点的有力支撑，前期高点的阻力已成功转化为支撑，阻止了股价的继续下跌，因此股价下跌只是技术性回调而已。

判断倒 V 型的真假，要看价、量、位置、均线。如果股价成功站上 30 日均线，且这条均线是呈上行趋势的，当股价第一次回落到 30 日均线附近时，有 90%以上的概率会出现强势反弹，当股价第二次回落到 30 日均线附近时，通常也有小幅反弹行情出现，但当股价第三次回落到 30 日均线附近时，就很难说了，要结合其他技术综合分析，当然最好的方法是此时不参与。投资者遇到这种走势时，应当在支撑位附近大胆做多，保守估计也会有一段反弹行情。

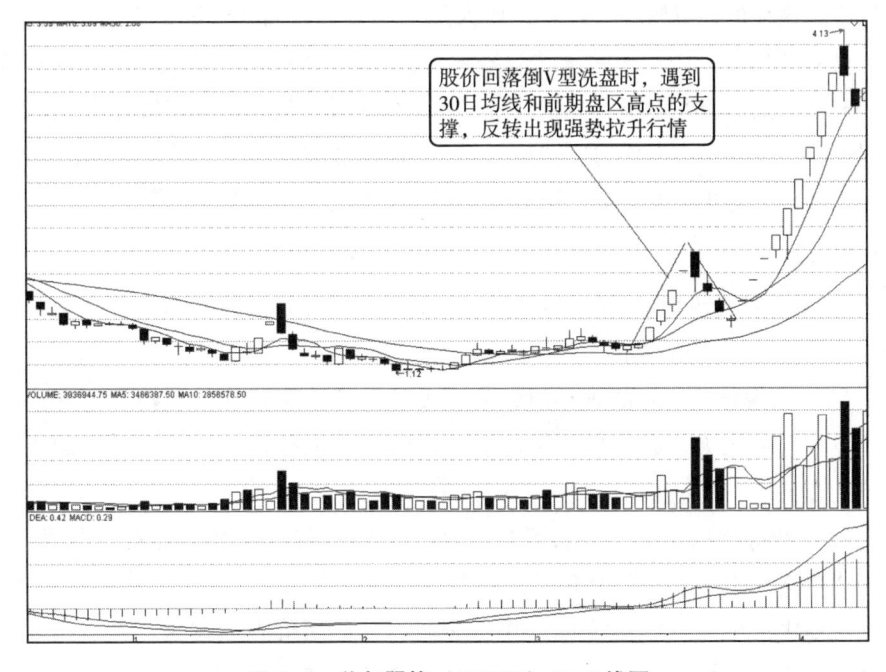

图 3-6　美邦服饰（002269）日 K 线图

二、技术辨别方法

1. 技术要点

（1）股价处于明显的上涨趋势中，而且股价出现持续性上涨走势，其间很少回调或只有微小回调，并经常伴随着向上的跳空，上涨的幅度已远远超过绝大多数投资者的预料。此时，投资者可在股价上升途中的次顶部宝塔式地分批将手中股票卖出，以防不测。往往此时人气最旺，黑马狂奔，采取逢高减磅的策略较为稳妥。

（2）倒 V 型出现之前，股价应有一个加速暴涨过程。在日线图上明显地看到股价上涨速度加快，上涨斜率陡峭。一般而言，股价暴涨的幅度越大，持续时间越长，后市倒 V 型反转的力度越大，下跌幅度越大。

（3）股价必须远离均线系统，短期出现明显的超买现象，均线对股价具有强烈的向心力。

（4）事先设立止损点，不抱侥幸心理，股价一旦见顶反转回落，应壮士断腕，忍痛了结，保住可靠资金，以利再战。

（5）倒 V 型的转折点如果以关键反转日或者岛形反转的形式发生，则可信度较高。这种走势市场陡然反转，使人措手不及，因而在判断倒 V 型反转时，可以借助 K 线理论中出现的反转信号来分析。如黄昏之星、顶部锤头、乌云盖顶等 K 线形态，都是明显的见顶信号。由于倒 V 型反转多发生在较短的时间内，所以这时短暂时间内出现的反转信号派上用场。另外，还可以结合短期上升趋势线、移动平均线、乖离率（BIAS）等技术指标进行综合分析判断。

2. 盘面现象

在倒 V 型顶转势时，如果伴随着单日（或双日）反转形态，确立信号更清晰。这里重点解析一下单日（或双日）反转的一些盘面现象。

（1）出现单日反转的现象时，表明上涨趋势将会改变，在持续上涨后出现单日反转的当天，成交量往往比前一段时间内的任何一天都大，形成天量天价的盘面。

（2）涨势行情中出现单日反转的当天，股价往往在开盘时就节节升高，上档似乎毫无阻力存在。有时开盘后即大幅度跳空而上，甚至以涨停板买进，但在交易中产生急剧震荡现象，并未能在当天最高价附近收盘。纵然当天以最高价收盘，但第二天的收盘价却比出现单日反转当天的收盘价还低。至于出现单日反转的当天，如果留有较长上影线或以阴线实体收盘的话，那么对于这个单日反转的判断，就更加确定了。

（3）有时在涨势行情之后的单日反转的第二天，在盘中股价也会略微上涨，这种现象应视为回光返照的多头"逃命点"，应积极卖出。

（4）通常在出现单日反转后，股价下跌的速度都会很快，但假如出现单日反转现象之后，股价下跌的速度甚慢，则下跌的时间可能会持续而延长。

（5）单日反转的现象并不限于在大行情里出现，有时它仅影响近期数天的行情走势而已。这种现象大多出现在急速上涨之后，突然具有单日反转的特性时，也可以考虑短线卖出。

（6）顶部双日反转：股价经过不断的上升后，在某一个交易日突然大幅上扬，成交量倍增，而且当天差不多以全天最高价收盘。可是，第二天股价在前一天收盘价附近开盘后，空方发力向下压低价位，将前一天的升势打回原形，最后差不多以全天最低价收盘，而成交量也与前一天差不多，这反映抛盘阻力大，属利空信号。

（7）顶部单日转向：股价经过一段时间的持续上升后，突然在某日不寻常地被推高，但马上遭卖盘强力抛售，把当日的升幅差不多全部跌去，有时可能还会跌得更多，以全日最低价或接近最低价收盘，成交量在抛售时大增，这被称为"顶部单日转向"，预示升势已近尾声，随时有大幅回吐的可能。

3. 注意事项

（1）不论是标准还是扩张的倒 V 型反转，由于大部分出现在突发的较大利多或利空消息发布时，因此在正常情况下，其顶部的成交量都不会有异常的增加或减少。

（2）倒 V 型反转虽然是很有下跌动力的形态，但它不容易操作，它只给投资者一次卖出机会。因为在短期内暴跌给投资者分析的时间非常短，机会稍纵即逝，股价在顶部停留时间极短，所以想逃顶几乎不可能。因此，投资者可以在股价刚放量下跌时杀低卖出。

（3）倒 V 型的安全系数远比不上双重顶、头肩顶。有时短期看起来像倒 V 型顶，不久又反弹到高位，形态便转成双重顶或头肩顶了。

（4）倒 V 型的走势十分凶狠，下跌的角度与上涨时一样陡峭，很快便跌到起涨位置，甚至继续下跌。但一般突破颈线之后就会变成震荡整理走势，此时应把握时机逢低买进。

（5）倒 V 型来得急，去得快，经常让人措手不及。有经验的人可以在观察到 K 线顶部出现"尽头线"时，提早卖出观望。

（6）庄家刻意营造的倒 V 型形态，通常会采用速战速决的策略，极力拉抬只求自己解套脱身，所以在高档一定会制造大量，用上冲下洗的方法出货，届时将对逢高追进的投资者造成更大的伤害，不可不慎。

（7）无量度涨幅可测，但可以估计倒 V 型顶反转的下跌低点，大部分是距离反转点较远的形态颈线、趋势线、波段高点及低点的水平支撑、阻力点，或是年线、半年线等附近。

第三节　虚假双重底形态

一、常见虚假形态

双重底是一个重要的底部反转形态，具有强烈的看涨意义。但双重底不一定都出现在原始趋势的底部，有时候在市场下跌行情的整理过程中，也会出现小型的双重底形态。也就是说，双重底形态形成之后，后市继续下跌的情况也经常出现，这就给判市测势增加了难度，加之庄家利用技术形态发出虚假的盘面信息，因而市场出现许多虚假或失败形态。

1. 双重底失败形态

在技术图形上出现双重底形态时，一般预示下跌行情已告结束，后市股价将迎来上涨行情，因此可以根据双重底形态的买卖法则积极买入做多，等待股价的上涨。但在实盘操作中，经常看到双重底失败形态，股价不但没有出现预期的上涨行情，反而下跌将介入的投资者套牢。

图3-7，佳华科技（688051）：该股从2020年8月的192元上方开始一路下跌，2021年2月初股价跌到60元以下，短期跌幅超过68%。这时股价初步企稳并形成反弹，短期突破30日均线的阻力，当反弹到前期盘区附近时受阻回落，股价回落到前期低点附近，这时得到前低的技术支撑而再次反弹，并突破前期反弹高点（颈线），于是形成一个非常漂亮的双重底形态，预示后市有一段升势行情。这个形态吸引了不少投资者纷纷介入，谁知，此后在股价向下回抽时没有成功拉起，经过短期的横盘整理后，股价向下跳水，这个双重底形态失败了。

技术解盘：这是一个典型的双重底失败形态。其实，有经验的投资者早已看出，该双重底形态并没有成功构成，股价向上突破颈线时遇到强大阻力，无功而返。

从表面观察，确实像双重底形态，两个底部很对称，左边放量上攻，时间跨度也适中，很标准的一个双重底形态，那么为什么会失败呢？其实，确切地说这只是一个双重底的雏形。这个雏形能否成为现实，要看最终的确认结果，遗憾的是最终回抽确认没有成功。

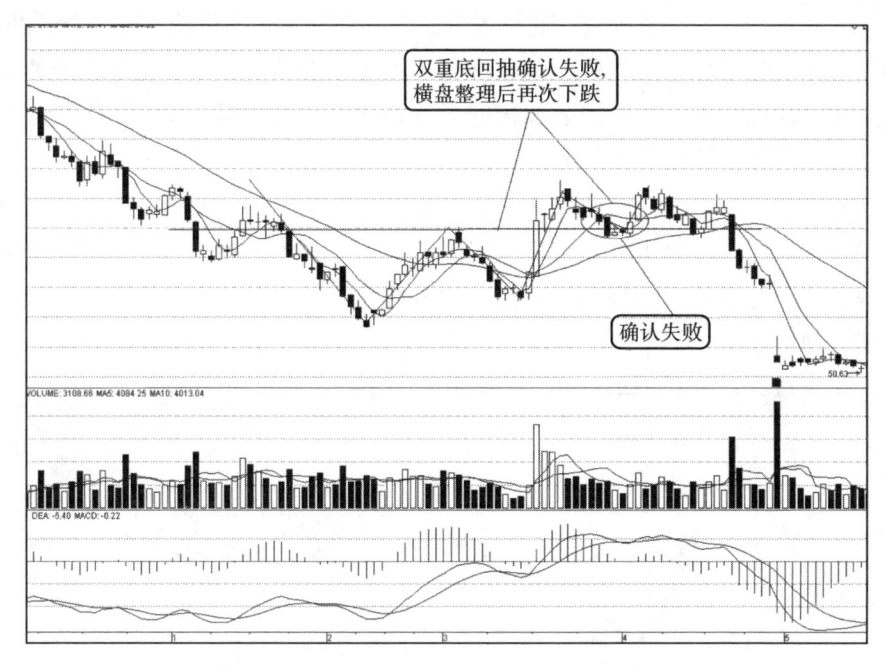

图 3-7　佳华科技（688051）日 K 线图

2. 无量双重底形态

通常第二个低点的成交量比第一个低点小，在突破后回抽确认时成交量也有所萎缩，第一个低点形成后的反弹也要有成交量的放大，但这并非绝对要求。在双重底形态中对成交量有特别要求的是，股价向上突破双重底颈线时，成交量必须明显放大，才能推动股价上涨，否则就是虚张声势，十有八九是庄家设置的陷阱。

图 3-8，澳柯玛（600336）：该股经过一段持续阴跌行情后，2021 年 2 月上旬初步企稳并出现小幅反弹，但反弹力度不大，在随后的震荡过程中形成双重底形态，预示股价将出现止跌回升态势，因而可以积极买入做多。可是，买入后股价仅仅反弹到前次高点附近即掉头下跌，此后股价渐行渐弱，不断创出调整新低。

技术解盘：为什么该股双重底形态形成后股价不涨呢？主要原因在于双重底形成以后成交量并没有放大，特别是第二次反弹时得不到成交量的积极配合，表明场外资金十分谨慎，入场意愿不强，因此反弹行情很难持续发展，更不能形成突破走势。

另外，还有来自两处位置的阻力：一是来自双重底中间反弹高点的阻力，即颈线附近的阻力,股价到达此位置时,前期套牢盘和低位获利盘大量涌出,股价最终无法突破,虽然偶尔冲破高点,但无法成功站稳。二是来自前期成交密集区域的阻力,该股的颈线恰好是前期成交密集区域的底边线,此处已由原来的支撑位转化为新的阻力位,一般难以攻克。

在实盘操作中,投资者在分析成交量时,要掌握四种盘面现象:一是无量向上突破;二是放出天量突破;三是突破后放量不涨或小涨;四是放量后快速缩量。这四种盘面现象,均为量价配合失衡,要小心形态失败,提防假突破走势。

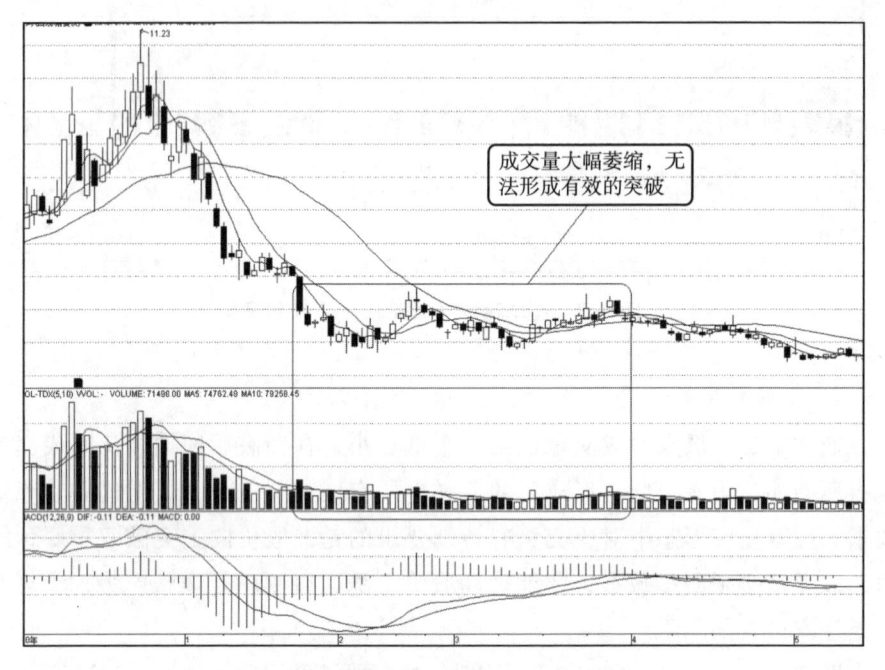

图 3-8 澳柯玛(600336)日 K 线图

3. 高位双重底形态

股价经过充分的炒作后,庄家获利十分丰厚,这时庄家开始兑现获利筹码。庄家出货需要一些真假手法,如果股价一路下跌,则很难顺利出逃,因此其将股价维持在相对高价区震荡,在上下震荡过程中会形成各种各样的技术形态,而双重底形态就是其中常见的一种。出现双重底形态之后,有不少投资者以为回调已经结束,产生上涨期待,因而匆忙入场,结果股价下跌而被套。

图 3-9,京投发展(600683):这是典型的高位双重底走势,2021 年 8 月

23 日股价脱离底部后，出现一波快速拉升行情，短期庄家获利非常丰厚。拉升结束后，庄家为了出货，使股价维持在高位震荡，上下起落就形成一个标准的双重底形态。这样的形态吸引了不少投资者跟进做多，以为庄家启动第二波行情，谁知股价回落调整，结果被套牢在高位，一时无法解套。

技术解盘：从该股走势图中可以看出，这是一个明显的双重底失败形态。首先，股价处在高价庄家出货区域，而不是低价庄家建仓区域。其次，股价还处于盘区整理形态之中，并没有形成有效突破走势，遇到前期成交密集区域的阻力，且该股的颈线恰好在前期成交密集区域附近，对股价上涨构成强大的阻力。最后，跟当时的消息有关，前期上涨正好遇上"北交所"开市消息，当"北交所"11 月 15 日开市的消息落地后，股价开始下跌调整。

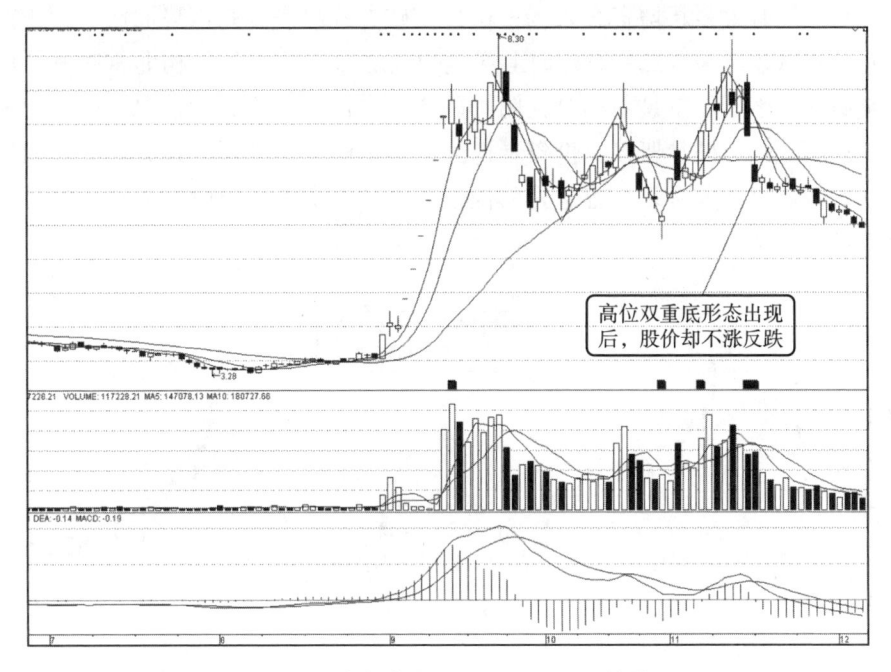

图 3-9 京投发展（600683）日 K 线图

4. 双重底向上假突破

在双重底形态构筑中，也经常看到向上假突破的情形。若股价再次探底成功后开始向上反弹，并一举突破颈线压制，预示后市看高一线。但是，正当市场预期继续上涨时，股价却在颈线位附近盘整数日后，又跌回到颈线之下，更多的是股价继续下行并创出新低，彻底击破双重底形态，在突破颈线位附近买入的筹码全线被套牢。

图 3-10，大地熊（688077）：该股上市后一路盘整下跌。2021 年 1 月初，股价渐渐企稳反弹。股价反弹到 30 日均线上方时，遭到低位获利盘和前期套牢盘的打压，再次回落。当股价回落到前期低点附近时，看好后市的投资者逢低介入，股价获得支撑而再次反弹。当股价反弹到前期高点附近时，似乎遇到一定的阻力，放缓了上涨速率，但庄家为了吸引场外跟风资金介入，使股价向上突破双重底的颈线，给人一种底部已经出现的感觉，诱导投资者跟进做多。可是，市场跟风欠积极，股价很快回落到颈线之下，重新构筑底部。

技术解盘：该股虽然构筑了一个非常漂亮的双重底形态，但美中不足的是股价突破颈线时存在这样一些技术疑问：

一是股价突破时得不到成交量的积极配合，成交量与前期反弹时基本持平，显然没有太多新增资金入场，这种突破方式只是虚张声势而已，为庄家刻意拉高试盘所为。二是股价向上穿过颈线之后，日 K 线结构非常凌乱，说明突破气势不足。三是前期盘区阻力较重，在成交量不大的情况下，股价很难形成有效的突破。所以，投资者遇到此情形时，一定要等到突破后经回抽确认有效后再介入做多。若是先前低位介入的投资者，当股价突破失败时应立即抛空离场。

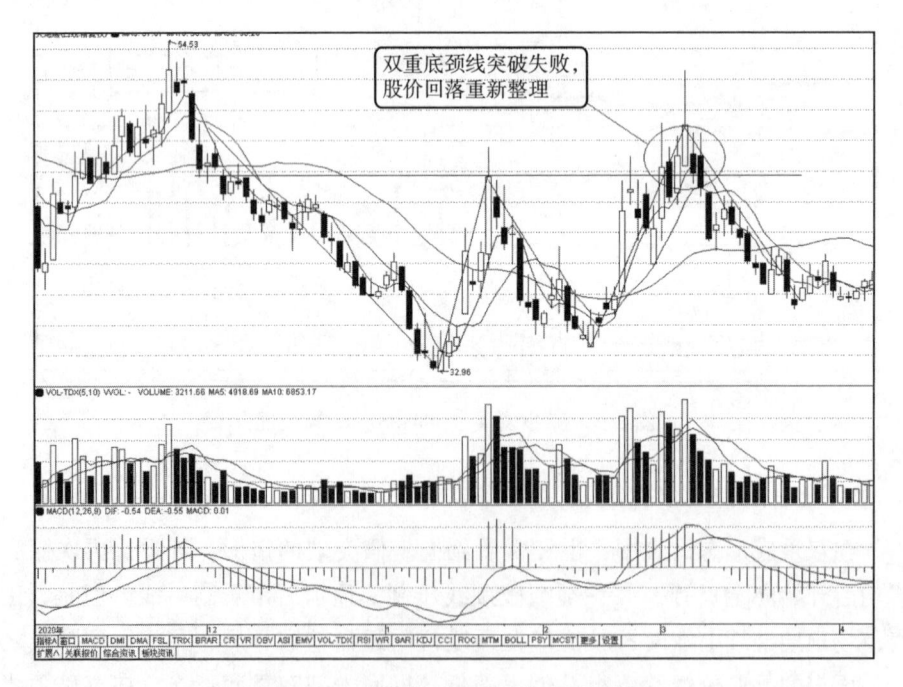

图 3-10　大地熊（688077）日 K 线图

二、技术辨别方法

（1）双重底是个底部转势信号，但其可靠性比头肩底差，因为双重底只经历了两次探底，对盘面的清理不如头肩底那样来得干净彻底，这也是很多双重底突破颈线后又重新探底的一个重要原因。双重底突破颈线位置，从理论上来说是一个买入点（通常称第二买点），但实际上投资者还是要冒比较大的风险，一旦双重底上冲失败，在这个点位买入的投资者就会被套牢。因此，在突破颈线处买入的投资者要随时做好停损离场的准备。当然也不是说在突破颈线的地方，就不能买入，因为毕竟这个点位还是一个较好的买入点。从趋势上来说，继续上涨要大于重新下跌的概率（一般比例为 6∶4），可见机会还是存在的。对于双重底形态，比较安全而又稳健的做法是，可在股价突破颈线回抽试探颈线支撑有效，股价再次放量上攻时买入（通常称第三买点），这样盈利的把握就更大一些。从统计数字来说，绝大多数双重底走势都会有一个回抽过程，因此一般不必担心股价突破颈线后一路不回头而使资金踏空。即使在操盘中真的遇到股价突破后一路飙升的情况，那也不要紧。可在股价上升趋势明确后适量介入，因为股价涨势一旦形成就不会轻易改变，这个时候买入胜率还是比较大的。或者干脆移情别处，另觅良机，要知道股市里的机会多多。

（2）第一个底点出现以后，股价涨幅较大（第一个底点与反弹后的最高点差幅达 10%以上），而反弹高点附近的成交量显著减少，其后股价再度下跌到第一个底点附近即出现上涨，而且第二个底点的成交量亦未大于第一个底点的成交量时，也可视为将会构成双重底形态，可考虑提早买入，此为第一个买入点。或者，第一个底点出现以后，股价反弹到一个相当幅度价位时（第一个底点与反弹后的最高点差幅达 10%以上），最高价减最低价，而这个底点附近的图形，似有构成圆形底迹象，但成交量却呈现着时大时小的不规则变动，唯该圆形底并未完成向上突破，股价再度下跌到第一个底点附近，即可视为将构成双重底形态，可以作为第一个买入点。如果股价形态同时符合上述两个因素（具有未完成的圆形底及第二个底点的成交量未大于第一个底点的成交量），则双重底的构成将更为可靠，应在第一个底点附近的价位断然买入。

（3）双重底构成所需时间较头肩底短，浮动筹码亦较头肩底形态少，因此并不一定完全出现在原始趋势的底部反转形态中。有时候市场下跌行情的整理过程中，亦会出现小型的双重底形态。也就是说，头肩底形态大多出现在行情的大跌之后，但双重底形态除了可以出现在行情的大跌之后外，在大涨或大跌行情的中途亦可能出现。

（4）双重底的一边并不一定为圆形底，而圆形底亦不一定在第一个底部出现。双重底在构筑过程中，经常会出现圆形底的上涨，但圆形底出现在第一个低点还是第二个低点，则没有特别强调，也不影响预测结果。

（5）在双重底形成时，KDJ、RSI、MACD等技术指标经常出现背离情况。因此，结合K线、技术指标及波浪形态进行综合分析和相互验证。在股价突破时如果得到其他技术的支持，可以提高买入信号的准确性。

（6）突破的首要前提是股价的位置和阶段。如果处于底部吸货区域、中途整理区域、庄家成本区域附近，若向上突破，真突破的概率较大，若向下突破，假突破的概率较大。如果处于高位派发区域、远离庄家成本区域，若向上突破，假突破的概率较大，若向下突破，真突破的概率较大。

第四节　虚假双重顶形态

一、常见虚假形态

双重顶是一个重要的顶部反转形态，具有强烈的看跌意义。但它不一定完全出现在原始趋势的顶部，有时候在市场上涨行情的整理过程中，也会出现双重顶形态。也就是说，双重顶形态形成之后，后市出现继续上涨的情况也经常发生，这就给判市测势增加了不少难度，加之庄家见机借技术形态发出虚假的盘面信息，因而市场存在许多技术陷阱或失败形态。其常见陷阱或失败形态有以下几种：

1. 双重顶失败形态

在技术图形上出现双重顶形态时，一般预示上涨行情已告结束，后市股价将以下跌调整为主。可以根据双重顶形态的买卖法则及时卖出做空，等待股价的下跌。但在实盘操作中，经常看到双重顶失败形态，股价不但没有出现下跌行情，反而强势上涨，使卖出者踏空。

图3-11，陕西黑猫（601015）：股价见底后实力强大的庄家入驻其中，经过充分的准备，达到高度控盘，股价悄然脱离底部区域。经过一波上扬后，股价出现回落调整，短期释放了一些获利筹码后再次上攻，当股价接近前期高点附近时，无力突破上方阻力，然后稍做调整再度上攻，但量能不足再次

回落，K线上形成双重顶形态，这是一个短线卖出信号。谁知，这是一个虚假的双重顶形态，股价小幅回落后很快企稳，2021年1月15日开始放量上涨，股价进入主升浪行情。

技术解盘：该股是一个典型的双重顶失败形态。从表面上观察确实像双重顶形态，两个顶部很对称，时间跨度也适中，是很标准的一个双重顶形态，那么为什么会失败呢？其实，有经验的投资者早已看出，该双重顶形态并没有成功构成，股价向下突破颈线时遇到强大的技术支撑。

确切地说，这只是一个双重顶的雏形，这个雏形能否成为现实，要看最终能否有效突破。其原因有四：一是得到双重顶中间回落低点的支撑，即颈线附近的支撑，股价到达此位置时，买盘逐渐增加，将股价逐步推高。二是得到前期成交密集区域的支撑，该股的颈线恰好是前期成交密集区域的上边线，此处已由原来的阻力位转化为新的支撑位，对股价起到较强的技术支撑作用。三是虽然股价一度回落到30日均线之下，但30日均线仍然保持上行，一时不会对股价构成威胁，仍有向上牵引作用。四是股价调整时成交量大幅萎缩，做空动能不足，表明庄家没有出货机会。

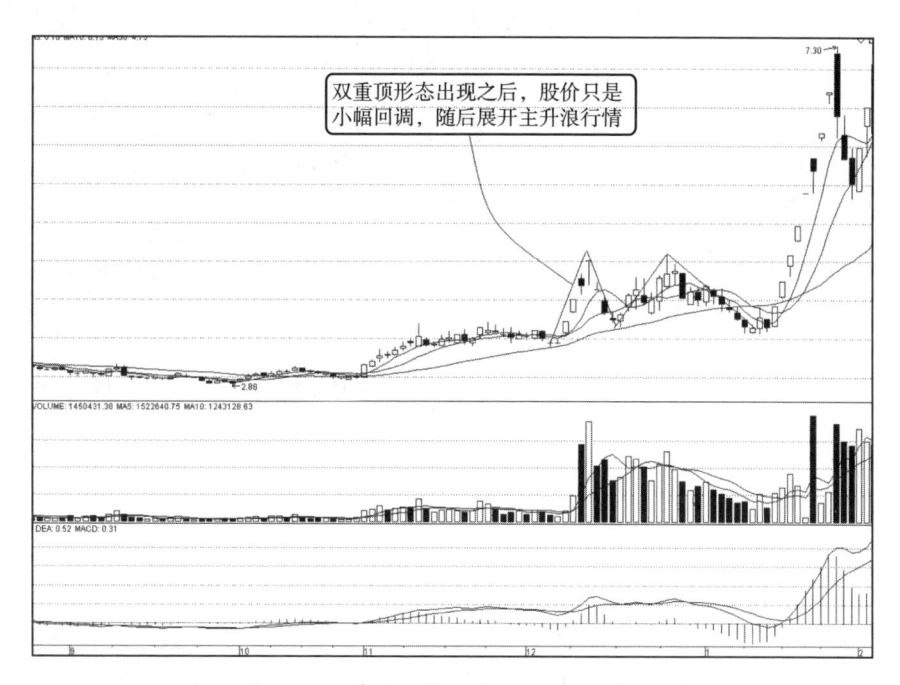

图3-11　陕西黑猫（601015）日K线图

2. 低位双重顶形态

股价经过充分的调整后，处于市场底部区域，这时庄家开始逐步建仓。然后，股价出现一波小幅反弹行情，当股价反弹到一定的幅度后，遇到上涨阻力而出现震荡，在震荡过程中形成双重顶形态。这时就有不少投资者以为反弹行情结束，股价将会出现新一轮下跌走势，因而纷纷抛空筹码，但不久股价重拾升势，步入上涨行情，使出局者踏空。

图 3-12，莱伯泰科（688056）：这是一个典型的低位双重顶形态，股价见底后出现小幅上涨，当股价反弹到前期高点附近时，受到一定的阻力而形成震荡走势，然后形成一个标准的双重顶形态。这时庄家为了夯实底部基础，在 2021 年 4 月 1 日故意向下打压，一根大阴线击穿双重顶的颈线，造成技术上的破位走势，不少投资者因此进行了抛出操作。但是，股价很快在前期盘区附近获得技术支撑，之后股价走出一波强势拉升行情。

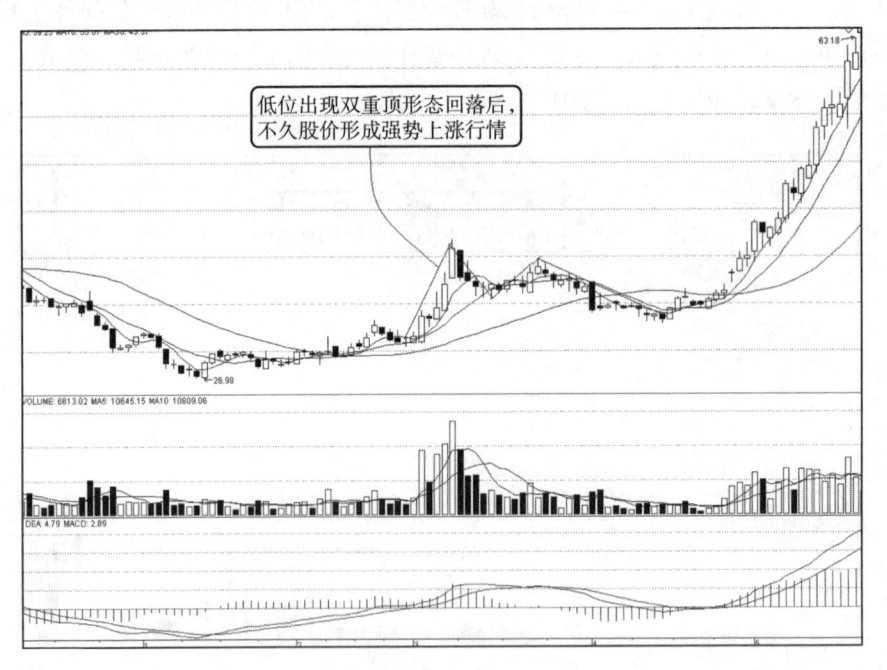

图 3-12 莱伯泰科（688056）日 K 线图

技术解盘：从该股的图表中可以看出，有以下几点技术疑问：首先，股价处在低价庄家建仓区域，离底部不远，下跌空间不大。其次，股价回落后离前期底部盘区很近，此处具有较强的技术支撑，有构筑大型双重底的可能。最后，成交量出现大幅的萎缩，说明下跌动能不足，庄家牢牢控制盘面。由此可见，这是庄家为了建仓、洗盘而设置的一个空头陷阱。有趣的是，该股一个大型的双重底包容一个较小的双重顶，大形态比小形态具有更强的技术含量，因此后市看涨。

3. 虚假小型双重顶形态

双重顶不一定都是见顶反转信号，有时也会成为整理形态，特别是一些小型双重顶形态，因其构筑形态的时间太短，见顶信号不太可靠，股价下跌仅是短暂的调整，经过一段时间的修复后，股价将出现新的上涨行情，甚至出现大幅上涨行情。

图 3-13，恒林股份（603661）：庄家成功完成建仓任务后，2020 年 5 月 13 日股价一字板向上突破，次日连板，之后冲高回落，然后在震荡过程中再次冲高受阻，形成一个小型的双重顶形态，不少投资者见此形态而抛售离场。谁知，经过一段修复性横盘走势后，6 月 18 日再次向上拉起，股价进入强势上涨行情。

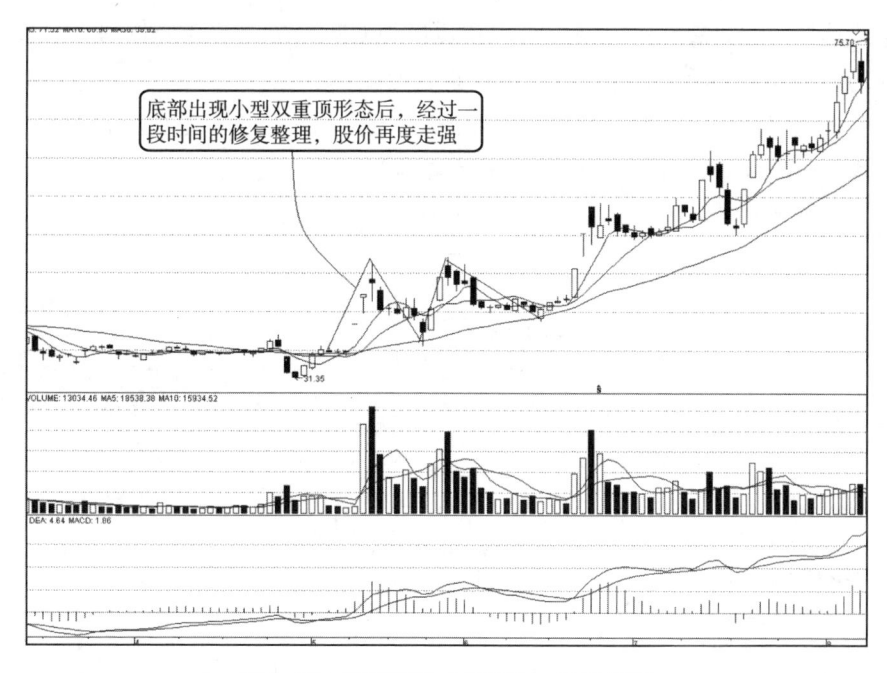

图 3-13　恒林股份（603661）日 K 线图

技术解盘：双重顶通常在长期涨势的顶部出现，为一个预示趋势将要转跌的信号。一般而言，股价经过一段涨势行情后，投资者往往比较兴奋，而庄家出货也需要一定的时间，因此双重顶形态时间较长，理想的双重顶形态需要 1~2 个月，甚至更长。时间太短的微型双重顶形态不太可靠，在周线图中出现的双重顶比日线图中出现的双重顶要可靠得多。小型双重顶可能出现在上涨中途的调整阶段，也可能出现在底部建仓阶段，因此对小型双重顶要特别小心。

从该股的图表中可以看出，只是一个小型的双重顶形态，两个高点之间不足一个月，因此只是上涨过程中的整理走势，而不是高位头部形态。小型双重顶可能是市场震荡过程中自然形成的，也可能是庄家故意构筑的形态（因为形态微小，容易做假图形），但有一点可以肯定，庄家选择向下突破是为了恐吓更多的抛盘出现，从而达到洗盘震仓目的。

4. 双重顶切换为双重底

在实盘操作中，有的中低位个股形成双重顶形态后，当股价回落到双重顶的颈线位（前低）附近时，获得有力的技术支撑而再度回升，并突破前面两个高点的阻力，使双重顶形态转换为双重底形态，开启一轮强势上涨行情。

图 3-14，沐邦高科（603398）：2021 年 8-9 月，盘面二起二落后，股价最终选择向上突破，双重顶形态成功切换为双重底形态，在股价向上突破前期的两个高点之后，投资者可以积极跟进做多。

技术解盘：一是股价涨幅不大，处于底部区域。二是双重顶形态没有完全形成，在颈线位（前低）附近获得技术支撑。三是在股价回落时成交量明显萎缩，说明做空动能不足。四是 30 日均线保持上行状态，支持股价向上走高。

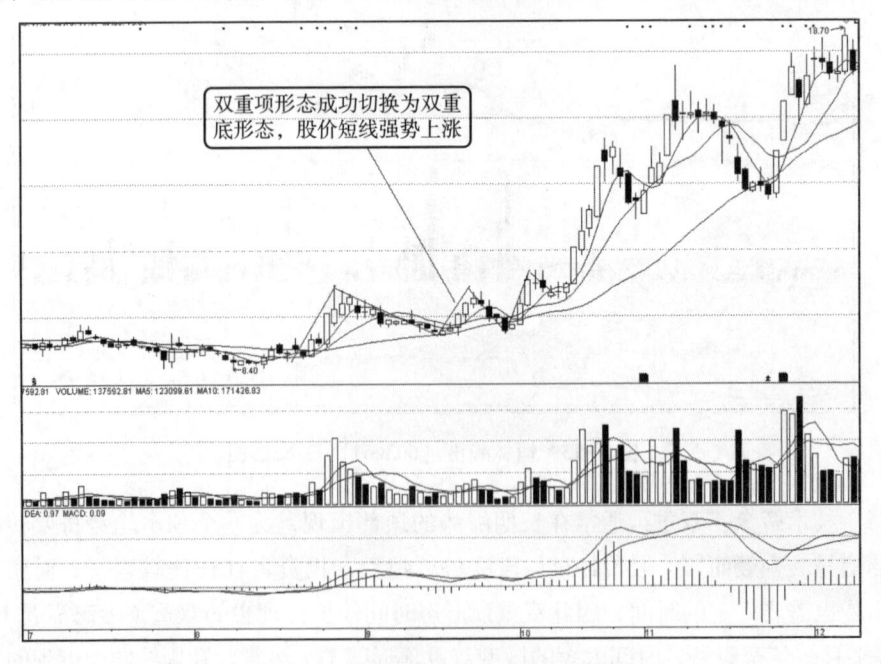

图 3-14　沐邦高科（603398）日 K 线图

二、技术辨别方法

（1）一些有经验的投资者，在双重顶形成之前就采取了必要的减仓措施，取得了很好的成效，具体做法是：第一，假如第一个顶点出现后股价下跌幅度较深，其后股价再次上涨到第一个顶点附近，而当时成交量与前期相比明显减少。这就要怀疑它有可能构成双重顶，此时应卖出一部分筹码，而不要等到双重顶形成时再采取行动。第二，假如第一个顶点出现后，股价跌到一个相当幅度的低点时，突然发现第一个顶点的图形，似乎有构成圆顶的迹象，但这个圆顶尚未完成向下突破，而在这个圆顶形态中成交量却呈现着不规则的变动，其后股价再度上升到第一个顶点附近时，也可暂时怀疑它将构成双重顶的形态，而考虑将筹码卖出。第三，如果股价形态同时符合上述两个条件，则双重顶的构成将更加可能，此时应采取断然的卖出措施。

（2）双重顶的两个高点很多时候并不一定在同一价格水平，如果第二个高点的股价小于第一个高点3%以内幅度，是正常的现象，而第二个高点一般也较第一个高点高一些，这显示股价经过之前上涨后，市场仍有部分投资者看好后市，企图推高股价，可是股价在高位遇强大阻力而回落。特别值得一提的是，当股价第二次反弹接近第一个高点价位后，没有停下来，而且收盘价超过第一个高点达3%以上，慎防营造双重顶失败形态，此时宜考虑再度买进。

（3）双重顶构成所需时间较头肩顶短，套牢的浮动筹码亦较头肩顶形态少，因此并不一定完全出现在原始趋势的顶部。有时候市场涨升行情的整理过程中，亦会出现较小的双重顶形态。也就是说，头肩顶形态大多出现在行情大涨之后的顶部，但双重顶形态除了可以出现在行情大涨之后的顶部外，在大涨或大跌行情的中途亦可能出现。

（4）双重顶的一边并不一定为圆形顶，而圆形顶亦不一定在第一个顶部出现。双重顶在构筑过程中，经常会出现圆形顶的下跌，但圆形顶出现在第一个顶点还是第二个顶点，则没有特别强调，也不影响预测结果。

（5）股价以决定性的3%以上幅度，向下跌破双重顶的颈线时，为强烈的卖出信号。有时，股价在跌破颈线时会有短暂的反弹，以收盘价为基准，只要不升破颈线达3日以上，可视为回抽，后市走势仍会下跌。因此，当股价回抽到颈线附近时，持股者应及时抓住最后的抛售机会。

（6）通常股价下跌不需要放量，但股价向下突破颈线的那几天时间里，若有较大的成交量出现，则突破信号更加强烈。当然，股价跌破双重顶颈线时，成交量不上升，也视为有效的卖盘信号。另外，在双重顶形态中，第二个高峰的成交量比第一个低才可反映买盘正减弱，疑似双重顶将要构成。

（7）关注支撑位的突破。股价上涨所形成的走势、形态等构成了股价总体上升走势，它反映了股价运动的趋势和方向。上升趋势是由K线、形态、移动平均线、轨道线等构成的。这些图形或线条非常直观，一旦股价下跌破坏了原先上升轨迹，图形就会变得非常难看。通常股价下跌到某一成交密集区域或者关键位置时，将得到支撑而不再下跌或者抵抗下跌。如果股价脱离上升轨迹而下跌，并击穿那些应有支撑的位置时，就会产生破位的图形，后市将会看跌。

那么，股价在哪些地方应有支撑呢？庄家的持仓成本或者平均成本附近有支撑；股价突破一个较大的技术形态以后再回档时，这个形态的密集成交区域附近有支撑；股价10日、20日、30日移动平均线有一定的支撑；庄家正在出货和出货没有完毕以前，在庄家预定的出货区域附近有支撑。此外，从未炒作过的股票，如果市场定位合理，在密集成交区域附近股价也有较强的支撑。在大多数情况下，股价在底部区域震荡是有一定支撑的，如果庄家需要击破包括技术派在内所有看好者的信心而进行凶狠洗盘时，各种形式的破位就是在所难免的，这时可以说股价几乎是没有支撑的，庄家正好借此进行吸货、洗盘、整理。

（8）突破的首要前提是股价的位置和阶段。如果处于底部吸货区域、中途整理区域、庄家成本区域附近，若向上突破，真突破的概率较大，若向下突破，假突破的概率较大。如果处于高位派发区域、远离庄家成本区域，若向上突破，假突破的概率较大，若向下突破，真突破的概率较大。

（9）在双重顶形成时，KDJ、RSI、MACD等技术指标经常出现背离情况。因此，结合K线、技术指标及波浪形态进行综合分析和相互验证。在股价突破时如果得到其他技术的支持，可以提高卖出信号的准确性。

第五节　虚假三重底形态

一、常见虚假形态

1. 失败三重底形态

三重底比双重底多一个底，底部基础更加扎实，在技术图形上出现三重底形态时，一般预示下跌行情已告结束，后市股价将迎来上涨行情。因此可以根据三重底形态的买卖法则积极买入做多，等待股价的上涨。但是，三重底也经常出现失败形态，股价再陷调整走势，或步入下跌行情，使投资者被套其中。

图 3-15，博睿数据（688229）：该股上市后略做拉高动作，然后股价回落一路走低，2020年12月1日大阳线拉起，形成反弹走势。在此后一段时间里，股价上下震荡，三落三起，形成一个非常漂亮的三重底形态，预示后市有一段升势行情，因此可以买入做多。可是，股价没有成功突破，又回落到前期三个低点附近，经过一段时间的横盘整理后，股价在2021年4月22日向下破位，这个三重底形态失败了，此后股价继续回落，不断创出调整新低。

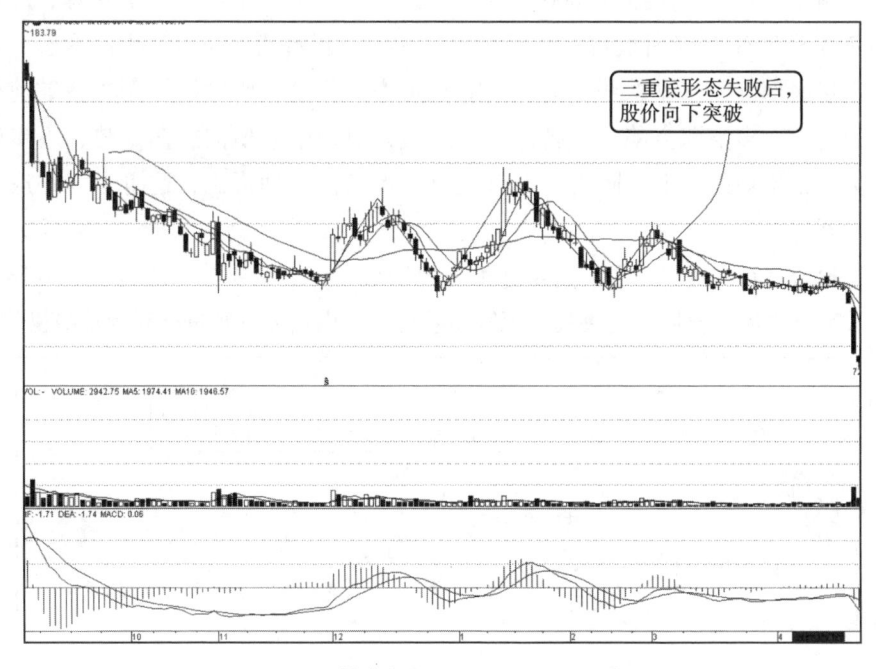

图 3-15　博睿数据（688229）日 K 线图

技术解盘：这是一个典型的三重底失败形态。其实，有经验的投资者早已看出，该三重底形态并没有成功构成，股价向上突破颈线时遇到强大阻力，无功而返。那么为什么形态会失败呢？其实，这仅是一个三重底的雏形，可谓万事俱备只欠突破确认了，若股价以决定性的3%以上之幅度向上突破三重底的颈线，即形成有效突破，遗憾的是最终没有形成向上突破走势。导致失败的主要原因是上攻能量不足，股价上涨遇到前期反弹高点的阻力，即颈线附近的阻力，如果不出现放量上涨，就很难突破前面几个高点的阻力，股价重新回落到前面三个低点附近，恰恰说明上方高点不能有效突破，最终向下破位是必然结果。所以，投资者在实盘操作中，不要过早下结论，更不要提前买入，耐心等待买点的出现。在底部附近介入的投资者，可以在颈线突破失败时抛空离场。

2. 三重底转换为箱体

三重底形态是一个可靠的底部形态，但不是所有的三重底形态出现后股价都会上涨，有时三重底形态形成后，股价却陷入横向整理的泥潭之中，逐步转化为箱体整理形态，这也是一种三重底失败形态。

图 3-16，国网英大（600517）：该股经过 9 个一字板后回落整理，2019 年 7 月至 2020 年 7 月股价在底部几起几落，一开始就是一个三重底形态，预示市场底部已经基本探明，为后市看涨形态。可是，股价始终无法突破前期反弹高点，多空双方陷入僵持困境。此后，股价陷入横向震荡走势，逐步转化为一个不规则的上有阻力、下有支撑的大箱体整理形态，这也是三重底失败形态。

投资者在实盘操作中，遇到这种盘面情形时，一定要等到趋势明朗或形态有效突破之后，再做买卖决策，短线高手可以根据箱体法则进行高抛低吸操作。

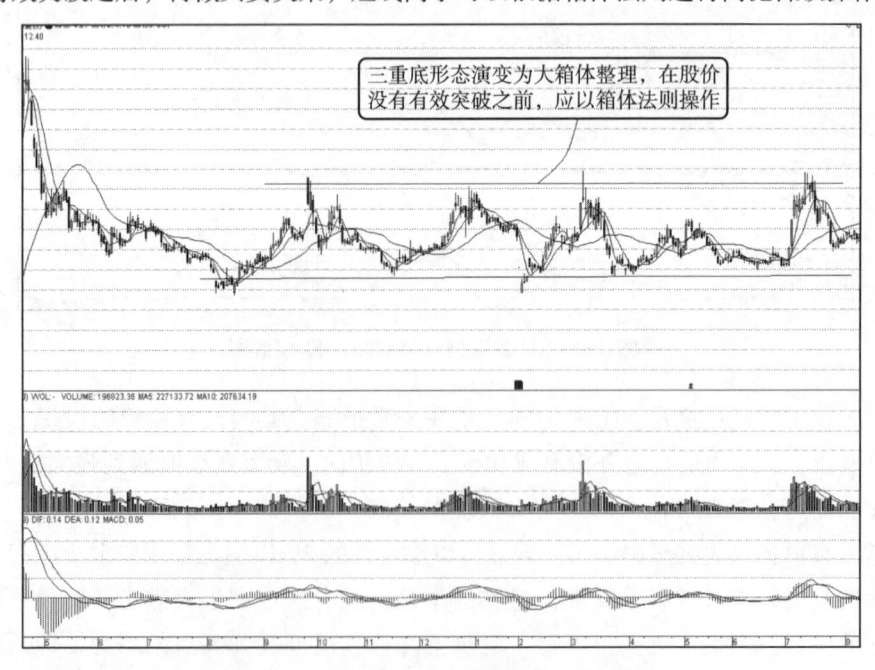

图 3-16 国网英大（600517）日 K 线图

二、技术辨别方法

（1）在三重底研判过程中，最值得注意的要点是：三重底不是有三个低点就能组成的，三次探底的形态只能表示股价的走势图形具有三重底雏形，未来极有可能向三重底演化，至于最终是否能构筑成三重底，并形成一轮上升行情，还需要进一步确认。因此投资者在实际操作中，不能仅仅看到有三次探底动作，或者已经在表面上形成了三重底，就一厢情愿地认定是三重底而贸然入市，这是非常危险的。因为有时即使在走势上完成了形态的构造，但如果不能最终放量突破颈线的话，三重底仍有许多变数。投资者需要耐心等待三重底最后构筑完成，股价成功突破颈线之后，才是最佳的买入时机。大可不必在仅有三个低点而形态还没有定型时过早介入，虽然早点介入有可能获取更多的利润，但以风险收益比率衡量，有时反而得不偿失。

（2）三重底与头肩顶形态对成交量的要求相一致，三重底对成交量也相当看重。市场的三次下探，应伴随着较小的成交量，直至股价下跌到第三个低位时，未能跌破支撑位。当股价开始反弹时，成交量立即大增，而市场突破两个波峰连接而成的颈线阻力时，成交量同样需要相应地激增，否则该突破的可信度将大打折扣，对于市场的这种特点，相信在多种转势形态中可以看到。

在考察成交量时，一定要注意价与量的配合，如果量价失衡（成交量巨大突破后回落、突破后放量不涨或突破时成交量过小）则可信度差，谨防庄家以假突破的方式出货。

（3）在三重底形态中，市场同样会面临习惯性的回抽确认，这种回抽确认应以中间两个高点连接的直线为阻力线（注意：这条连线在三重底尚未完成时是一条阻力线，被突破后存在角色互换的情形，成为一条支撑线）。随后，在这条支撑线的作用下，股价再次放量上冲创出了突破时形成的高点，即回抽确认后第一个高点必须高于前面突破时回抽产生的高点，这是向上突破后回抽确认的"两个高点"法则，由此一个新的上升趋势就基本形成了。

（4）应用和识别三重底主要是用识别头肩底的方法，直接应用头肩底的结论和注意事项。头肩底适用的情形三重底都适用，这是因为三重底从本质上说就是头肩底。有些投资者不把三重底单独看成一个类型，而直接纳入头肩底形态。三重底与一般头肩底最大的区别是，三重底的颈线和顶底边线是水平的，这使得三重底具有箱体的特征。比起头肩底来说，三重底更容易演变成持续形态，而不是反转形态。另外，如果三重底的三个底的高度从左到右依次是下降或上升的，则三重底演变成了直角三角形形态。这些都是投资者在应用三重底时应该注意的地方。

（5）分析突破时的一些盘面细节，有利于提高判断准确性。比如，当天的突破时间早晚，通常当天的突破时间越早越可靠，特别是在临近尾盘时突破更值得怀疑；观察当天的突破气势，突破时一气呵成，刚强有力，气势磅礴，可靠性就高；突破后能够坚守在高位的，可靠性就高，如果仅仅是股价在当天盘中的瞬间碰触，那么突破肯定不能成立。这些盘面细节十分重要，应当细心地进行观察分析。

（6）结合 K 线、技术指标及波浪形态进行综合分析和相互验证。在股价突破时如果得到其他技术的支持，可以提高买入信号的准确性。

（7）观察移动平均线，由于三重底构筑时间比较长，中短期均线基本上已由下降转为走平状态，如果股价向上突破颈线的同时也突破 30 日均线，并带动 30 日均线上行，中短期均线系统呈现多头排列，股价突破的可靠性就高，可在 30 日均线附近买入。

第六节　虚假三重顶形态

一、常见虚假形态

1. 失败三重顶形态

股价三次冲高都无法突破高点，表明顶部阻力非常大，形态的可靠性更高，但也经常出现许多虚假的盘面信息或失败形态。在实盘操作中，经常发现三重顶形成后，股价并没有出现预期的下跌行情，卖出股票后往往踏空，股价不跌反涨，因而成为三重顶失败形态。

图 3-17，汇顶科技（603160）：股价逐波上涨后，在高位出现震荡走势。2019 年 9 月至 2020 年 1 月，在上下震荡过程中形成三重顶形态，表明上涨遇到强大的阻力，股价将要下跌调整，为普遍看跌形态。因而，不少投资者选择抛空操作，获利了结，以免股价下跌被套。可是经过一段时间的整理后，2020 年 1 月 10 日股价放量涨停，向上突破整理盘区，将三重顶形态踩在脚底下，该形态成为一个失败形态。

技术解盘：为什么形态会失败呢？其实，有经验的投资者早已看出，这仅是一个三重顶的基本模型，有效的三重顶形态并没有成功构成，股价向下调整时遇到颈线的强大支撑，在颈线附近进行短暂的整理后渐渐走强。从庄家意图方面分析，成交量一直很活跃，表明有大资金在活动，庄家并没有出货，股价仍有拉高意愿。因此，投资者在实盘操作中，遇到此类现象时不要过早下结论，可以观察几天后再行决定。若股价有效跌破颈线的话，则立即出局；若重新走强的话，则可以坚定持股或加仓入场。

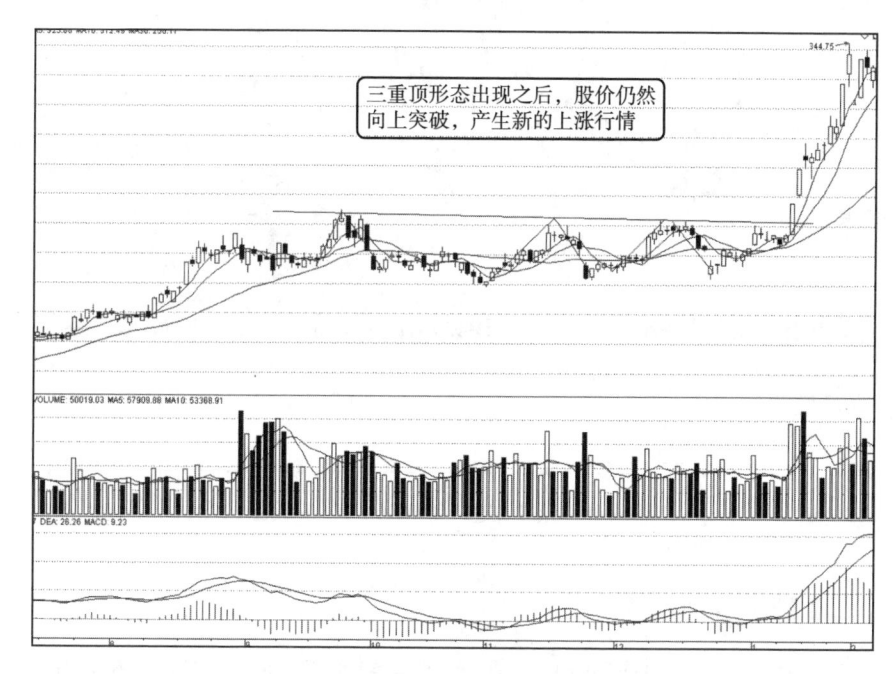

图 3-17　汇顶科技（603160）日 K 线图

2. 三重顶转换为整理形态

一般情况下，三重顶形态是一个可靠的顶部形态，但不是所有的三重顶形态出现后股价都会下跌，有时候三重顶形态形成后，股价既不向上突破，也不向下突破，而是陷入横盘整理的泥潭，或形成箱体整理走势。这时，投资者操作难度非常大，可以参考箱体法则进行操作。

图 3-18，众望布艺（605003）：该股上市后只是小幅上涨，然后回落震荡，盘面气势不强。2021 年 3—7 月的走势中，形成三个显著的高点，是标准的三重顶形态。但是，股价并没有出现大幅下跌走势，只是陷入继续盘整走势。

技术解盘：该股的三重顶形态不是出现在股价大幅上涨的高位区域，而是底部区域，下跌空间不大，但是也缺乏资金关照，上涨也困难。遇到这种盘面时，可按照箱体买卖法则进行高抛低吸操作。

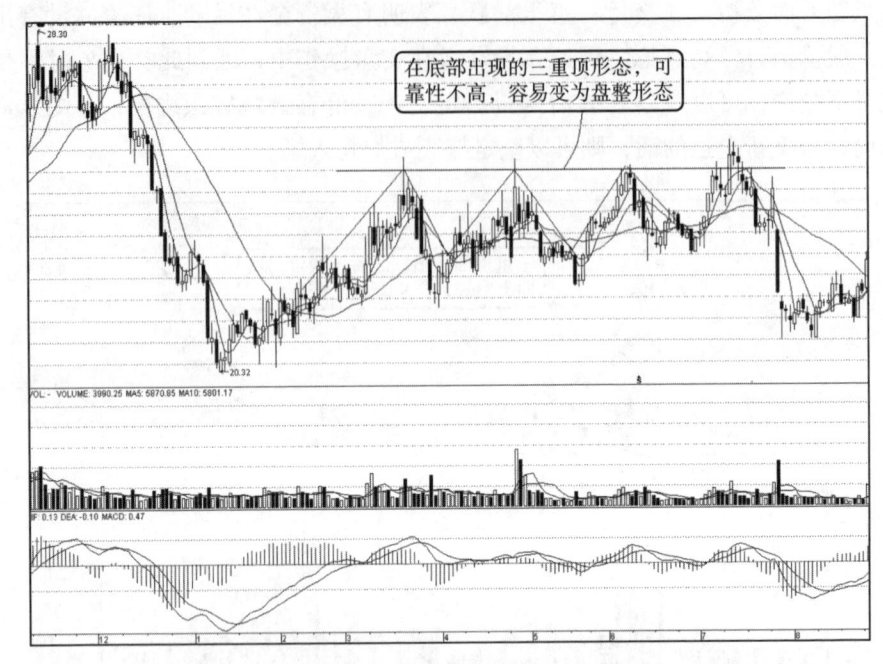

在底部出现的三重顶形态，可靠性不高，容易变为盘整形态

图 3-18　众望布艺（605003）日 K 线图

二、技术辨别方法

（1）在三重顶的研判过程中，最值得注意的要点是：三重顶不是有三个高点就能组成的，三次冲高的形态只能表示股价的走势图形具有三重顶雏形，未来极有可能向三重顶演化，至于最终是否能构筑成三重顶，并形成一轮下跌行情，还需要进一步确认。因此投资者在实际操作中不能仅仅看到有三次冲高动作，或者已经在表面上形成了三重顶，就一厢情愿地认定是三重顶形态而匆忙抛空，这是非常不可取的。因为有时即使在走势上完成了形态的构造，但如果不能最终跌破颈线的话，三重顶仍有许多变数。投资者需要耐心等待三重顶最后构筑完成，股价有效跌破颈线之后，才是最佳的卖出时机。大可不必在仅有三个高点而形态还没有定型时过早抛空，虽然有时早点卖出有可能减少损失，但很容易与大牛股失之交臂。

（2）在三重顶形态中，市场同样会面临习惯性的回抽确认，这种回抽确认应以中间两个低点连接的直线为阻力线（注意：这条连线在三重顶尚未完成时是一条支撑线，被突破后存在角色互换的情形，遂成阻力线）。随后，在这条阻力线的作用下,股价再次向下跌破突破时所形成的低点,即回抽确认后第一个低点必须低于前面突破时所产生的低点,这是向下突破后回抽确认的"两个低点"法则,由此一个新的下降趋势就基本形成了。

(3) 应用和识别三重顶,可以直接用头肩顶形态的法则进行判断,这是因为三重顶从本质上说就是头肩顶的变异。三重顶与一般头肩顶最大的区别是,三重顶的颈线和顶底边线是水平的,这使得三重顶具有箱体的特征。比起头肩顶来说,三重顶更容易演变成持续形态,而不是反转形态。另外,如果三重顶的三个顶的高度从左到右依次是下降或上升的,则三重顶演变成了直角三角形形态。这些都是投资者在应用三重顶时应该注意的地方。

(4) 双重顶有时会在多头市场涨升过程中的整理阶段中出现,但三重顶却大多仅在原始下跌趋势的起始阶段出现,因此一旦出现三重顶并正式向下突破后,整理所需的时间大多较长。这就要求投资者在判断三重顶之前,先对股价趋势进行了解,如果一条原始上涨趋势线已经运行了较长时间,股价已经处于较高价位,此时出现三重顶形态的可靠性就大增。

(5) 分析突破时的一些盘面细节,有利于提高判断准确性。比如,当天的突破时间早晚,通常当天的突破时间越早越可靠,特别是在临近尾盘时突破更值得怀疑;观察当天的突破气势,突破时一气呵成,则力度较大,可靠性就高;突破后能迅速脱离突破区域的,可靠性就高,如果仅仅是股价在当天盘中的瞬间碰触,那么突破肯定不能成立。这些盘面细节十分重要,应当细心地进行观察分析。

(6) 投资者对于传统的双重顶与三重顶比较熟悉,这里重点分析一下变异三重顶。我国股市经过多年的发展,出现了一些新的走势形态。盘面表现为,庄家经常制造再次上攻前期高点并突破的假象,以掩盖其出货的真正意图。产生这种情况的市场背景是,当市场较为狂热时,由于看好后市的投资者众多,庄家不急于出货,在高位缓慢派发。在第一次回落后,庄家利用市场的狂热气氛,再次向上推高股价造成第一次回落仅仅是回调的假象,利用市场的惜售心态,使市场误以为股价有创新高的潜力,以减轻推高股价时的阻力,在推高过程中继续派发。如此来回震荡,使市场投资者以为在震荡洗盘,麻痹了投资者,而在派发接近尾声时,庄家由于持有的股票已经较少,没必要继续维持股票的良好走势形态,会加大抛售力度,在前期高位附近,由于庄家不再继续托盘,抛压的加大使得股价直线下跌,变异三重顶就形成了。

当然,变异三重顶出现也有一定的空间要求:①股价已经积累了相当一段可观的涨幅。②出现的三个高点有依次向上倾斜的特征,几乎成一条直线,这样欺骗性比较强。③形态完成时往往出现一根大阴线，完成变异三重顶的形态构筑过程，股价由此进入暴跌阶段。

（7）结合 K 线、技术指标及波浪形态进行综合分析和相互验证。在股价突破时如果得到其他技术的支持，可以提高买入信号的准确性。

第七节　虚假头肩底形态

一、常见虚假形态

头肩底是一个重要的底部反转形态，具有强烈的看涨意义，但不是所有的头肩底形态都会出现上涨走势，有时一个看似非常漂亮的头肩底形态，实际却是一个巨大的技术陷阱或失败形态。通常有以下几种盘面表现：

1. 头肩底失败形态

在头肩底形态中，股价经过三次下探后，底部基础更加扎实，在技术图形上出现头肩底形态时，表明市场曙光初现，最悲观的时刻已经过去，后市股价将迎来上涨行情。因此可以根据头肩底形态的买卖法则积极买入做多，等待股价上涨。但是，头肩底也经常出现失败形态，股价再陷入调整走势，或步入下跌行情，使投资者被套其中。

图 3-19，宁波联合（600051）：股价见顶后持续走低，累积跌幅较大，在 2021 年 1—4 月的震荡过程中，形成一个复合型头肩底形态。特别是 4 月 7 日的这根大阳线，放量向上拉起，吸引一批散户资金积极进场，他们普遍认为头肩底形态确立，预示后市有一段升势行情。这个美丽诱人的头肩底图形，确实吸引了不少人的热情参与。谁知，最终股价无法向上有效突破颈线，很快回落形成新的跌势，头肩底形态以失败而告终。

技术解盘：该股是一个典型的头肩底失败形态。那么为什么头肩底形态会失败呢？有经验的投资者早已看出，该头肩底形态并没有成功构成，股价向上突破颈线时遇到强大阻力，无功而返。其实，这仅是一个头肩底形态的雏形，最终功亏一篑，形态没有圆满构成。导致失败的主要原因是股价上涨遇到前期反弹高点的阻力，即颈线附近的阻力。股价到达此位置时，低位获利盘和前期套牢盘大量涌出，多头资金不敢轻举妄动，股价最终未能有效向上突破。另外，4 月 7 日这根大阳线虽然有突破意义，但股价未能以决定性的 3%以上幅度突破形态的颈线，而且次日成交量大幅萎缩，盘面明显偏弱，这也是导致形态失败的一个重要原因。

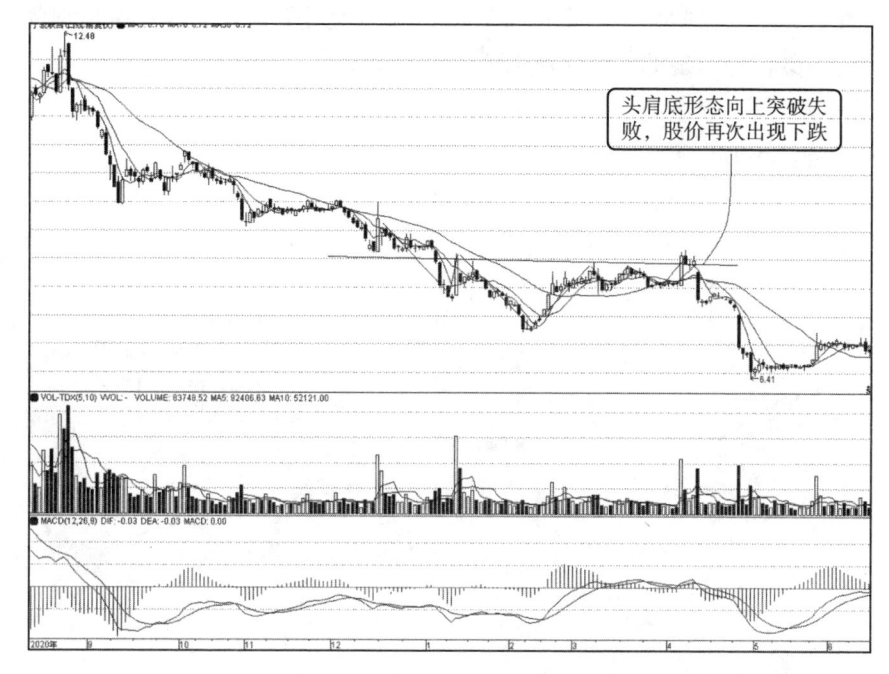

图 3-19　宁波联合（600051）日 K 线图

2. 高位小型头肩底形态

头肩底形态不一定都是反转信号，有时也会成为整理形态，特别是一些小型头肩底形态，因为构筑形态的时间太短，其触底回升的信号就不太靠谱，反弹上去了要随时注意其回落的可能性，因为庄家常用这种手法来诱骗投资者，对此投资者要提高警觉。

小型头肩底可能出现在下跌中继调整过程中，也可能出现在头部阶段。因此对小型头肩底要特别小心，下面就是一个出现在头部的小型头肩底形态。

图 3-20，莱伯泰科（688056）：该股前期大幅拉高，庄家在高位派发了部分筹码，由于持仓量较大，很难在高位一次性出货，因此使股价小幅下跌后出现震荡整理走势，形成一个小型头肩底形态，这个形态吸引不少投资者看涨入场。但是，这是庄家精心编制的一个美丽陷阱，当散户纷纷入场后，股价就掉头下跌了。

技术解盘：头肩底形态通常在长期跌势的底部出现，为一个预示趋势将摆脱下跌重拾升势的转向信号。一般而言，股价在经过一段跌势后，要令投资者恢复购买信心，是需要时间的，而多空双方在低位也会有一番对峙。因此，头肩底形态形成时间较长，一个完整的头肩底形态需要两三个月时间，甚至半年以上，时间太短的微型头肩底形态不太可靠，在周线图中出现的头肩底比日线图中出现的头肩底形态要可靠得多。

　　该股只是一个小型的头肩底形态，时间只有一个多月，因此只是下跌抵抗性走势。小型头肩底可能是市场震荡过程中自然形成，也可能是庄家故意构筑的形态（因为形态微小，容易做假图形），但有一点可以肯定，庄家选择向上突破是为了吸引更多的买盘介入，是庄家故意拉高出货行为。而且，该股中的这个头肩底形态出现在高位，不符合形态的位置条件。

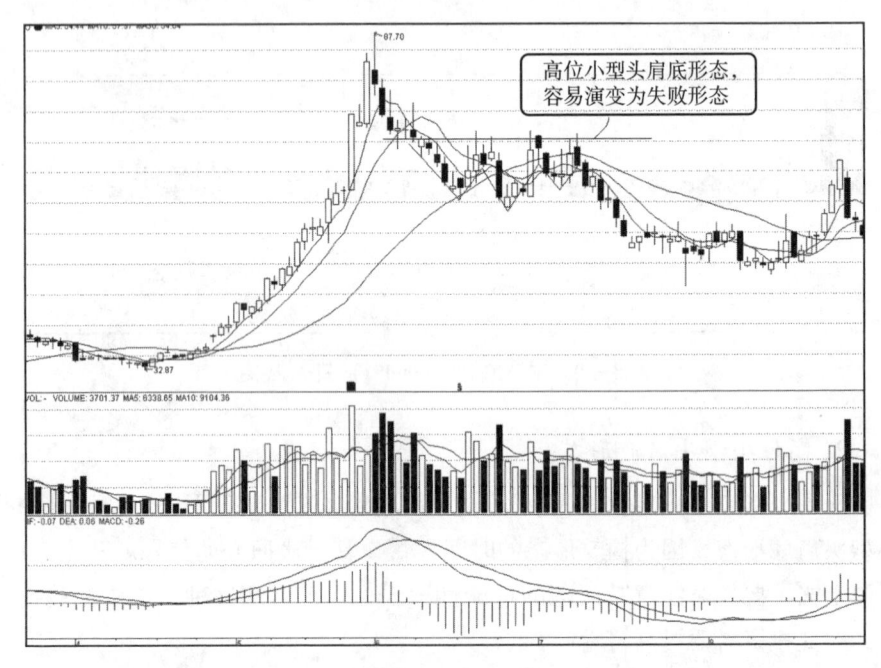

图 3-20　莱伯泰科（688056）日 K 线图

3. 无量头肩底形态

　　通常头肩底形态的成交量韵律是：在左肩，股价经过长期下跌后，成交量相对减少，持股者惜售，持币者观望。之后，少数抢反弹者介入，成交量有所增大，行情出现反弹。在底部阶段的成交量往往比左肩少，底部上涨时成交量再度放大到左肩时的水准。右肩的成交量大多比左肩和底部小，右肩上涨时又出现放大。在颈线附近的成交量大量增加，在突破颈线时的成交量必须持续放大。如果出现回抽，成交量又快速缩小，然后再度放量上涨。这是成交量的一般韵律，实盘中不见得有这样标准，但必须特别硬性要求的是，股价向上突破头肩底颈线时，成交量必须明显放大，才能推动股价上涨，否则就是虚张声势，十有八九是庄家设置的多头陷阱。

图 3-21，佳华科技（688051）：该股见顶后大幅回落，2020 年 8—10 月，股价几起几落，形成头肩底形态，预示股价将要止跌回升，不少散户看涨买入。可是，买入后股价没有出现上涨走势，反而渐渐走弱，形成新的下跌走势。

技术解盘：如此标准的头肩底形态，为什么股价就是不涨呢？通过图表分析，其主要原因在于头肩底形态形成以后成交量并没有出现相应的放大，特别是第三次反弹时得不到成交量的积极配合，表明场外资金十分谨慎，入场意愿不强，因此无法形成突破行情。特别是股价反弹到颈线附近时，成交量仍然没有明显放大迹象，因而难以形成有效突破走势，股价的上涨是虚张声势，为庄家出货行为。因此，投资者在实盘操作中，遇到无量头肩底时，要小心形态失败。特别是第三次反弹到颈线附近时，若成交量仍然拘谨放不开的话，可在前期高点附近选择卖出。

股价真正向上突破时，必须得到成交量的积极配合，这样市场才能进一步向突破方向发展，信号可靠性高。如果量价失衡（成交量巨大突破后回落、突破后放量不涨或突破时成交量过小）则可信度差，谨防庄家以假突破的方式出货。

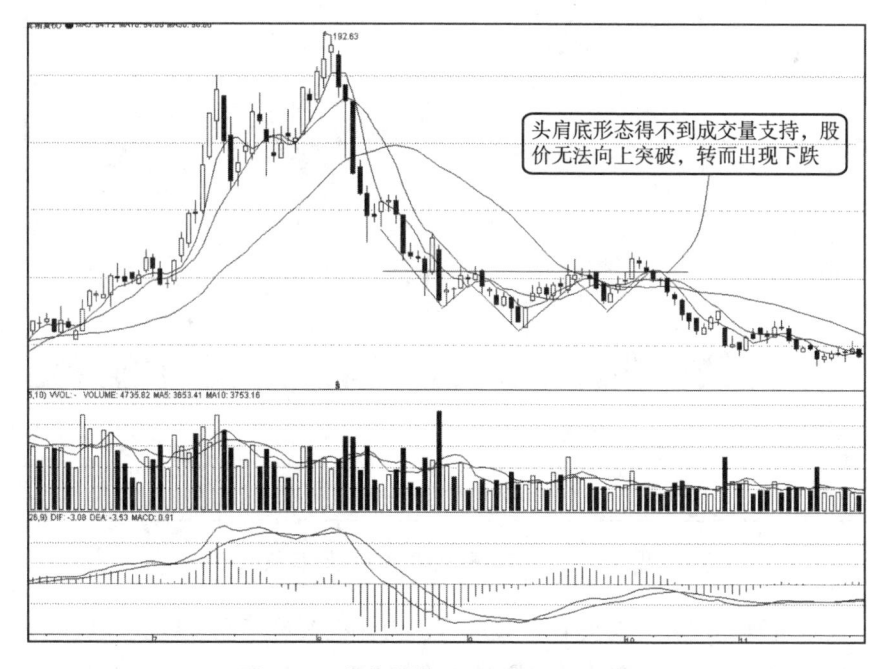

图 3-21　佳华科技（688051）日 K 线图

4. 头肩底向上假突破

头肩底形态构成中，经常看到向上假突破的情形，当股价成功构筑右肩后，股价开始向上反弹，一举突破头肩底的颈线，预示后市将出现涨升行情。但是，正当市场预期继续上涨时，股价却在颈线位附近盘整数日后，又跌回到颈线之下，随后形成新的下跌走势。

股价突破要有气势、有量能，上涨气势磅礴，量能充沛，力大无比，这样的突破才可靠。忸怩作态，盘面松松散散，上涨有气无力，这样的突破就值得怀疑。

图3-22，山东华鹏（603021）：该股反弹结束后又回落到前期底部区域，然后在此区域震荡，在上下震荡过程中形成了头肩底形态。庄家为了吸引场外跟风资金介入，在2020年11月3日使股价放量涨停，向上突破头肩底形态的颈线，预示股价将出现新一轮涨升，因而不少投资者跟进做多。可是，股价在颈线附近进行短暂的盘整后，无法形成上涨行情，最终选择向下运行，从而成为向上假突破的头肩底形态。

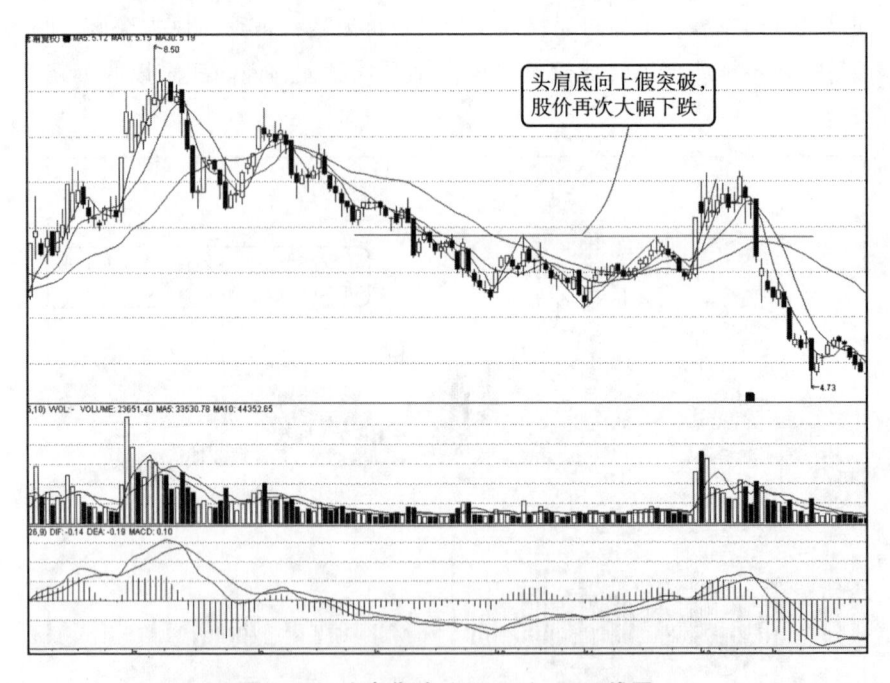

图3-22 山东华鹏（603021）日K线图

技术解盘：该股突破头肩底形态后，为什么股价不涨反跌呢？从该股走势图中可以看出，一个重要的原因是股价拉高后，遇到前期盘区的重大阻力，无法形成有效突破。而且，在涨停大阳线出现之后，股价没有持续上涨，真正的突破走势在穿过重要的阻力之后，必须迅速离开这个位置才能有效，而股价在突破该形态之后仍然在阻力位附近逗留，表明突破不坚决。再说，这也是一个小型头肩底形态，形态构筑时间太短，可靠性不高。因此后市走势存在许多变数，最终演变为假突破当属预料之中。

二、技术辨别方法

（1）最近一个波段低点比前一个波段低点低，但其成交量却比前一个波段低点少时，则成为头肩底形态的先兆信号，通常是左肩最大，头部次之，右肩最小，反映市场卖盘逐渐减少。

（2）当股价向上突破颈线时，成交量需配合增加，要超过左肩或底部时的最高成交量，此为第二个买入点，为最强烈的买入信号。若是股价向上突破颈线时成交量并无显著增加，其后几日也未见补量，可能会变成一个"假突破"，这时投资者应考虑逢高卖出，以免遇到骗线困扰。但如果在股价突破时，由于股价封住涨停板，投资者惜售而成交量未见放大时，不能列为假突破范畴，只要日后出现补量，则形态还是可以确认的。

（3）假如突破颈线后数天的成交量仍然很少，则常会出现暂时的回抽，股价又回到颈线附近，但很少会穿过颈线，如果回抽后跌破颈线达3%以上，则小心变成失败的头肩底形态，要重新考虑卖出。

（4）头肩底形态完成后，股价上涨到预测高点时，经过一段时间的盘整，会有另一段跌势行情产生。除了可在上述预测能力最小涨幅附近卖出，并逢低买入外，也可量其右肩低点到上涨顶部之间的长度，再从上涨顶部向右方量同样的距离，作为涨后整理所需的时间，并在该预测时间的末端附近卖出股票，以防行情由此往下再作跌势。另外，根据经验，由于图形坐标取点的差异，根据上述所画出来的距离将会有所不同，因此可以在股价突破颈线后，计算出完成此头肩底形态所用的交易天数，再用此交易天数除以2，作为涨后整理最少所用时间，并在该预测时间附近考虑卖出。

（5）根据艾略特波浪理论，如果底部的低点与右肩的最低点之间，出现一个三波段上涨和一个三波段下跌的话，可以比较大胆地假设，头肩底形态形成的可能性极高，应该提早买入以待获利。而如果底部低点与右肩的最低点之间，并未出现一个三波段上涨和一个三波段下跌的话，纵然股价已经突破颈线，但在达到向上突破的标准之前，也应暂时以假突破视之。

（6）具有高度对称性，这是指颈线趋于水平，左肩和右肩尽管成交量不一致，但在价格形态上却趋于一致，左肩形成的时间与右肩差不多。但是，左右肩的低位大致相当，一些投资者一待颈线形成就在图表上绘出一条与颈线平行的直线，这条直线由左肩底部经过头部，并继续向右伸延，用来预测右肩下跌会达到哪个水平。当然，因右肩有时偏高或偏低，令预测出现差距，故应作为参考，另做进一步求证。

（7）股价向上突破头肩底颈线时，常常同时向上突破一条重要的阻力线或同时向上突破30日移动平均线，从而使头肩底形态更为可靠。

（8）头肩底虽然是非常可靠的底部反转形态，但也要设立止损位。在第一次急跌后买入的，止损位可设在亏损10%；在右肩买入的，可设在股价有效跌破左肩的低点而无明显回升迹象时；在突破颈线后和回抽确认时买入的，止损位可设在股价再次下跌到颈线之下走势出现疲软时。

（9）当股价无量突破颈线，且突破的幅度不足以确认为正式突破时，有出现假突破的可能。如果股价在突破后不久又再度回到颈线之下（注：并非颈线回抽），应卖出观望。

第八节　虚假头肩顶形态

一、常见虚假形态

头肩顶形态是股市最常见的形态，也是最著名、最可靠的顶部反转形态，有着强烈的看跌意义，但有时一个看似非常标准的头肩顶形态，实际却是一个虚假或失败形态。

1. 头肩顶失败形态

在头肩顶形态中，股价经过三次上涨后，不能形成持续的上涨行情，表明市场风险已经开始聚集，最乐观的上涨行情已经过去，后市股价将出现下跌走势，这时可以根据头肩顶形态的买卖法则及时卖出做空。但是，头肩顶也经常出现失败形态，股价经过短期的调整蓄势后，形成一波新的多头力量，展开强势上涨行情。

图3-23，科达制造（600499）：庄家完成建仓计划后，股价在2020年10月开始稳步走高，短期涨幅达到一倍，由于受到获利盘的抛压，股价在高位出现震荡，形成一个复合的头肩顶形态，预示上涨行情结束，后市将出现下跌行情，因此成为不少投资者卖出的理由。可是，股价围绕颈线附近进行一

段时间的整理后，在 2021 年 3 月开始重新走高，后经回抽确认再次强势上涨。

技术解盘：该股是一个典型的头肩顶失败形态。其实，有经验的投资者早已看出，该头肩顶形态并没有成功构成，股价向上突破颈线时遇到强大阻力，无功而返。从该股的技术图形中可以看出，虽然具备头肩顶形态的一些要素，但最终没有有效形成。其主要原因是股价没有出现有效的向下突破，在颈线位附近仍然得到支撑。从成交量方面分析，股价在调整时成交量大幅萎缩，已经形成地量水平，表明下跌动能衰竭，庄家不仅没有出货，还牢牢控制盘中筹码，因此这是一个失败的头肩顶形态。

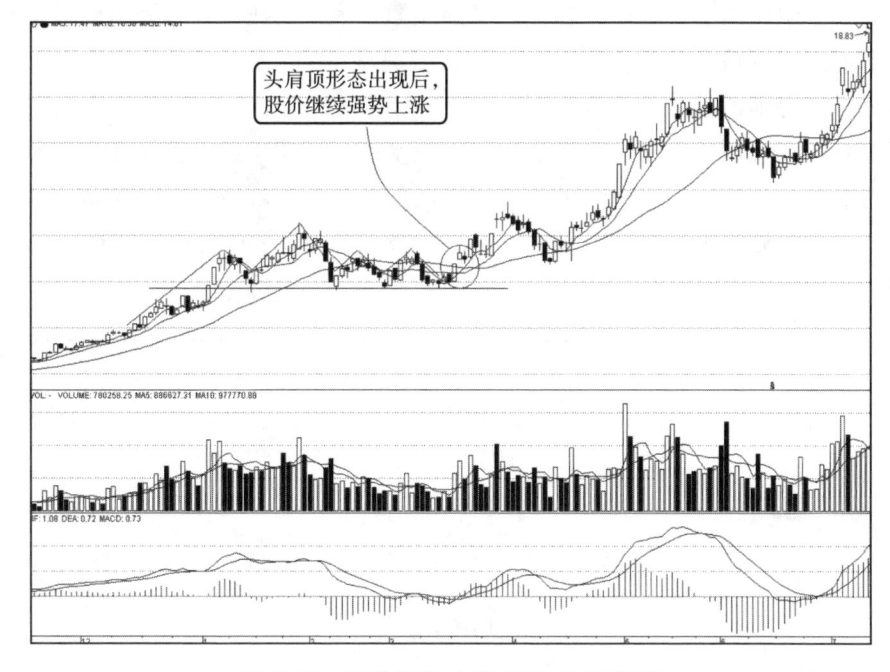

图 3-23　科达制造（600499）日 K 线图

2. 低位虚假头肩顶形态

股价经过长时间的下跌调整后，处于市场底部区域，这时庄家开始逐步建仓。然后，股价出现一波小幅反弹行情，反弹到一定的幅度后，遇到上涨阻力而出现震荡，在震荡过程中形成头肩顶形态。或者，庄家为了吸纳更多的低价筹码，进行箱体式建仓，在震荡过程中形成头肩顶形态，为了加强恐慌的盘面气氛，故意使股价向下击穿头肩顶颈线，造成技术破位之势。这时，就有不少投资者以为股价后市将会出现下跌走势，因而纷纷抛空筹码，但不久股价企稳回升，步入上升通道之中，从而成为低位虚假头肩顶形态。

图 3-24，西藏珠峰（600338）：这是典型的低位虚假头肩顶形态走势，股价见底后出现小幅反弹，由于受到低位获利盘的抛压而形成震荡走势，然后形成一个标准的头肩顶形态。这时庄家为了进一步夯实底部基础操纵股价，2021 年 6 月 11 日开始，连续三根大阴线向下击穿了头肩顶的颈线，造成技术上的破位走势，不少投资者见此情形纷纷抛出筹码。但是，股价经过小幅下跌后，出现短暂的缩量整理，然后稳步上涨，开启一轮主升浪行情。

技术解盘：如何分析该股的头肩顶形态呢？从该股的图表中可以看出，这是一个明显的空头陷阱。首先，股价涨幅不大，在成本区域附近，股价离底部不远，下跌空间不大。其次，股价脱离底部后需要一次回抽确认过程，且回抽时得到前期成交密集区域的支撑，具有较强的心理支撑作用。再次，成交量出现大幅的萎缩，已经萎缩至地量水平，说明下跌动能不足，庄家已经控制盘面。最后，股价向下击穿颈线位后，没有出现持续下跌走势，回抽走势恰到好处。由此可见，这是庄家为了建仓、洗盘而制造的虚假头肩顶形态。

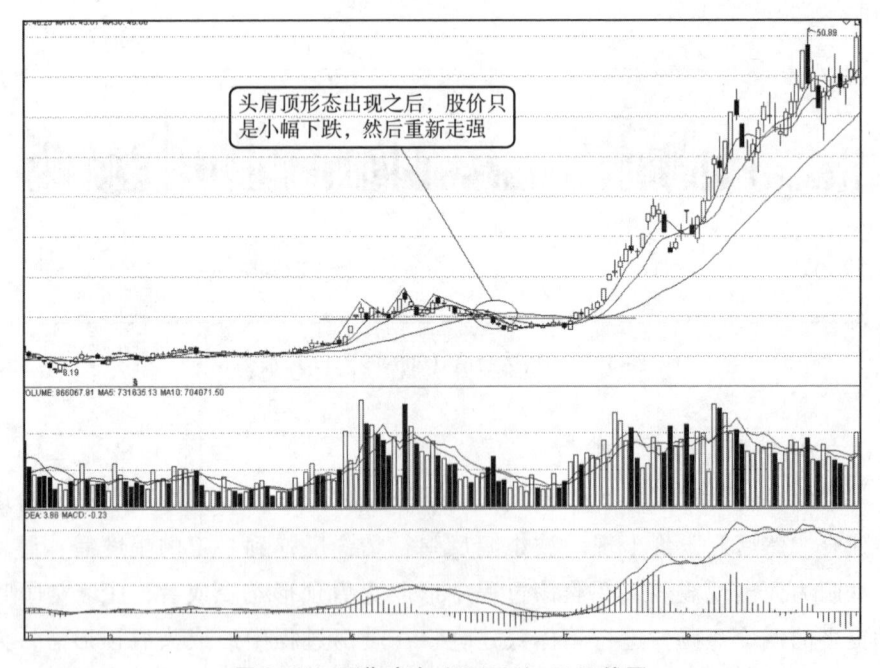

图 3-24　西藏珠峰（600338）日 K 线图

3. 底部小型头肩顶形态

在实盘操作中，头肩顶形态经常演变成为整理形态，特别是一些小型头肩顶形态，因为构筑形态的时间太短，其见顶信号就不太可靠，往往成为一种中继整理形态，庄家也常用这种手法进行洗盘换手，对此投资者应有所了解和掌握。

图 3-25，三洋新材（603663）：股价成功见底后缓缓向上推升，当股价回升到前期高点附近时，遇到抛压而出现震荡整理走势，在上下震荡过程中形成一个小型头肩顶形态。在投资者担心股价下跌时，2020 年 7 月开始股价却强势上涨了，成交量也出现温和放大，延续一轮盘升行情。

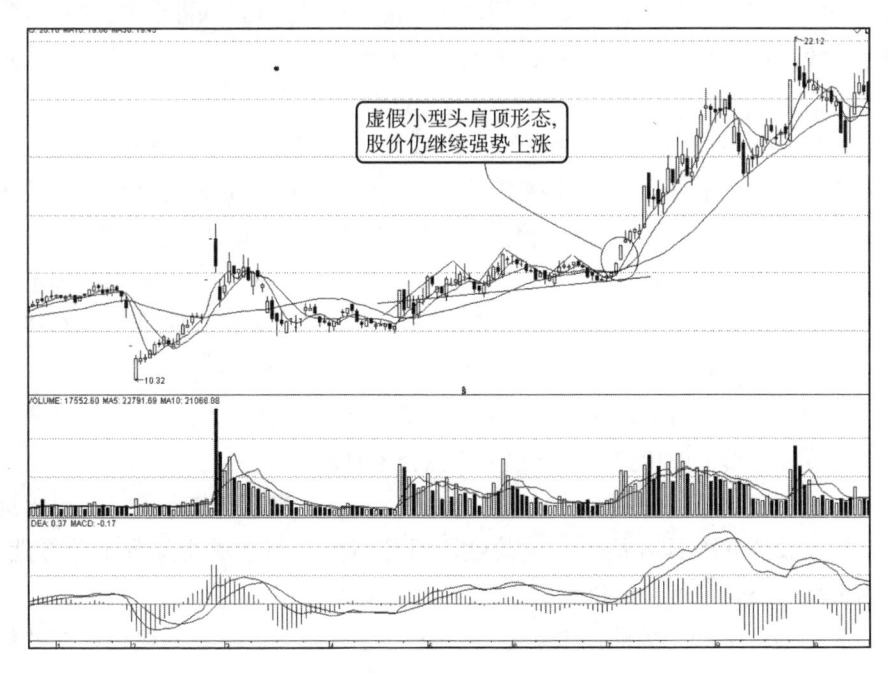

图 3-25　三洋新材（603663）日 K 线图

技术解盘：头肩顶通常在长期涨势的顶部出现，预示趋势将要结束上涨的转向信号。一般而言，股价在经过一段上涨后，全面完成高位出货是需要时间的，多空双方在高位也会有一番较量。因此，头肩顶形态形成时间较长，一个完整的头肩顶形态需要 3~4 个月时间，甚至半年以上，时间太短的微型头肩顶形态不太可靠，在周线图中出现的头肩顶比日线图中出现的头肩顶要可靠得多。小型头肩顶可能是市场震荡过程中自然形成的，也可能是庄家故意构筑的形态，因为形态微小，庄家容易做假图形。

从该股的走势图中可以看出，只是一个小型的头肩顶形态，时间只有一个多月，属于上涨过程的正常回调。而且，该股30日均线依然处于上行状态，MACD指标处于0轴上方，说明中期趋势仍然处于强势之中。而且，股价没有向下突破头肩顶的颈线，在调整时成交量大幅萎缩，说明抛盘不大，筹码没有松动，无量突破，让人不得不怀疑，因此这样的头肩顶形态不可靠。

4. 头肩顶向下假突破

头肩顶是一个顶部反转形态，向下突破是形态的基本特征，但经常看到向下假突破的情形。当股价成功构筑右肩后，出现回落时借力使力一举突破头肩顶的颈线，一个标准的头肩顶形态即告完成，预示后市将出现跌势行情。但是，股价却在颈线位附近盘整数日后，又回升到颈线之上，随后出现强势上涨行情。

图3-26，天通股份（600330）：庄家成功完成建仓后，股价开始走高，当上涨到一定的幅度后形成震荡走势，几起几落，在上下震荡过程中形成了头肩顶形态。庄家为了进行洗盘换手，在2020年3月30日使股价跳空低开，向下跌破头肩顶形态的颈线，造成技术形态破位，形成头肩顶形态，预示股价将继续下跌，不少投资者因此纷纷进行抛空操作。可是，股价并没有持续下跌，很快止跌回升，重新返回到颈线之上，并出现新一轮盘升行情。

技术解盘：该股形成头肩顶形态后，为什么股价不跌反涨呢？从该股走势图中可以看出，股价突破存在以下几点技术疑问：

（1）股价向下突破时，成交量没有放大，属于无量空跌现象，筹码出逃不明显，股价下跌具有很大的欺骗性，而且整个形态中成交量都十分低迷，表明市场已经处于地量地价水平。

（2）股价下跌距离前期低点不远，此处是多头一道坚强的防线，在此价位之上不宜过分看空后市。在实盘操作中，投资者应密切关注这一位置的盘面变化，观察股价是否获得支撑，然后根据盘面变化采取相应的操作策略。

（3）股价向下突破后不久，直接返回到颈线之上，说明颈线对股价的回升没有形成阻力，也就是说未能有效地将颈线的支撑作用转化为阻力作用，当股价重返颈线之上时，其支撑作用将进一步得到巩固，短期股价很难跌穿这条颈线。

由此可见，股价向下突破头肩顶形态是一次假动作，为庄家洗盘行为所致，投资者不必为之惊慌，反而可以逢低介入。

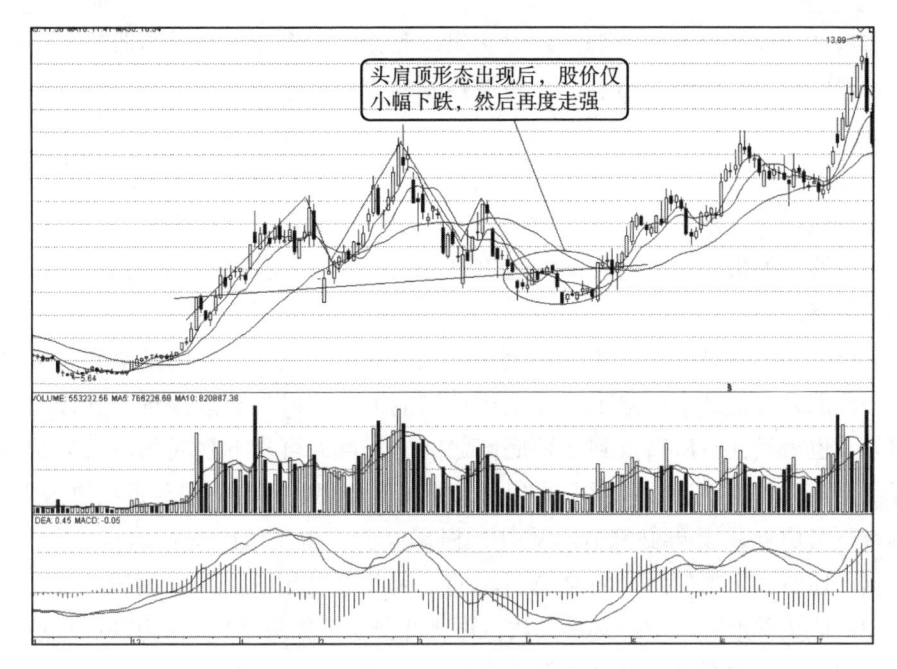

图 3-26 天通股份（600330）日 K 线图

二、技术辨别方法

（1）当最近的一个高点的成交量较前一个高点低时，就暗示头肩顶出现的可能性；当第三次反弹时股价没法升抵上次的高点，成交量继续下降时，有经验的投资者就会把握机会抛出。通常是左肩最大，头部次之，右肩最小，反映市场买盘逐渐减少。

（2）无论是否形成头肩顶形态及其成交量多少，当股价第二次上升后回跌，其收盘价跌破疑似左肩的顶点价格时，可以视为警告卖出信号。也就是说，可以不管右肩是否会出现，在股价跌破左肩顶点时提早卖出，此为第一个卖出点。

（3）下倾的颈线抛压较大，经第三次上升后，可以画出一条颈线，标准的头肩顶的颈线接近水平，但在实践中，颈线多上倾或下倾。"下倾颈线"反映第二个低点较第一个低点低，大多为市场人气转弱的指标，属弱势头肩顶，小心大幅下跌。但若为"上倾颈线"，反映第二个低点比第一个低点高，则代表市场买气极旺，在这条上倾颈线附近，大多会有较强的支撑，但最终也会被跌破。

（4）颈线确定后，可取左肩的顶点，画出一条穿过头部的颈线平行线，在右肩达到或接近于这条平行线时卖出，此为第二个卖出点。当股价向下跌破颈线时，为第三个卖出点，亦是最强烈的卖出信号，不论当时市场利多消息如何。

（5）股价向下跌破颈线时，成交量大多会增加，假如跌破颈线后数天成交量仍然很少，则常会出现暂时的弹升，使股价又回到颈线附近，但很少会穿过颈线，如果回抽后突破颈线达3%以上，则小心变成失败的头肩顶形态，要重新考虑买进。

（6）形态完成后，股价下跌到预测低点时，经过一段时间的盘整，会再有一段涨升行情到来。除了可在上述预测能力最小跌幅附近买进，并逢高卖出外，也可量其右肩高点到下跌底部之间的长度，再从下跌底部向右方量同样的距离，作为跌后整理所需的时间，并在该预测时间的末端附近买进股票，等待行情由此往上再做涨升。另外，根据经验，由于线图坐标取点的差异，根据上述所画出来的距离将会有所不同，因此可以在股价跌破颈线后，计算出完成此头部形态所用的交易天数，再将此交易天数除以2，作为跌后整理最少所用时间，并在该预测时间附近考虑买入。

（7）根据艾略特波浪理论，如果头部的高点与右肩的最高点之间，出现一个三波段的下跌和一个三波段的上升的话，可以比较大胆地假设，头肩顶形态会形成的可能性极高，应该趁早卖出以确保获利。而如果头部高点与右肩的最高点之间，并未出现一个三波段的下跌和一个三波段的上升的话，纵然股价已经跌破颈线，但在达到往下突破口的标准之前，也应暂时以假突破视之。

（8）具有高度对称性，是指颈线趋于水平，左肩和右肩尽管成交量不一致，但在价格形态上趋于一致，左肩形成的时间与右肩差不多。但是，左右肩的高位大致相当，一些投资者一待颈线形成就在图表上绘出一条与颈线平行的直线，这条直线由左肩顶部经过头部，并继续向右伸延，用来预测右肩反弹会达到哪个水平，当然，因右肩有时偏高或偏低，令预测出现差距，故应作为参考，另做进一步求证。

（9）股价向下突破头肩顶颈线时，常常同时向下突破一条重要的支撑线或同时向下突破30日移动平均线，从而使头肩顶形态更为可靠。当股价无量向下突破颈线，且跌破的幅度不足以确认为正式向下突破时，有出现假跌破的可能。如果股价在向下突破后不久又再度回到颈线之上（注：并非颈线回抽），应予以买入操作。

（10）为了避免头肩顶对投资者造成的重大伤害，投资者在实战操作中，要密切注意以下几个问题：第一，当某一股价形成头肩顶雏形时，就要高度警惕，这时股价虽然还没有跌破颈线，但可以先卖出手中的一部分筹码，将仓位减轻，日后一旦发觉股价跌破颈线时，就将手中剩余的筹码全部清仓。第二，上涨时需要成交量，下跌时可以放量，也可以不放量，对头肩顶形态来说，庄家可以用很小的量击穿颈线，然后放量下跌，甚至仍然维持较小的量向下跌落，使投资者在不知不觉中被深度套牢。第三，头肩顶对多方杀伤力度大小，与其形成时间长短成正比。因此，投资者不能光关心日K线图，对周K线图、月K线图出现的头肩顶更要高度重视，如果周K线图、月K线图形成头肩顶走势，说明股价长期走势已经趋弱，将会出现一个较长时间的跌势。

第九节　虚假潜伏底形态

一、常见虚假形态

潜伏底是经过长期的蓄势整理后形成的底部反转形态，一旦脱离底部区域，其上涨潜力非常大。但不是所有的潜伏底形态都会出现上涨走势，有时看似一个非常漂亮的潜伏底形态，背后却隐藏着巨大的技术玄机。其常见虚假或失败形态有以下几种：

1. 潜伏底失败形态

股价到了跌无可跌的底部，但又缺乏上涨动力，市场多空双方处于胶着状态，而庄家耐心地收集低价筹码。一旦庄家吸足筹码，随时可能发动上涨行情，且上涨幅度非常惊人。但是，潜伏底也经常出现失败形态，投资者在操作中要倍加小心。

图3-27，恒泰艾普（300157）：股价反弹结束后再次回落，在前期低点附近获得支撑，然后出现横向窄幅缩量整理，成交量持续萎缩，形成一个非常漂亮的潜伏底形态，吸引了一些抄底资金的关注。可是，股价并没有走出上升行情，略做上翘后转为下跌，潜伏底成为失败形态。

技术解盘：看起来一个标准的潜伏底形态即将形成，但关键时刻却功亏一篑，股价未能成功脱离潜伏底盘区。主要原因是上方盘区阻力大，需要强大的多头力量才能形成有效突破。可以看出，该股在试图突破潜伏底时力度不够，再次回落时也就得不到有效支撑，导致股价滑落到形态之下，这时形态失败的可能性进一步加强。投资者面对这种盘面走势不要过早介入,等待有效突破形态时再作抉择。

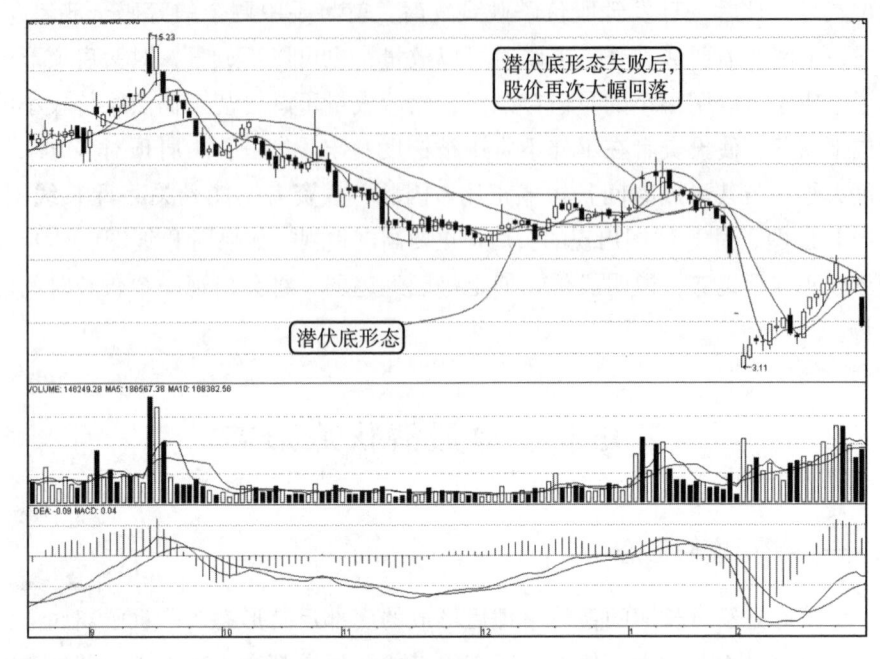

图 3-27 恒泰艾普（300157）日 K 线图

2. 潜伏底无量突破

在股市中放量不涨肯定不行,缩量上涨也不行。只有放量上涨,量价匹配才是健康的盘面,否则就是不正常的盘面现象。下面就是一个缩量上涨的潜伏底陷阱。

图 3-28,爱慕股份（603511）：该股上市时连拉 5 个涨停后回落,股价下跌到上市首日开盘价附近,然后震荡整理,盘面基本维持横向运行,形成潜伏底形态。庄家为了激活市场,吸引场外跟风资金介入,2021 年 10 月 25 日使股票放量上涨,看似有脱离潜伏底盘整的意思,但市场跟风资金明显不足,次日立即缩量,之后股价快速下跌。

技术解盘：在这只股票中,一个重要的问题是成交量没有出现同步放大,股价上涨得不到成交量的积极配合,上涨行情肯定不能持续。这种盘面走势通常是弱势反弹的表现,可能是受同期大盘或同板块股票上涨的影响,或是庄家特意推高股价出货所为。其实,该股还没有完全脱离潜伏底盘区的制约,也就是说没有成功突破。投资者在实盘操作中,遇到无量上涨的潜伏底形态,要小心形态失败。

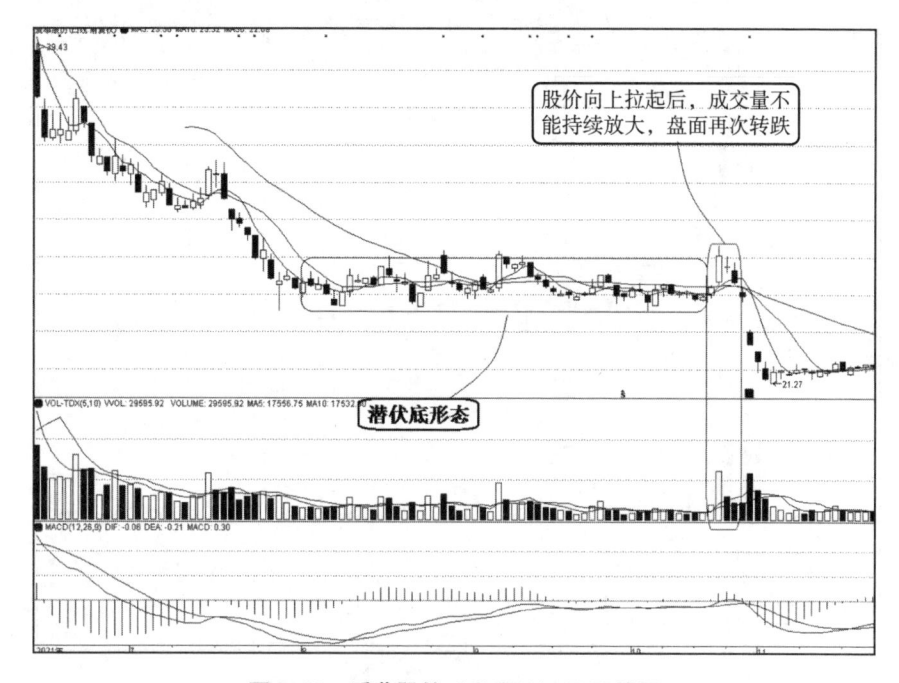

图 3-28 爱慕股份（603511）日 K 线图

3. 潜伏底向上假突破

股价向上突破潜伏底形态是一个较好的买入时机，表示黎明前的黑暗已经过去，市场曙光初现，后市升势可期。当股价出现明显的向上突破时，是一次较好的买入机会。但是在潜伏底形态中，也经常看到向上假突破的情形，股价突破后很快回落，并出现下跌走势，从而形成向上假突破陷阱。

图 3-29，北方国际（000065）：该股完成一波快速拉高行情后，股价快速回落到起涨点附近，然后呈横向震荡整理，交投十分低迷，盘面非常沉闷，一时淡出投资者的视野。2021 年 6 月 25 日，一根涨停大阳线拔地而起，脱离潜伏底盘整区域，预示股价将有一波升势行情出现，不少投资者因此纷纷跟进做多。可是，股价仅在次日惯性上涨后，又开始缩量震荡，重心不断下移，盘面又归于沉寂，市场重蹈下跌覆辙。

技术解盘：该股突破潜伏底形态后，为什么股价不涨呢？从该股走势图中可以看出，一方面，前期股价快速回落，大量短线筹码被套其中，对股价上涨构成非常大的阻力。另一方面，是仅仅放了两天的成交量，就立即萎缩，明显没有外来新增资金援助，在这种情况下股价不可能走高走强。投资者遇到这种盘面时，不可盲目追高，低位持股者可逢高了结，持币者观望为宜。

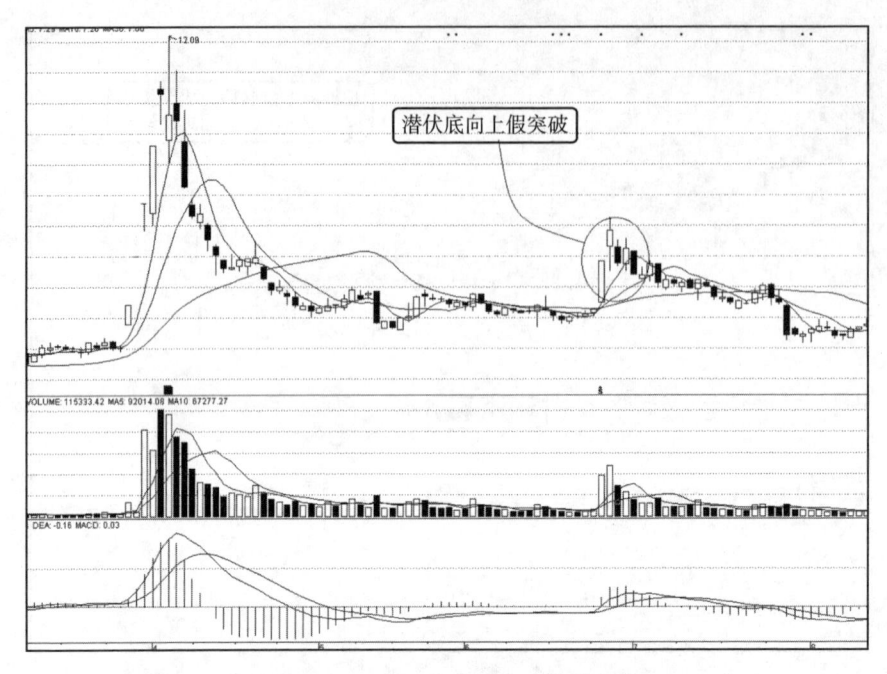

图 3-29　北方国际（000065）日 K 线图

二、技术辨别方法

（1）考察均线系统。股价脱离潜伏底形态后，移动平均线跟随而上，呈现多头发散，或者均线形成金叉信号，表明市场渐趋强势，股价有进一步上涨的潜力，此时向上突破的可能性比较高。

（2）观察成交量变化。虽然有"股价上涨要有量，下跌无须看量"之说，但在关键技术位置，无论向上突破还是向下突破，在突破的那一刻必须要有成交量的配合，这样才能加强突破的有效性，这一点投资者必须掌握。"下跌无须看量"指的是，在突破之后的常态阴跌过程中，无须保持较高的成交量，也能维持市场的下跌态势。

（3）结合 K 线、技术指标及波浪形态进行综合分析和相互验证。在股价突破时如果得到其他技术的支持，可以提高买入信号的准确性。比如，MACD、KDJ、RSI、DMI 等中短期技术指标有无出现金叉、背离或方向性提示等。

（4）分析股价是否突破一个重要技术位置。股价处于底部吸货区域、中途整理区域、庄家成本区域附近，向上突破时，真突破的概率较大，向下突破时，假突破的概率较大。如果处于高位派发区域、远离庄家成本区域，则向上突破时，假突破的概率较大，向下突破时，真突破的概率较大。若股价在下跌行情的后期出现向下突破，特别是在 A、B、C 三浪之后出现向下突破，往往是最后的杀跌或洗盘，暗示跌势接近尾声，此时可以逢低大胆建仓。

（5）分析突破时的一些盘面细节，有利于提高判断准确性。比如，当天的突破时间早晚，通常当天的突破时间越早越可靠，特别是在临近尾盘时突破更值得怀疑；观察当天的突破气势，突破时一气呵成，刚强有力，气势磅礴，可靠性就高；突破后能够坚守在高位的，可靠性就高，如果仅仅是股价在当天盘中的瞬间碰触，那么突破肯定不能成立。这些盘面细节十分重要，应当细心地观察分析。

（6）虽然潜伏底具有巨大的上升潜能，但是真正抄到潜伏底享受到飙升带来的丰厚回报的人却很少。主要原因是：一是入市时间选择不当。潜伏底的主要特征是成交量几乎处于地量水平，而且构筑时间很长，至少耗时几个月。有些投资者在潜伏底构筑过程中，因为过早入市承受不了漫长的盘整期，在股价发动行情前就离去，这是很可惜的。二是不敢追涨。潜伏底一旦爆发，上涨势头十分强烈，常常出现连续逼空行情，而且持续时间长久，上涨走势延续几年的大牛股屡见不鲜。三是急功近利。中国股民偏好短线操作，稍有蝇头微利，就落袋为安。我们并不反对这种做法，只是说尚缺乏正确的投资理念和长远的战略远景。结束时只在大牛股身上抓了一撮牛毛，甚至亏损于大牛股身上的人也比比皆是。针对潜伏底形态，由于筑底时间长，整理充分，浮筹较少，所以日后庄家拉升起来轻松自如。因此潜伏底的入市时间应选择在股价放量上涨蠢蠢欲动时，介入后坚定信念，理性投资，定有收益。

第十节　虚假潜伏顶形态

一、常见虚假形态

潜伏顶是经过长期的盘头整理后形成的顶部反转形态，一旦脱离顶部区域，下跌空间将非常大。但在实盘操作中，有时看似一个非常标准的潜伏顶形态出现后，股价并没有形成跌势，该形态往往成为虚假或失败形态。

1. 潜伏顶失败形态

股价经过一段上涨行情后，缺乏持续上涨动力，但也无下跌理由，多空双方在高位势均力敌，形成平衡格局。股价一旦向下突破，其跌幅往往非常惊人。但是，潜伏顶也经常出现失败形态，股价经过下探整理后，重回升势之中。

图 3-30，神思电子（300479）：股价经过小幅上涨后，在前盘区附近出现震荡走势，形成一个上有阻力、下有支撑的窄幅震荡区间，其间成交量逐渐萎缩，K线图呈小阴小阳交错排列，随后股价渐渐下移，形成一个小型的潜伏顶形态。可是，股价并没有出现明显的下跌走势，在30日均线附近获得技术支撑，2021年1月4日一字板突破，次日放量涨停，随后回抽确认突破有效，股价出现一波强势拉升行情。

技术解盘：该股这个小型的潜伏顶形态出现后，虽然股价回落，但杀跌动能不足，在30日均线附近得到有力支撑。同时，前期股价调整充分，底部基础扎实，下跌空间不大。而且，股价在向下滑落时成交量也未见放大，说明筹码没有出逃，下跌动能不足。投资者遇到这样的盘面走势时，最好的办法就是观望，等待有效突破后再做决策，否则容易出现失误。

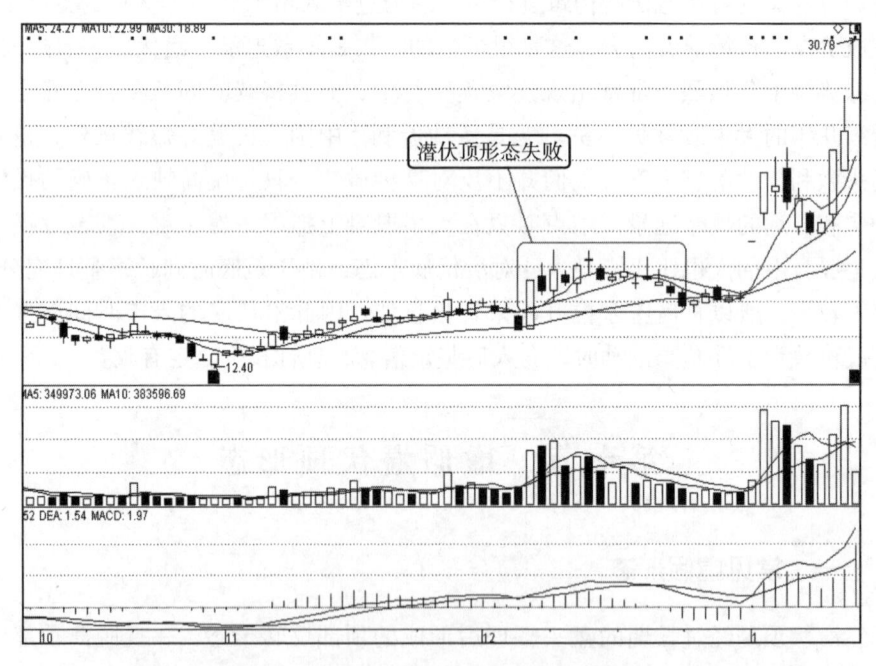

图 3-30　神思电子（300479）日 K 线图

2. 潜伏顶向下假突破

股价向下突破潜伏顶形态是一个较好的卖出信号，表示乐观的上涨行情已经过去，市场被一片乌云所笼罩，后市将迎来跌势可期。因此，当股价出现明显的向下突破时，应当立即卖出。但是在潜伏顶形态中，也经常看到向下假突破的情形，股价突破后很快企稳回升，并出现新的上涨行情，从而形成向下假突破。

图 3-31，华海药业（000850）：该股在 2019 年 1 月 4 日一根大阳线向上拉起，之后一段时间股价在大阳线上方维持横盘运行，形成一条窄幅盘整带，K 线小阴小阳交错，交投十分低迷，呈潜伏顶形态。1 月 29 日开始，股价连续几日下跌，跌破潜伏顶形态的底边线，预示股价将要出现新的下跌走势，不免让人有些担忧，因而有的散户选择卖出。可是，股价小幅下跌后很快止跌回升，形成一波向上盘升行情。

技术解盘：该股向下突破潜伏顶形态后，为什么股价不跌反涨呢？从该股走势图中可以看出，股价回落时受到前期低点支撑，新的买盘介入，封堵了股价下跌空间。而且，股价跌破潜伏顶形态时没有明显的抛盘出现，庄家已经锁定筹码，持续缩量就能说明这一点。而且价位不高，前期没有出现大涨行情，一定程度上也限制了股价下跌空间。可见，股价波动属于正常的盘整，而不是下跌的开始，此时潜伏顶形态充当调整走势。投资者遇到这种盘面时，不必过分悲观和担忧，等待后市演变方向明朗再行决策。

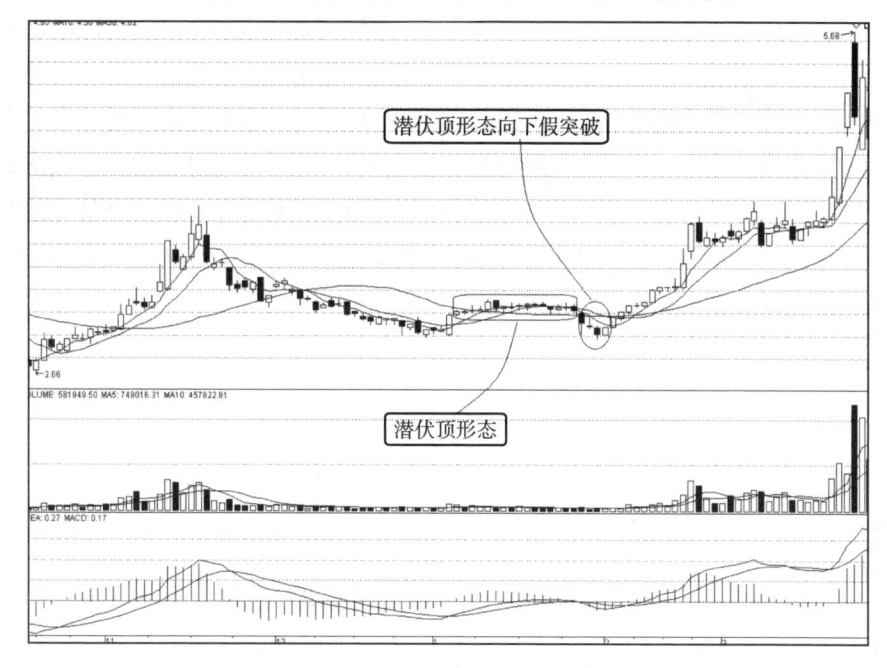

图 3-31　华海药业（000850）日 K 线图

二、技术辨别方法

（1）考察均线系统。股价脱离潜伏顶形态后，移动平均线随之而下，呈现空头发散，或者均线形成死叉信号，表明市场渐趋弱势，股价有进一步下跌的可能，此时向下突破的可能性比较大。

（2）观察成交量变化。虽然有"股价上涨要有量，下跌无须看量"之说，但在关键技术位置，无论向上突破还是向下突破，在突破的那一刻必须要有成交量的配合，这样才能加强突破的力度，这一点投资者必须掌握。"下跌无须看量"指的是，在突破之后的常态阴跌过程中，无须保持较高的成交量，也能维持市场的下跌态势。

（3）结合K线、技术指标及波浪形态进行综合分析和相互验证。在股价突破时如果得到其他技术的支持，可以加强信号的准确性。比如，MACD、KDJ、RSI、DMI等中短期技术指标有无出现死叉、背离或方向性提示等。

（4）分析股价是否突破一个重要技术位置，如一条趋势线（或通道）、一条移动平均线、一个技术形态、一个成交密集区域或一个整数点位等，若有效突破这些位置，则可靠性比较大。

（5）结合波浪理论进行分析，如果上升5浪已经运行结束，此时正好潜伏顶向下突破，则突破的准确性更高，随后将是A、B、C下跌3浪的调整走势。

（6）观察突破时的一些盘面细节，有利于提高判断准确性。比如，当天的突破时间早晚，通常当天的突破时间越早越可靠，特别是在临近尾盘时突破更值得怀疑；观察当天的突破气势，突破时一气呵成，刚强有力，气势磅礴，可靠性就高；突破后能够坚守在高位的，可靠性就高，如果仅仅是股价在当天盘中的瞬间碰触，那么突破肯定不能成立。这些盘面细节十分重要，应当细心地进行观察分析。

第十一节　虚假对称三角形

一、常见虚假形态

对称三角形是一种持续整理形态，整理结束后大多朝着原来趋势运行一段时间，但是对称三角形假突破或失败形态经常出现，常见的盘面现象有以下几种：

1. 对称三角形失败形态

（1）螺旋形失败形态。通常三角形最终会选择突破方向，并且突破点大约位于三角形横向长度的 1/2～3/4，但也有市场在三角形盘整的区间内迷失了方向，并超出了横向长度 3/4 的范围，直到三角形的尖端之外仍处于这种横盘走势，形成"螺旋形"形态，从而导致三角形失败形态。这说明市场在这里已经丧失了维持既有趋势的动能，需要更多的时间去积累继续前进的动力，因而这个三角形对市场而言就不再具有分析意义。

图 3-32，亚翔集成（603929）：该股快速反弹结束后逐波回落，然后企稳盘整，从 2021 年 2 月开始形成对称三角形整理形态，成交量逐步萎缩，而股价始终难以突破形态的限制，直至三角形的尖端之外仍未能形成有效的突破，形成"螺旋形"形态。这种盘面说明原来的下跌趋势对形态已经起不到重要作用，而对称三角形也失去本身的作用，后市股价突破的方向难以把握，而且突破的力度也不会太大。

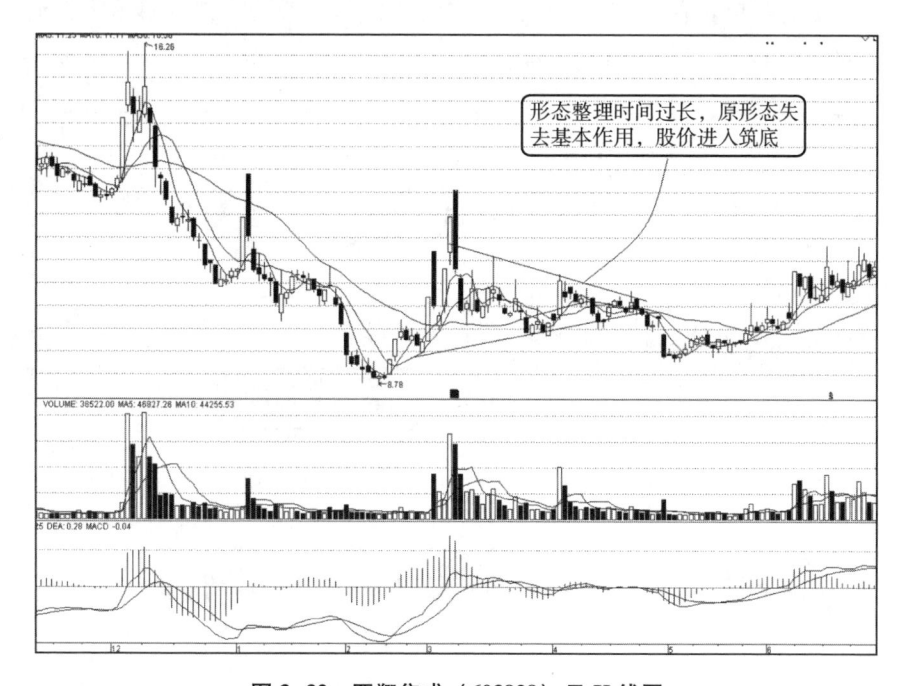

图 3-32　亚翔集成（603929）日 K 线图

技术解盘：投资者遇到此情形时，应放弃形态的判断法则，求证于其他技术分析方法。该股在形态的尖端之外维持一段时间后，股价选择了向下运行，但下跌的力度明显不足，股价达不到形态的最小量度跌幅，然后企稳构筑底部形态。

（2）对称三角形充当顶部反转形态。在实盘操作中，对称三角形充当顶部反转形态或底部反转形态的频率比较高，也为投资者所熟悉，三角形充当反转形态是对传统的关于三角形主要充当持续形态论断的一种异化，这里依然把它列为三角形失败形态进行分析。

在涨势行情中，对称三角形整理结束后，通常股价将向上突破形成持续的上涨行情。但实盘操作中，对称三角形经常充当顶部反转形态，从而结束上涨行情，形成失败形态。

图3-33，天神娱乐（002354）：股价经过两波盘升行情后，在高位出现滞涨震荡，形成对称三角形整理形态。2021年6月11日，在三角形整理末端股价向下运行，此后股价渐渐走弱，在高位形成头部形态，在这里对称三角形充当顶部反转形态。

技术解盘：在这只股票中，对称三角形发生在股价短期大幅上涨后的高位，庄家有兑现获利筹码的要求，形态的"持续上涨"功能明显减弱，而且成交量持续萎缩，说明短期上攻动能开始减弱。

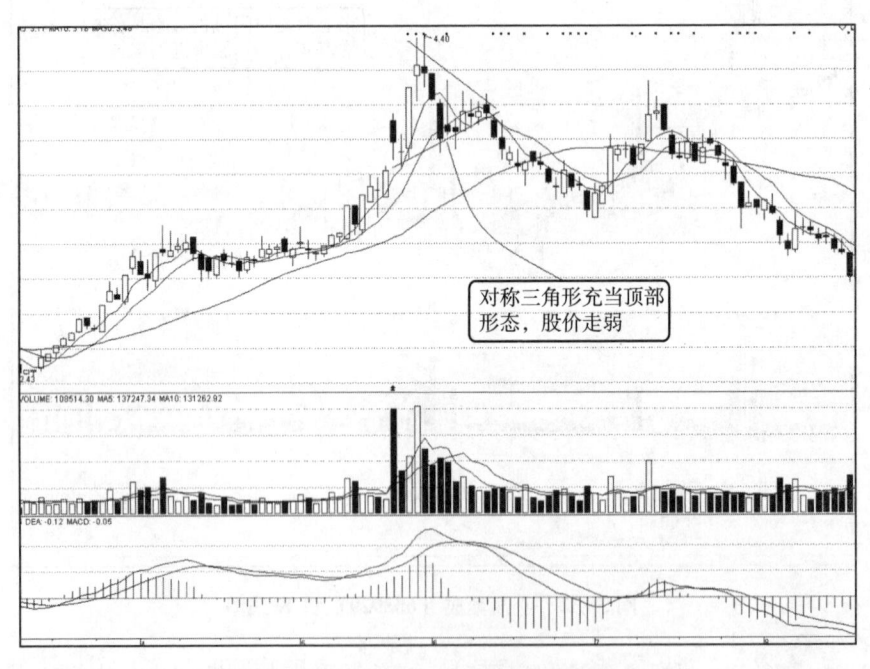

图3-33　天神娱乐（002354）日K线图

（3）对称三角形充当底部反转形态。在跌势行情中，对称三角形整理结束后，股价将向下突破形成持续的下跌走势。但实盘操作中，对称三角形经常充当底部反转形态，从而结束下跌走势，形成失败形态。

图 3-34，唐德影视（300426）：该股见顶后逐波下跌，股价累计下跌幅度超过 50%，2021 年 1 月企稳后形成盘整走势，呈现对称三角形整理形态，通常这是下降持续整理形态，预示股价经过整理后仍有下跌可能。但股价向下突破后，并未达到最小量度跌幅，在前期低点附近盘稳，表明这是中期底部区域，然后逐步盘出底部区域，此时对称三角形充当底部反转形态。

技术解盘：从该股技术方面也能得到一些征兆：一是股价跌幅较大，处于超跌状态，下跌空间有限。二是股价到了三角形的 3/4 位置以后的尖端才突破，此时突破力度有限，值得怀疑。三是向下突破力度不大，不具备杀伤性效果，因此对称三角形的"持续下跌"功能不强，容易演变为底部整理形态。

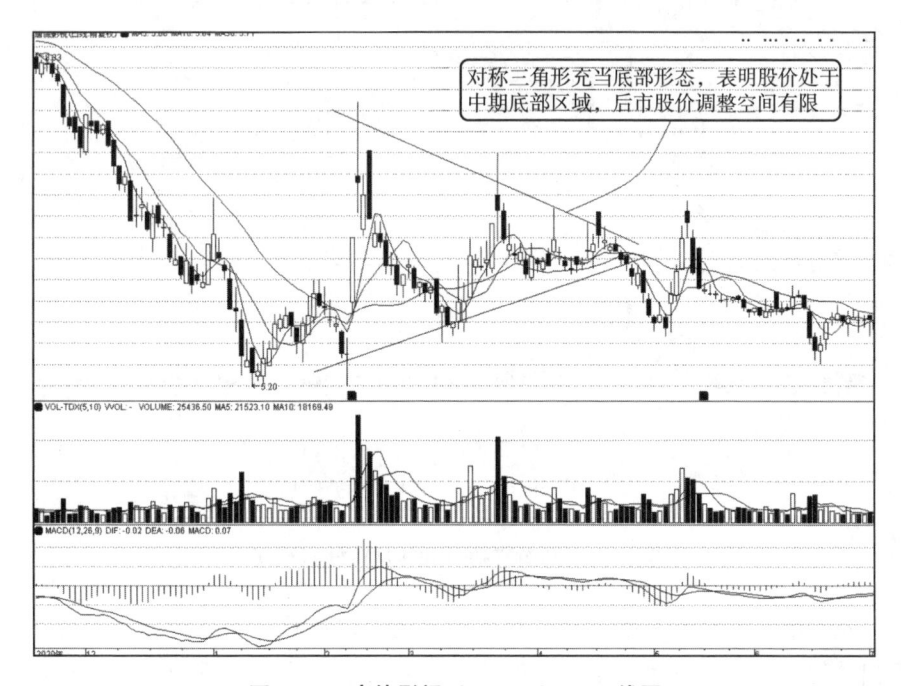

图 3-34　唐德影视（300426）日 K 线图

2. 对称三角形向上假突破

对称三角形的假突破常常以击穿某条趋势线为开端，当然这条趋势线可能就是三角形的上边线或下边线，市场可能在某个交易日中发生了这种突破，但股价朝着突破方向走出不远即反身退回，甚至反方向突破，这就形成假突破。这种突破也叫反向假突破，即在突破前往往有一个与真突破方向相反的假动作。

对称三角形向上假突破就是整理结束时，股价向上突破后不能维持上涨走势，不久转向下跌走势，击穿三角形的底边线，出现一轮真正的下跌行情。

图 3-35，华谊嘉信（300071）：2020 年 9 月，股价快速拉升后回落整理，在调整过程中形成对称三角形整理形态。股价调整到三角形的末端时，以放量的方式向上突破对称三角形的上边线压制，预示股价整理结束，即将迎来新一轮上涨行情，可以积极买入做多。可是，在回抽确认形态时失败，股价回落到三角形之内，且很快向下击穿了对称三角形的下边线支撑，从此股价步入下跌行情。

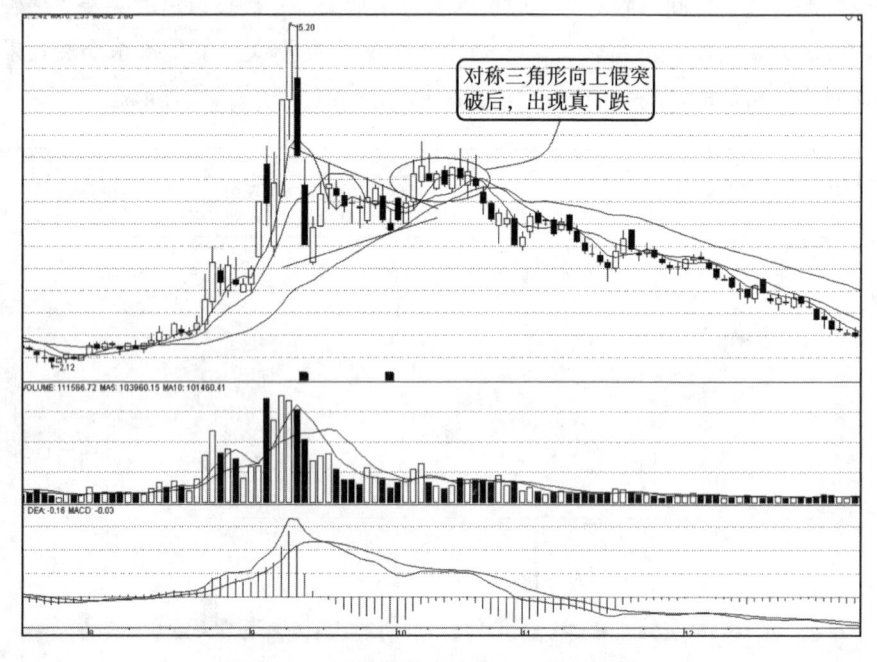

图 3-35　华谊嘉信（300071）日 K 线图

技术解盘：对称三角形向上假突破往往可以从整理形态的成交量分布上看出端倪。在上涨三角形整理形态中，随着形态的发展，成交量必须经过一个递减的过程，显示市场浮动筹码减少，平均持股成本上升，为股价的进一步上涨打下基础。最后股价必须以大阳线或跳空放量突破，成交量必须持续放大，股价有效突破后迅速远离突破位置向上发展。

从该股的走势图中可以看出，股价突破三角形的上边线后，成交量只是间歇性的一两天放量，没有持续性放大，且很快出现缩量现象，给人的感觉就是不踏实。而且，在突破后的回抽确认时，股价未能在三角形的上边线上方有效站稳，这也是导致形态失败的一个重要原因。此外，前期股价放量冲高回落后，对后续股价上涨构成较大的阻力，凭目前盘面自身能量难以形成有效的突破走势。

3. 对称三角形向下假突破

在上升趋势的对称三角形中，股价在恢复上升趋势之前，先小幅下跌然后上升。其特点是，股价伴随着大成交量向下突破，随后股价又快速向上拉起，并恢复上升趋势。

图3-36，江山股份（600389）：该股出现一波盘升行情后，在高位出现对称三角形整理形态，在股价调整到三角形的末端时，出现向下跌破三角形的底边线的走势，预示股价将出现调整下跌，构成短期卖出信号。但股价下跌幅度并不大，很快企稳并形成新的涨升行情。

技术解盘：对称三角形向下假突破很难从成交量上找到有益的提示，因为股价向下是不需要成交量的特别配合的，有效的手段是利用时间和幅度过滤器进行分析，该股时间和幅度均没有达到突破要求。从理论上讲，在上升趋势中出现的对称三角形大概率是向上运行的，且实盘中该股下方有前期盘区的强力支撑，还有30日均线的向上牵引作用，理论与实盘相吻合，因此持续下跌的可能性不大。

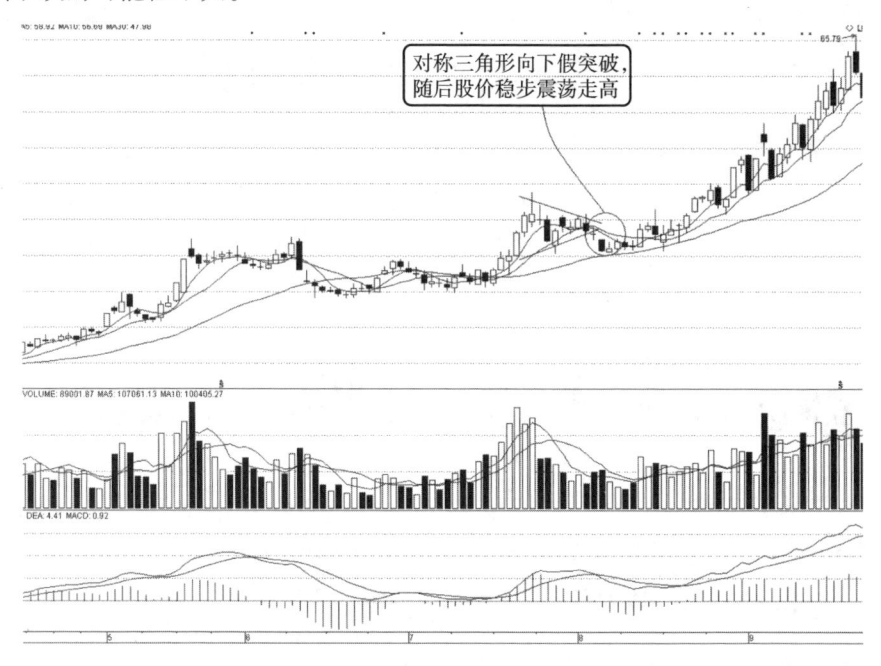

图3-36 江山股份（600389）日K线图

4. 对称三角形无量假突破

股价向上突破必须要有成交量的放大，这是突破的硬性要求，如果股价向上突破时得不到成交量的积极配合，就很难进一步上涨，大多是虚张声势而已，十有八九是庄家设置的技术陷阱。

图 3-37，豪美新材（002988）：该股上市后冲高回落，股价一路调整走低，2020 年 11 月 16 日一根大阳线拔地而起，之后股价出现震荡整理，从而形成对称三角形整理形态。在整理结束后，股价曾经两次试图向上突破三角形上边线的压制，但市场跟风者寥寥，成交量不能有效放大，最终无功而返，股价向下突破，开启新一波下跌行情。

技术解盘：为什么该股对称三角形向上突破失败？根本原因在于成交量不大，在股价试图突破形态时成交量并没有出现相应的持续放量，得不到成交量的积极配合，表明场外资金十分谨慎，跟风意愿不强，因此上涨行情很难持续下去，股价突破只是虚张声势，为庄家出货行为。因此，投资者在实盘操作中，遇到无量突破对称三角形时，要小心形态失败，可择机逢高卖出。

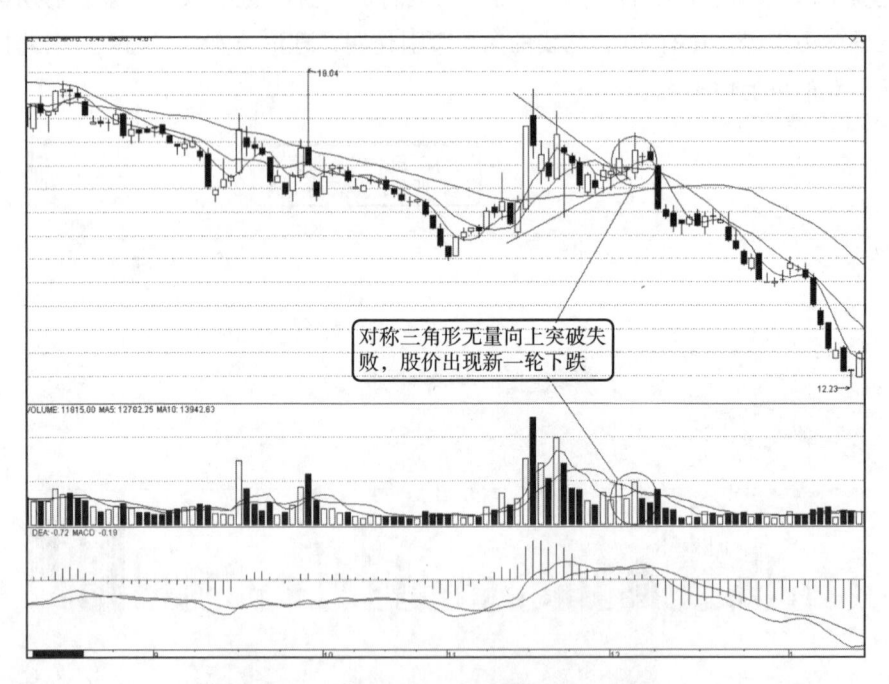

图 3-37　豪美新材（002988）日 K 线图

二、技术辨别方法

（1）当股价突破时，以超越形态内阻力线或支撑线 2%～3% 为佳，并以当日收盘价为标志，才能认为"正式突破"。如果突破当日股价只是在交易时间内刺破，未能坚持到收盘，则不符合突破要求，可能是庄家玩的把戏，属假突破的可能性大。有时股价突破趋势线后会出现回抽确认，随后再度上涨或下跌。此外，对称三角形反映多空实力平衡，股价向上或向下突破的机会平等。但一般情况下，如出现在上升趋势中，则后市看涨；如出现在下跌趋势中，则后市看跌。

（2）对称三角形股价变化与成交量关系的一般规律是：在对称三角形内，随着股价的摆动幅度越来越小，成交量也越来越少。在上升趋势中，股价上升时成交量增加，股价下跌时成交量减少；而在下降趋势中，股价下跌时成交量增加，股价上升时成交量减少。其中，上升趋势中的量价关系比下降趋势中的重要。也就是说，在上升趋势中，股价向上突破时，成交量必须增加；而在下降趋势中，股价向下突破时，成交量的增加虽然也很重要，但没有向上突破时那么重要。

（3）股价向上突破形态阻力线时，成交量一定要配合上升，反映买盘积极吸纳，才算有效的突破信号。如果成交量未能配合增加，则构成骗线的可能性较高，此时不宜跟进。相反，股价向下突破支撑线时，除在突破的关键时机外（突破时要有量，才能有效击穿支撑位），成交量则不必配合下跌，如果成交量大增，反而要慎防出现错误的抛售信号。

（4）一个典型而标准的对称三角形，必须具备至少两个明显的高点及低点，形态的形成时间一般在 1～3 个月。如是股价在三角形尖端 3/4 以后的位置才突破，形态最终失败的机会较高。股价太早或太迟突破均不理想，最理想的突破点是在距离三角形尖端 1/2～3/4 的位置。

（5）在上升趋势中，股价突破对称三角形形态后，上边的趋势线变为支撑线，应是一个极佳的买进时机。而在下降趋势中，股价向下突破对称三角形形态后，下边的趋势线则变成阻力线，应是一个极佳的卖出时机。虽然对称三角形大多属持续整理形态，但有时也会在升市顶部或跌市底部出现，此时则属于转向形态性质，一个中、长线形成的趋势将被扭转。

（6）如果股价配合成交量向上突破三角形的当天或第二天，未出现中长阳线上升，或股价向下跌破三角形的当天或第二天，未出现中长阴线下跌，将会影响预测能力的高点或低点的出现。因此如果出现这种现象时，应对预测能力酌予修正，并提前做卖出或买入的准备。

（7）如果三角形进行过程中，成交量呈现忽大忽小的不规则状态，往往会影响其突破后的走势，而使预测能力的高点或低点无法到达。

（8）当股价向上突破对称三角形的第一波高点（最高点）后，该位置将成为日后股价回落的重要支撑位，大多遇到较强的支撑而回升，应考虑买入做多。同样，当股价向下突破对称三角形的第一波低点（最低点）后，该位置将成为日后股价反弹的重要阻力位，大多遇到较强的阻力而回落，应考虑卖出观望。

（9）对称三角形突破后可能出现短暂的回抽，其回抽的低点和高点一般会止于趋势线。向下突破三角形形态时，成交量如果显著增加，则数日内股价往往会有反弹，先弹升到颈线附近，再向下跌破底线，而造成真正的下跌，这种跌破颈线后却又迅速涨到顶线，然后才正式下跌的现象，称为"逃命线"。"逃命线"的假突破现象，大多发生在对称三角形的形态中。

（10）股价向上或向下突破对称三角形的同时也突破一个重要的技术位置，如一条长期趋势线、一个成交密集区域或一个重要点位等，则突破的可靠性更高。

第十二节　虚假上升三角形

一、常见虚假形态

上升三角形是一种持续整理形态，通常整理结束后将向上突破，是一个后市看多形态，但是上升三角形也经常出现假突破或失败形态，常见的盘面现象有以下几种：

1. 上升三角形失败形态

上升三角形具有看涨意义，显示多方力量较强，最终空方败阵后，多方发力向上突破，市场买气越加旺盛，股价进一步走高。尤其是在上升过程中，在经过短线震荡整理后，多头最终将占据市场优势，形成向上突破走势。但实盘操作中，上升三角形经常出现失败形态，导致过分看好后市的股民被套牢。

图 3-38，苏博特（603916）：该股经过长时间的调整后，2021 年 2 月出现一波反弹行情，反弹结束后出现震荡走势，形成一个上升三角形整理形态。按照形态理论，这个形态可以视为上升中继调整形态，对后市可以持谨慎乐观态度。但在三角形整理末端，股价始终没有突破上升三角形的上边线，之后随着成交量的逐步萎缩，股价选择了下跌走势。这时，形成了一个失败的上升三角形形态，股价回到了起涨点。

技术解盘：通过盘面分析可以发现，主要原因就是该上升三角形发生在长期下跌趋势中，上方阻力较大，且成交量逐步萎缩，这时的上升三角形只是充当反弹行情中形成的修正图形，不具有看涨意义，因此在评估上升三角形时，一定要结合长期趋势进行分析。

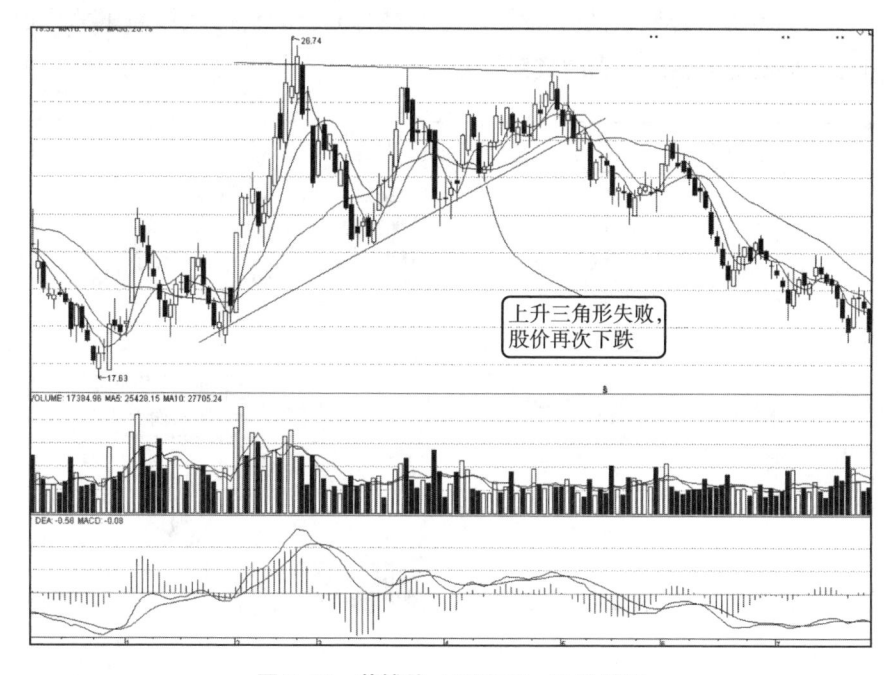

图 3-38　苏博特（603916）日 K 线图

2. 高位上升三角形失败形态

经过充分的炒作后，股价高高在上，庄家获利十分丰厚，这时庄家开始逐步兑现获利筹码。但股价不会马上下跌，如果股价一路下跌，庄家则很难顺利出逃，因此股价会维持在高位震荡，在上下震荡过程中会形成各种各样的技术形态，而上升三角形形态就是其中常见的一种。这时就有不少投资者以为下跌力量不强，而上升动力十分强大，因而入场做多。当股价调整到三角形的尖端附近时，股价却选择向下走势，上升三角形成为顶部形态。

图 3-39，久之洋（300516）：这是一个典型的高位上升三角形失败形态，2019 年 7 月 2 日股价连拉 4 个涨停后，在高位出现大幅波动，股价几起几落，形成一个标准的上升三角形。通常在上升过程中出现上升三角形，后市具有看涨意义，因而这个上升三角形被不少投资者所看好。可是，结果其走势却完全相反，股价不涨反跌了，该形态成为上升三角形失败形态。

技术解盘：从走势图中可以看出，该股属于游资炒作行为，游资以短炒为主，容易引发盘面大幅波动，一旦资金接力不足，股价很容易转为下跌。在上升三角形整理过程中，股价多次试图拉起，但因市场跟风不积极，股价很快回落并击穿三角形下边线，股价出现快速下跌走势。可见，在评估上升三角形时，还要结合股价所处的位置高低进行分析，对已经炒高了的个股，上升三角形演变为顶部形态的概率较高。

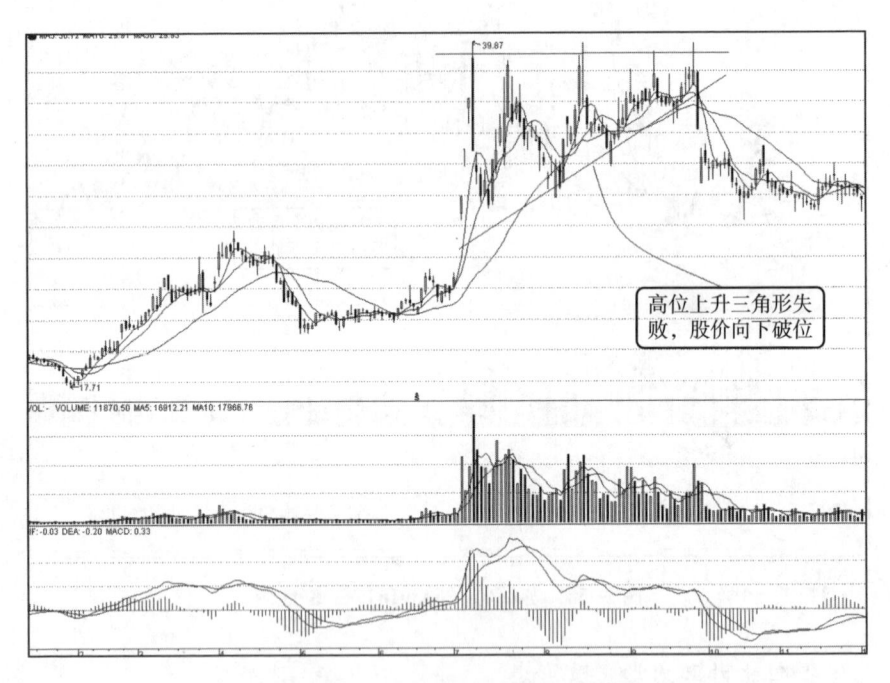

图 3-39　久之洋（300516）日 K 线图

3. 上升三角形向上假突破

上升三角形假突破常常是以突破三角形上边线为开端，但朝突破方向走出不远即反身退回,甚至反方向突破,这就形成假突破。这种突破也叫反向假突破,即在突破前往往有一个与真突破方向相反的假动作。在上升三角形中,股价向上突破后不能维持上涨走势,不久转为下跌走势,击穿三角形的底边线后,出现一轮真正的下跌行情。

图 3-40,金洲管道(002443):2021 年 2 月,该股出现一波超跌反弹行情,反弹结束后形成震荡走势,在一个多月震荡过程中,构筑了一个上升三角形形态。4 月 22 日,在三角形整理的末端,一根放量大阳线向上突破上升三角形的上边线压制,技术上具有看涨意义。从盘面观察,股价向上突破的力度非常强劲,后市股价看高一线,可以积极买入做多。可是,第二天股价低开低走,一根大阴线向下击穿上升三角形的底边线支撑,此后几日股价出现急跌行情。

技术解盘:举手是为了更好的下打,抬脚是为了更好的下踩。股价向上假突破,拉高是为了更好的下跌,该股就是这种走势。从技术上分析,反弹遇到前期盘区的重大阻力,股价屡攻不破,做多气势渐渐消失,最终演变为假突破走势。

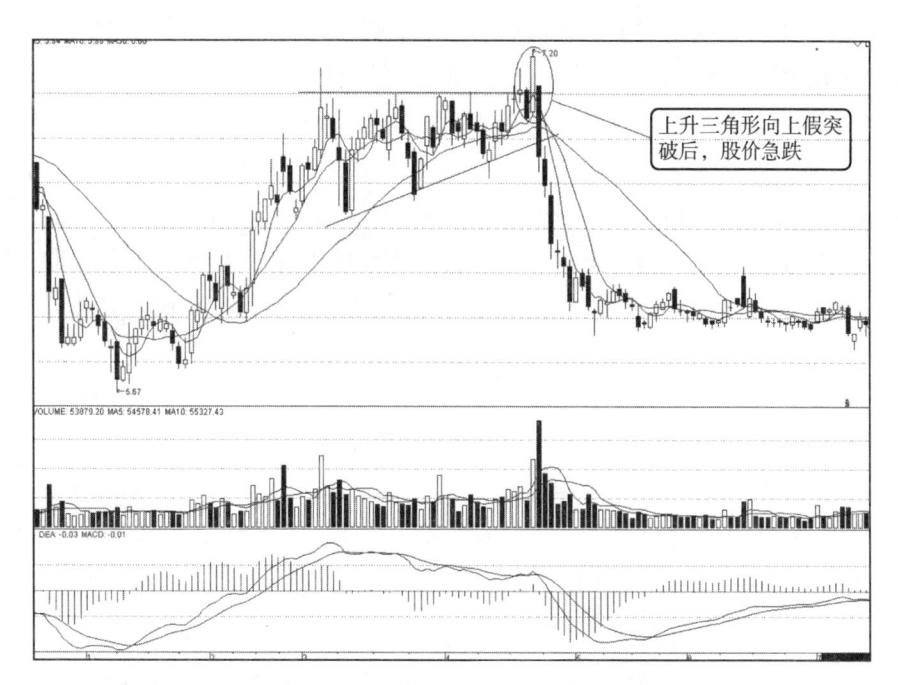

图 3-40 金洲管道(002443)日 K 线图

二、技术辨别方法

（1）上升形三角形的判断原则与对称三角形差不多，不同的地方是在对称三角形中，向上或向下突破的机会均等。上升三角形通常在上升途中出现，其突破方向取决于原先的上升趋势，因此向上突破的机会往往较向下跌破的概率大，属利好的整理形态。当然，如果股价跌破三角形支撑线，应积极离场。

（2）一个标准的上升三角形，必须具备至少两个明显的高点和低点，形态形成的时间一般在1~3个月。上升三角形最理想的突破点，在三角形横向长度的1/2~3/4，股价突破太早或太迟，都会影响参考价值。越接近三角形的顶点，股价的波动幅度越小，三角形的支撑和阻力功能就越不明显，对买卖操作的指导意义就越小。

（3）在成交量方面，在形态构筑过程中，股价震荡幅度越来越小，成交量也逐步减少，最后在向上突破三角形时，成交量一定要配合增加，才能得到认可。没有成交量配合的突破，则构成骗线的可能性较高。

（4）上升三角形向上突破的判别方法，以收盘价突破上升三角形上边线的3%幅度作为形态的确认标志，在时间上要超过3天。

（5）上升三角形有时也出现在底部形态中，即在下降趋势的末期出现上升三角形，表示股价即将反跌为涨。此时，股价对上升三角形的突破标志着底部形态的结束、上升行情的开始，可以积极买入。

（6）需要指出的是，有时候股价会稍微跌破上升三角形，但迅速重归形态内，遇到这种情况，只需根据第三个或第四个短期低点再画一条支撑线，修订形成新的上升三角形便可。

（7）上升三角形多半代表日后行情将向上突破，这种形态在周线图中，出现次数较多，其可靠性也大于日线中的上升三角形，可以积极买入。

（8）当股价在三角形尖端的3/4处之后，或近三角形尖端才突破上升，而成交量也未配合增加时，代表买方并无太大实力，有可能成为"假突破"。庄家一旦达到出货目的，上升三角形极有可能演化为双重顶形态，股价下跌就不可避免了，投资者对此务必要提高警惕。

（9）股价向下突破三角形形态时，成交量如果显著放大，则数日内股价往往会有反弹，先弹升到三角形的底边线附近后，再向下跌破底线，从而造成真正的下跌，那么三角形的底边线附近就是多头的最后"逃命线"。

（10）如果突破时成交量配合不理想，股价又重新回到三角形之内，应小心假突破并应及时止损，特别在有些涨幅已经很大的股票中，庄家往往利用假突破制造多头陷阱，达到高位出货的目的，其盘面表现就是股价很快又跌回到整理形态之内并形成头部。

第十三节　虚假下降三角形

一、常见虚假形态

下降三角形是一个持续下跌整理形态，大多后市看跌，但是也经常出现假突破或失败形态，常见的盘面现象有以下几种：

1. 下降三角形失败形态

下降三角形具有看跌意义，显示空方力量较强，最终多方败阵后，空方发力向下突破，股价出现快速下跌。下降三角形的突破点位于形态横向宽度的 1/2~3/4，但也有市场在三角形盘整的区间内迷失了方向，并超出了横向宽度 3/4 的范围，直到三角形的尖端之外仍处于这种横盘走势，并形成三角形失败形态，这说明市场在此已经丧失了维持既有趋势的动能，需要更多的时间去积累继续前进的动力，于是这个三角形对市场而言就不再具有分析意义。

图 3-41，金山股份（600396）：股价出现小幅反弹行情后，形成震荡调整走势，在震荡过程中形成一个下降三角形整理形态。一般而言，这个形态可以看作反弹行情的终结，后市有重回跌势的可能。可是，股价超越了下降三角形的整理区间，盘面仍处于横向窄幅整理走势，并没有出现预期的下跌行情，且重心渐渐向上抬高，2021 年 12 月 13 日放量涨停，股价向上拉起，出现 6 连板行情。

技术解盘：通过盘面分析可以发现，三角形整理时间较长，突破时间较晚，超过形态要求的 3/4 位置，这种走势表明向下突破力度已经大大减弱，也就是说下降三角形形态已经对股价没有制约作用。而且，股价处于低位，下方为前期整理盘区，对股价具有较强的技术支撑，没有强大的做空力量很难突破此位置。因此，这时的下降三角形容易演变为失败形态，投资者对这种走势不必过于恐慌，等待有效突破时再做买卖决策。

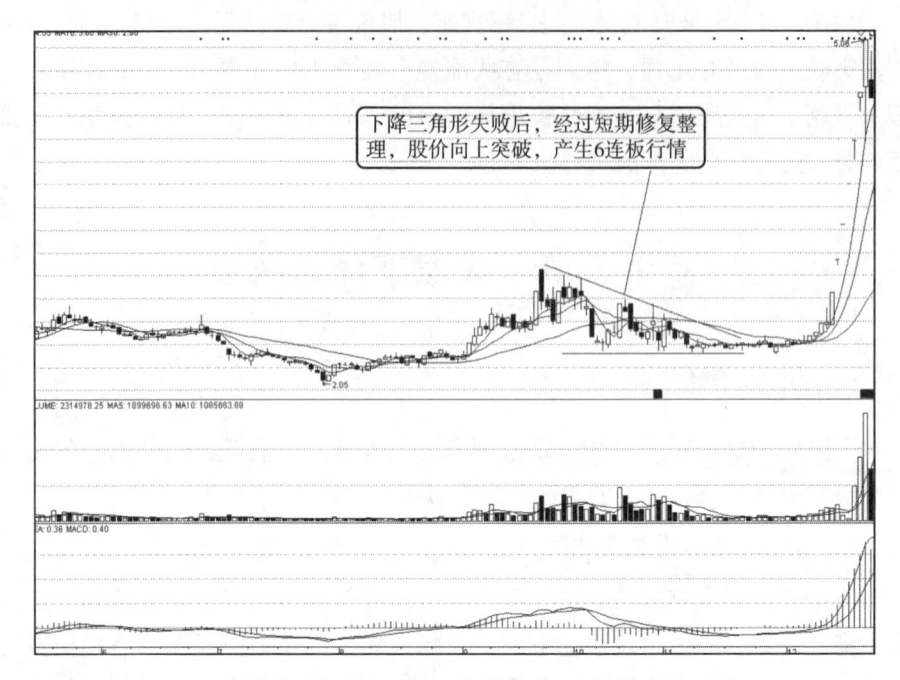

图 3-41 金山股份（600396）日 K 线图

2. 下降三角形向下假突破

在下降三角形整理中，经常看到股价向下突破三角形的下边线后，没有出现持续的下跌走势，只是小幅下跌后很快企稳回升，形成新一轮真正的上升行情，从而形成向下假突破走势。

图 3-42，力合科技（300800）：股价经过长时间的下跌调整行情后，出现企稳整理走势，形成下降三角形整理形态。当股价调整到三角形的末端时，从 2021 年 2 月 4 日开始，连续三根大阴线向下跌破三角形的下边线支撑，预示股价后市将出现下跌走势，因此构成卖出信号。但股价下跌幅度并不大，很快止跌企稳，之后股价震荡走高，从而形成扎实的中期底部区域。

技术解盘：该股为什么出现下降三角形向下假突破走势呢？从该股走势图中可以看出，股价向下突破时没有明显的成交量出现，这种无量下跌盘面存在一定的虚假性，大有庄家虚晃一枪嫌疑。表明庄家盘中筹码锁定性好，没有大规模出逃迹象，通过下跌突破走势反而进一步巩固筹码的稳定性，有利于后市的健康上涨。而且，股价前期调整充分，累计下跌幅度较大，即使后市再次下跌，其幅度也不会大，所以无须太恐慌。针对这种盘面，投资者不应盲目地看空后市，持股者斩仓杀跌显然不可取，当然，空仓者也不必马上介入，应等待股价真正走强后逢低买进，因为这种走势后市出现横盘整理的可能性非常大。

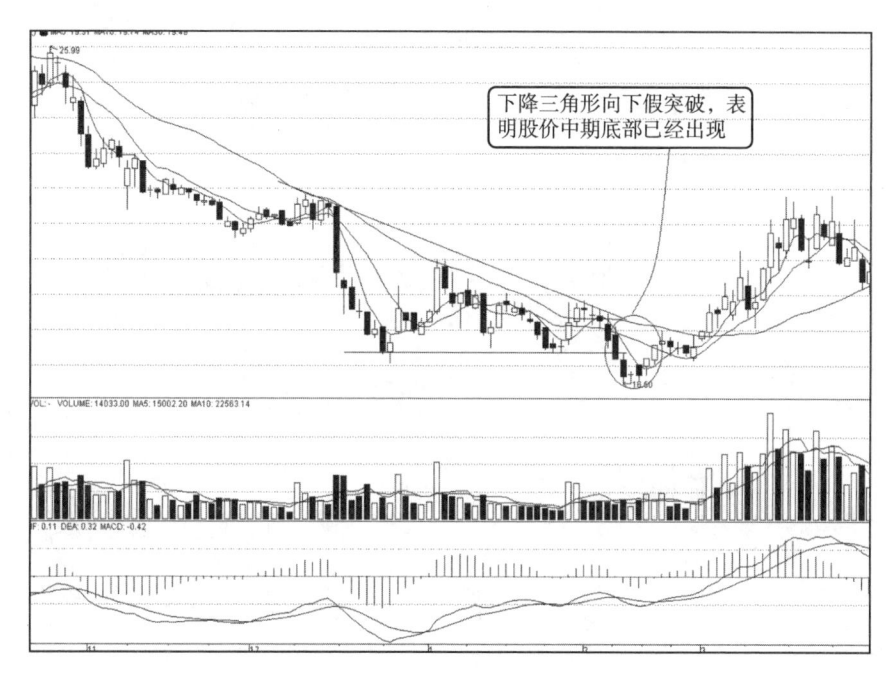

图中标注："下降三角形向下假突破，表明股价中期底部已经出现"

图 3-42　力合科技（300800）日 K 线图

3. 下降三角形无量向下假突破

在股价下跌时，虽然在理论上并不强调成交量的大小，但在突破时若有成交量的配合，也会加强突破的有效性。在下降三角形整理中，经常看到股价向下突破三角形时，成交量没有出现放大现象，股价经过小幅下跌后，很快企稳回升，形成新一轮上升行情，从而形成向下假突破走势。或者，在下降三角形整理的后期，成交量出现持续萎缩，也反映了做空动能的衰弱。

图 3-43，二六三（002467）：该股见顶后回落调整，出现长时间的震荡走势，形成一个下降三角形整理形态。在下降三角形整理过程中，成交量呈现持续萎缩状态，最终没有出现向下突破走势，经过一段时间的横盘整理后，逐步形成向上盘升走势，下降三角形失效。

技术解盘：该股出现下降三角形后，股价为什么没有下跌呢？从量价关系上，股价向下不需要成交量的特别配合。但在实盘操作中，如果向下突破时有明显的成交量出现，也会加强突破的有效性。该股在整理阶段，成交量持续萎缩，说明盘中筹码锁定性好，没有大规模出逃迹象，属于无量空跌走势，其可靠性不高。针对这种盘面，持股者可以等待真正突破时采取减仓手法，持币者应等待股价真正企稳后逢低试探性介入。

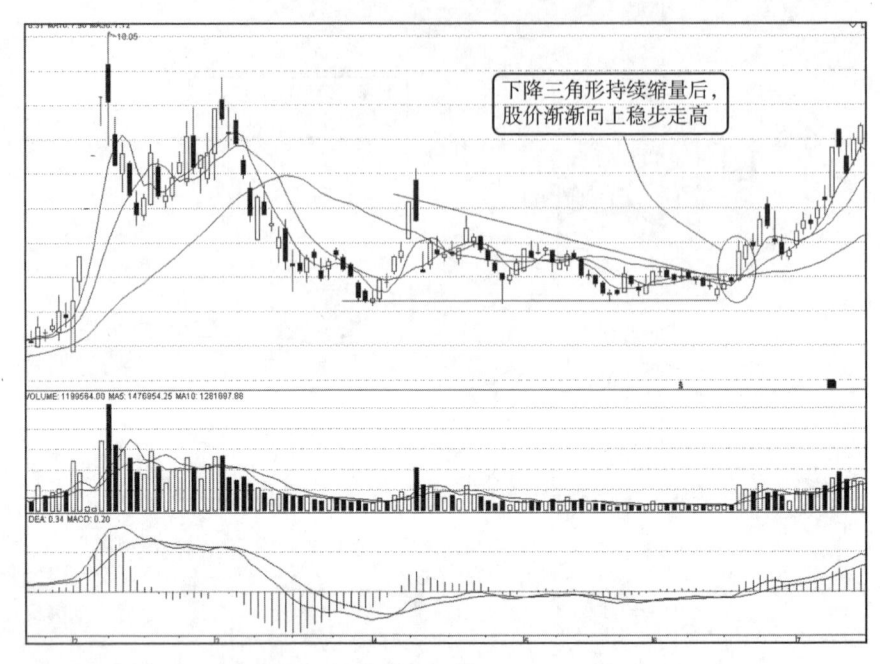

图 3-43 二六三（002467）日 K 线图

二、技术辨别方法

下降三角形的判断原则与对称三角形差不多，同上升三角形刚好相反，其分析重点及判断形态技巧，如收盘价、突破时间和幅度等大致相似。

（1）一个典型而标准的下降三角形，至少有两个明显的高点和低点。形态形成的时间一般在 1~3 个月，股价最理想的突破点在距三角形尖端 1/2~3/4 的位置。如果股价在三角形尖端 3/4 以后的位置才突破，形态最终失败的概率较高。股价突破太早或太迟，将会影响参考价值。

（2）当股价突破时，以超越形态内支撑线或阻力线 2%~3% 为佳，并以当日收盘价为标志。如果只是在盘中出现突破，不能坚持到收盘，可能是庄家设置的技术陷阱。

（3）有时股价突破趋势线后会出现反抽确认，随后再度向突破方面发展。在符合突破原则时，股价也会作短暂的反方向变动，即出现回抽。如果股价向下突破，出现回抽后不能冲破在突破前以低点连成的支撑线，后市仍属走淡趋势。

（4）下跌三角形通常在下跌趋势途中出现，预示股价向下跌破的倾向较大。当股价向下跌破三角形的支撑线，无须大成交量配合，也可视为利空信号，一般在跌破后的两三日时间，成交量才明显增加，但如果出现放量向下突破，也会加强突破的有效性。当然，如果股价向上突破下跌三角形阻力线，而成交量又大增，可以积极跟入。

（5）在股价跌破下降三角形时，最小量度跌幅预测方法为：由第一个回升高点开始，画一条与支撑线平行的直线，当股价跌破时，预期股价至少将以同样高度下跌，一般实盘中的实际跌幅将大于预期跌幅。

（6）在下跌趋势中，当股价经过反复震荡并跌破底部水平支撑线时，无论成交量是否放大，都可视为有效突破，此时应立即卖出观望。

（7）下降三角形偶尔也出现在市场顶部，即在上升趋势的末期出现。此时，股价对三角形下边线的突破标志着顶部形态的构成、下降行情的开始。

（8）在多头市场末期出现下降三角形时，表示股价将反涨为跌，应该积极卖出。下降三角形多半代表日后行情将向下突破，这种三角形在周线图中，出现次数较多，应当及时卖出。

第十四节　虚假跳空缺口

一、缺口识别偏差

在K线图中有各种各样的缺口，通常分为普通性缺口、突破性缺口、持续性缺口和竭尽性缺口等，后三种缺口统称为功能性缺口。

1. 缺口数量的统计

不少投资者不知道如何统计缺口数量，以致对缺口把握定性不准，进而导致操作失误，那么如何统计缺口数量呢？这要根据盘面实际情况进行划分，一般将持续的同样性质的缺口理解为一个缺口，如连续多个一字板，或者非常相似的实体板，也就是说两个缺口之间应有一根或多根异化的K线出现，才能产生不同性质的两个缺口。为了方便理解，通过如下实例分析。

图3-44，九安医疗（002432）：该股在2021年11月的行情中，缺口性质非常清晰。11月16日为普通性缺口，不具备突破意义。11月17日和18日为两根T字线缺口，可理解为一个突破性缺口。11月22日开始连续4个一字板，可以理解为一个持续性缺口，它与前面的突破性缺口之间，中间夹着一根19日的实体K线。之后运行两个交易日，11月30日和12月1日的两个跳空，可以理解为一个竭尽性缺口。

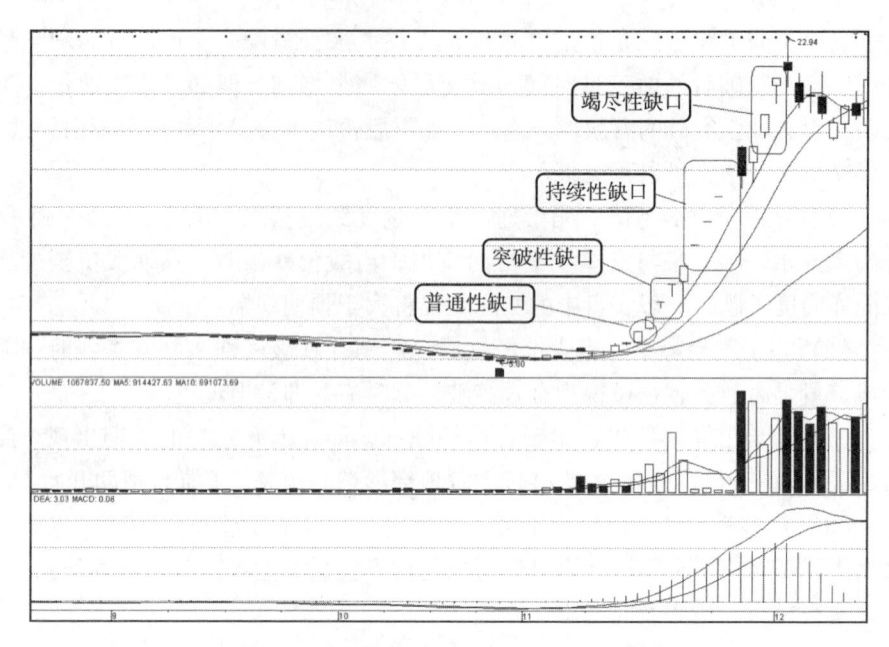

图3-44 九安医疗（002432）日K线图

图3-45，京城股份（600860）：该股在2021年11—12月的行情中，出现3个不同性质的缺口，分别是：11月22日的突破性缺口，12月2—9日的持续性缺口（其间6个跳空，理解为同一性质的一个缺口），12月17日的竭尽性缺口。

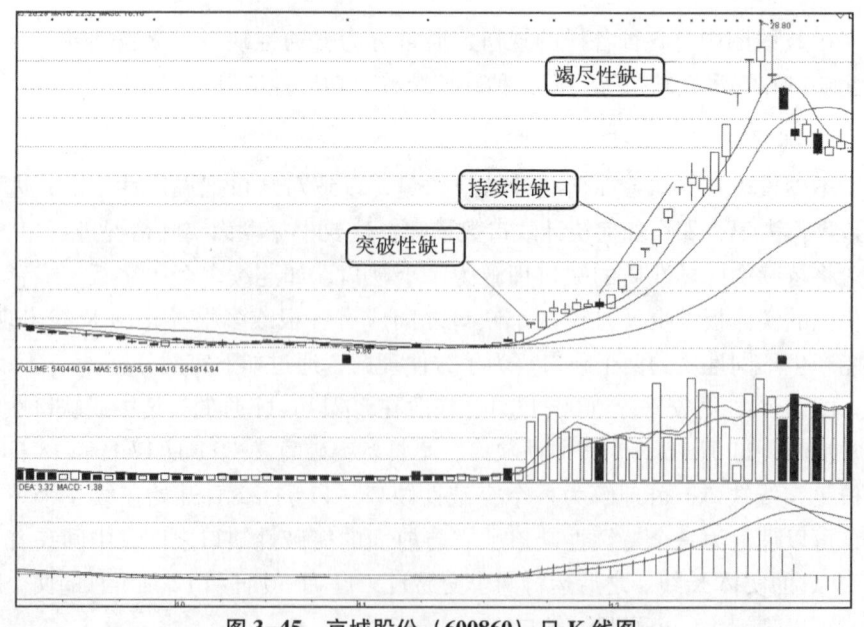

图3-45 京城股份（600860）日K线图

2. 功能性缺口与普通缺口的区别

（1）功能性缺口形成后，股价会很快脱离缺口区域，出现持续的走势，而一般普通性缺口形成后，股价很难摆脱缺口的牵制，出现震荡或徘徊走势。

（2）功能性缺口通常有大成交量的积极配合，量价配合得当，而一般普通缺口很难得到成交量的支持，即便有放量也属庄家刻意所为。

（3）功能性缺口多数出现在股价成功脱离底部区域或头部区域的位置，而一般普通性缺口在震荡整理过程中出现，很难脱离震荡整理走势。

（4）功能性缺口形成后，不会在短期内予以回补，即使有回抽也会在缺口位置附近遇到支撑和阻力，而一般普通性缺口出现后，会在短期内予以回补，通常对股价没有太大的支撑和阻力作用。

（5）功能性缺口出现以前，大多有一定的市场迹象作基础，来得合乎规律，而一般普通性缺口出现以前毫无先兆，来得似乎有些勉强。

（6）功能性缺口是经过充分准备之后产生的一种市场必然趋势，如平台整理、形态整理、趋势整理、成交密集区域等技术性突破，而一般普通性缺口很少经过充分整理，是随意性的市场波动，可能受到外界因素的影响，如周边市场的暴涨暴跌、街头传闻、无关大局的消息等。

（7）功能性缺口形成后，原先市场中自然形成的支撑或阻力，对股价不会构成太大的影响，股价会成功穿越这些区域，而在普通性缺口中，原先市场中自然产生的支撑和阻力，对股价构成很大的影响，股价到达这些位置附近时，会遇到一定的支撑和阻力。

二、虚假普通性缺口

在A股市场中，普通性缺口大量存在，这就给投资者判断带来一定的难度，加之庄家人为影响，缺口更是五花八门，由此各类虚假缺口经常出现。常见的虚假普通性缺口有以下几种：

1. 涨势中的向下跳空缺口

在股价上升过程中，庄家为了修正技术而设置空头陷阱，经常出现向下跳空缺口。其实，股价整体处于上升趋势，出现回调是正常的，只要基本趋势没有改变，那么回调中出现的向下跳空缺口就是难得的进场机会。因为整体的上升趋势最终会让股价回到上升通道中，只要股价没有大幅上涨，仍然会保持原来的上升趋势。同时，这种向下的跳空缺口短期会被回补，从短线角度就可以进场，等待上升回补缺口机会。

图 3-46，阳光电源（300274）：该股洗盘结束后形成新的上涨趋势，均线系统呈现多头排列，股价稳步向上盘升。2021 年 6 月 4 日，庄家为了洗盘，使股价跳空低开留下一个向下跳空缺口，当日收出一根小阴线，留下一个没有回补的缺口。那么，后市将会怎么样？有的投资者开始担心起来，因为这个向下跳空缺口，预示股价将要回落整理，因此选择离场观望。可是，该股此后很快止跌回升，后市涨势依然强劲，涨幅也非常之大。

技术解盘：通过该股走势图分析，盘中的向下跳空缺口仅是个普通性缺口而已，这个缺口没有突破功能，也就是说没有任何技术层面上的突破迹象（即重要的技术位置），因此没有太大的技术分析意义，很快就会被后面的涨势所回补。而且，从股价上涨趋势分析，股价回调时遇到 30 日均线的有力支撑，上升趋势完好无损，不足以引起恐慌。因此，持股者应当坚定持股信心，持币者可以在 30 日均线附近买入。

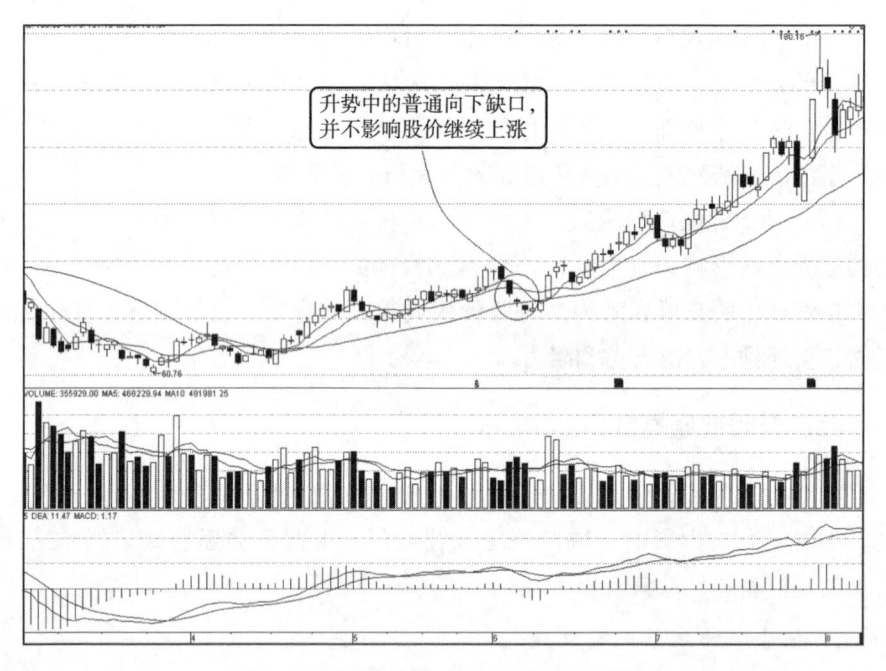

图 3-46　阳光电源（300274）日 K 线图

2. 洗盘中的向下跳空缺口

在实盘操作中，庄家为了加大洗盘力度，经常制造向下跳空缺口，尽可能造成恐慌盘面气氛。投资者纷纷抛售筹码时，也正是洗盘成功结束之时，股价立即反转而上，从而形成向下跳空缺口陷阱。

图 3-47，金鸿顺（603922）：2021 年 9 月 22 日开始，股价连拉两个涨停，向上突破前期整理盘区。庄家为了洗盘，在 9 月 29 日反手向下打压股价，当日股价跌停收盘，次日惯性低开低走，留下一个没有回补的缺口。这个缺口让散户心里产生一定担忧，认为股价再现弱整理，纷纷抛出筹码。可是，第三天股价就止跌回升，并以涨停板收盘，之后股价出现主升浪行情。

技术解盘：从该股走势图分析，股价向下跳空突破 30 日均线的支撑，乍看是一个突破性缺口，但此处离前面低点非常近，若真正成为突破性缺口，则需要观察或确认后市的演变，也就是说必须有股价快速下跌来强化这个缺口的"突破"功能，否则仍以普通性缺口对待。但该股第三天就止跌回升，没有出现持续下跌走势，若在此处能企稳回升并回补缺口，则可以说明这只是一个洗盘动作，下跌缺口只是为了制造盘面恐慌。而且，该股本身处于底部区域，下跌空间不大。加之，在股价跳空下跌时没有恐慌盘出现，说明下跌动能已经衰竭。

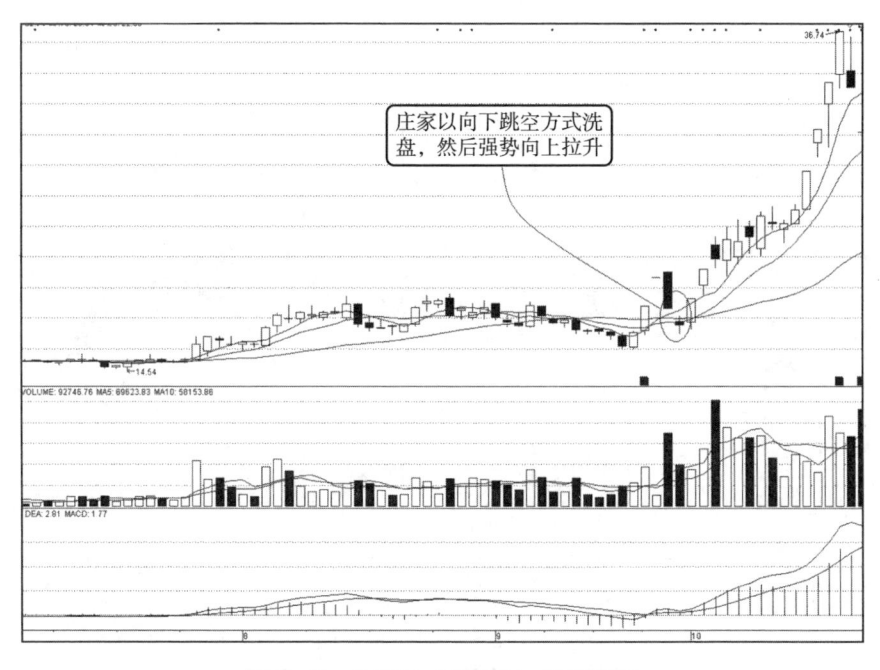

图 3-47　金鸿顺（603922）日 K 线图

3. 跌势中的向上跳空缺口

股价在下降过程中，也经常出现向上跳空缺口。因为，股价虽然整体处于下降趋势，但一般不会出现连续下跌走势，其间可能出现一次或多次的回抽或反弹现象，这就有可能产生跳空缺口现象。但是只要股价不是已经大幅下跌，这些跳空缺口基本不会改变原有的下跌趋势，缺口也不会持续太久，股价最终还会回到下跌通道中，因此向上跳空缺口就是一个难得的离场机会。在实盘操作中，庄家经常在跌势中制造向上跳空缺口，造成股价向上突破假象，吸引散户追涨介入，然后股价转身下跌，将散户全线套牢。

图 3-48，博敏电子（603936）：股价反弹结束后向下回落，然后在前低附近形成一个小盘区，2020 年 11 月 27 日股价跌破前期低点支撑，形成加速下跌之势。这时庄家设置了一个多头陷阱，12 月 1 日股价大幅跳空，以涨停价开盘，盘中开板后回封，当天收出涨停 T 字线。这时有的散户就被骗了，根据"不破不立"的传统说法，他们认为股价跌破前期低点后，将会出现一波有力度的反弹行情，因而贸然介入。可是，股价并没有强势上涨，盘整几日后开始向下阴跌，将买入者套牢。

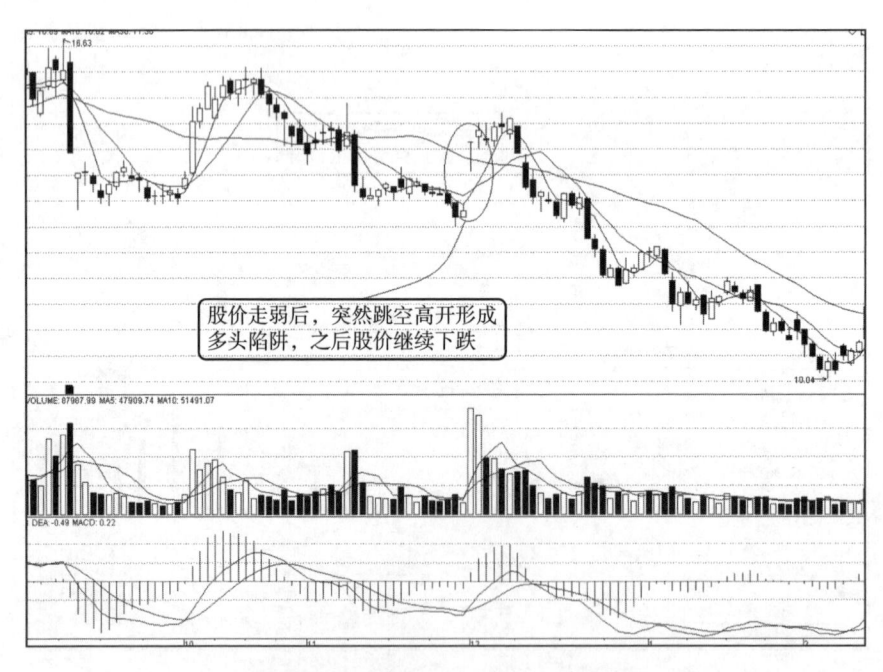

图 3-48　博敏电子（603936）日 K 线图

技术解盘：从该股走势图可以看出，股价跌破前期低点后，均线系统已呈现空头排列，对股价起助跌和压制作用。虽然在走势图中出现一个向上跳空缺口，但股价仍然受制于均线的压制，没有形成任何的技术性突破，只是一个普通性缺口，无法改变股价整体下跌趋势。而且，这个缺口位置处于上方盘整区，股价很难产生有效的突破。因此，该缺口是对股价击穿前期低点后的一种回抽确认走势，也是庄家埋下的一个多头陷阱，这时投资者应抓住最后的逃命机会。

4. 底部区域向下虚假跳空缺口

股价处于底部盘整震荡走势，尚未完全脱离盘整区域，或者刚刚脱离盘整区域后，股价再次下跌，出现向下跳空缺口，这个缺口往往是最后探底走势。因此，在底部出现的向下跳空缺口大多为空头陷阱，不必为之惊慌，反倒是一次买入的良机。

图 3-49，仁智股份（002629）：该股长时间处于下跌走势，空头气势强大，股价累计跌幅较大。2021 年 4 月 28 日，股价跳空低开低走，留下一个向下跳空缺口，对盘面造成一定的破坏。此时，不少投资者产生恐慌心理，以为股价将继续下跌，因而纷纷选择离场操作。可是，第二天股价小幅下跌后立即企稳，经过短期的修复整理后，股价开始渐渐向上回升，且盘面气势逐渐加强。

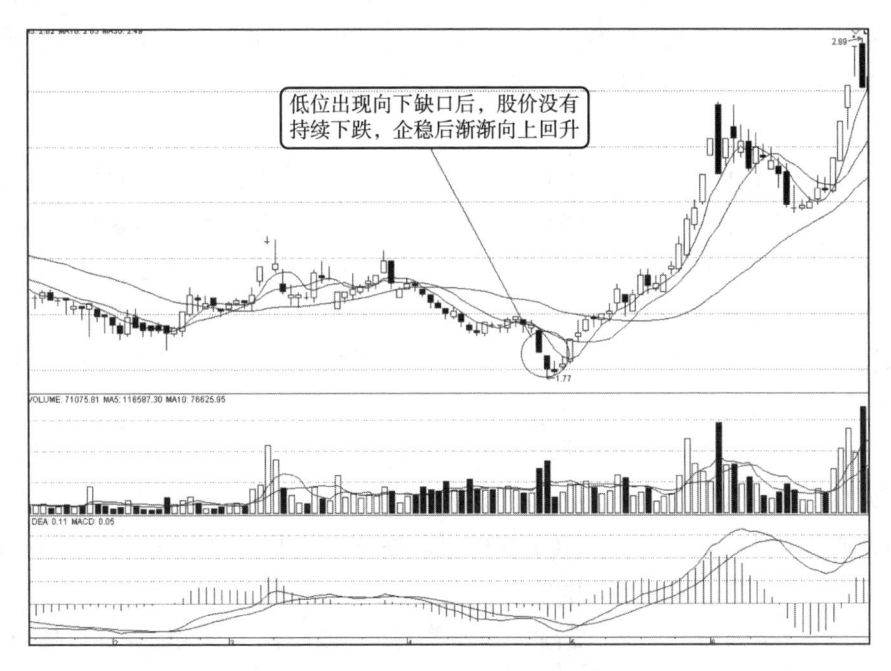

图 3-49　仁智股份（002629）日 K 线图

技术解盘：从该股走势图分析，有以下几个方面的盘面现象需要思考：一是从价位分析，股价经过长期的下跌调整后，已处于市场底部区域，下跌空间已被封闭，股价跌无可跌。二是从成交量分析，在长期的下跌调整过程中，空方能量得到充分释放，成交量十分低迷，呈现地量水平，下跌动能已衰竭。三是从形态分析，股价离前期历史低点不远，历史低点附近将有一定的技术支撑。四是从力度分析，股价下跌气势不强，力度不大，缺口产生后立即企稳，没有出现持续下跌走势，因而不足为虑。五是从缺口性质分析，股价向下突破盘区低点支撑，初看是一个突破性缺口，其实只是一个普通性缺口。因为，股价离前期低点非常近，要真正成为突破性缺口，则需要股价快速下跌来强化这个缺口的"突破"功能，否则起不到"突破"作用。可见，这个缺口是庄家刻意打压的建仓、试盘动作，目的是制造盘面恐慌，这将有利于底部形态的构筑。

5. 顶部区域向上虚假跳空缺口

股价处于大幅上涨后的顶部区域，投资热情未退，这时很容易出现向上跳空缺口。或者，在大幅上涨后的高位，股价受惯性作用，出现向上跳空缺口。这些跳空缺口有时为庄家行为所致，属于普通性缺口，一旦股价向下回补缺口，就会引得抛盘出现，进而形成顶部。因此，在高位或顶部出现的向上跳空缺口，大多为多头陷阱，应谨慎对待，可在跳空缺口形成的当天逢高卖出。

图3-50，宜华健康（000150）：该股在庄家完成低位建仓计划后，出现一波强势拉升行情，短期涨幅达到200%，由于庄家出货导致盘面在高位出现震荡走势，股价重心下移。2021年5月31日，股价再次强势涨停，次日跳空放量涨停，留下一个向上跳空缺口。这时不少投资者以为该股开启第二波上涨行情，而纷纷追涨打板入场。可是，第二天股价低开低走，以跌停板收盘，此后股价渐渐走弱，套牢了追涨资金。

技术解盘：如何解读这个向上虚假跳空缺口的性质呢？可从以下两个方面分析：一是从价位分析，股价经过短期的暴涨后，已处于市场高价区域，多方消耗力量过大，短期持续上涨的可能性不大，即使后市有丰富的题材，也需有一个休整过程，可见短线面临回调风险为众人所知。二是从力度分析，股价上涨气势渐显不足，"恐高"心理滋生。一般而言，如此强势的市场中，股价跳空高开涨停，次日应该有较高的溢价机会，可是次日直接低开走弱跌停，将前一天的打板筹码全线套牢，庄家出货意图非常明显。可见，这是一个顶部区域向上跳空缺口陷阱。投资者遇到此情形时，可以不考虑是什么性质的缺口，也不要对后市股价有太高的期望。

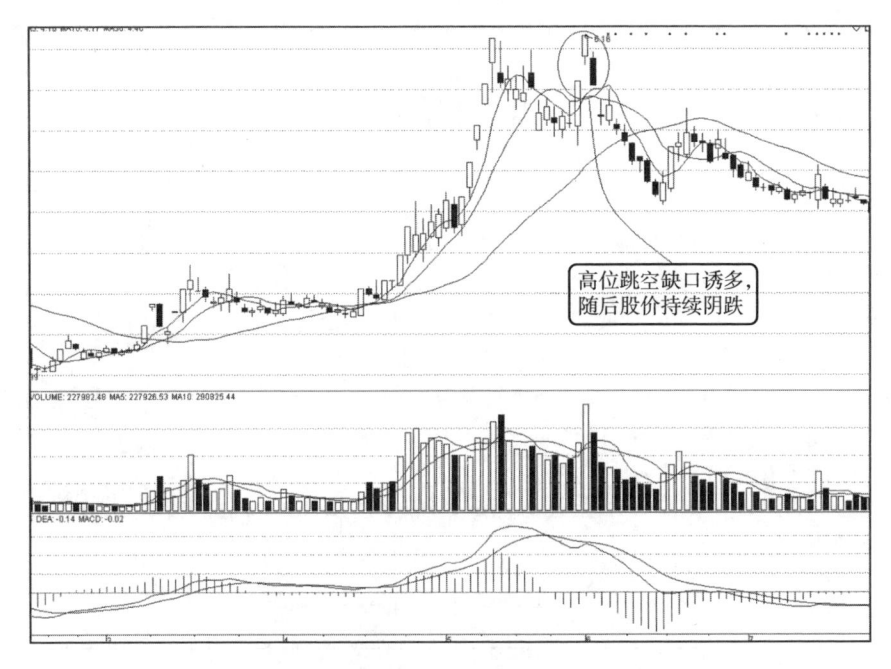

图 3-50　宜华健康（000150）日 K 线图

6. 整理平台向上虚假跳空缺口

股价经过一段时间的平台整理后，经常以跳空缺口的形式向上突破，因此这时的缺口是买卖决策的最好信息，但庄家也经常利用跳空缺口制造假突破。

图 3-51，中电电机（603988）：该股连拉 7 个涨停后大幅回落呈横盘整理，2021 年 9 月 17 日放量涨停，次日一字板涨停，留下一个向上跳空缺口。这时有的投资者以为股价整理结束，将会展开新一波强势上涨行情，因而看多后市。可是，股价并没有强势上涨，连续两天下跌，缺口完全封闭，之后再次拉起，也没能继续上涨，股价重新陷入盘整走势。

技术解盘：对于该股，应关注的不是涨幅大小，而是缺口的性质。从图中分析可知，该跳空缺口属于普通性缺口，而不是突破性缺口，也就是说股价在幅度和时间上均没有突破整理平台，是整理平台中的常态波动。明确了跳空缺口的性质后，接下来的操作思路就清晰了，普通性缺口很快将被回补，在此介入至少面临短期回补风险。从趋势分析，股价在整理过程中，30 日均线趋于水平状态，对股价没有助涨作用。因此，这样的缺口需要谨慎对待，投资者以观望为宜。

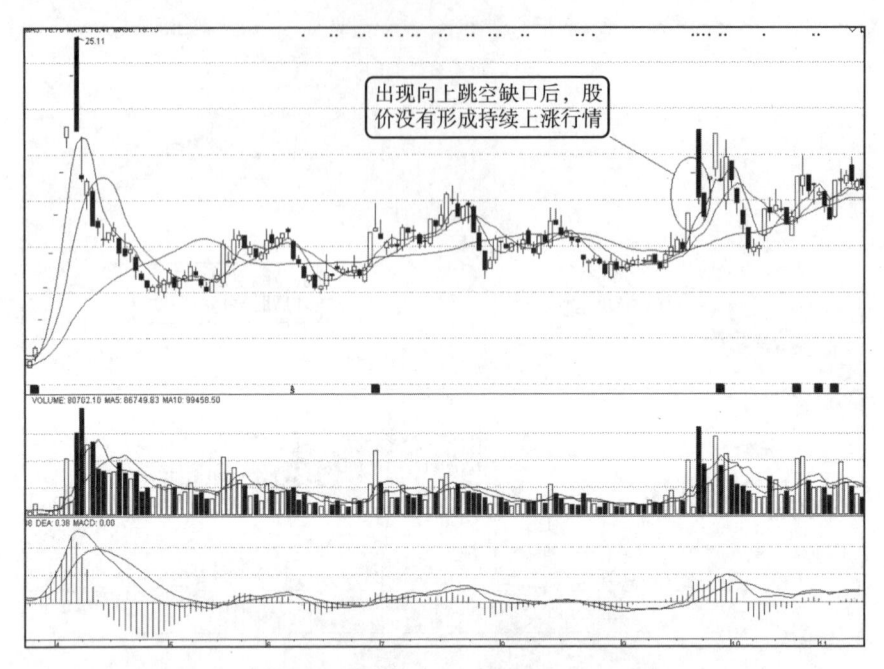

图 3-51 中电电机（603988）日 K 线图

7. 整理平台向下虚假跳空缺口

在实盘操作中，也经常出现整理平台向下假突破的情形，庄家的意图是让投资者在恐慌中止损离场。

图 3-52，尚纬股份（603333）：股价经过充分的调整后企稳反弹，反弹到一定的高度后形成平台整理走势，横向整理 2 个多月。2021 年 10 月 15 日，受股权质押延期利空消息影响，当日股价跌停板收盘，次日惯性低开弱势整理，留下一个向下跳空缺口，股价突破整理平台低点，形成技术破位之势。这时有的投资者以为股价后市将会出现下跌走势，因而纷纷止损出局。可是，随后股价并没有大幅下跌，渐渐企稳后向上回升，股价逐波向上走高，从而使向下跳空缺口成为一个空头陷阱。

技术解盘：该股的跳空缺口属于突破性缺口，即向下突破平台整理区域。那么突破性缺口产生后，股价是不是一定会大幅下跌呢？倒也未必。这要结合股价所处的具体位置高低进行分析，若股价下跌幅度不深，形成中继平台整理的可能性较大，股价一旦向下突破，后市还有较大跌幅，以缺口的方式向下突破平台是空头一种极端的宣战方式，投资者只能止损出局。若股价处于调整充分的底部区域，即使出现向下突破缺口，其跌幅也不会很深，投资者不必为之恐慌。从该股的走势可以看出，股价经过长期的下跌调整后，累计跌幅较大，下跌空间较小，而且股价离前期低点很近，一般在前期低点附近将遇到较强的技术支撑，因此该股的向下跳空缺口是庄家借助利空消息展开二次探底走势。

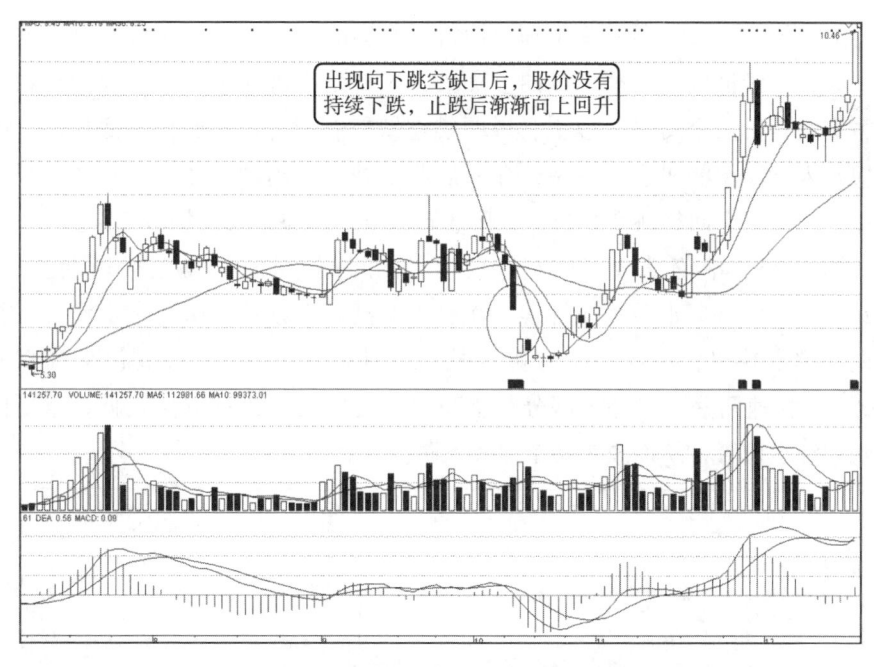

图 3-52　尚纬股份（603333）日 K 线图

三、虚假突破性缺口

突破性缺口通常在大底部向上突破和大顶部向下突破时出现。这类缺口的出现，预示着股价走出大的反转行情，因此伴随着大成交量的突破性缺口，通常不会在短期内被回补，这是因为带量的跳空缺口的强度已较一般带量突破表现出更为强烈的信息了，因此不太可能发生缺口被回补的技术性弱势格局情况。向上突破性缺口的出现，应在长时间大幅下跌之后，并有扎实的底部作为前提，突破时还有大成交量的支持，在政策面上常会伴随着非常重大的利好消息出台。向下突破性缺口应发生在股价大幅上涨后的高位，头部特征非常明显。

在实盘操作中，一个有效的向上突破性缺口会产生一波有力的上升行情，可以获得丰厚的短期利润。同样，一个有效的向下突破性缺口也会产生一轮较深的下跌行情，产生巨大的市场风险。但是，在实盘中经常出现许多虚假的缺口形态，按常规法则买卖股票，很容易落入庄家精心设置的陷阱之中。

1. 虚假向上突破性缺口

股价经过较长时间震荡整理，构筑了坚实的底部基础，随时有离底的可能，某日，股价跳空高开形成向上突破，这就是突破性缺口。若股价在缺口上方有效运行三个交易日以上，说明跳空缺口有效，预示股价见底反转，此时应是入场操作的机会。可是，介入后股价并没有出现持续上涨走势，很快止涨下跌，完全回补跳空缺口，并形成新的下跌走势，将入场者套牢。

图3-53，萃华珠宝（002731）：股价经过长时间的盘整后渐渐企稳，2020年12月15日股价放量涨停，次日大幅高开后秒板，留下一个没有回补的向上跳空缺口，形成一个突破性缺口。可是，12月18日股价大幅高开7.08%后快速回落，回补了部分跳空缺口，之后几日股价震荡走低，重新回落到起涨点位置，从而成为一个多头陷阱。

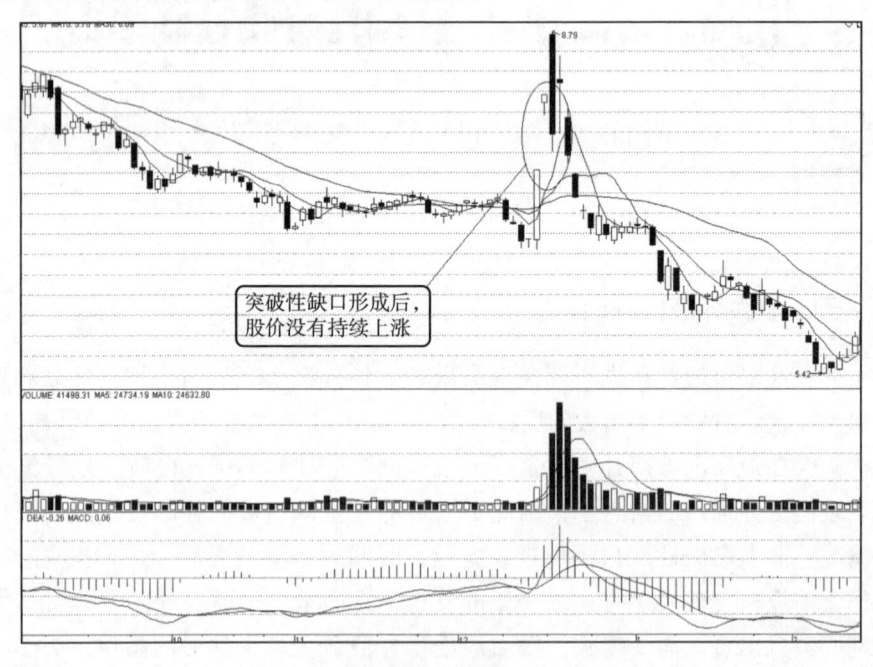

图3-53　萃华珠宝（002731）日K线图

技术解盘：该股的向上跳空缺口为什么会成为一个多头陷阱呢？突破性缺口主要是在一段长时间的价格整理过程中，形态颈线附近的价位不断地出现卖压，而多头前赴后继地持续将卖压消化。终于在某一时点，形态颈线附近的卖压被消化完毕，于是价格在买方力量的推动下，向上跳空形成缺口。由于价格以跳空的方式突破颈线，因此这一缺口具有重要的技术意义，如果这个突破缺口伴随着大成交量，则可以确认这个突破是一个有效的突破缺口，为强烈的买进信号。

从该股的技术图形分析，股价经过前期的持续阴跌后，多方信心遭到极大打击，一时难以恢复元气，股价的每一次反弹都成为离场的良机，因此这时出现突破性缺口很难吸引投资者的兴趣，容易成为失败形态。而且，跳空涨停来得非常突然，还得不到均线系统的有力支持，30日均线处于平行状态，跟不上股价上涨步伐，且制约股价上涨。成交量也不正常，有庄家对敲自救的可能。因此，这类个股在缺口上方得不到支撑时，选择离场操作为好。

2. 虚假向下突破性缺口

股价经过较长时间的上涨行情，累积了一定的涨幅，获利筹码相继兑现，市场进入盘头走势。不久，股价向下突破留下一个较大的缺口，股价在此后的三个交易日里在缺口下方运行，说明向下突破缺口有效，预示股价见顶反转，投资者应及时离场观望。可是，当投资者纷纷抛出筹码后，却不见股价下跌，而是很快止跌回升，完全回补了跳空缺口，并形成新的上涨行情，出场者踏空而顿感寒意。

图3-54，东方证券（600958）：股价经过一段时间的盘整后，于2021年3月31日跳空下跌，形成突破性缺口，大众投资者对此产生一定的恐慌，担心后市出现新一轮下跌走势，因此纷纷选择止损操作。可是，股价很快企稳盘整，不久向上走强，形成强势的盘升行情，向下跳空缺口成为一个空头陷阱。

技术解盘：该股的向下跳空缺口为什么会成为一个空头陷阱呢？从该股的技术图形分析，股价虽然出现向下跳空缺口，但出现在底部盘区，不符合突破性缺口的特征，属于一般普通性缺口。而且，从成交量分析，并没有恐慌盘涌出，股价下跌动能不足，筹码处于固定状态。再说，股价离前期低点不远，前低有较强的技术支撑，股价下跌空间不会很大。因此这是一个空头陷阱，是庄家打压建仓、洗盘所致。

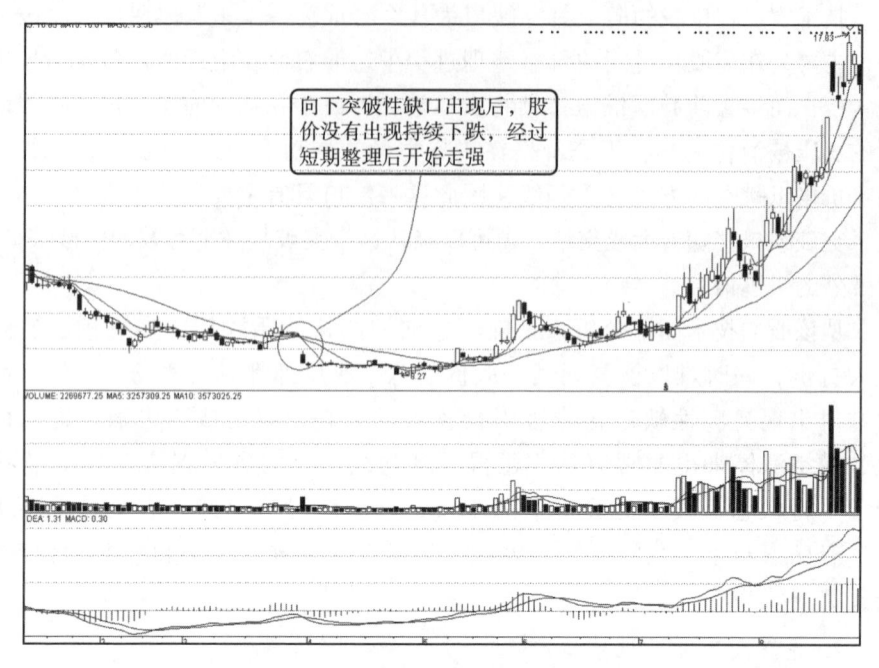

图 3-54　东方证券（600958）日 K 线图

四、虚假持续性缺口

在实盘操作中，一个有效的持续性上涨缺口，会产生一波暴涨性行情，短期有可能出现飙升行情。同样，一个有效的持续性下跌缺口，也会产生一轮暴跌性行情，短期市场风险巨大。虽然，实盘中出现的虚假缺口大多为突破性缺口和竭尽性缺口，而发生持续性缺口的频率不高，但也经常出现突破失败或假突破现象，按常规法则进行追涨杀跌的话，很容易落入庄家精心设置的陷阱之中。

1. 虚假向上持续性缺口

股价向上突破成功后，由于买盘不断介入，市场一片看涨，股价继续跳空上涨，形成持续性缺口，并且伴随着大的成交量。因此，这个缺口的出现，也确保了主升段的持续走势，所以就整个趋势来看，第一个持续性缺口透露出市场对后市的看法，认为还会持续既有的趋势上涨，并且上涨幅度也会与前期上涨幅度相当，如此足以吸引一批换手资金参加。但在实盘操作中，持续性缺口产生后股价并没有出现持续性上涨走势，反而止涨下跌，完全回补跳空缺口，并且盘面逐步走弱，将入场者套牢其中。

图 3-55，山西焦化（600740）：该股庄家在长期的筑底过程中，吸纳了大量的低价筹码后，完成了低位建仓计划。2021 年 8 月 24 日，股价跳空高开后放量涨停，形成突破性缺口，这个缺口有着重要的技术意义。之后，股价继续强势上涨。9 月 9 日，跳空高开涨停，从而形成持续性缺口。一般而言，持续性缺口产生于上涨行情的中段，股价后市上涨可期，因此是一个较好的买入机会。可是，随后的走势出乎预料，股价连续两天冲高回落，之后持续回落，持续性上涨缺口成为一个虚假形态。

技术解盘：如何解读该股的技术走势呢？从该股的走势图分析，存在这样的技术疑问：首先，从 K 线分析，虽然留下一个当天没有回补的向上跳空缺口，但 K 线阳线实体部分较短，下影线较长，形成"吊颈线"，在高位出现这样的 K 线形态，表明上攻力度减弱，股价难以持续上涨。其次，上涨力度不强，如果"吊颈线"出现之后的几天里，股价能够继续强势上涨或收出中阳线的话，可以消除这个"吊颈线"所带来的疑虑。可是，之后两天都收出"射击线"，此时持续性缺口的作用已被否定，投资者应注意调整风险。最后，股价短期涨幅较大，累计涨幅已超过 100%，技术上也存在调整要求，这也是股价不能持续上涨的一个重要因素。投资者在实盘中遇到这样的走势，不要盲目追涨，应结合盘面情况进行具体分析。

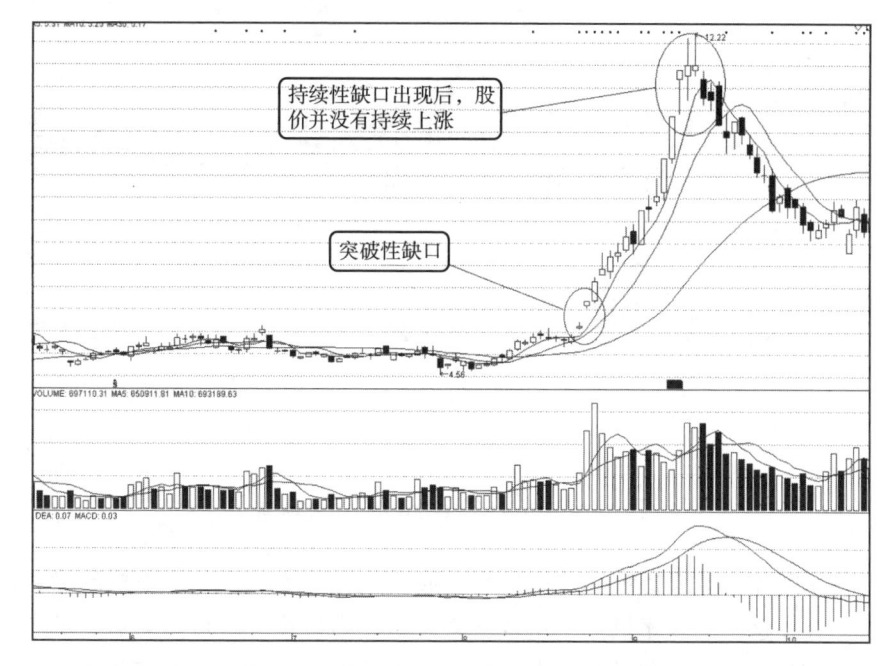

图 3-55　山西焦化（600740）日 K 线图

2. 低位虚假持续性缺口

股价出现一个向下的突破性缺口后，市场产生悲观情绪，对后市走势产生怀疑。股价继续跳空下跌，形成持续性缺口。此后的三个交易日里股价在缺口下方运行，说明这个持续性缺口有效，据此预测股价仍将有一段下跌行情，投资者应及时离场观望。可是，当投资者纷纷抛出筹码后，股价却止跌企稳了，且很快出现回升走势，完全回补了跳空缺口，并出现新的上涨行情，从而成为虚假的持续性缺口。

图3-56，中光学（002189）：股价反弹结束后再次回落，2021年1月25日跳空低开低走，跌破了整理盘区，形成突破性缺口。随后股价继续震荡走弱，2月4日再次向下跳空，低开低走，并创调整新低，形成持续性缺口，预示着股价还将下跌，因此不少投资者选择了止损策略。可是，持续性缺口产生后，股价并没有出现预期的跌幅，很快就止跌企稳了，使抛售者卖在"地板价"上。

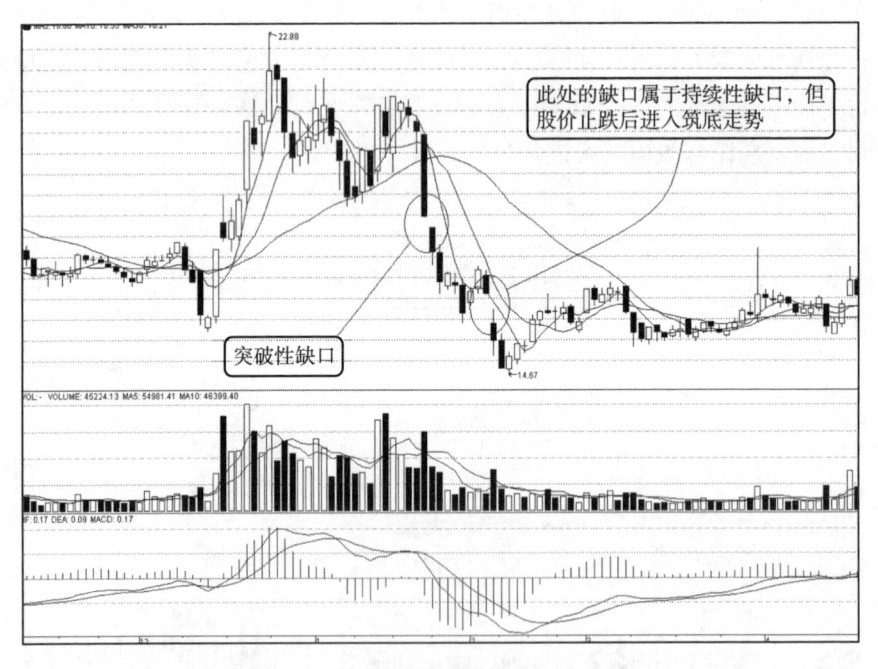

图3-56 中光学（002189）日K线图

技术解盘：该股持续性缺口出现后股价为什么不跌呢？从该股的走势图分析，存在这样的技术疑问：从成交量分析，当持续性缺口产生后，没有明显的恐慌盘涌出，下跌动能逐渐衰竭，说明该抛售的人已经抛售了，持股者也会等待反弹的出现，因此不会在此时继续杀跌。从形态分析，股价下跌遇到前期低点支撑，具有较强的技术支撑，一般难以轻易击穿。从价位分析，股价经过长期的下跌调整后，基本处于历史底部区域，下跌空间已不大。可见，虽然第二个缺口具有持续性缺口特征，但不一定就会产生持续性缺口的下跌走势，要综合其他技术方法进行研判。

五、虚假竭尽性缺口

竭尽性缺口又称消耗性缺口，出现在长期上涨或下跌行情的末端，预示着多头或空头已到强弩之末，股市将由盛转衰。

股价在上涨过程中，经过连续上涨并做最后的冲刺，能量消耗极大。股价集中最后力量，全力向上一跳，但已无后力。一鼓作气，再而衰，三而竭。这就是向上的竭尽性缺口，预示股价在短期内将会发生反转下跌行情。同样，当股价经过较长时间的下跌，尤其到跌势后期产生加速下跌，空方能量消耗极大，但此时出现消息面利空，产生恐慌性抛盘，空方一致做空，产生向下跳空缺口，但当该卖的都卖了之后，再也没有卖盘出现，这就是向下的竭尽性缺口，预示股市在短期内结束下跌行情，而转势而上。

虚假竭尽性缺口。在一轮持续的趋势行情中，市场可能出现多个价格跳空缺口，通常为突破性缺口和持续性缺口，连续多次的冲刺给多方或空方能量造成大量损耗，如果此时市场再次出现同向的缺口，预示市场出现最后一次冲击，趋势行情渐渐收尾，市场迎来较好的买卖时机，但是竭尽性缺口的虚假现象也非常之多，也就是说有了竭尽性缺口之后，股价仍然朝着原来的方向继续运行。

1. 虚假向上竭尽性缺口

在一轮持续的升势行情中，股价节节走高，已经出现突破性缺口和持续性缺口，这两个缺口有力地推动股价大幅上涨。不久，股价又在高位出现第三个向上跳空，这个缺口通常为竭尽性缺口，涨势已经竭尽全力，股价随时出现调整的可能，此时应逢高卖出为宜。但在实盘操作中，当这个缺口形成后，股价仍然持续上涨或只是小幅下调，反而走出了逐波上涨行情，让出局者落入竭尽性缺口的陷阱之中。

图 3-57，九安医疗（002432）：该股主力完成低位建仓计划后，借助利好消息开始向上突破，前期的跳空缺口性质非常清晰。2021 年 11 月 16 日形成普通性缺口，17 日形成突破性缺口，22 日出现持续性缺口，30 日出现竭尽

性缺口。在高位出现竭尽性缺口，意味着股价后市将回落调整，投资者应以卖出观望为主。可是，调整 6 个交易日后，再次出现强势拉升行情，涨幅超过 150%。

技术解盘：该股从庄家坐庄意图分析，股价经过前面的快速上涨后，在高位出现震荡整理走势，此时低位介入的投资者几乎全部选择获利了结，这完全符合大众投资者的操作思路，那么此时庄家能不能顺利出局呢？肯定出不了。此时，庄家不能选择持续阴跌出货，唯一的选择就是继续拉升股价，吸引新一批资金入场，至于股价能走多高，关键在于庄家意图，投资者要结合其他方法进行研判，才能找出破绽。

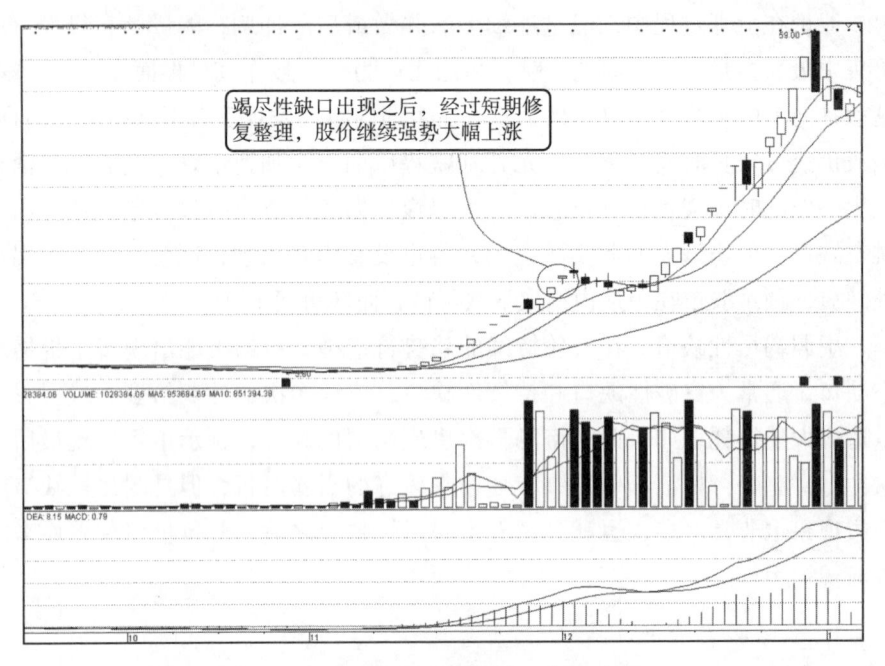

图 3-57　九安医疗（002432）日 K 线图

2. 虚假向下竭尽性缺口

在持续的下跌行情中，已经出现了两个向下跳空缺口，下跌势头十分猛烈，技术高手纷纷逃离现场。不久，股价又在相对低位出现第三个向下跳空缺口，通常该缺口是一个竭尽性缺口，表明下跌的动能渐渐竭尽，该抛售的人早已抛空了，不想抛售的人也捂股不动了，预示股价迎来止跌回升走势，因此可逢低介入。但实盘中并非这么简单，在这个缺口形成后，股价并没有出现上涨行情或只是小幅的回抽，很快再现跌势，把入场者个个套牢。

图 3-58，融钰集团（002622）：庄家在高位完成出货后，股价向下跳水，连续出现 5 个跌停，形成突破性缺口。接着，修复整理两个交易日，再次收出 3 个跌停，构成持续性缺口。此后出现一段时间的阴跌行情，不久股价又一次向下跳空低开低走，形成一个竭尽性缺口。通常出现下跌竭尽性缺口，表明跌势已近尾声，股价将逐步企稳回升，可以逢低买入。可是，该股竭尽性缺口出现后，股价仍然呈阴跌走势，不断创出调整新低，将在竭尽性缺口附近买入的投资者深套其中。

技术解盘：为什么该股下跌无尽头呢？首先，从力度分析，股价下跌力度较大，当竭尽性缺口产生后，股价仍然无力回补缺口，该缺口对后市股价形成一定的阻力。其次，从成交量分析，通常出现竭尽性缺口时，股价已经大幅下跌，成交量持续低迷，下跌动能逐渐衰竭，但同时也反映入场资金谨慎，做多意愿不强。可见，该股虽然出现了三个向下跳空缺口，但不能就此简单地认为第三个缺口就是竭尽性缺口，更不能贸然介入，观望为宜。

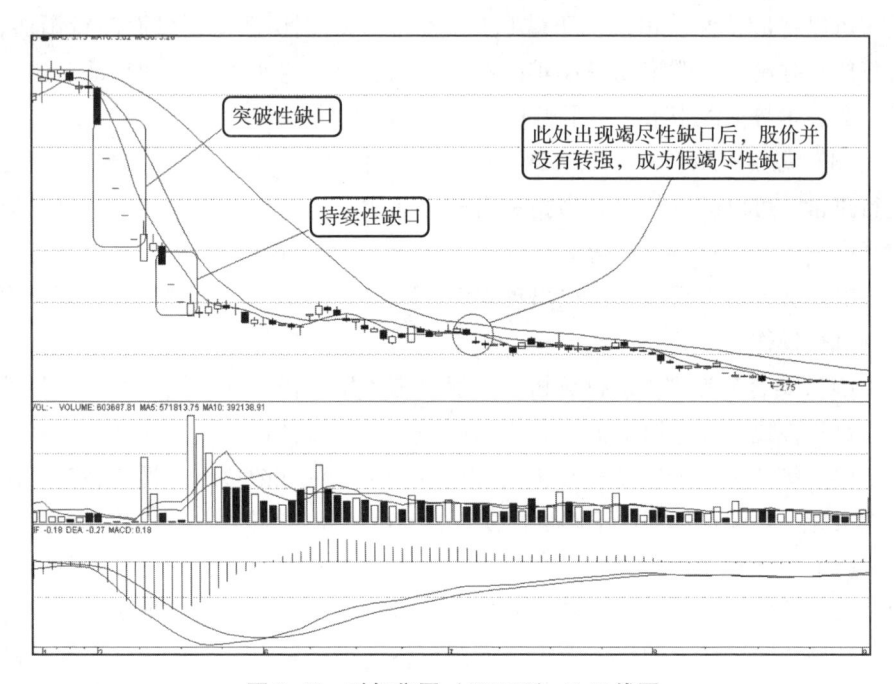

图 3-58　融钰集团（002622）日 K 线图

六、技术辨别方法

（1）看股价位置高低。在涨势中，当股价出现第三个向上的跳空缺口时，若股价已被大幅炒作，上涨一倍甚至几倍以上，后市上涨的可能性不大。若股价总体涨幅不大，可以暂时不理会几个跳空缺口，安心持股不动，等待主升浪行情的出现。

同样，在跌势中，当股价出现第三个向下的跳空缺口时，若股价已经大幅下跌，股价处于对折以下，表明空头能量释放殆尽，股价继续大跌的可能性不大，此时可以试探性轻仓介入。若股价跌幅不大，或刚刚脱离头部区域不久，此时不应该认为第三个跳空缺口就是竭尽性缺口，更不能贸然介入，理智的做法是离场观望。

一般而言，在顶部出现的向下缺口和底部位置出现的向上缺口，其可靠性较高，在牛皮盘整市道里出现的向上或向下缺口，可靠性均不高，小心为好。

（2）观察突破后的市场运行趋势。出现向上缺口后，股价能够迅速脱离缺口区域，盘面气势磅礴，一鼓作气，走势流畅，市场发展会持续一段时间，此时可以持股待涨。出现向下缺口后，股价不断创出新低，盘面渐行渐弱，市场熊气弥漫，表明市场短期难改跌势，仍应保持空头思维。如果缺口出现后，盘面走势拖泥带水，不干脆利索，那么就应当提高警惕。

（3）观察 MACD、DMI、MA 等中长期技术指标的发展趋势，若技术指标运行正常，可以继续持股，当指标有转势迹象时，应立即采取买卖措施。同时观察 RSI、KDJ、W%R 等中短期技术指标是否出现背离现象，在一轮持续较长的趋势行情中后期，往往出现顶背离或底背离信号，这时可以根据背离原则进行操作。

（4）结合波浪理论进行分析。一般而言，发生在上升 5 浪以后的竭尽性缺口可靠性比较高，第 1 浪、第 3 浪中的缺口可靠性比较低。同样，出现在第 2 浪、第 4 浪、B 浪以及 C 浪后期中的向下竭尽性缺口可靠性比较高，出现在 A 浪、C 浪前期的向下竭尽性缺口，其可靠性非常低。

（5）向上的竭尽性缺口，如果发生在主升浪行情以前，则可靠性低，如果个股行情出现过主升浪行情，其后形成的跳空缺口，应当谨慎对待，小心竭尽性缺口的形成。同样，发生在暴跌行情之后的缺口，往往就是竭尽性缺口，股价很快将迎来反弹行情。

（6）暴涨暴跌或问题类个股，不能按常规的缺口理论操作，在当前庄家盛行的市场中，涨跌往往脱离市场本来规律，股价出现四五个，六七个，甚至更多的向上或向下跳空缺口，也屡屡见于市场之中，因此对这类个股应区别对待，以防落入陷阱。

（7）在快速的涨势或跌势中，必须去分辨竭尽性缺口或是持续性缺口。由于快速走势的第一个缺口一定是持续性缺口，因此最简单的方法便是以持续性缺口的发生位置当作走势的中点计算整个趋势的长度，便可判断该处所发生的缺口是不是竭尽性缺口。另一个判断的方法则是成交量，如果当天爆出不寻常的巨量（相较于先前的价格走势），并且宽度更大时，则很可能是一个竭尽性缺口。

（8）观察支撑和阻力程度，真正的跳空缺口具有支撑和阻力作用，股价短期不会回补，虚假缺口的支撑和阻力作用不大，短期将很快被回补。

（9）有市场轨迹可循的缺口，可靠性高；而无缘无故出现的缺口，可靠性低。

（10）向上的缺口必须要有成交量放大的支持，无量形成的缺口属于故弄玄虚。向下的缺口可以不必过分强调成交量的大小，无量下跌也应引起足够的重视，但若向下突破时有成交量的配合，则会加强突破的有效性。

（11）在一个明显的趋势行情中所形成的突破缺口，短期攻击力非常强，往往出现强者恒强、弱者恒弱的现象，涨得让人难以相信，跌得使人难以接受。在调整行情中，调整时间越长，后市突破的力度就越大，形态的可靠性也就越高。

（12）在上升或下降的过程中，出现跳空的次数越多，显示趋势越接近尾声，这时投资者应谨慎对待。一般而言，缺口的大小与后市涨跌力度成正比。

（13）ST类个股不宜用缺口理论进行研判，应采用其他方法分析。

第四章

趋势技术陷阱 >>>>

第一节 趋势线的确定

一、趋势线的制作

趋势线是进行趋势分析的重要工具之一，其分析依据来源于波浪理论。盘面的上下波动不是呈现直线的运动方式，而是由一连串的波浪式行情组成。在上升趋势中，多头实力雄厚，市场投资气氛高涨，投资者往往在行情并未跌到底部时就积极买进，形成底部不断抬高的走势，由于底部的抬高，这些波浪波动的底部形成一条上倾的直线。同样在下跌趋势中，空头势力占据市场优势，主导市场逐级下跌，市场人气逐渐消退，买盘发动的反弹行情力度非常有限，股价往往无法达到前次高位便遭到市场强大的抛压，行情呈现一波比一波低的特征。由于波段行情的头部逐级降低，这些头部形成一条下倾的直线。这些连接阶段行情头部及底部的直线，称为趋势线。

趋势线是最原始且简洁有效的技术分析，它的理论基础就是技术分析中的第二大假设，即"价格沿趋势运动"。趋势线只不过是利用线条来更明确地标示趋势。趋势线看似简单，其中的道理却不无深奥之处，它涉及价格运行许多方面的内容，许多人对此理解并不深，认为随便找两个点就可以画趋势线。但是，以任何价格上的两点画线就会画出很多条线，那分析就无从下手了，因而只能选择那些重要的点来画线。哪些点重要呢？实践证明，重要的点、历史中的高点和低点、相距超过几个月的高点和低点、重要技术形态位置上的高点和低点。

1. 画趋势线的要领

趋势线有各种各样的画法，其应用效果也大不相同，因此画趋势线是一门学问，习惯的操作方法大致有两种：

第一，在收盘价位走势曲线上画趋势线。以收盘价位为纵坐标、以时间为横坐标，按时间顺序在坐标中绘制的收盘价位曲线，即为收盘价走势曲线图。画上升趋势线必须确定所画时期的两个低点：一是最低点，二是次低点。用直线连接两点即为上升大趋势线。画下降趋势线必须确定所画时期的两个高点：一是最高点，二是次高点。用直线连接两点即为下降大趋势线。

第二，在K线图上画趋势线。也有两种方法：一是在K线图上画上升趋势线时，一般以两个最低价位为依据；画下降趋势线时，一般以两个最高价位为依据。二是取阳线开盘价画上升趋势线，取阴线开盘价画下降趋势线。人们认为取开盘价画趋势线的有效性大于取最高价、最低价画趋势线，故实践中有人用开盘价画大趋势线的中级趋势线，取最高价、最低价画短期趋势线。

虽然趋势线有各种各样的画法，但要正确地画出趋势线，有必要掌握以下要领：

（1）明确当前的市场趋势，只要每一个后续价位弹升都比前一个弹升达到更高的水平，而每一个次等回档的低点均比上一个回档的低点高，那么可以确定其趋势是上升的，就是牛市迹象，将这两个明显的最低点和次低点连接在一起就形成一条上升趋势线。相反，反弹无法突破先前弹升达到的价位，从而将价格压到逐渐低的水平，那么可以确定其趋势是下降的，就是熊市迹象，将这两个明显的最高点和次高点连接在一起就形成一条下降趋势线。如果股价每一次的反弹高点相当，而每一次的回档低点价位相近，那么可以确立其趋势是横向水平震荡走势。

（2）向上或向下的直线如果不能包含波段中的所有价位，那么有必要再去寻找其高点或低点来尝试，直到包含所有价位为止。

（3）传统理论认为，要用第三个高点或低点验证趋势线的有效性，如果随后出现的高点或低点得到这条趋势线的阻力或支撑，则说明这条趋势线的有效性得到验证。其实这种说法不十分恰当，在实践中应当通过两个点连接的趋势线，去检验后面的高点或低点的阻力和支撑是否可靠及其力度的大小问题，并以此作为买卖操作依据。

（4）在确定趋势线时，如果最初取采样点的时间跨度太短，则它所反映的趋势可能只是短暂的趋势，对长远趋势的指导性意义不大，股价的支撑和阻力作用的有效性也会大大降低。因而在画趋势线时，应该选择距离较远的两个点，这样才更具有参考价值。

2. 趋势线的筛选

虽然很容易在 K 线图上画出趋势线，但这并不意味着就已经掌握画趋势线的方法了。在画出一条直线后，还有很多问题需要继续去回答。

最迫切需要解决的问题是：所画出的这条直线是否具有使用的价值？以这条线作为今后预测市场的参考是否具有很高的准确性？

这个问题实际上是对用各种方法画出的趋势线进行筛选评判，最终保留一条确实有效的趋势线。也就是对趋势线进行筛选，去掉无用的，保留有用的。

要得到一条真正起作用的趋势线，在经过多方面的验证后才能最终确认，不合条件的一般应予以删除。首先，必须确实有趋势存在。也就是说，在上升趋势中，必须确认出两个依次上升的低点；在下降趋势中，必须确认两个依次下降的高点，才能确认趋势的存在，连接两个点的直线才有可能成为趋势线。其次，画出的线在第三个点上发挥了支撑和阻力作用，则这条趋势线是有效的。

一般而言，所画出的直线被触及的次数越多，其作为趋势线的有效性就越能得到确认，用它进行预测越准确有效；趋势线上两点间的时间越长，效力和可靠性越高；速度、角度、斜率、乖离等内容适中的趋势线，可靠性也就越高。

二、趋势线基本图形

1. 快速上升趋势线

快速上升趋势线的形态特征如图 4-1 所示。

（1）这种趋势线既可以出现在以慢速上升趋势线为主的快速、慢速趋势线组合中，又可以出现在以慢速下降趋势线为主的快速、慢速趋势线组合中。

（2）多数出现在涨势的中后期，有时出现在超跌反弹行情中。

（3）揭示股价运行的短期趋势，维持时间比慢速趋势线短。

（4）在以慢速上升趋势线为主的快速、慢速趋势线组合中，投资者在股价处于快速上升趋势线的上方时，可看多做多。

（5）在以慢速下降趋势线为主的快速、慢速趋势线组合中，投资者在股价处于快速上升趋势线的上方时，可在设好止损的前提下，用少量资金适时做多。

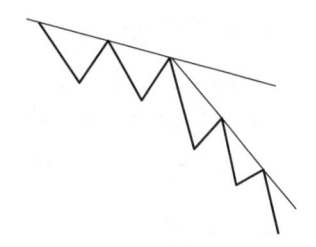

2. 快速下降趋势线

快速下降趋势线的形态特征如图 4-2 所示。

（1）既可出现在以慢速上升趋势线为主的快速、慢速趋势线组合中，又可出现在以慢速下降趋势线为主的快、慢趋势线组合中。

（2）多数出现在跌势的中后期，有时出现在大幅回调行情中。

（3）揭示股价运行的短期趋势，维持时间比慢速趋势线短。

（4）在以慢速上升趋势线为主的快、慢趋势线组合中，投资者可在总体看多的前提下，在股价处于快速下降趋势线的下方时，暂时做空。

（5）在以慢速下降趋势线为主的快、慢趋势线组合中，投资者在股价处于快速下降趋势线的下方时，应坚持看空做空。

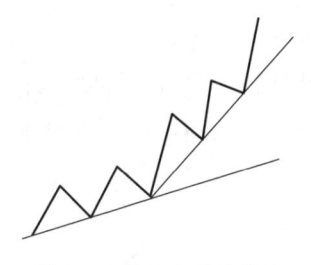

图 4-1　快速上升趋势线　　　　图 4-2　快速下降趋势线

3. 普通上升趋势线

普通上升趋势线的形态特征和如图 4-3 所示。

（1）多数出现在涨势初期，也有时出现在升势的末期。

（2）上升速度较慢，支持股价上升。

（3）股价在上升趋势线的上方运行，投资者应以做多为主。

（4）上升趋势线被触及的次数越多，其可靠性越高。

（5）上升趋势线越往上倾斜，其支撑作用越弱，也就越容易被突破。

4. 普通下降趋势线

普通下降趋势线的形态特征如图 4-4 所示。

（1）多数出现在跌势的中后期，也有时出现在跌势的初期。

（2）下降速度较慢，压制股价下跌。

（3）股价在下降趋势线的下方运行时，投资者应做空。

（4）下降趋势线被触及的次数越多，其可靠性越高。

（5）下降趋势线向下倾斜，其压制作用越弱，也就越容易被突破。

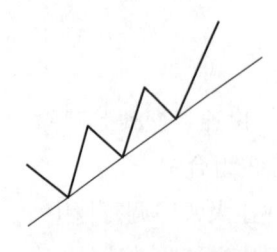

图 4-3　普通上升趋势线　　　　图 4-4　普通下降趋势线

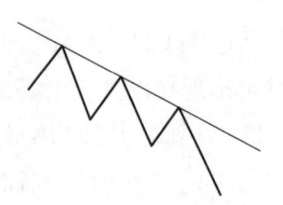

5. 上升趋势线被有效突破

上升趋势线被有效突破的形态特征如图 4-5 所示。

（1）大多出现在涨势的中后期。

（2）股价的收盘价与上升趋势线破位处的下跌差幅至少有 3%。

（3）股价在上升趋势线下方收盘的时间在 3 天以上。

（4）趋势线失去了作用，由支撑变为阻力压制着股价的再度上升。

（5）上升趋势线被有效突破后，形势对多方非常不利，持股者应及时止损出局，持币者应坚持看空观望。

6. 下降趋势线被有效突破

下降趋势线被有效突破的形态特征如图 4-6 所示。

（1）大多出现在跌势末期。

（2）股价的收盘价与下降趋势线破位处的上涨差幅至少有 3%。

（3）股价在下降趋势线上方收盘的时间在 3 天以上。

（4）趋势线失去了阻力作用，由阻力转为支撑阻止股价的再度下跌。

（5）下降趋势线被突破后，形势开始对多方有利，所以投资者应做好做多的准备。持股者可继续持股观望，持币者在上升趋势线形成之前应谨慎看多，不宜盲目买进。

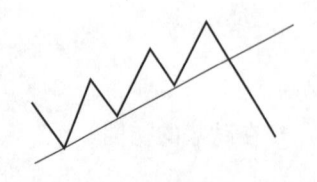

图 4-5　上升趋势线向下突破　　　　图 4-6　下降趋势线向上突破

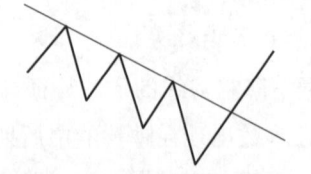

7. 新的上升趋势线

新的上升趋势线的形态特征如图 4-7 所示。

（1）出现在涨势中，表示多方经过休整后发动了新一轮攻势。

（2）上升趋势线向下破位后，不是反转向下，而是继续上升，收盘价逐步创出新高。反映市场处于强盛的多头氛围之中。

（3）持股者可继续做多，持币者可适量跟进做多。

（4）新的上升趋势线形成后，投资者应依据新的上升趋势线进行操作。

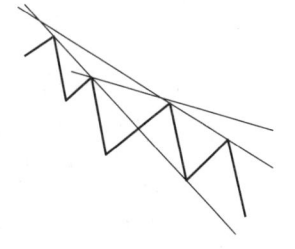

8. 新的下降趋势线

新的下降趋势线的形态特如图4-8所示。

（1）出现在跌势中，表示新一轮的反击开始。

（2）下降趋势线被有效突破后，不是反转向上，而是继续下降且收盘价创出新低。反映市场正处于浓厚的空头氛围之中。

（3）持股者应极早出局，以免更大的损失，持币者应坚持看空。

（4）新的下降趋势线形成后，投资者应依据新的下降趋势线进行操作。

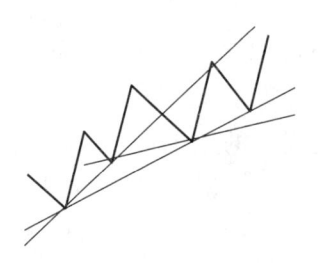

图 4-7　新的上升趋势线　　　　图 4-8　新的下降趋势线

9. 慢速上升趋势线

慢速上升趋势线的形态特征如图4-9所示。

（1）出现在以慢速上升趋势线为主的快速、慢速趋势线组合中。

（2）维持时间比快速趋势线长。

（3）揭示股价运行的中长期趋势是向上的，具有中长期支持股价上升作用。

（4）投资者在股价处于慢速上升趋势线的上方时，应看多。

（5）在慢速趋势线向上时，投资者可在看多、做多的大前提下做空。

10. 慢速下降趋势线

慢速下降趋势线的形态特征如图4-10所示。

（1）出现在以慢速下降趋势线为主的快速、慢速趋势线组合中。

（2）维持时间比快速趋势线长。

（3）揭示股价运行的中长期趋势是向下的，具有中长期支持股价下降作用。

（4）投资者在股价处于慢速下降趋势线的下方时，应坚持看空做空。

（5）在慢速趋势线向下时，在看空、做空的大前提下，若短期趋势向好，投资者可以进行适时做多。

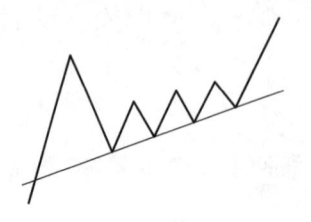

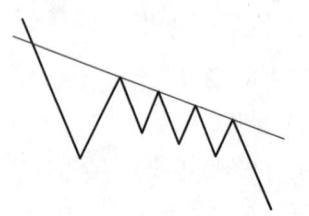

图 4-9　慢速上升趋势线　　　　　图 4-10　慢速下降趋势线

三、常见技术陷阱

（1）快速上升陷阱。股价出现快速上涨的情况有两种：一种是原先处于慢速上升走势之中，经过一段时间的盘升后，出现加速上涨走势，在这种快速、慢速趋势线组合中，投资者在股价处于快速趋势线的上方时，可看多做多。

另一种是原先处于慢速下跌走势之中，经过一段时间的盘跌后，出现加速上涨走势，在这种快速、慢速趋势线组合中，投资者在股价处于快速趋势线的上方时，可在设好止损的前提下，用少量资金适时做多。

但是，这两种走势均预示着上涨行情接近尾声，在升势的末期经常出现多头陷阱，因而投资者应速战速决，否则很容易被套牢。

（2）快速下跌陷阱。股价出现快速下降的情况有两种：一种是原先处于慢速下降走势之中，经过一段时间的盘跌后，出现加速下跌走势，在这种快速、慢速趋势线组合中，投资者在股价处于快速下降趋势线的下方时，可看空做空。

另一种是原先处于慢速上涨走势之中，经过一段时间的盘升后，出现加速下跌走势，在这种快速、慢速趋势线组合中，投资者在股价处于快速下降趋势线的下方时，可在总体看多的前提下，暂时做空。

但是，这两种走势均预示着行情短期跌势进入尾声，在跌势的末期经常出现空头陷阱，因而投资者谨防过分杀跌，否则很容易踏空。

四、技术辨别方法

由两个明显低点连接的上升趋势线和由两个明显高点连接的下降趋势线是最初的趋势线,这条趋势线是否有效需要做进一步的分析,通常判断趋势是否有效,可参考以下原则:

(1) 趋势线触点次数越多越有效。趋势线在形成之初是由两个高点或低点连接而成,如果往后在趋势线上所触及的高点或低点次数越多,则表示这条趋势线在经过多次冲击和考验之后并没有被突破,那么这条趋势线将更具有技术意义,所产生的支撑和阻力作用将会更加准确而有效。也就是说,当股价回落或反弹到趋势线附近时,并未有效突破而是再度上升或下降,其次数越多的话,这条趋势线的作用将更强。投资者可以在这条趋势线附近进行买卖操作。

(2) 趋势线跨越时间越长越有效。趋势线的跨度越长,且未被上升或下降所突破时,其技术性意义就会越大,所产生的支撑和阻力的作用将会准确而有效;同样,趋势线的两个取点之间的距离太近时,其所发挥的支撑和阻力的有效性将大为降低。因此,趋势线的正确画法是选择距离较远的两个点,这样画出来的趋势线才较具有参考价值。

那么,如何界定时间的"长"和"短"呢?可以根据道氏理论所提出的分界准则进行判断,半年到一年以上形成的为主要长期趋势线,三个星期到数个月形成的为中期波段趋势线,少于3个星期的为短期次级趋势线。

由于长时间形成的主要长期趋势线积累了大量的支撑和阻力元素,因此当股价冲破这些位置时,其爆发力也相当强大,原因涉及投资者心理及实际技术问题,如果跌破长期形成的上升趋势线,则令投资者心里不安,从而引发卖盘,令跌势加剧。同样,向上突破下降趋势线时,其原理也一样,只是方向不同而已。

(3) 太陡峭或太平坦的趋势线可靠性不高。在实盘操作中,如果趋势线比较陡峭,其可靠性将大打折扣。这是因为一条较陡峭的趋势线很容易被一个短期横盘整理形态所突破,但后市却未必出现预期的走势。比如,股价向上突破下降趋势线后就会快速上升,股价向下突破上升趋势线后就会快速下跌。通常当股价产生陡峭的趋势线以后,会出现横向的走势,甚至可能出现下跌行情,令入场者被套牢。相反,太平的趋势线虽然具有较强的支撑或阻力作用,但也不是理想的趋势线,其突破信号与最佳买卖时机存在着较大的差距,通常只是投资者最后的买卖机会。因而太陡峭或太平坦的趋势线在更多的时候适用于对形态的确认及短线走势的指导，而对于长线的趋势来讲缺乏实质性的技术参考意义。

那么，如何界定"陡峭"和"平坦"呢？没有固定的标准，股价所处的不同发展周期及不同种类的股票均有所差异，投资者很多时候需要凭经验做调整。对初学者而言，只能以市场一般可接纳的标准作为学习的起点。通常，趋势线与水平线的夹角为45度是最理想有效的趋势线。如果趋势线与水平线夹角大于65度，则属于陡峭的趋势线；如果趋势线与水平线夹角小于20度，则属于平坦的趋势线，这两种趋势线的参考性均较低。

通常，一般个股趋势线的斜率，随着其市场习性（投机股较陡，而投资股较平）和原始周期的不同而有明显的差异，涨升或下降行情的后期大多较陡（少数个股在行情的后期出现平坦的走势）。据实盘经验，一般热门股的趋势线斜率在30～45度才具有较理想的参考价值。

（4）趋势线最终会被突破。任何趋势都不可能永不改变，股价总有反转的一天，因而一条趋势线迟早要被突破。但是，突破原始趋势线不是一件轻而易举的事，往往要有一个过程，突破次级趋势线相对容易一些，所以投资者用不着过分担心反转。长期趋势线的突破总有一些预警信号，比如，价格调整或触及趋势线受到支撑或阻力后，离开趋势线的幅度越来越小；价格在趋势线附近不断徘徊；成交不活跃，成交量缩小。如此情况下，趋势线终有一天要被突破。突破验证的标准是投资者熟悉的三条：三天收在趋势线之下或之上；股价超越的幅度在3%以上；向上突破时要放量。一旦突破成立，必须反向操作，但有时可能出现回抽。

（5）关于回抽确认的认识。在实盘操作中，股价突破趋势线时，形成一个有效的突破信号，但突破后不久股价又向原趋势线作短暂返回运行，这就形成了回抽。回抽有两种情况：第一，阻力变为支撑。一条阻力线被成功突破后，阻力作用变为支撑作用，当股价回抽到此位置时通常会得到一定的技术支撑，重拾升势。回抽是庄家震仓洗盘的一种伎俩，用意是让股价小幅度调整，吓怕后来跟进者。在回抽时，只要股价不跌破前期的突破点，那么其升势犹在，通常回抽成功后，才呈现大升浪行情。第二，支撑变为阻力。一条支撑线被成功突破后，支撑作用变为阻力作用，当股价反弹到此位置时通常会受到一定的技术阻力，再次下跌。反弹是庄家拉高出货的一种伎俩，目的是让投资者在高位接走筹码。在回抽时，如果股价没有重新回到前期的突破点之上，那么其跌势犹在，通常反抽成功后，才呈现大幅下跌行情。造成回抽的原因有三：一是正常的技术性反抽；二是庄家有意识地设置陷阱；三是重大意外消息的作用。到底是哪一种，要仔细辨认并做出相应处理。

第二节　趋势线的修正

一、正确修正趋势线

由于趋势线代表一个阶段性的趋势方向，股价有可能会突然突破原先的趋势线并进入下一条斜率更陡或更平的趋势线范围之内，这时股价形成加速或放缓走势。因而，在判断未来趋势时，要随时对趋势线进行调整。

在原始趋势线形成之后，股价在运行过程中，有时候会出现突然的上涨或下跌，突破原先趋势线的支撑和阻力，但这种现象只是暂时的表象，股价并未出现明显的转势，但股价的这种暂时突破使原先的趋势线的准确性有所降低。因此遇到这种"假突破"走势时，必须对原始趋势线进行修正，其基本原则如下：

（1）股价在原先的趋势线范围内运行，如果在再次到达该趋势线时出现暂时的突破现象，应该从趋势线第一个采样点重新引出一条与最近的高点或低点连接的趋势线。如图 4-11 所示。如果原来的趋势线只依据二个高点或低点所绘制而成（图中 A 线），当股价第三次触达这条趋势线，却产生假突破时，这条趋势线应该以第 1 点与第 3 点再画一条新的趋势线（图中 B 线）。

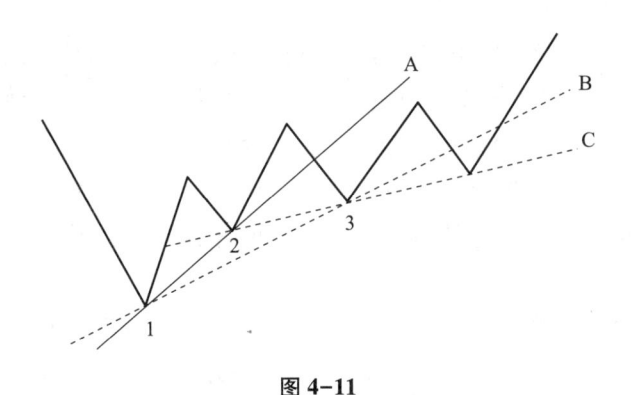

图 4-11

（2）由上述第（1）项所决定，如果此时连接离突破点最近的两个点作新的趋势线，则其支撑或阻力作用将比按第一种方法进行修正的趋势线作用更加明显而有效。连接第 2 点与第 3 点另外画出一条新的趋势线，这样产生第三条趋势线（图中 C 线）。A 线为原先根据时间跨度较短的两个点画的趋势线，B线为根据第（1）项原则进行修正后的趋势线，而C线是连接离突破后的低点最近的两个点第2点和第3点修正后的趋势线，可以看出，这条趋势线对股价走势的技术意义最大。这种修正方法在趋势跨度时间不是很长的情况下才采用。

（3）趋势线在选择采样点时，一般都以波段的最高点或最低点作为划取的标准，但有时股价会在波段的顶部或底部出现长上下影的重要反转K线形态，这些现象都是一些突发性因素或某一方的异常动作所造成的，如果此时以最高点或最低点进行画线，其准确性会有所偏差。因而在画趋势线时，忽略上下影线的影响而以K线实体作为画取的标准，则其趋势线更具说服力，准确度也越高。

（4）原来的趋势线画制之后，已经数次试验未被突破时，这条趋势线的有效性当被确定无疑，其后该线有时纵然被一个非决定性的涨跌所穿过，也不必理会。也就是说，不需要重新画一条趋势线，原先的这条趋势线仍然具有参考作用。

（5）在具有投机性质的股票中，用收盘价为采样点标准而画出的趋势线，往往比用其最高价或最低价所画出的趋势线还要实用，因此在其投机性的股票中，投资者可以画出两条趋势线，即一条为最高价或最低价的趋势线；另一条为收盘价趋势线，将这两条趋势线予以比较使用。有时股价在交易中虽然突破趋势线，但收盘价却没有突破趋势线，则该突破为假突破，而不予理睬。

（6）有时原始趋势线由于角度过于陡峭而失去参考价值，尤其是对后市股价的反弹或回落的点位无法把握，此时可以根据黄金分割配合使用。

若原始的上升趋势线因为两个采样点的距离较近及其角度太陡不具有直接的参考意义，投资者不妨将艾略特波浪理论及费波纳兹比率理论加以配合使用，在多头市场的最高点形成后，可计算出该波段的起涨点与最高点之间的涨幅，再从行情的最高点向下垂直量出这段涨幅0.382倍的下跌点和0.618倍的下跌点，然后分别画出原始上升最低点与0.382倍下跌点之间的边线和原始上升最低点与0.618倍下跌点之间的连线，作为原始上升趋势线的速度支撑线。这两条支撑线加上原始上升趋势线的形态像扇子一般，故称为"扇形三线"。上升的"扇形三线"均具有支撑作用，当行情回调到这三条线附近时，可能会出现较有力度的反弹行情。如图4-12所示。

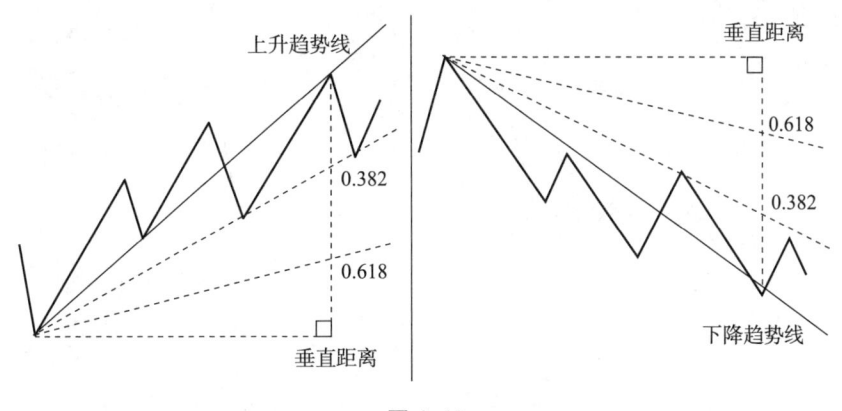

图 4-12

（7）相对地，若原始的下降趋势线因为两个采样点的距离较近及其角度太陡不具有直接的参考意义，投资者不妨将艾略特波浪理论及费波纳兹比率理论加以配合使用，在空头市场的最低点形成后，可计算出最低点到该波段的起跌点之间的涨幅，再从行情的最低点向上垂直量出这段涨幅的 0.382 倍的上涨点和 0.618 倍的上涨点，然后分别画出原始下降最高点与 0.382 倍上涨点之间的边线和原始下降最高点与 0.618 倍上涨点之间的连线，作为原始下降趋势线的速度阻力线。这两条阻力线加上原始下降趋势线的形态像扇子一般，故称为"扇形三线"。下降的"扇形三线"均具有阻力作用，当行情反弹到这三条线附近时，可能会出现较有深度的下跌行情。如图 4-12 所示。

（8）当行情由上升转为下跌，陆续跌破"扇形三线"的三条多头防线时，代表趋势已经反转，应该退出观望。相反，当行情由下跌转为上升，陆续突破"扇形三线"的三条空头防线时，代表趋势已经反转，应该进场买入。

（9）第（6）项与第（7）项原则的 0.382 倍和 0.618 倍，有的投资者以 1/3 或 2/3 的数字代替，两种计算方法均具有理论基础，以致趋势线画出后略有差异，效果见仁见智。

（10）既可以对过于陡峭的原始趋势线进行修正，也可以对过于平坦的原始趋势线进行修正。如图 4-13 所示（下跌趋势的图形相反）。

图 4-13

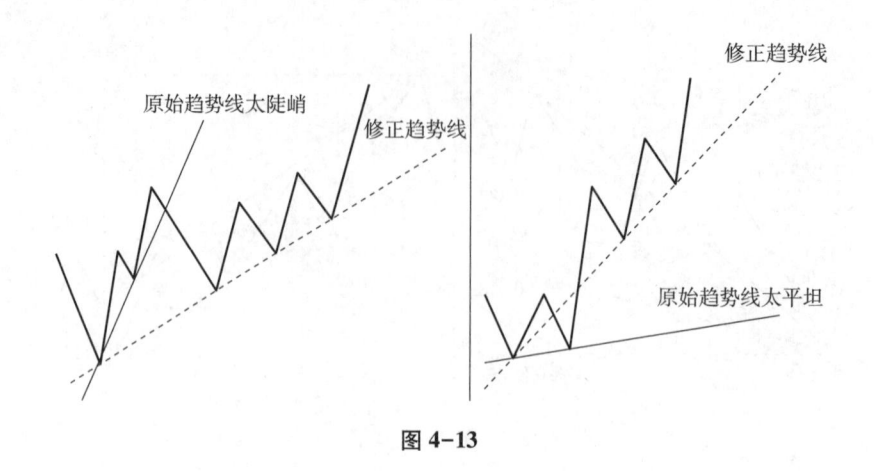

二、趋势线修正难点

（1）在股价剧烈地波动时，受惯性的影响，经常出现击穿趋势线的现象，这种走势干扰了趋势线，也给趋势线修正带来了麻烦。

（2）庄家为了欺骗散户投资者，在底部或顶部故意创出两个角度十分陡峭或平坦的点位，以致投资者在选择采样点时产生障碍。比如，第 2 浪的大幅调整，就有可能对趋势线造成破坏，从而影响判断。或者，股价见顶后回落，在 B 浪出现大幅反弹，都会给画线带来困难，所画出的趋势线也就没有技术分析意义。

（3）市场的变化是错综复杂的，受各种因素的影响，有时股价的高点或低点很难精准地落到趋势线上。特别是受到庄家行为影响后，这种现象更为常见。比如，庄家要吸货或洗盘时，可能故意会跌破趋势线的支撑，引发抛盘出现；在出货阶段，就会故意突破趋势线的压制，造成上涨势头，引发买盘介入。

三、技术辨别方法

（1）收盘价放在首位。趋势理论并不注意一个交易日当中的最高价、最低价，只注意收盘价。因为收盘价是一天行情发展的结果，代表多空双方力量的均衡点，也是对当天股价的最后评价，大部分人根据这个价位做买卖的委托。但在实盘操作中，股价在趋势线上下幅度在 3% 以内（震荡幅度大的个股为 5%）是可以接受的，趋势线仍然对股价产生影响。

（2）根据实盘经验，可以采用幅度原则和时间原则分析，只有大于 3% 的幅度和持续 3 天以上的突破，才可以作为修正画线依据，股价细小的波动可以忽视不计。

（3）采用价差原则。根据中国股市的特点，在上升趋势线中，后面一个低点至少要高于前面一个低点 3% 以上。在下跌趋势线中，后面一个高点至少低于前面一个高点 3% 以上，幅度太大或太小均会影响趋势线效力。

（4）可以等待下一个高点或低点的出现，并据此画线，或者等待验证信号的形成。而且不能简单地依靠趋势来进行判断，可以暂时放弃过于陡峭或平坦的趋势线，改采波浪理论进行分析。

（5）结合股价所处的位置高低进行分析。任何技术分析方法都离不开股价位置。股价在高位，一切多头信号都有危机感，相反，股价在低位，一切空头信号都难以得到有效发挥。那么，如何判断股价处在高位还是处在低位？股价累计涨幅较大，尤其是涨幅达到一倍或几倍以上的股票，调整不充分而回调幅度又不大，这时出现的多头信号大多是庄家设置的多头陷阱。原则上一年之内翻了一倍的，一年之内不碰；一年之内翻了两倍的，两年之内不碰。一波行情中翻了 n 倍的，n 年之内不碰。同样，市场经过长期的熊市调整后，股价跌幅超过 50%，并经过充分调整，此时如果出现回落走势，多数是庄家利用投资者心理因素，展开洗盘换手或设置空头陷阱。

（6）分析庄家行为。对坐庄成本、庄家意图、坐庄阶段等因素进行分析，对目前庄家想干什么及下一步将要干什么，当前价位庄家有无获利，是吸货还是出货等做到心中有底。

（7）利用中心趋势线进行分析，见后续分析。

第三节 中心趋势线（X 线）

一、X 线技术要点

（1）中心趋势线，也叫 X 线。在股价趋势线中，除上升、下跌、水平等趋势线外，还有一种趋势线，即股价经常顺着中心趋势线，呈现上下对称或不对称的波动，这种股价围绕趋势线进行上下波动的走势，就是"X 线"。X 线是股价高点与低点，或低点与高点的连线，有时为下降趋势线，有时为上升趋势线，有时为水平趋势线，需视当时股价是在这条线的上方或下方而定。如图 4-14 所示。

图 4-14

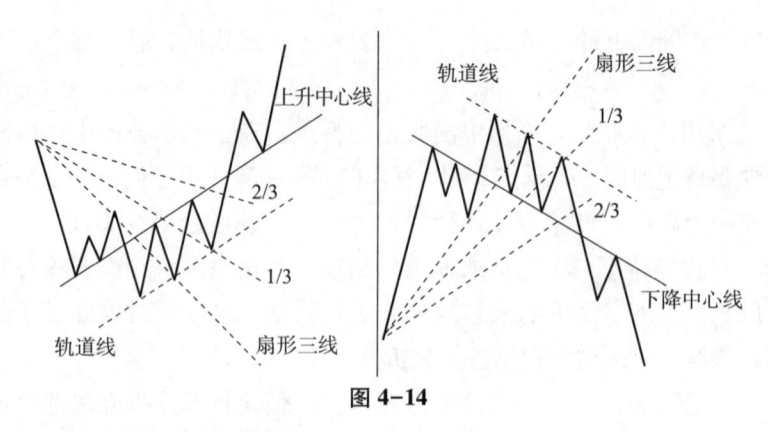

（2）上升趋势 X 线。股价可以是从低档上扬，先将上升 X 线当作阻力线，在一次或多次上冲后，终于突破上升 X 线而上扬。在股价上扬后，仍有一次或多次拉回的走势，X 线此时由阻力线转为支撑线。

（3）股价也可能是从高档下跌，在下跌过程中，一次或多次因遇上升 X 线的支撑而反弹，但最终跌破 X 线，在跌破中心线后，股价向 X 线拉回，但反弹至 X 线附近后，面临阻力而再次下跌。

（4）水平趋势 X 线。股价呈现箱体形上下整理，其 X 线往往是水平线，股价在 X 线之下波动，然后突过 X 线之上，或者在 X 线之上波动，然后跌破 X 线而下。

（5）无论 X 线趋势线是上升、下跌或水平，股价总是围绕 X 线在波动，当股价由低点向上，常在接触到 X 线时，面临阻力而下降。一旦股价由下向上突破 X 线，X 线则由阻力线转为支撑线。相反，当股价由高点向下时，在股价接触 X 线时，会面临支撑，股价通常在此形成反弹。一旦股价由上向下跌破 X 线，X 线则由支撑线转为阻力线。

（6）中心线的作用。长期高点和低点连接形成的趋势线，影响力最大，其次是中期高点和低点连接形成的趋势线，短期高点和低点连接形成的趋势线力量较小。因此，股价碰到短期趋势线，仅短期回档，若碰到中期趋势线，则回档在 10% 左右，若碰到长期趋势线，通常会有一次中期回档整理。

（7）中心线也会出现扇形效果。有时趋势线可能有多条，因此有时会在某个价位形成多条中心线交叉，这个点便会因力量交叉凝聚，而成为一个较大的支撑点或阻力点，甚至使行情产生反转。

二、X 线技术陷阱

（1）X 线的支撑陷阱。股价经过一轮上涨行情后见顶回落，连接顶部两个高点，便形成一条下降趋势线，对股价的上涨具有一定的阻力作用。不久，股价放量向上突破下降趋势线，并创出股价新高，预示股价调整结束，即将出现新一轮上涨行情，此时构成买入信号。或者，股价向上突破下降趋势线后，阻力转换为支撑，并经回抽确认支撑线突破有效时，也是一个买入点。但是，买入后股价仍然逐波下行，趋势线始终向下延伸，股价越跌越深，散户越套越深。

(2) X线的阻力陷阱。股价经过一轮跌势以后，出现企稳并展开反弹走势，将两个低点连接起来就形成一条上升趋势线，对股价的下跌具有一定的支撑作用。不久，股价向下击穿了这条上升趋势线，并创出股价新低，预示股价反弹结束，即将出现新一轮下跌行情，构成卖出信号。或者，股价击穿上升趋势线，支撑转换为阻力，并经回抽确认阻力线突破有效时，也是一个卖出点。但在实盘中，卖出股票后可能会出现踏空的尴尬局面。

三、技术辨别方法

(1) 趋势线一旦形成，就具有助涨助跌作用，虽然出现短暂的突破走势，但并不意味着趋势反转信号已经明朗化，也就是说，在反转趋势形成之前，原来的趋势仍然发挥作用。等到确定以后再行动才较为有利，以避免在机会成熟以前作出买卖决策。自然，股价运动趋势是在经常变化的，多头市场并不能永远持续下去，空头市场总有到达底部的一天。当一个新的主要趋势第一次被确定后，如不管短期间的波动，趋势绝大部分会持续，但越往后这种趋势延续下去的可能性越小。这条规则告诉人们：一个旧趋势的反转可能发生在新趋势被确认后的任何时间。

(2) 时间、幅度及成交量仍然非常重要，突破时间要持续3天以上，幅度要超过3%，向上突破时成交量必须放大，向下突破时的那一刻成交量也要有放大迹象。

(3) 制作扇形三线。当股价出现突破迹象时，根据扇形三次突破原则对趋势线进行三次检验，最终验证市场既有趋势的反转。如果股价突破一条趋势线能够提供可靠的买卖信号，那么股价突破三条趋势线所组成的扇形三线，其准确性更高，买卖更有把握。股价在高位跌破了上升趋势线后，再次跌破了1/3线，并形成了阻力，随后2/3线又被跌破，则说明既有的上升趋势发生转变的信号已经相当明显了。相反，股价在低位向上突破下降趋势线后，再次突破了1/3线并形成支撑，不久2/3线也被突破，则表明下跌势头已被扭转，上涨趋势确立。

（4）引进轨道线。当股价突破一条趋势线时，则以第一个高点或低点为基点，制作一条趋势线的平行线，形成一个上升或下降轨道。在股价突破这条轨道之前，原来的趋势仍然发挥重要的作用。即使股价跌破了上升趋势线，但如果由此形成的上升轨道始终完好，那么后面的回调一般会在下轨线获得支撑，同样，即使股价突破了下降趋势线，但如果由此形成的下降轨道没有破坏，其后的反弹一般会受制于上轨线的压制而回落。

（5）从表面上看，股价突破后回抽到趋势线附近时，获得阻力或支撑，但却高点一个比一个高，或低点一个比一个低，因此突破走势就值得怀疑。同时，参考前期最低点和最高点的支撑和阻力程度。

（6）关于回抽确认问题。股价回抽确认后，必须反转突破原来的高点或低点。也就是说，股价向上突破下降趋势线后，如果出现回抽确认走势，在回抽确认结束后产生回升时，必须高于突破的那个高点，这样才能确认突破有效。相反，股价向下突破上升趋势线后，如果出现回抽确认走势，在回抽确认结束后回落时，必须低于突破的那个低点，这样才能确认突破有效。

第四节 趋势线的买入信号

一、常规买入信号

（1）在上升趋势中，当股价向上突破上倾的趋势线时，说明市场多头势力极强，大多为买进信号。此时多头信号大涨小回，呈现一波比一波高的标准走势。如图4-15所示。

（2）在上升趋势中，股价下跌回调触及上升趋势线而获得支撑时，便是绝佳的买入点，投资者可酌量买进股票。如图4-16所示。在下跌趋势中，股价下跌触及下跌趋势线的平行线时，也是短线买入点。

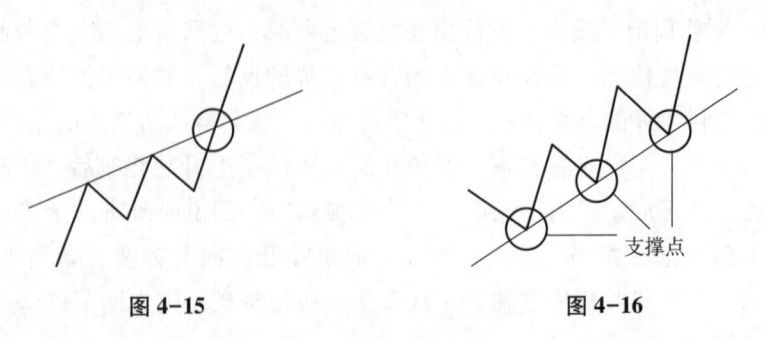

图4-15

图4-16 支撑点

(3) 当股价向上突破水平阻力线时，如果突破当天伴随着成交量的积极放大或第二天出现补量现象，则买入信号较为强烈。如果未能配合增加的成交量向上突破的话，说明市场换手不积极，有可能突破后不久即再度跌回这条趋势线以内，则突破不成立。如图 4-17 所示。

(4) 在下跌趋势中，如果股价向上突破下降趋势线，必须要有成交量显著放大的配合，否则极有可能出现假突破，引诱投资者上当受骗，因而出现这种现象时，投资者最好采取观望态度，并配合 K 线形态或其他分析指标。此时如果无明显的反转形态出现，则极有可能只是在下跌过程中的反弹行情，追高的风险较大，只能短线买进，以防骗线发生。但如果是在上升过程中带量突破一些持续整理形态的上轨（如三角形、旗形），则表明多方势力仍占主动，整理形态完成，股价将出现突破上升。如图 4-18 所示。

图 4-17　　　　　　　　图 4-18

(5) 在一个标准的上升通道里，当股价运行到上轨线附近时，应予以密切留意，因为这种形态向上突破的机会较大，此为预备的买入信号。最好是等到股价突破时才买进，因为过早地在突破前买进，容易受到骗线的困扰。如图 4-19 所示。

(6) 在上升通道中，如果通道上轨倾斜的角度大一些，说明多头气势较强，股价抵达上轨线附近时，有较强的上攻欲望，可视为买入信号。为避免骗线困扰，在未正式向上突破之前，仅能视为准备买入的注意信号。如图 4-20 所示。

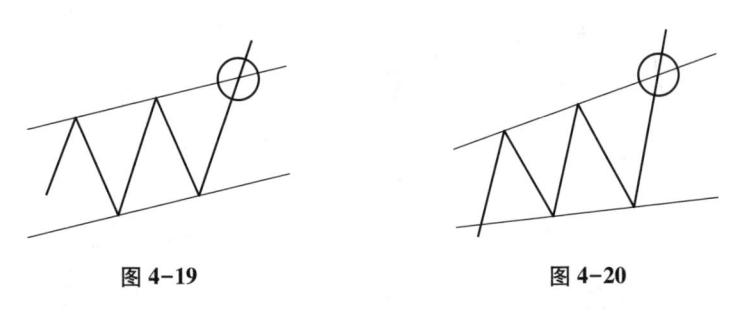

图 4-19　　　　　　　　图 4-20

(7) 在上升通道中，股价抵达向上收敛的上轨线附近时，只作准备买入信号。此为上倾楔形形态，当股价强行突破上档阻力时，说明形态是在上升过程中逐步形成的整理形态,多头势力占据优势,突破时予以买入。如果未能向上成功突破,以改变形态趋势的话,上升行情可能即告结束,甚至可能转为空头市场,因此若出现这种形态,而股价未向上突破,宜特别注意并先卖出观望为宜。如图4-21所示。

(8)在上升过程中出现矩形整理形态,股价在第5个转折点并触及上轨阻力时,此为矩形形态尚待突破的准备信号,亦即一般所称的"W"底可能形成。如果突破有成交量的放大配合,则是积极的买入信号。如图4-22所示。

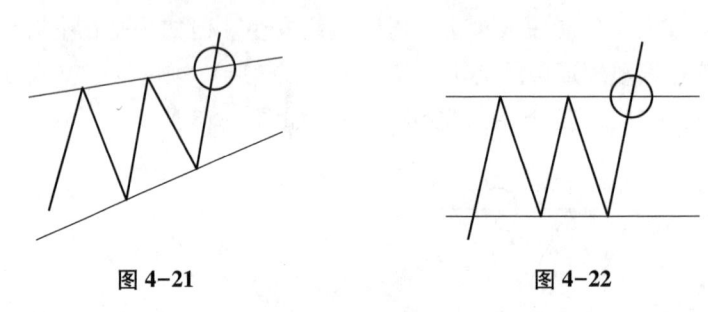

图4-21　　　　　　　　图4-22

(9)在上升过程中出现上升三角形的整理形态,如果股价与三角形上边水平线接近,尤其是在第5个转折点,因上升三角形构成后,股价大多能够向上突破涨升,因此可直接视为买入信号,但也需要成交量的放大配合。但若第二天股价未能向上突破,则应先行卖短以减少损失。如图4-23所示。

(10)在上升过程中出现对称三角形的整理形态,股价到达对称三角形上边线时,为准备买入信号。如果股价向上突破上轨阻力线,成交量又积极放大配合,则可确定为有效突破,为买入信号。如图4-24所示。

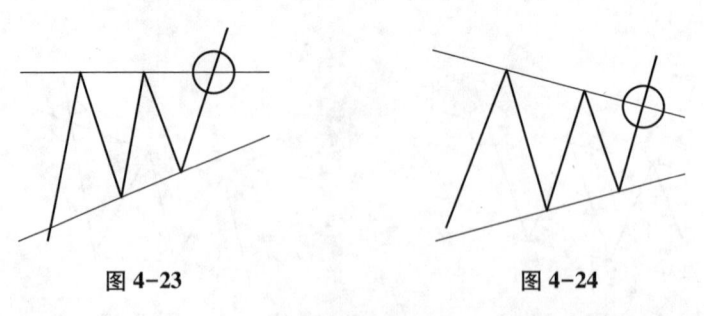

图4-23　　　　　　　　图4-24

在上述第(7)~(10)项原则的整理形态中,如果股价始终未能形成有效突破,则趋势反转的可能性大,上述点位可作为适当减磅的信号。

二、虚假买入信号

1. 高位向上虚假突破

股价在明显的上升趋势中运行,呈现一波比一波高的强劲走势,场内交投气氛活跃。不久,股价放量向上突破上升趋势线,出现加速上涨势头,通常是一个买入信号,甚至可以追涨买入。或者,股价在明显的下降趋势中运行,如果反弹到下降趋势附近,没有受到趋势线的压制而向上突破下降趋势线,也是一个买入信号。可是买入之后才发现这是庄家为拉高出货在高位设置的一个多头陷阱。随后股价向下回落,将买入者套牢在高位。

图 4-25,道森股份(603800):该股成功构筑底部后,从 2021 年 7 月开始进入上升趋势,股价逐波上涨,一波比一波高,形成一条清晰的上升趋势线。11 月 15 日开始,股价持续几天上攻,向上突破上升趋势线,说明市场多头气势极强,预示后市有加速上涨行情,因此是一个买入信号。可是买入后不久,股价不涨反跌,造成短线套牢。

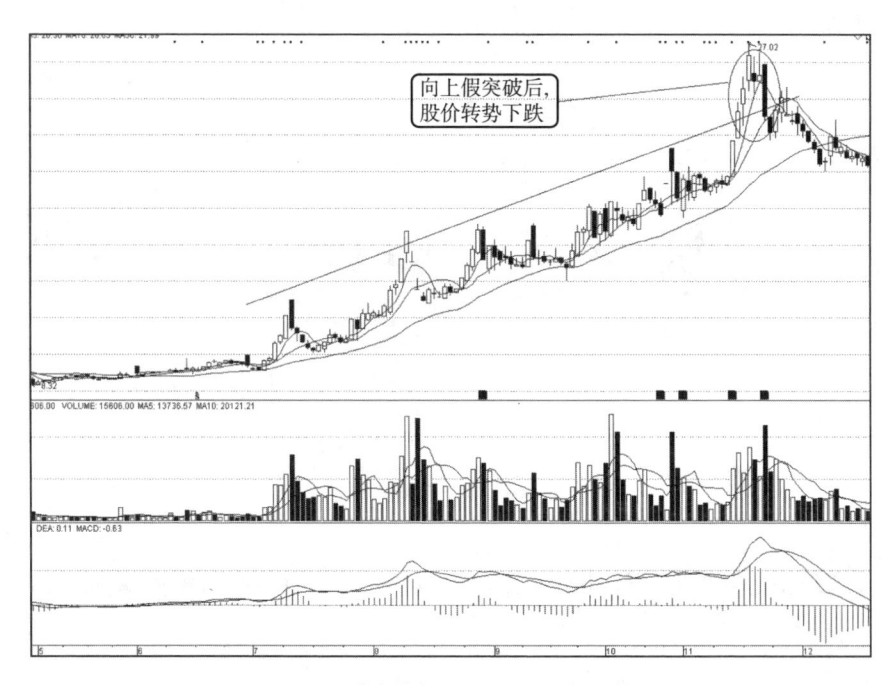

图 4-25 道森股份(603800) 日 K 线图

技术解盘:该股为什么不会持续上涨呢?一是由于短期涨速过快,造成均线乖离率加大,股价难以出现持续性上涨,后市必须经过充分的调整后,才能继续上行。二是成交量没有维持较高水平，特别是在股价向上突破时，成交量没有明显放大，因此难以支撑股价继续走高。三是突破后回抽确认失败，股价没有重新拉起，转而向下跌落。

2. 无量向上虚假突破

股价在原先的趋势运行一段时间后，出现向上突破走势，形成一个明显的多头买入信号。如向上突破下降趋势线，形成市场见底信号；或向上突破水平整理趋势线，形成脱离市场底部走势；或向上突破上升趋势线，形成加速上涨走势。这些突破信号无疑是投资者迫切追逐的信号，在买卖策略上颇具诱惑力。正因为信号如此吸引人，庄家常常制造各种各样的技术陷阱来欺骗散户投资者。

图 4-26，曲美家居（603818）：股价出现一波反弹行情后，在相对高位出现震荡走势，形成一个箱体整理形态。2021 年 8 月 3 日，股价长阳拉起，向上突破箱体上边水平趋势线，说明上方空间被打开，此为买入信号。可是，股价没有持续强势上涨，盘整几日后渐渐向下回落，出现新的跌势。

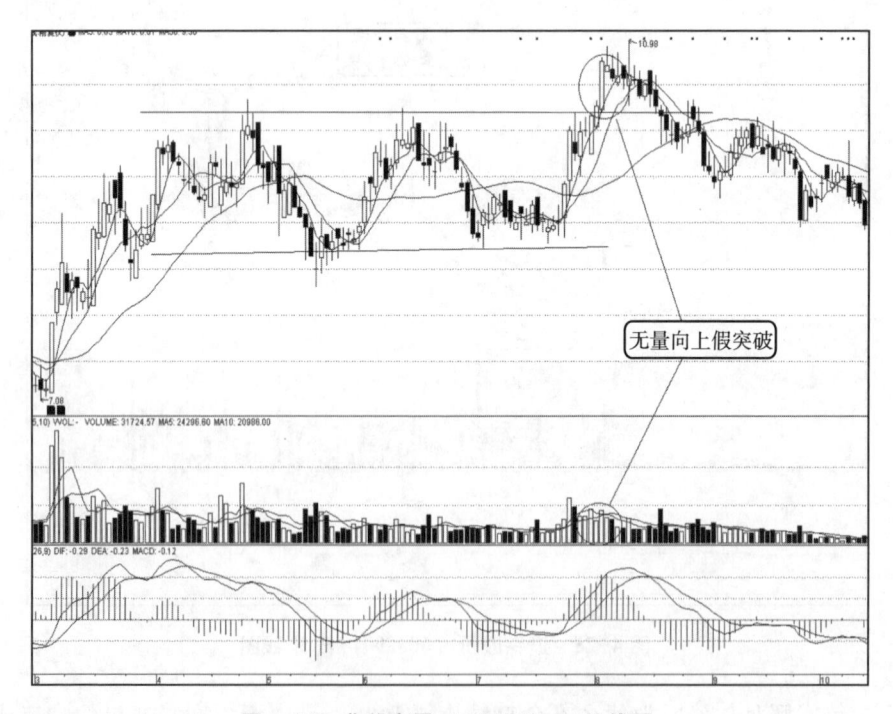

图 4-26　曲美家居（603818）日 K 线图

技术解盘：这到底是怎么回事呢？从图中可以看出，股价在向上突破水平阻力线时，并没有伴随着成交量积极放大，之后几天也没有出现补量现象，说明买盘不积极，投资行为十分谨慎，因此股价重新返回到水平趋势线之下并非意外。而且，股价在突破水平趋势线后，回抽确认时失败，也就是说，这条水平趋势线没有成功地转化为支撑线，因此是一次假突破。投资者遇到这种走势时，持股者在水平线附近得不到支撑时，应逢高抛出；持币者对未能有效突破的个股，不要盲目追涨买入。

3. 回抽确认失败形态

股价在一个趋势或形态中运行一段时间后，会突破这个趋势或形态，而突破后常常出现回抽确认现象。回抽是对突破是否有效的一种确认方式，看起来十分简单，但盘面表现形式有很多花样，所反映出来的信息及其产生的结果也是不一样的。

在实盘操作中，回抽确认也有真假之分，比如，股价回抽到颈线位附近稍做停留，在盘面上产生回抽的错觉，然后股价返回到原来的趋势或形态之中，这样散户容易受骗，这是假突破假回抽。或者回抽幅度较大，股价故意返回到原来的趋势或形态之内，给散户造成形态失败的假象，然后重新向突破方向发展，这是真突破假回抽。庄家可能在真正突破后，通过假回抽欺骗投资者。因此，最重要的是要掌握回抽确认应具备的关键性要素及对回抽真实性的认识和判断方法。

向上突破后出现回抽时，必须掌握的几个关键性要素：

（1）两个低点。回抽的低点不能低于前期最后一个低点，如果低于前期的低点，则不属于回抽，而是原来下降趋势的延续。也就是说，当股价向上突破下降趋势线后，回抽的最低点不能低于突破前形成的最后一个低点，如果股价有效站稳于此低点之下，说明下降趋势线仍然发挥作用。而且在一般的次要趋势线中，后面的低点高于前面最后一个低点的幅度要超过3%。

图4-27回抽示意图中，A点为下降趋势的最后一个低点，C点为回抽时的低点，C点绝对不能低于A点，如果C点低于A点，则不属于回抽，而是原来下降趋势的延续，而且C点高于A点的幅度要超过3%。

图 4-27

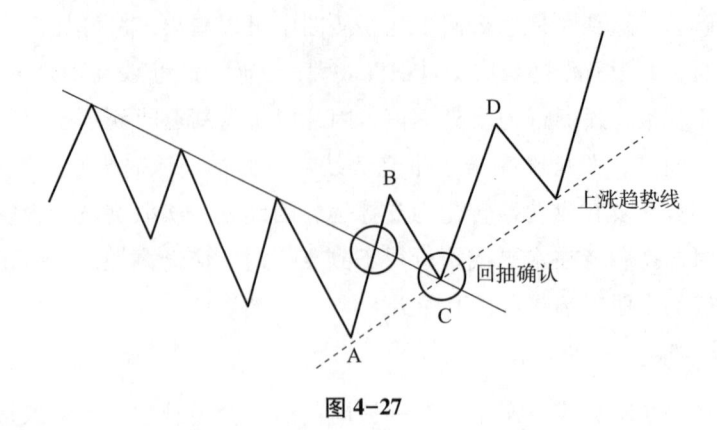

(2) 两个高点。回抽之后的上涨必须高于突破时形成的高点，如果低于突破时产生的高点，则突破力度不强，十有八九变成失败走势。也就是说，股价向上突破下降趋势线后，回抽结束重新上涨时，第一个高点必须高于突破时形成的高点，如果第一个高点低于突破时产生的高点，则上攻力量较弱，突破容易出现失败，后市有可能形成横向盘整走势，或重回跌势。

图 4-27 回抽示意图中，B 点为突破高点，D 点为回抽后的第一个上涨高点，D 点绝对不能低于 B 点，如果 D 点低于 B 点，则突破力度不强，为疑似突破信号，而且 D 点高于 B 点的幅度要超过 3%。

(3) 成交量。回抽时的成交量也非常关键，特别是股价向上突破下降趋势线，在回抽结束后重新上涨时，成交量要大于突破时的量能，至少也要保持较高的活跃盘面，如果成交量与突破时相差很大，就很有可能导致突破失败。

图 4-28，联明股份（603006）：该股反弹结束后再次下跌，形成一条新的下降趋势线，压制着股价的上涨。一波加速下跌后出现 A 点，然后开始企稳回升；2018 年 3 月 7 日，股价跳空涨停，之后冲高回落形成 B 点；接着向下回抽产生 C 点；股价遇前低支撑后再次回升形成 D 点。此后，股价没有延续上涨，渐渐震荡走低。

技术解盘：该股的走势存在那些技术因素呢？有以下几点疑问：一是股价遇到趋势线支撑而上涨时，第一个高点没有超过突破时形成的高点，也就是 D 点低于 B 点（没有出现更高的高点），反映上攻力量不足，上涨势头并不强劲，股价有继续走弱的可能。二是股价回抽结束后再次上涨时，成交量没有再次放大，D 点的量小于 B 点的量，表明跟风不够积极，庄家做多意愿不强。三是下降趋势线本身就具有助跌作用，在新的上涨趋势线形成之前，始终对股价具有制约作用。

投资者遇到这种盘面时，应对图形进行认真分析，掌握认识和判断方法：①比较两个低点和两个高点；②关注成交量的大小；③分析趋势线的角度（30~45度为宜）；④注意趋势线的功能。这样基本把握了回抽确认是否成功，以及后市的涨跌力度。

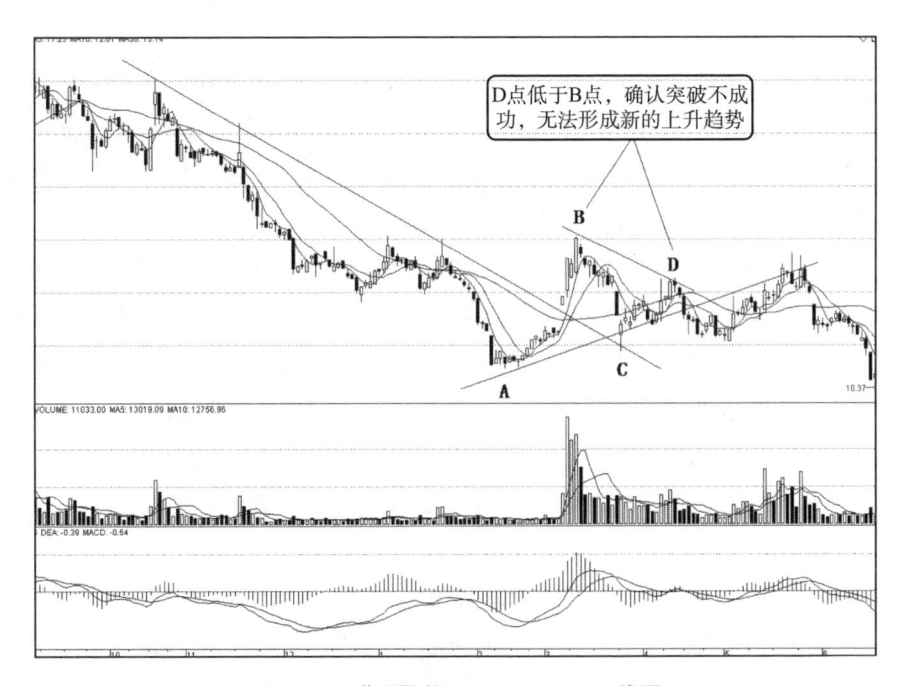

图 4-28　联明股份（603006）日 K 线图

三、技术辨别方法

通过上述实例分析，正确判断趋势线的买入信号，还可以从以下几个方面进行深入分析，这样可以帮助投资者看清趋势线周围的虚假信号。

（1）结合移动平均线分析以下几种盘面现象：第一，在高位，均线下行，股价位于均线下方且紧贴均线缓慢下移，此时出现向上突破多为庄家出货所为，为假突破的可能性居多。第二，在高位，均线上行，股价位于均线上方且紧贴均线稳步上行，此时出现向上突破预示市场即将出现加速上涨势头，为真突破的可能性较大，但持续时间往往不长，可能是最后冲刺行情。第三，在高位，均线上行，股价位于均线上方且远离均线，超过 10 日均线 15%，且股价累计涨幅较大，显示市场短期处于超买的不理智状态，股价有回归均线附近的要求，因此这时候出现继续向上突破时为假突破的可能性较大。第四，均线水平移动，股价围绕均线上下波动，此时如果出现向上突破往往会有一定的涨幅，为真突破的可能较大。但如果涨幅巨大，则要小心庄家拉高出货，谨防多头陷阱。第五，在股价向上突破时，30日均线具有较强的支撑和阻力作用，可以观察30日均线的运行方向及支撑和阻力程度，对分析判断后市趋势会有一定的帮助。

（2）看成交量的变化。股价真正向上突破时，必须得到成交量的积极配合，这样市场才能进一步向突破方向发展，信号可靠性高。如果量价失衡（成交量巨大股价突破后回落、股价突破后放量不涨或突破时成交量过小）则可信度差，谨防庄家以假突破的方式出货。

（3）分析股价所处的具体位置，判断股价是否正好接近阶段高点。当股价在上涨行情的后期出现向上突破，特别是第5浪后期出现的上涨突破，往往是最后的冲刺，暗示涨势接近尾声，此时要控制仓位。

（4）观察趋势线的运行时间，虽然在理论上趋势持续时间越长，可靠性越高。但在实战中却有所差异，趋势线不可能永久存在，也不可能长期发挥作用，迟早会改变走势。因此越在趋势线的后头，可靠性越低，这一点投资者应有所了解。

（5）观察趋势线被触及的次数，理论上强调触及点越多，趋势线也越可靠。对此笔者的认识有所不同，如前所述，趋势线不可能永久存在，也不可能长期发挥作用，迟早会改变走势。中国有句古话叫"事不过三"，也就是说同样的事情连续出现三次以后，就有可能出现不一样的结果。股市也有相似之处，在一条趋势线上连续出现三个触及点，在第四次以后出现的触及点的可靠性将会降低，越往后其可靠性越低。尤其是在次级趋势线中，这种情况更为明显。

（6）分析技术形态突破的位置，三角形整理形态、楔形或旗形整理形态的最佳突破是在1/2~3/4，太早或太迟突破都会影响突破力度，尤其是在整理形态的尖端附近产生的突破，其突破力度将大大降低。

（7）分析突破时的一些盘面细节，有利于提高判断准确性。比如，当天的突破时间早晚，通常当天的突破时间越早越可靠，特别是在临近尾盘时突破更值得怀疑；观察当天的突破气势，突破时一气呵成，刚强有力，气势磅礴，可靠性就高；突破后能够坚守在高位的，可靠性就高，如果仅仅是股价在当天盘中的瞬间碰触，那么突破肯定不能成立。这些盘面细节十分重要，应当细心地进行观察分析。

（8）一个盘局持续两个或三个星期，有时达数月之久，其价位仅在约20%的距离中波动。这种形状显示买入和卖出两者的力量是平衡的。当然，最后的情形之一是，在这个价位水准的供给完毕了，而那些想买进的人必须提高价位来诱使卖者出售。另一种情况是，本来想要以盘局价位水准出售的人发觉买进的气氛削弱了，结果他们必须削价来处理他们的股票。因此，股价向上突破盘局的上限是多头的征兆。相反，股价向下跌破盘局的下限是空头市场的征兆。一般来说，盘局的时间越久，价位越窄，最后的突破越容易。

盘局常发展成重要的顶部和底部形态，分别代表着出货和进货的阶段。但是，它们更常出现在主要趋势中休息和整理的阶段。在这种情形下，它们取代了正式趋势的次级波动，很可能一种指标正在形成盘局，而另一种指标却形成典型的次级趋势。在向上或向下突破盘局后，有时在同方向继续停留一段较长的时间，这是不足为奇的。

（9）在上升行情初期，趋势线的斜率往往较大。回落跌破原趋势线时，通常会再沿着较缓和的趋势线上升，原趋势线将形成阻力。当股价跌破第二条修正趋势线时，行情将反转。通常应具备三个主要特征：①股价总是沿着新的趋势线运行；②原有的趋势线形成阻力；③第二条修正趋势线被有效击穿时行情反转。

（10）关于回抽确认问题。股价回抽确认后，必须反转突破原来的高点或低点。也就是说，股价向上突破下降趋势线后，如果出现回抽确认走势，在回抽确认结束后回升时必须高于突破的那个高点，这样才能回抽确认突破有效，同时回抽的最低点不能低于突破前形成的最后一个低点。相反，股价向下突破上升趋势线后，如果出现回抽确认走势，在回抽确认结束后回落时必须低于突破的那个低点，这样才能回抽确认突破有效，回抽的最高点不能高于突破前产生的最后一个高点。

（11）结合K线、技术指标及波浪形态进行综合分析和相互验证。在股价突破时如果得到其他技术的支持，可以提高买入信号的准确性。

第五节　趋势线的卖出信号

一、常规卖出信号

（1）在下降趋势中，如果股价向下跌穿趋势线的支撑，说明市场空头占据绝对优势，是空头市场中明显的弱势特征，此时无论成交量是否放大，都可视为有效突破，应立即卖出。如图4-29所示。

（2）在下降趋势中，股价反弹回升触及下降趋势线而遇到阻力时，便是绝佳的卖点，投资者应及时卖出股票。如图4-30所示。在上升趋势中，股价上涨触及上升趋势线的平行线时，也是短线卖点。

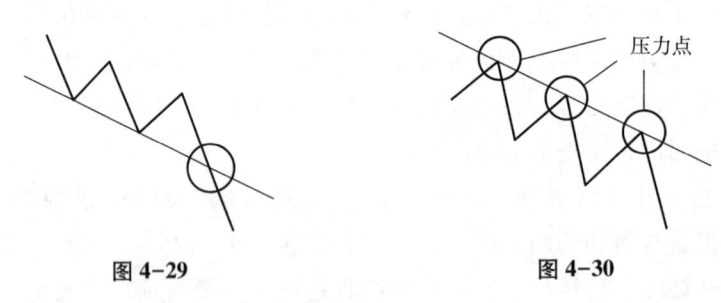

图 4-29

图 4-30

（3）股价向下跌穿水平支撑线时，亦为明显的卖出信号。因为通常水平支撑线的支撑作用较强，既然已经被有效跌破，说明多头已经弃守，此时应立即卖出。如图4-31所示。

（4）股价在上升过程中向下突破上升趋势线的支撑，可作为短线的卖出信号，但此时市场仍处于强势回档或是庄家故意制造的空头陷阱，要密切留意股价的走势，并注意回补的时机。如图4-32所示。

图 4-31

图 4-32

（5）在下降通道中，当股价运行到下轨支撑线时，应予以留意。因为这种形态向下突破的可能性比较大，此时发出预备卖出的信号，当股价正式跌破时应立即卖出。如图 4-33 所示。

（6）在下降通道中，如果通道下轨呈扩大状态，说明空方力量较强，股价有加速下跌的可能。当股价正式跌破下轨线支撑时，无论成交量是否放大，都是明显的卖出信号。如图 4-34 所示。

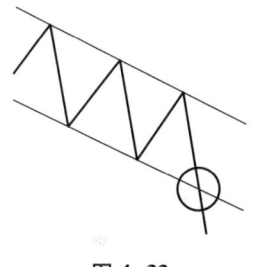

图 4-33 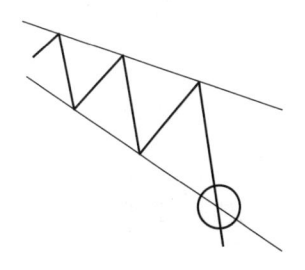　　　　　　图 4-34

（7）股价在下跌过程中出现典型的下降楔形的整理形态，当股价向下突破下档支撑线，说明该形态只是在下降过程中的一个整理形态，空头势力占据主导地位，突破时应立即卖出。如图 4-35 所示。

（8）股价在下跌过程中，出现矩形整理形态，当出现第 5 个转折点并触及下轨支撑线时，是形态潜在的突破信号，此时卖出信号的可信度较高，一旦正式向下突破应立即卖出。如图 4-36 所示。

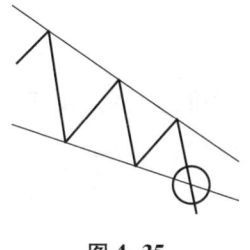

图 4-35 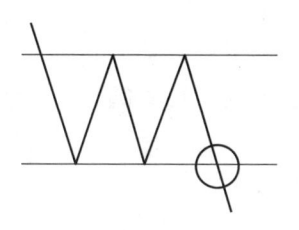　　　　　　图 4-36

（9）股价在下跌过程中，出现下降三角形的整理形态，如果股价触及水平支撑线，尤其是在第 5 个转折点时，形态向下突破的可能性极大，应注意寻找卖出时机，一旦向下突破应立即卖出。如图 4-37 所示。

（10）在股价的下跌过程中，出现对称三角形的整理形态，如果股价在第 5 个转折点向下突破三角形下轨支撑线的支撑，是明显的卖出信号。因为对称三角形具有延续趋势的特征，信号的可信度较高。如图 4-38 所示。

图 4-37　　　　　　　　　　图 4-38

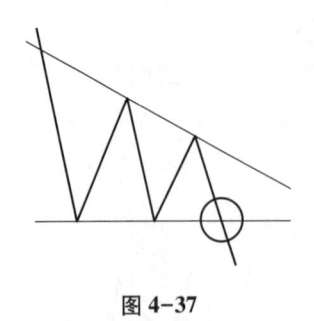

在上述第（7）~（10）项中，如果股价始终没有成功跌穿支撑线，则有可能演变成反转或底部形态，趋势极有可能会发生逆转，因而可在底部作试探性买进。

注意：上限轨道线与下限轨道线的买卖信号原则大致相反，但买入信号出现时，成交量均需配合增加。唯独卖出信号出现时，没有成交量是否增加的限制。另外，股价在跌破下限轨道时，如果成交量特别大的话，短期内大多会再反弹到这条轨道线附近，此现象可视为再度卖出信号，加大做空力度。

二、虚假卖出信号

1. 低位向下虚假突破

在明显的下跌趋势中，股价走势一波比一波低，盘面弱势，交投冷淡。投资者对市场未来缺乏信心，导致抛盘加重，股价向下跌破趋势线，出现进一步下跌势头，通常是一个卖出信号。或者，股价在明显的上升趋势线中运行，如果回落到上升趋势线，得不到趋势线的有力支撑而向下击穿上升趋势线，也是一个卖出信号。可是卖出之后，股价却没有下跌多少就止损企稳，转而出现上涨行情，形成一个空头陷阱。

图 4-39，鹏博士（600804）：股价见顶后逐波下跌，形成一条明显的下降趋势线，股价总体跌幅较大。表明市场十分疲软，投资者纷纷逢高抛出，确保资金实力。2021 年 7 月 30 日，一根大阴线向下击穿了下降趋势线的支撑，从而进一步加剧了做空气氛，原先盼望股价上涨的投资者，这时也有了恐慌和担忧，于是纷纷选择出局观望。可是，次日股价就止跌回升了，经过短暂的整理后，8 月 19 日开始出现一轮强势上涨。

技术解盘：该股为什么不会持续下跌呢？一是股价累计跌幅较大，下跌空间不大，投资价值凸显，随时有止跌回升的可能。低位向下突破是一个空头陷阱，大多是庄家建仓或试盘时所采取的一种运作手法。二是股价击穿趋势线支撑后，并没有出现恐慌的放量现象，表明庄家没有出逃，筹码比较稳固，只是一些恐慌的散户抛出，因此不会有较大幅度的跌势出现。三是股价突破后很快返回到趋势线上方，虽然趋势线还呈下降状态，但跌势不会维持太久，可能就是最后一跌。

投资者遇到这种盘面时，该怎么办？①观察均线系统排列情况和其他技术指标有无低位钝化；②分析突破时的成交量大小，寻找筹码移动的蛛丝马迹；③观察盘面细节变化；④分析庄家坐庄意图和坐庄手法。在该股中，投资者可以在股价重返趋势线之上或者突破 30 日均线时买入。

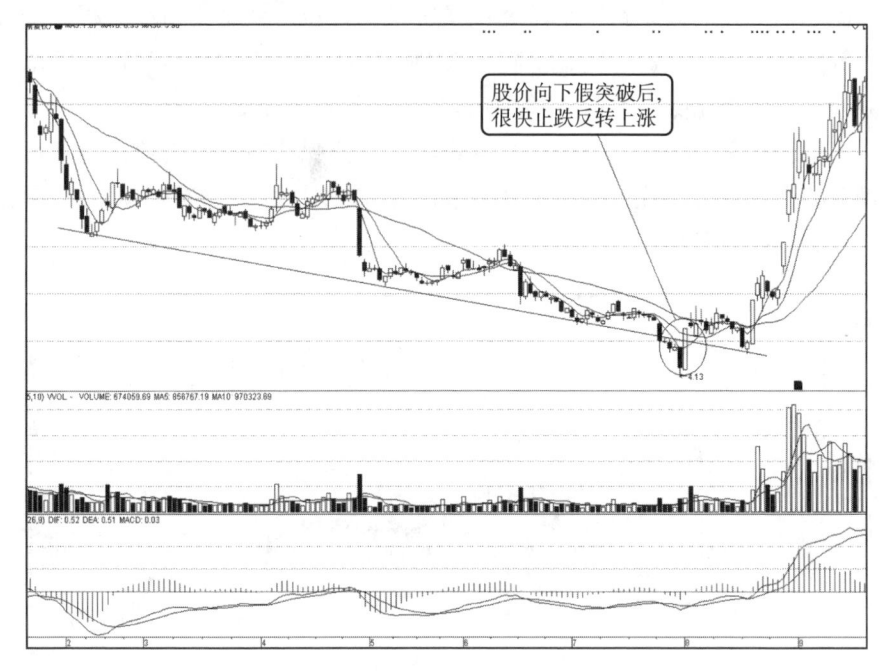

图 4-39　鹏博士（600804）日 K 线图

2. 无量向下虚假突破

"股价上涨要有量，下跌无须看量"几乎成了广大投资者的至理名言。但任何事物都有两面性，过分强调某一面的作用，而忽视另一面的功能，容易犯主观性错误。有时候庄家利用大众的投资思维定式，制造出一些虚假的盘面走势，形成空头陷阱。在实盘操作中，庄家为了达到建仓的目的，在一些重要位置选择向下突破，造成形态破位走势，而成交量保持恒等或萎缩状态，给人以缩量阴跌的感觉，以此误导投资者抛售离场。

图4-40，祥源文化（600576）：该股反弹结束后再次下跌，形成一条清晰的下降趋势线。2021年1月6日开始，股价加速下跌，但成交量未见放大，盘面呈缩量阴跌走势。有的投资者看到股价破位后阴跌，就将手中的筹码抛出去。可是股价很快止跌企稳，不久出现一波强势拉升行情，原来这是庄家故意打压的空头陷阱。

技术解盘：从该股走势图中可以看出，如果这是真正的破位下跌，那么庄家肯定将大量的筹码抛出，会导致成交量增大，而没有放量说明庄家的筹码按兵不动，继续锁定仓位，等待炒作时机。况且，股价已经过大幅下跌，基本处于市场的底部区域，再说，哪怕是真的破位下跌，跌幅往往不大了，所以此处不适宜继续杀跌，下跌反倒是吸纳的良机。从坐庄角度分析，这阶段的筹码已经非常珍贵，很难得到别人抛出的筹码，庄家也不敢在此停留太长时间，以免造成低位筹码丢失，所以进一步导致成交量减少。

那么，庄家为什么选择在这个位置向下破位呢？理由很简单，这是行情启动前的"挖坑"动作，一方面让那些与庄家作对的散户提早出局，另一方面也是探测底部根基是否扎实。

图4-40 祥源文化（600576）日K线图

3. 回抽确认陷阱

向下突破的回抽确认与向上突破的回抽确认一样,也是看起来简单实则复杂多变的一个问题,有时还会影响投资者做出错误的判断。比如,股价回抽到颈线位附近稍做停留,在盘面上产生回抽的错觉,然后股价返回到原来的趋势或形态之中,这样散户很容易受骗,或者回抽幅度较大,股价故意返回到原来的趋势或形态之内,给散户造成形态失败的假象,然后重新向突破方向发展。

向下突破出现回抽确认时,必须掌握的几个关键性要素:

(1) 两个高点。回抽确认的高点不能高于前期最后一个高点,如果高于前期的高点,则不属于回抽,而是原来的趋势的延续。也就是说,当股价向下突破上升趋势线后,回抽确认的最高点不能高于突破前产生的最后一个高点,如果有效站稳于此高点之上,说明上升趋势线仍然发挥作用。

图4-41回抽示意图中,A点为上升趋势的最后一个高点,C点为回抽时的高点,C点绝对不能高于A点。如果C点高于A点,则不属于回抽,而是原来上升趋势的延续,而且C点低于A点的幅度必须超过3%。

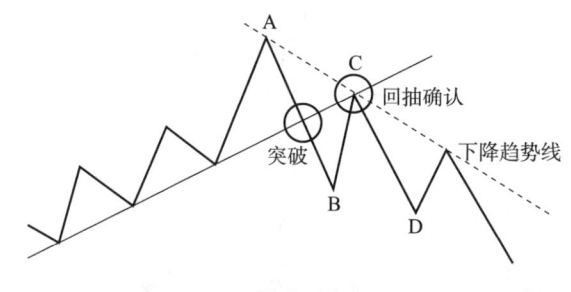

图 4-41

(2) 两个低点。回抽确认之后的下降必须低于突破时形成的低点,如果高于突破时产生的低点,则突破力度不强,十有八九成失败走势。也就是说,股价跌破上升趋势线后,回抽确认结束再次下跌时,第一个低点必须低于突破时形成的低点,如果第一个低点高于突破时产生的低点,则做空力量较弱,向下突破容易出现失败。

图4-41回抽示意图中,B点为突破低点,D点为回抽确认后的第一个下降低点,D点绝对不能高于B点。如果D点高于B点,则突破力度不强,为疑似突破信号,而且D点低于B点的幅度必须超过3%。

(3) 成交量。回抽确认时的成交量也非常关键,向下突破虽然并不十分强调成交量的大小，但在突破时或回抽确认结束后的首轮下跌，成交量也具有重要参考价值。

图 4-42，美迪西（688202）：该股洗盘结束后形成新的上升趋势，2021 年 7 月 2 日一根大阴线向下击穿上升趋势线，上方出现明显的高点 A 点；连续 3 天下跌后，股价企稳反弹产生 B 点；股价反弹受盘区阻力而回落，形成 C 点；股价回落遇前低支撑而再次回升，出现 D 点。表明原来的上升趋势没有被有效突破，此后股价产生新的上升趋势。

技术解盘：该股的走势存在哪些技术因素呢？主要原因：股价回抽后再次下跌时，第一个低点没有超过突破时形成的低点，也就是 D 点高于 B 点（没有出现更低的低点），说明下跌做空不足，有企稳重新走强的可能。投资者遇到这种现象时，可以在股价向上突破 C 点时介入。

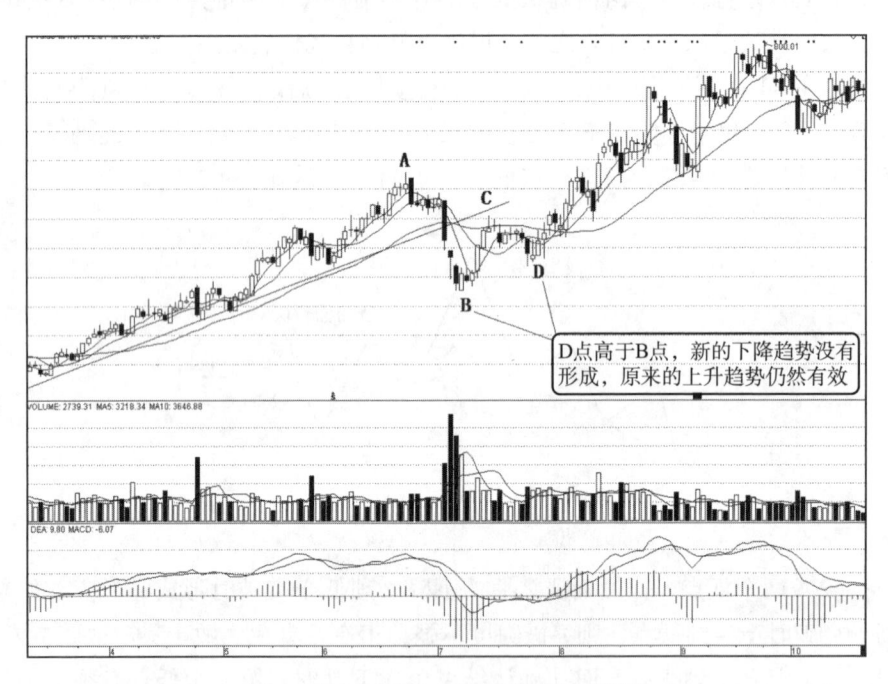

图 4-42　美迪西（688202）日 K 线图

三、技术辨别方法

在实际操作中，投资者经常因卖出踏空而大伤脑筋，那么如何判断股价的有效突破呢？可以从以下几个方面进行深层次的分析：

（1）结合移动平均线分析以下几种盘面现象：第一，在低位，均线上行，股价位于均线上方且紧贴均线缓慢上移,此时出现向下突破时多为庄家洗盘所为,为假突破的可能性居多。第二,在低位,均线下行,股价位于均线下方且紧贴均线缓慢下行,此时出现向下突破时预示市场即将出现加速下跌势头,为真突破的可能性较大。第三,在低位,均线下行,股价位于均线下方且远离均线,超过 10 日均线 15%,且股价累计跌幅较大,显示市场短期处于超卖的不理智状态,股价有回归均线附近的要求,因此这时候出现继续向下突破,为假突破的可能性较大。第四,均线水平移动,股价围绕均线上下波动,此时如果出现向下突破往往会有一定的跌幅,为真突破的可能性较大。第五,在股价出现向下突破时,30 日均线具有较强的支撑和阻力作用,可以观察 30 日均线的运行方向及支撑和阻力程度,对分析判断后市趋势会有一定的帮助。

(2)虽然有"股价上涨要有量,下跌无须看量"之说,但在关键技术位置,无论是向上突破还是向下突破,在突破的那一刻必须要有成交量的配合,这样才能加强突破的力度,这一点投资者必须掌握。"下跌无须看量"指的是,在突破之后的常态阴跌过程中,无须保持较高的成交量,也能维持市场的下跌态势。

(3)突破要看股价的位置和阶段。股价处于底部吸货区域、中途整理区域、庄家成本区域附近,向上突破时为真突破的概率较大,向下突破时为假突破的概率较大。如果处于高位派发区域、远离庄家成本区域,则向上突破时为假突破的概率较大,向下突破时为真突破的概率较大。当股价在下跌行情的后期出现向下突破,特别是 A 浪、B 浪、C 浪三浪之后出现的向下突破,往往是最后的杀跌或洗盘,暗示跌势接近尾声,此时可以逢低大胆建仓。

(4)观察趋势线的运行时间,虽然理论上趋势持续时间越长,可靠性越高。但在实战中却有所差异,趋势线不可能永久存在,也不可能长期发挥作用,迟早会改变走势。因此越在趋势线的后头,可靠性越低,这一点投资者应有所了解。

(5)观察趋势线被触及的次数,理论上强调触及点越多,趋势线越可靠。对此笔者的认识有所不同,如前所述趋势线不可能永久存在,也不可能长期发挥作用,迟早会改变走势。通常在一条趋势线上可连续出现三个触及点,在第四次以后出现的触及点的可靠性将会降低,越往后其可靠性越低。尤其是在次级趋势线中,这种情况表现得更为明显。

（6）有效突破一般都建立在充分蓄势整理的基础上。其形式有两类：一类是人们熟悉的各类形态整理，如三角形整理、楔形整理、旗形整理、箱体整理等，这类形态重点把握最佳的突破位置是在形态的 1/2 至 3/4 之间，在其他位置突破时均会影响突破效果；另一类是庄家吸完货以后，以拖延较长时间作为洗盘手段，或者因为等待题材或拉升时机，长期放任股价回落下跌，股价走出了比形态整理时间更长、范围更大的整理。股价一旦突破此种整理，则往往是有效突破。由于这种整理超出了形态整理的范围，因而有时候是难以被察觉和辨别的。

（7）分析突破时的一些盘面细节，有利于提高判断准确性。比如，当天的突破时间早晚，通常当天的突破时间越早越可靠，特别是在临近尾盘时突破更值得怀疑；观察当天的突破气势，突破时一气呵成，刚强有力，气势磅礴，可靠性就高；突破后能够坚守在高位的，可靠性就高，如果仅仅是股价在当天盘中的瞬间碰触，那么突破肯定不能成立。这些盘面细节十分重要，应当细心地进行观察分析。

（8）结合 K 线、技术指标及波浪形态进行综合分析和相互验证。股价突破时如果得到其他技术指标的支持，可以提高买入信号的准确性。

（9）如果下跌趋势线维持时间较长，而且股价的跌幅较大，股价向上突破趋势线，是下跌趋势线开始反转的信号。通常应具备三个主要特征：①下跌趋势线的时间较长；②股价的跌幅较大；③股价向上突破下跌趋势线时一般都呈现出放量的状态。但在实际应用中要注意的是：所确认的反转突破点与下跌趋势线的幅度不能过大，一般不能超过 5%。否则，这个突破的高度和可靠性就会降低。

（10）支撑与阻力。在上升行情中，股价回落到上升趋势线附近获得支撑，股价可能反转向上；而在下跌行情中，股价反弹到下跌趋势线附近将受到阻力，股价可能再次回落。也就是说，在上升趋势线的触点附近将形成支撑位，而在下跌趋势线的触点附近将形成阻力位。

（11）股价突破趋势线时，如果原来的趋势线成为支撑或者阻力，股价则会反弹或者回落。通常应具备三个主要特征：①只能用于上升或下降趋势，对于横向趋势没有指导意义；②原来的趋势线被确认有效突破时，该法则才适用；③与原来的趋势线作用性质将成为反向对应。即：支撑变阻力，阻力变支撑。

第六节　趋势线买卖再提醒

1. 趋势线的修正与调用

（1）在上升或下降趋势的末期，股价会出现加速上升或加速下降的现象，所以，市况反转时的顶点或底部一般远离趋势线。另外还可以从趋势线的发展角度的陡与缓判别股价变化的速度，当趋势线成为水平线时，则警惕转势的来临。

（2）及时修正趋势线，修正的趋势线是在股价趋势出现加速上升或加速下跌脱离原有趋势时所用的一条新的趋势线。

（3）一个成功的技术分析者，通常会在图表上画出几条趋势线，因为市场瞬息万变，常常出乎人们的意料，因此为了随时贴紧和捕捉变化，就要依靠新的趋势线，以应对股价的变化而做相应的调校。

（4）趋势线代表一个阶段性的趋势方向，当股价突然突破原先的趋势线并进入下一条斜率更陡或更平的趋势线范围之内时，股价走势会加速或放缓，因此要随时对趋势线进行调整。如图4-43所示。

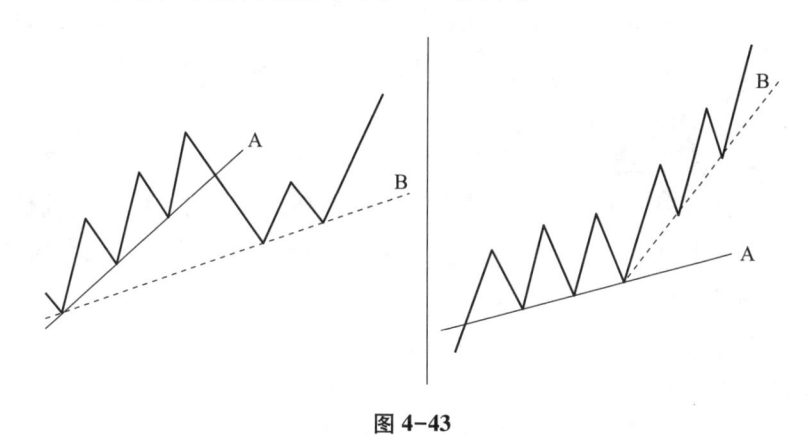

图 4-43

2. 时间规模在趋势中的地位

对长线投资者来说，为时几天乃至几个星期的价格变化也许无关紧要，而对短线投资者来说，持续两三天的上升便构成一个主要的上升趋势了。

道氏理论中，长期趋势时间规模为一年以上；中期趋势时间规模为三个星期到数月的时间；短期趋势时间规模为2~3个星期。

A股市场较明显的长期趋势时间规模为一年半左右；中期趋势时间规

模为3~6个月；短期趋势时间规模为3~6周，甚至更短。其实，每个趋势都是其上一级更长期趋势的一个组成部分，也是由比它规模更小的趋势组成的。

技术分析方法主要针对的是中期趋势。短期趋势主要用来选择买卖时机，在中期的上升趋势中，短期的回落是买入股票的时机；在中期的下降趋势中，短期的上涨是卖出股票的时机。

3. 趋势线的向心力和离心力

趋势线的向心力和离心力，即价格调整。当股价远离趋势线后，趋势线有一种把股价吸引回来的向心力；而当股价靠近趋势线时，它又有一种把股价推开的离心力，这种现象也就是趋势中的价格调整。调整相当于短期走势，一般时限为一个月左右，而趋势总是指一个月以上的中长期走势。调整是对速度和角度、斜率的修正，是一种蓄势过程。调整的方式主要有四种：

（1）以空间换时间。特点是调整时间短、幅度深、震荡大，以波浪理论言，较多发生在第2浪。根据交替规律，如不发生在第2浪就可能出现在第4浪，容易形成V形反转，这在波浪理论中叫之字形调整。

（2）以时间换空间。特点是调整幅度浅，有时甚至是横向走势，震荡幅度小，但时间稍长，较多出现在第4浪，容易形成矩形和小圆形形态。

（3）是以上两种的混合式。时间和空间介于二者之间，容易出现三角形和波浪理论中的平坦形。

（4）顺势调整。上升时边涨边调且越调越高，下跌时边跌边调且越调越低，从而出现牛市中的越调越高、熊市中的越调越低的超强和超弱调整现象，容易形成楔形形态。

区分调整和转势并不是件太容易的事，总之不要轻易下结论。一方面，中期调整一般不超过2个月，当发现调整超过2个月时要小心，可能发生大型调整，在历史顶部和底部则有可能转势。另一方面，如果出现股票价格上升或下降翻番、期价利润两倍时，中期反转可能随之而来。但长期趋势（一到两年）的转势需要较长时间，这时反转图表形态正好发挥作用。

4. 趋势线的速度和角度

关于趋势线的速度和角度问题，通常有以下四种情况：

（1）上升趋势线具有推高股价的作用，下降趋势线则有压低股价的作用，且推高和压低价格的幅度越大证明趋势线越有效，这实际是趋势线离心力的另一种表述。如果这种作用力减少，可能意味着趋势会发生改变。

（2）与趋势线平行的通道线有着相反的作用，上升通道线有阻力作用，下降通道线有支撑作用，但稳定性和可靠性不如前者。通道线也会发生突破，这表明股价在加速。通道线真正的原理在于对速度和幅度过快过高的价格加以抑制，是趋势线向心力的另一种表现形式，目的是使价格保持一定的节奏，颇有美学的意味。

（3）长期趋势线与波浪之间有相互印证的作用。一般情况下第2、第4浪为一线，第1、第3、第5浪为另一线，这一特点经常用来检验有关数据的准确性。

（4）价格有两种运行节奏（或叫角度、轨道），常规型和非常规型。常规型的运行方式是：启动时（初期）速度较慢，中期较快，后期变缓。非常规型也叫抛物线型，又包括正抛物线和反抛物线两种。前者初期快，中期的前半段也较快，之后开始减缓，大的潜伏底（顶）容易出现这种节奏；后者与前者正好相反，先慢后快，圆形底（顶）容易形成这种节奏，有时也容易出现V形底或倒V形顶形态。总的来说，价格的运行速度存在快慢交替规律，这也符合大自然的节奏，可能是自然力量在市场中的作用。

图4-44，昊华能源（601101）：该股就是一个反抛物线运行的例子。股价从2021年2月成功探明底部后，慢慢脱离底部区域，成交量开始温和放大，股价缓缓向上盘升，此时上涨角度平坦。经过边拉升、边整理后，股价上涨步伐渐渐加快，上涨角度也加大。最后在9月股价进入最后冲刺阶段，上涨速度明显加快，角度也越来越陡峭。整个上升过程呈圆弧形，最后几天出现加速走势。这时走势十分凌厉，形态非常诱人，不断出现大阳线，有的投资者就因此被骗了进去，结果遭受高位套牢之苦。

这类个股走势如同"飞行理论"，经过进入跑道、开始滑行、离开地面，然后加速爬高、高空飞行等几个过程。庄家完成建仓后，股价慢慢脱离底部，然后底部缓缓抬高，上涨步伐渐渐加快，最后达到加速爬高。在整个上涨过程中，速度越来越快，角度越来越陡峭，呈圆弧形上涨，成交量也明显放大。"加速爬高"是上涨过程中最凶猛、最疯狂的阶段，也是最引人注目的过程，更是风险聚集的阶段。因此，投资者在这一阶段一定要沉得住气，哪怕错过一段上涨行情，也不要贸然介入，一旦在这个阶段被套牢，无异于瓮中之鳖，短期内难以脱身。

由此可见，趋势线不一定都是直线，如圆形、抛物线形，投资者可以将思维扩张一些，验证一下实盘中的个股走势情况。对于这类个股，在认识判断上，可以从上涨角度上进行把握，一般上涨角度在 45 度左右比较理想，提速到 45~70 度属于快速上涨阶段，加速到 70 度以上则属于最后的疯狂飙升阶段，股价很快面临回调，这时明智的做法就是回避风险，保持场外观望。

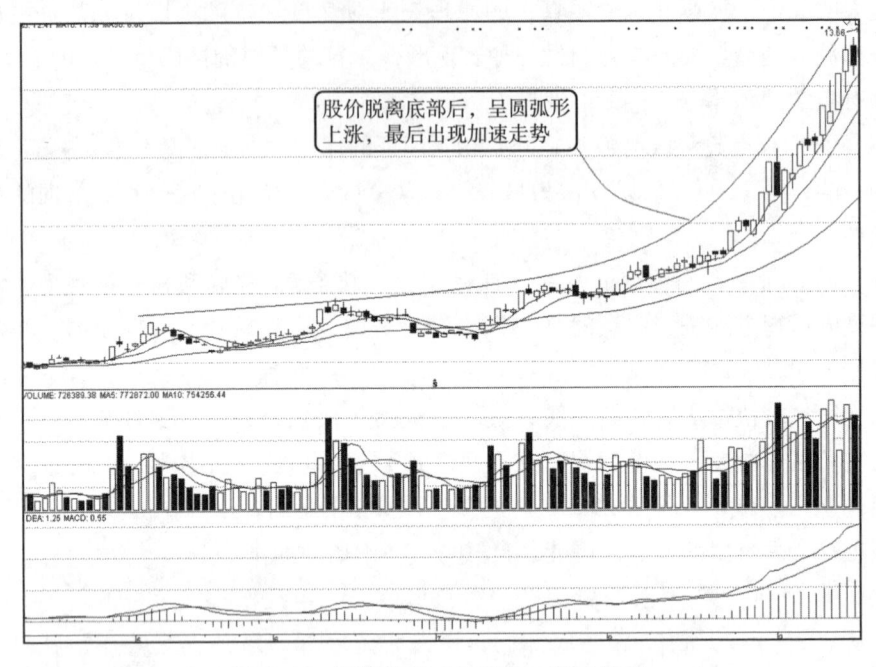

股价脱离底部后，呈圆弧形上涨，最后出现加速走势

图 4-44　昊华能源（601101）日 K 线图

5. 趋势线的倾斜度

由于市场行情所处的阶段及个股股性或庄家行为的不同，趋势线的倾斜角度也会有所差异。一般来说，在大多头或大空头市场中，趋势线的倾斜角度要比盘档时期大得多，而热门股、投机股及小盘庄股的波动要比冷门股、投资股及大盘股更加频繁，其趋势线的倾斜角度通常也会比较大。一般趋势线的水平夹角在 30~45 度最具分析意义。但有时由于庄家的炒作，某些个股的股价会出现直线式上升，其趋势线的斜率会超出这一范围，此时不能简单地依靠趋势来进行判断。

6. 趋势线的自身缺陷

（1）趋势理论的主要目标乃探讨股市的基本趋势。一旦基本趋势确立，趋势理论假设这种趋势会一路持续，直到趋势遇到外来因素破坏而改变为止。但有一点要注意，趋势理论只推断股市的大趋势，却不能推断大趋势里面的升幅或者跌幅将会达到哪个程度。

（2）趋势理论需要与其他技术互相确认，这样做已经慢了半拍，错失了最好的入货和出货机会。

（3）趋势理论注重长期趋势，对中期趋势，特别是在不知道是牛市还是熊市的情况下，不能带给投资者明确启示。

第七节　轨道线假突破

一、轨道线的应用

1. 轨道线的基本特征

轨道线是趋势线的延伸，又称为价格通道线或管道线，是在趋势线的基础上将其平移并穿过高点或低点，将股价约束在一个平行的通道范围内，同时起到支撑与阻力的作用。其方法十分简单，在上升趋势中，首先找出波段行情的高点，将上升趋势线进行平移并穿越这一高点，形成上档阻力线。或是在下降趋势中，将下降趋势线平移并穿越波段行情的低点形成一条下档支撑线。在这一通道中，下轨有较强的支撑作用，而上轨有明显的压制作用。轨道线实际上也是趋势线的修正。

轨道线往往将股价的变化局限在一个范围内，轨道线的作用是限制股价的变动范围，让它不能变得太离谱，一条轨道一旦得到确认，那么价格将在这个通道里变动，对上面或下面的直线的突破意味着将有一个大的变化。轨道是由两条基本线构成的图形，具有支撑和阻力作用。比如，在对称三角形里，有上限和下限两条趋势线，在三角形形成过程中，股价都在越来越窄的两条趋势线以内波动，直到向上或向下突破为止。同样，在上升或下降三角形、头肩形、矩形等各种技术形态中皆如此，其支撑和阻力及突破范围亦与趋势线脱离不了关系。轨道线有以下几个特征：

（1）轨道的宽窄。轨道有宽轨和窄轨之分，股价在一个较大价格区间范围内进行剧烈的震荡波动，其高点与高点、低点与低点之间的连线，就会形成宽轨。一般情况下，宽轨的波动空间以最高点和最低点的价格进行测量，其标准幅度通常在40%~60%，有些甚至达到100%左右，通过对一只股票的周K线图进行轨道测量，较易发现股价的宽轨特征。

股价在一个较小的价格范围内上升或者下跌，其高点与高点、低点与低点之间的连线，就会形成窄轨。一般情况下，窄轨的波动空间以最高点和最低点的价格进行测量，其标准幅度往往在5%~10%，最多在15%左右。通过对一只股票的日 K 线图进行轨道测量，较易发现股价的窄轨特征。

（2）助涨推力特征。股价运行在一轮上升行情中，一波的波峰会比前一波峰高，一波的波谷会比前一波谷高。轨道的低点连线就会形成强大的支撑，并因为轨道所带来的趋势作用，而形成较好的向上助推力，促使股价持续展开震荡盘升。

在一轮上升行情中，庄家因其操盘计划的严谨性，会有意识地对股价的价格空间和波动节奏进行控制，因而股价会形成一个良好的走势，就会出现加速度上涨状态。

（3）助跌惯性特征。股价运行在一轮下跌行情中，一波的波峰会比前一波峰低，一波的波谷会比前一波谷低。轨道的高点连线就会形成巨大的压制力，并因为轨道所带来的趋势作用，而形成极为凶猛的向下惯性力，促使股价持续反复震荡盘跌。

大多数情况下，股价出现中级大波段式的下跌均是由庄家出货所造成的。庄家出货后，股价从高位下跌，在缺乏有效控制的情况下，加上散户投资者的抛售，导致股价的下跌之势越来越大，所以会形成恐怖的下跌轨道。下跌轨道波动幅度越窄，其向下的惯性力就会越强。反映在股价的走势上就会出现加速度下跌状态。

（4）多级变轨特征。因股价内在的有机或随机波动作用，股价不会永远沿着一条轨道运行。因此，轨道有着特殊的"多级变轨"特征。一般情况下，在一轮中级波段上升行情中，庄家至少会对股价实施二级或者三级变轨，每次变轨都会促使股价加速度上涨。当最后一级变轨完成之后，股价就将出现阶段性见顶特征。普通级别的上升行情，一般只有二级变轨，而较少发生三级以上的变轨。这是因为庄家将股价维持在一个阶段性价格空间进行中级调整所致。

股价在上升阶段初期所形成的轨道特征，称为"一级轨道"，这是股价刚刚从阶段性底部区间震荡盘升形成突破所致。股价从一级轨道经过变轨后，股价再次放量反复震荡盘升上涨所形成的轨道特征，称为"二级轨道"，这一轨道通常会形成股价上涨的中继部分，震荡较大，轨道较长，这是庄家按计划运用滚动式操盘手法反复震荡盘升所致。股价从二级轨道经过变轨后，股价再次放量或者无量加速上涨所形成的轨道特征，称为"三级轨道"，这一轨道通常会形成上涨的最后见顶部分，具有速度快、轨道短促有力的特征，这是庄家因操盘计划的紧迫性直接运用大资金逼空式拉升股价所致。

同样，在一轮中级波段下跌行情中，股价因为惯性的作用，也会出现至少二级或者三级变轨，每次变轨都会促使股价加速下跌。当最后一级变轨完成之后，股价就将出现阶段性底部止跌特征。

在一轮小级别的阶段性调整行情中，庄家因为要建仓的原因，不会促使股价出现破位下跌的技术形态。因而，股价会较少出现二级以上的变轨。一般均会控制在二级以内。当二级变轨形成之时，即意味着股价即将见底了，反弹即将展开。

2. 轨道线的运用法则

根据上述形态的特点，市场经常会形成一个十分特殊的有规则的图形，股价长时间运行在两条几乎平行的直线之间，形成一个十分美妙的走势。轨道线具有很高的技术参考价值，被誉为黄金走廊，在切线理论中具有十分重要的实用价值。

（1）如果一条上升趋势线已经形成，且行情尚未向上突破这条趋势的话，就可以把这段行情的近期高点当成基准点，画出一条与趋势线平等的辅助趋势线，上下两条上倾线就成为上升通道。在实战操作中，这条"平行线"具有重要的参考作用。上行"平行线"在行情走势过程中，往往具有很强的支撑作用，尤其在趋势线上倾的涨升行情中效果更为突出，因此在上升行情的回档整理过程中，如果能在"平行线"附近买入的话，大多不会吃亏。

（2）如果趋势线是上升的，其"平行线"也具有阻力作用，但其阻力较小，为了安全起见，可以在"平行线"附近短线卖出。如果股价突破上轨道时，表明下降趋势线被扭转，可顺势做多。相反，如果股价向下跌破下轨线，表明目前市况处于弱势，可能进入下降行情，可以退出观望，无论是向下跌破下轨线，还是向上突破上轨线，都应当重新调校趋势线，以更贴紧股价的变化趋势，其向上或向下的量度均为轨道的垂直距离。如图4-45所示。

（3）如果一条下降趋势线已经形成，且行情尚未向下突破这条趋势的话，就可以把这段行情的近期低点当成基准点，画出一条与趋势线平等的辅助趋势线，上下两条下倾线就成为下降轨道。在实盘操作中，这条"平行线"具有重要的参考作用。下行的"平行线"在行情走势过程中，往往具有很强的阻力作用，尤其在趋势线下倾的跌势行情中效果更为突出，因此在下跌行情的反弹回升过程中，可在"平行线"附近选择卖出。如图4-46所示。

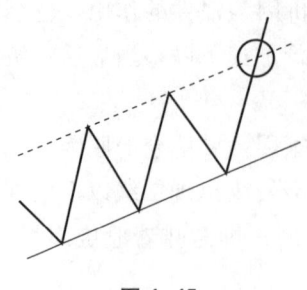

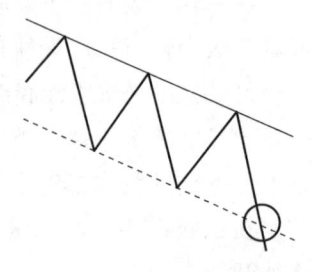

图 4-45　　　　　　　　　　　图 4-46

（4）如果趋势线是下降的，其"平行线"虽也具有支撑作用，但其支撑力量较小，虽然可以在"平行线"附近短线抢进，但为了安全起见，还是持观望态度或轻仓为宜。

通常，当股价下跌到下轨线附近时为买入信号，上升到上轨线附近时为卖出信号，直到通道被突破。如果股价跌破下轨道，表明上升趋势线被扭转，可顺势做空。相反，如果股价向上突破上轨线时，表明目前市况非常强势，可能进入主升段行情，可以持股不动，无论是向上突破上轨线，还是向下跌破下轨线，都应当重新调校趋势线，以更贴紧股价的变化趋势，其向上或向下的量度均为轨道的垂直距离。

（5）轨道线一旦被有效地突破后，其最小的价格目标就是该轨道的宽度。通道的价值在于能够精确地提供买卖信号，如果价格抵达轨道线上轨线受阻而回落，便说明轨道线在起作用。如果回落的低点正好在轨道线下轨线遇到支撑，那么这条轨道基本上得到验证，这便为投资者买卖提供精确的参考价值。在一个确定的上升通道中，价格回落到趋势线附近的时候，便是短线买入的极佳时机，而价格上升到趋势线附近的时候，便是短线卖出的极佳时机。相反，在一个确定的下降通道中，价格反弹到趋势线附近的时候，便是短线卖出的极佳时机，而价格下降到趋势线附近的时候，便是短线买入的极佳时机。

下降轨道的顶部阻力较大，一般难以被突破，投资者宜在股价每次升至顶部时，将股票抛出，以避免股价未来不断下跌。但是，如果股价有大的成交量配合突破下降轨道，反映跌势已被扭转，是一个利好的买入信号，其量度升幅可参考轨道的垂直距离，但实际往往大于这个限度，投资者可以根据实际盘面而定。

（6）轨道线的下档支撑线无论是在上涨还是下跌过程中，都有支撑作用，尤其是在上升轨道中，效果更加明显。因而在股价的上升过程中，回落至下轨附近时可以考虑买进。而在下降轨道中，虽然下轨也有支撑作用，但力度较弱，而且时常会被击穿。因而在股价下跌的过程中，回落到下轨附近时也可买进做短差，但最好是观望。

（7）轨道线的上档阻力线具有较强的阻力作用，尤其是在下降轨道中，其反压效果更为突出。因而在股价的下跌过程中，当股价反弹到上轨附近时应考虑立即卖出。而在上升轨道中，虽然上轨也有一定的阻力，但阻力较弱，股价涨升到上轨附近时也可考虑卖出，但要注意回补的时机。

（8）轨道线的反向突破，实际上就是对原先趋势的突破。尤其是股价在轨道的运行过程中，在远离轨道上轨或下轨时便开始反转，说明上升或下跌的动力已明显不足，趋势将要反转。因而轨道的反向突破也就是趋势的反转信号。

根据轨道线特征，很多投资者都有自己独到的见解，但需要说明的是，市场走势的根本仍是趋势线，轨道线应服从于趋势线，而不是让趋势线去服从于市场的通道，运用通道概念来分析和揭示市场性质，只是辅助于对趋势发展的认识与判断，因此离开趋势去谈轨道，往往犯本末倒置的错误。由此可见，轨道线与趋势线是相互合作的一对，很显然，先有趋势线，后有轨道线，趋势线比轨道线重要得多，趋势线可以独立存在，而轨道线不能独立存在，反过来轨道线也强化了趋势线的存在和作用。

3. 轨道线的买卖信号

（1）无论是在上升或是下跌趋势轨道中，当股价触及上方的阻力线时，就是短线卖出的时机；当股价触及下方的支撑线时，就是短线买进的时机。

（2）处于上升趋势轨道中，若发现股价无法触及上方的阻力线，即表示涨势趋弱了，此为卖出信号。

（3）在上升通道中，如果通道上轨倾斜的角度较大，说明多头气势较强，股价抵达上轨线附近时，有较强的上攻欲望，可视为买入信号。为避免骗线困扰，在股价正式向上突破之前，仅能视为准备买入的注意信号。

（4）在上升轨道中，股价抵达向上收敛的上轨线附近时，只作准备买入信号。此为上倾楔形形态，当股价强行突破上档阻力时，说明此形态是在上升过程中逐步形成的整理形态，多头势力占据优势，突破时予以买入。如果股价未能向上成功突破以改变形态趋势的话，上升行情可能即告结束，甚至可能转为空头市场，因此若出现这种形态，而股价未向上突破时，宜特别注意并先卖出观望为宜。

（5）在下降通道中，当股价运行到下轨支撑线时，应予以留意。因为这种形态向下突破的可能性比较大，发出预备卖出的信号，当股价正式跌破时，应立即予以卖出。

（6）在下降通道中，如果通道下轨呈扩大状态，说明空方力量较强，股价有加速下跌的可能。当股价正式跌破下轨线支撑时，无论成交量是否放大，都是明显的卖出信号。

（7）若在横盘趋势轨道中，发现股价突破上方的阻力线，证明新的上升轨道线即将产生，此为买入信号。同理，若在横盘趋势轨道中，发现股价突破下方的支撑线，可能新的下跌轨道线即将产生，此为卖出信号。

二、虚假突破信号

1. 下降轨道线假突破

第一，向上假突破。

在股价长期的下跌运行过程中，形成一条清晰的下降轨道线，反映市场持续释放做空能量，底部依然没有形成，理应保持空头思维。但是，股价在轨道线内运行一段时间后，突然被一股巨大的力量推动向上突破下降轨道线的压制，预示曙光初现，市场将扭转跌势，产生久违的买入信号。因此，许多投资者往往忽视其他细节，贸然纷纷抢筹入驻。谁知，市场昙花一现，股价又回落到轨道线内，且向下击穿轨道线的下轨线，形成加速下跌之势，将介入者套牢其中，股价的向上突破成为低位多头陷阱。

图4-47，尖峰集团（600668）：股价见顶后震荡下行，形成一条清晰的下降通道，压制着股价不断走低。2020年11月股价企稳反弹，向上突破下降通道的上轨线，这种走势通常反映市场将扭转跌势，产生一个买入信号。可是，股价没有持续上涨，很快又返回到通道之内，继续呈下跌状态。

技术解盘：下降通道一旦形成就具有助跌作用，要改变这种状态必须具备五个条件：①成交量要放大；②股价要经过充分调整；③反转走势要有气势；④要得到其他技术指标的支持；⑤有时还要基本面的配合。

那么，该股反映出什么技术问题呢？从该股的走势图中可以看出，重要的一点就是股价突破时成交量没有迅速放大，盘面还没有真正被激活，难以维持市场人气，众人合力才能推动股价上涨。庄家实力虽然比散户强大，但如果没有散户的积极参与，庄家也难以独挑大梁，股价也就难以维持上涨。

股价上涨要有气势，气势是指股价涨升的气概、势头，股票真正的上涨，一定是有气势的涨升,这是从盘面上区分股价上涨的真假、虚实以及判断庄家意图的参考依据。具体盘面特征为:股价能持续扬升,才具有投资价值,绝不是偶尔的异动,伴随股价的上涨,成交量持续放大或者温和放大,不是偶然的一两天突放巨量。关键位置上涨要有力度,突破时要有力量,干脆利落而不拖泥带水。股价紧贴5日均线上行,走势坚挺有力,总体走势的角度在45度左右。而且,"阻力"阻挡不了股价的持续上涨,庄家做多意愿坚决。如果股价上涨没有气势只是虚涨声势,意味着该股可能没有庄家,或者庄家的实力不够,或者个股基本面不支持股价上涨,庄家没有底气或胆量做多。

从该股走势图中可以看出,股价突破后上涨没有气势,盘面阴气沉沉,上涨不够持续,偶尔脉冲式放量。股价没有大幅拉开,盘面走势疲软,总体走势平缓,角度低于30度。K线阴阳交错,关键位置上涨无力,阻力重重,庄家无做多意愿。

从技术上看,股价突破上轨线后的回抽确认,不符合回抽确认的三个要素,即"两个低点、两个高点和成交量",因此持续上涨的可能性非常小。投资者可以在股价重回通道内后及时逢高卖出。

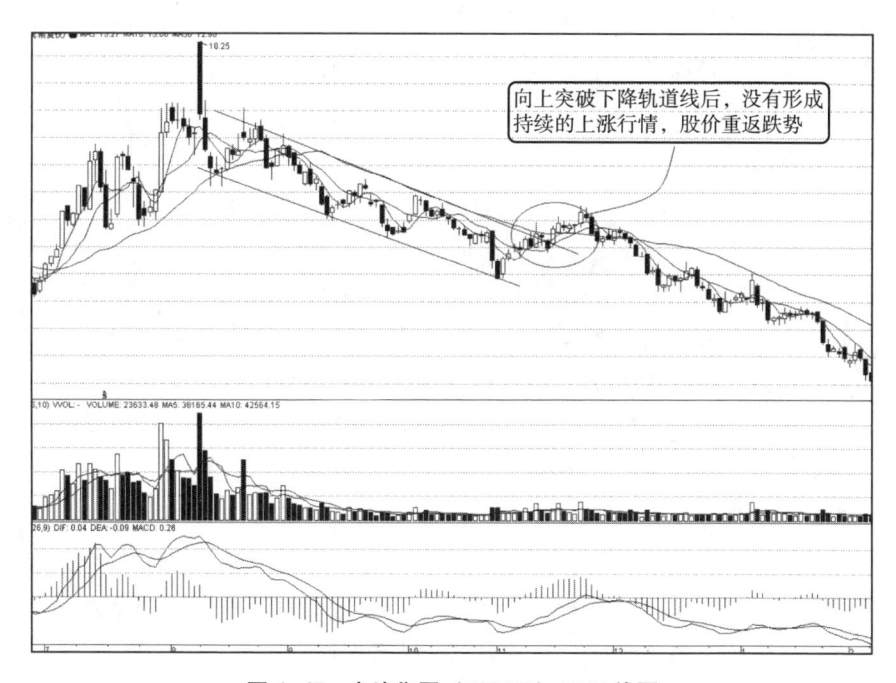

图 4-47 尖峰集团 (600668) 日 K 线图

在实盘操作中,投资者遇到股价向上突破下降轨道线时,应注意以下技术要点：

（1）移动平均线向上移动或者构成金叉，则买入信号可靠性较高。

（2）股价处于下跌幅度较大的底部，做空能量释放殆尽，有强烈的转势要求。

（3）下降轨道线具有助跌的惯性作用，有效突破必须要有成交量的积极配合，并维持市场所需的量能，才能保持盘面的活跃状态。

（4）大势转暖，市场人气逐渐恢复，基本面逐渐向好。

（5）向上突破幅度超过3%，持续时间3天以上。

（6）得到其他技术面的验证，如技术形态、K线组合等是否向好，技术指标是否出现底背离、金叉或方面性提示。

第二，向下假突破。

股价在下跌趋势中，高点一个比一个低，将两个高点连接成直线就形成了一条下降通道的上轨线。同时，低点也一个比一个低，将两个低点连接成直线就形成了一条下降通道的下轨线。股价在下轨、上轨形成的通道内波动，遇到上轨线时股价回落，触及下轨线时股价反弹，总体上以一定的角度下降。随着下跌趋势的延续，由于多方支撑的信心丧失，空方力量的增强，股价会忽然向下跌破下降通道的下轨线支撑，出现短期内股价暴跌的情况。如果在前期的下跌趋势中，手中还有股票舍不得割肉的话，当股价向下突破下降通道时就应该坚决割肉，否则将受到更大的损失。

当然，卖出股票之后，不一定都会下跌，有时股价击穿下轨线后下跌势头戛然而止，股价止跌上涨了，从而形成低位空头陷阱。

图4-48，天安新材（603725）：股价反弹结束后逐波下跌，形成一浪比一浪低的下降通道，盘面弱势特征十分明显。2021年7月23日开始，连续出现4天的下跌，股价向下突破通道的下轨线，形成加速下跌之势，不少投资者见此情景纷纷斩仓出局。可是，股价很快止跌回升，走出一轮上涨行情。

技术解盘：如何看待这个突破信号呢？从图中可以看出：

首先，股价在长期的下跌过程中，成交量逐步萎缩，直至地量水平。这种盘面一方面表明场内斩仓盘已经非常之少，另一方面也反映场外介入盘极其清淡。在股价突破下轨线时，也不见成交量放大，没有出现恐慌现象，说明庄家对筹码控制得非常好，股价向下突破有虚假嫌疑。

其次，从价位情况分析，股价总体下跌幅度较大，基本处于历史性底部区域，即使出现下跌走势，估计跌幅也不会很大，很可能就是一个低位空头陷阱。

最后，从坐庄角度分析，庄家的建仓成本高于突破价位，股价继续下跌会加大庄家账户亏损额度。根据实盘经验，一个比较均匀的通道形态，市场的平均成本价大概是通道的中心价，水平通道的中心价即市场平均成本位，向上或向下的倾斜通道为中心价的 1/2 左右价位，庄家的成本价位相对略低一些，但不会相差太远，绝对不会超出中心价至下轨线的垂直距离。因此，该股不会长时间大幅下跌，向下破位是底部空头陷阱，投资者遇此情形切不可盲目斩仓割肉。

根据上述分析，该股突破下轨线是市场最后一跌，是庄家为了建仓或试盘而制造的一个虚假信号。投资者遇到这种走势时以逢低吸纳为主，不宜盲目杀跌，或者等待回抽有效时再做买卖，持币者可以在股价向上突破 30 日均线时买入。

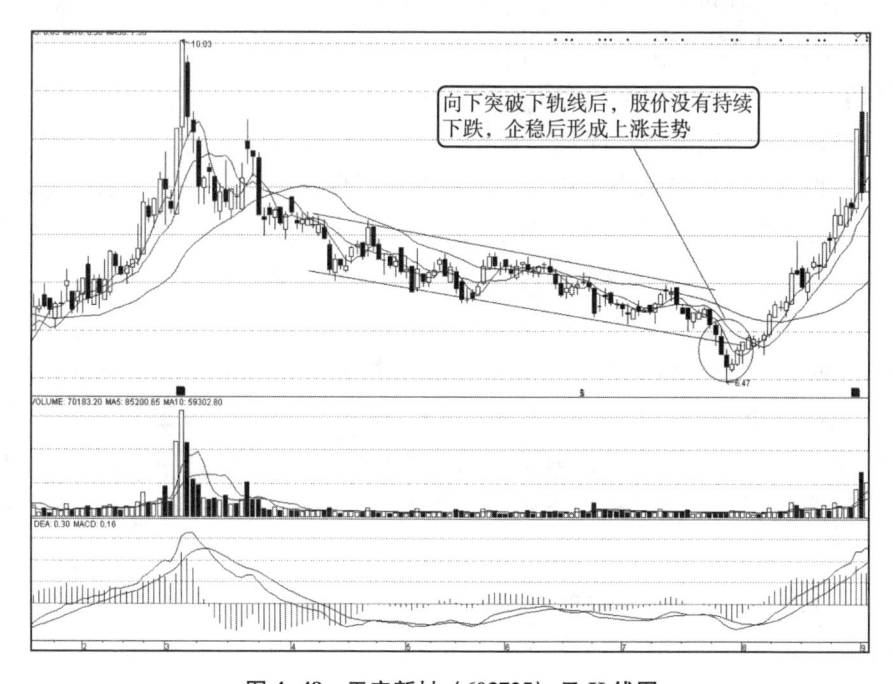

图 4-48　天安新材（603725）日 K 线图

在实盘操作中，投资者遇到股价向下突破下降轨道线时，应注意以下技术要点：

（1）分析移动平均线发散情况和乖离率的大小。通常股价下跌，远离下降趋势线，负乖离率增大，30 日乖离率达 -15 ~ -30 时，股价会有反弹行情出现。

（2）股价下跌幅度较大，处于市场底部，可以适当建仓。

（3）虽然下降轨道线具有助跌的惯性作用，但在突破的那一刻必须要有成交量的放大。

（4）分析原先轨道线的下降角度，若原先的轨道线本身已经较陡峭，此时若继续向下突破的话，则会使新的轨道线进一步陡峭，这样容易出现超跌反弹或产生市场反转走势。

（5）得到其他技术面的进一步验证，如技术形态、K线组合等是否向好。技术指标是否出现顶背离、金叉或方面性提示。

2. 上升轨道线假突破

第一，向上假突破。

股价在上升趋势中，低点一个比一个高，高点也一个比一个高，低点的连线形成上升通道的下轨线，高点的连线形成上升通道的上轨线。下轨成为股价的支撑线，而上轨则成为阻力线，股价在下轨、上轨所形成的空间内波动。在实盘操作中，当股价向上突破上升通道时买入股票，在短期内往往有不小的收获，是短线操作中难得的买入时机，但也经常出现假突破的走势，成为顶部多头陷阱。这是由于受庄家抬升股价出货的影响，股价会突然放量向上突破上升通道上轨线的阻力，出现短期内股价猛涨的情况。

图4-49，亚星客车（600213）：股价见底后震荡走高，形成上升轨道线，股价每次遇到上轨线时受阻回落，而遇到下轨线时受支撑而回升，上升波峰浪谷清晰。2021年8月25日，股价向上突破通道的上轨线压制，形成加速上涨之势，这时不少投资者乘机介入。可是，股价很快返回到通道之内，且跌破通道的下轨线，此后股价渐渐走弱，向上突破成为多头陷阱。

技术解盘：该股在向上突破时，虽然成交量维持较高水平，看起来市场人气高涨，盘内交投活跃，筹码换手积极，但结合当时的价位分析，股价遇到前方盘区阻力，难以形成新的突破。

从图表分析，股价在突破上轨线后，回抽确认突破是否有效时，可以得到这样的启示：首先，回抽确认时股价直接返回到通道之内，在上轨线上方未做任何停留，显示上方阻力重。其次，在回抽时不具备"两个低点"原则，也不符合"两个高点"标准，反映庄家无继续做多意愿，所以此后股价渐渐走弱。投资者在遇到类似突破后，当股价返回到通道之内，就可以直接判断为突破失败或假突破走势。

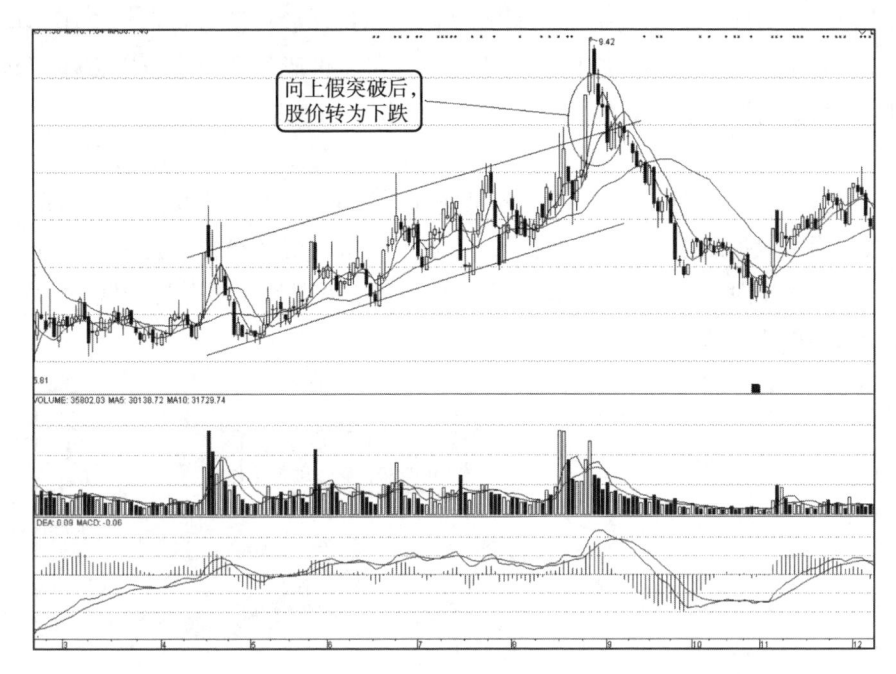

图 4-49　亚星客车（600213）日 K 线图

在实盘操作中，投资者遇到股价向上突破上升轨道线时，应注意以下技术要点：

（1）分析移动平均线发散情况和乖离率的大小。通常股价上涨，远离上升均线，正乖离率增大，30 日乖离率达+15～+30 时，股价会有回落走势。

（2）股价上涨幅度较大，处于市场顶部，注意市场风险控制。

（3）上升轨道线虽然具有助涨的惯性作用，但若出现天量，小心见顶回落。

（4）分析原先轨道线的上升角度，若原先的轨道线本身已经较陡峭，此时若继续向上突破的话，则会使新的轨道线进一步陡峭，这样的轨道线肯定不会维持太久。

（5）市场投机气氛较浓时，要及时控制风险。

（6）得到其他技术面的进一步验证，如技术形态、K 线组合等是否向淡。技术指标是否出现顶背离、死叉或方面性提示。

第二，向下假突破。

上升轨道线反映市场持续做多势头，应当继续看多做多。但是，有时股价在上升通道内运行一段时间后，突然被一股巨大的做空力量打破了下轨线的支撑，一时间搅乱了投资者的思维，让他们认为股价涨势行情结束了，构成一个卖出信号，继而纷纷抛售筹码离场。可是，股价在轨道线下方作短暂的整理后反转向上，出现强劲的上涨行情，让出局者深感后悔。

图4-50，聚力文化（002247）：股价见底后震荡走高，形成清晰的上升轨道线。2021年4月23日开始，股价连续下跌4天，向下突破上升通道的下轨线。通常股价跌破通道的下轨线，反映市场有转势的可能，是一个卖出信号。可是卖出股票后，股价渐渐企稳走高，很快返回到前期平台区域，6月4日开始连拉4个涨停。

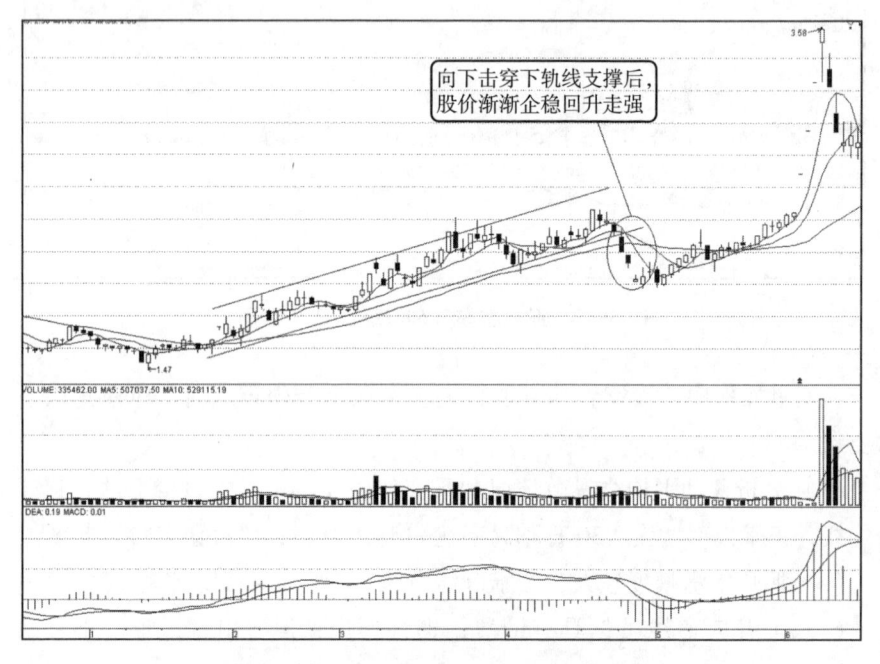

图4-50　聚力文化（002247）日K线图

技术解盘：如何看待这个突破信号呢？从该股的走势图中可以看出：

首先，股价向下突破下轨线时，成交量没有异常放大，处于地量水平，说明庄家没有出逃迹象，反映下跌动能不强，庄家刻意打压的可能性较大。

其次，下跌是一次强力洗盘行为，该股步入上升通道之中后，没有进行一次充分的调整洗盘，庄家有必要进行一次洗盘调整，短期下跌当属合理，且洗盘是为了更好再上涨。

洗盘就是庄家运用种种手段，驱逐场内散户离场，吸引场外散户进场，使流动筹码成功交换，提高市场平均持仓成本，达到顺利拉升股价和派发目的。这是为什么呢？因为在底部区域，不少投资者因看好某只股票而持有或介入，此时如果技术形态或股价走势也十分"漂亮"的话，那就更增加了参与者的持股信心，坚定地与庄共舞，攀登到股价的顶点，在高位一有风吹草动就先于庄家出货，那么庄家在高位怎么办？于是，洗盘就不可避免，在底部必须想方设法把原先持股者赶出去，或者在中途让盘中持股者提前下轿。同时让新的、长期看好后市的坚定者进来，协助庄家抬轿，尽可能地提高散户平均持仓成本，减少拉升阻力。因此，在这个阶段庄家也容易制造"恐吓"盘面。洗盘时的下跌或调整本是上升途中的一种假象，只是庄家借题发挥，在盘面上制造恐慌气氛，使散户误以为庄家在出货而纷纷离场，结果与大黑马、大牛股失之交臂，这是庄家通过洗盘所要达到的效果。

庄家洗盘，一般可以分为轻度洗盘、中度洗盘、强度洗盘即强力洗盘三种。轻度洗盘力度较小，盘面震荡幅度不大，股价走势比较温和，不会形成恐慌局面，一般洗出获利盘；强度洗盘则力度较大，盘面大起大落，股价走势比较凶猛，在盘面上出现恐慌气氛，不仅能洗出获利盘，还能洗出部分割肉盘，盘内浮筹清洗比较彻底，后市升幅巨大；中度洗盘力度适中，介于轻度洗盘和强度洗盘之间。

强力洗盘时，盘面上会表现出一些特征，在庄家即将拉升股价以前，常会表现得股性不佳，有时甚至会出现较小的成交量，这种过程常是庄家建仓的过程。但在其建完仓之后，股价会出现推升或突然上涨，由于场外资金的积极介入，成交量会明显放大，当股价到达一定升幅后，庄家开始强力洗盘。其操作手法是：股价向下逐波压低，在卖档上挂出大卖单，每压低一个价位时，总在卖一上挂出大单，给散户留下上档阻力重大的假象。有的庄家刻意击穿或破坏一些重要技术位置，如短线移动平均线、上升轨道线、某些技术形态等。从其形态看，在盘面上出现一两根大阴线，或者大阴大阳交替进行，或者连续出现大阴线，成交量急剧放大。这样会使股价出现较大的震荡，而且会使短线跟进的获利盘或套牢的割肉盘，在盘中恐慌抛出，同时让一些抢反弹者进场，这样有利于庄家后市拉升。

庄家在拉升过程中必须边拉升边清洗短线的获利筹码，如果单纯地从建仓的成本区域开始拉升，常常会将流通盘大部分集中在手中，这样的话一是不易出局，二是容易增加持仓成本。庞大的中小投资者对付震仓性的走势还能挺过去，但大都难以应对回档过深的洗盘手法。不少投资者刚买入该股后还在幻想如何从中获取收益，突然之间却出现了下跌，而且跌幅不浅。据此，当该股出现第二次的拉升后，持股者常会有一种"万一不抛，再次下跌则可能将盈利全部抹去"的想法，这种想法的产生常常也使庄家顺利地达到震仓的目的。

最后，该股股价向下突破是一次假回抽，为什么这么说呢？在股价回抽确认结束后，没有再次下跌产生新的低点，不符合回抽确认的"两个低点"原则。如果是真正的突破回抽，那么在回抽确认结束后，股价就会很快下跌，创出一个新的低点，也就是说必须低于突破时形成的低点。而该股不符合上述要求，说明庄家做多意愿十分强烈。

根据上述分析，可以认定该股突破下轨线是一次庄家洗盘行为。投资者遇到这种走势时以逢低吸纳为主，不宜盲目杀跌，或者等待回抽有效时再做决定。

在实盘操作中，投资者遇到股价向下突破上升轨道线时，应注意以下技术要点：

（1）移动平均线向下移动或者构成死叉，则卖出信号可靠性较高。

（2）股价处于上涨幅度较大的顶部，预示做多能量不继，有强烈的转势要求。

（3）上升轨道线具有助涨的惯性作用，在突破的那一刻必须要有成交量的放大。

（4）重要支撑位是否发挥作用，如前期盘区、高低点、黄金分割线等。

（5）向下突破幅度超过 3%，持续时间 3 天以上。

（6）得到其他技术面的验证，如技术形态、K 线组合等是否向淡，技术指标是否出现顶背离、死叉或方面性提示。

3. 水平轨道线假突破

第一，向上假突破。

股价在一个上有阻力、下有支撑的平稳势道里运行，形成一条横向盘整带。表明多空双方势均力敌，不分胜负，此时投资者都会选择观望的策略。庄家只有打破这个平衡格局，才能引起投资者的注意，最终达到自己的坐庄目的。如果股价放量向上突破水平轨道线，表明多方取得了盘面的优势，庄家将要发动上涨行情，无疑是一个较好的买入信号。可是，庄家总是捉弄人，一个好好的看涨信号后，不但没有出现预期的上涨行情，反而下跌让散户被套。

图 4-51，神马电力（603530）：经过一波快速拉升行情后，股价见顶回落，在低位呈现横向盘整，形成水平通道走势。2020 年 12 月 25 日，股价放

量向上突破上轨线压制，但突破失败，股价回落到通道之内，并继续向下阴跌，将买入者个个套牢。

技术解盘：从该股的走势图中可以获得这样一些盘面信息：首先，突破时成交量没有持续放大，只有两天的脉冲式放量。股价站在突破一方的时间少于3天，上涨的幅度少于3%，因而突破条件不具备。其次，向上突破后股价很快回落到通道之内，说明庄家做多意愿不强。投资者遇到这种情形时，持股者应逢高出货，不存幻想，持币者以观望为宜。

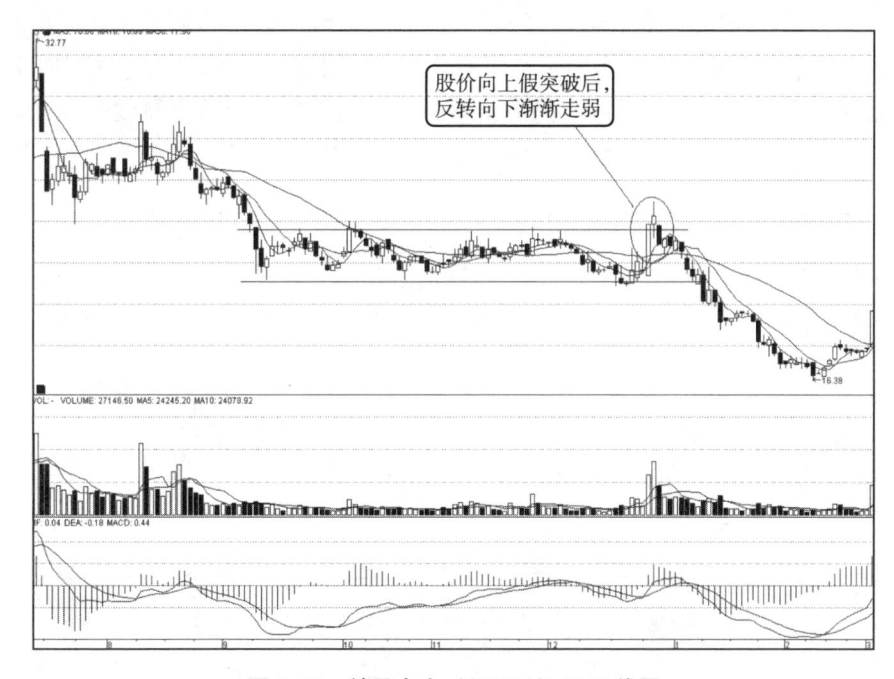

图 4-51　神马电力（603530）日 K 线图

在实盘操作中，投资者遇到股价向上突破水平轨道线时，应注意以下技术要点：

（1）均线系统向上发散，形成多头排列，真突破的可能性较大。

（2）确定股价所处的具体位置。在高位或跌势的中途，向上突破为疑似信号，向下突破的可靠性较高；在低位或涨势的中途，向下突破为洗盘换手走势，不必为之担心，向上突破的可靠性较高。

（3）向上突破必须得到成交量的积极配合，并维持活跃的盘面能量。

（4）大势转暖，市场人气逐渐恢复，基本面逐渐向好。

（5）向上突破幅度超过3%，持续时间3天以上。

(6) 得到其他技术面的验证，如技术形态、K 线组合等是否向好，技术指标是否出现底背离、金叉或方面性提示。

第二，向下假突破。

在较长的一段时间里，多空双方胶着运行，形成一条横向盘整带，此时投资者很难做出买卖决定。不久，市场打破这个平衡格局，庄家选择向下突破，形成做空势头，通常这是一个止损卖出信号。谁知，这是一个骗人的空头陷阱，股价小幅下跌后企稳回升了。

图 4-52，恒立实业（000622）：股价经过长时间的下跌调整，在底部获得企稳盘整，形成一条上有阻力、下有支撑的水平通道。2021 年 7 月 28 日，股价向下突破下轨线的支撑，创出调整新低，通常股价突破下轨线是一个卖出信号。可是，卖出股票之后，股价很快企稳回升了。

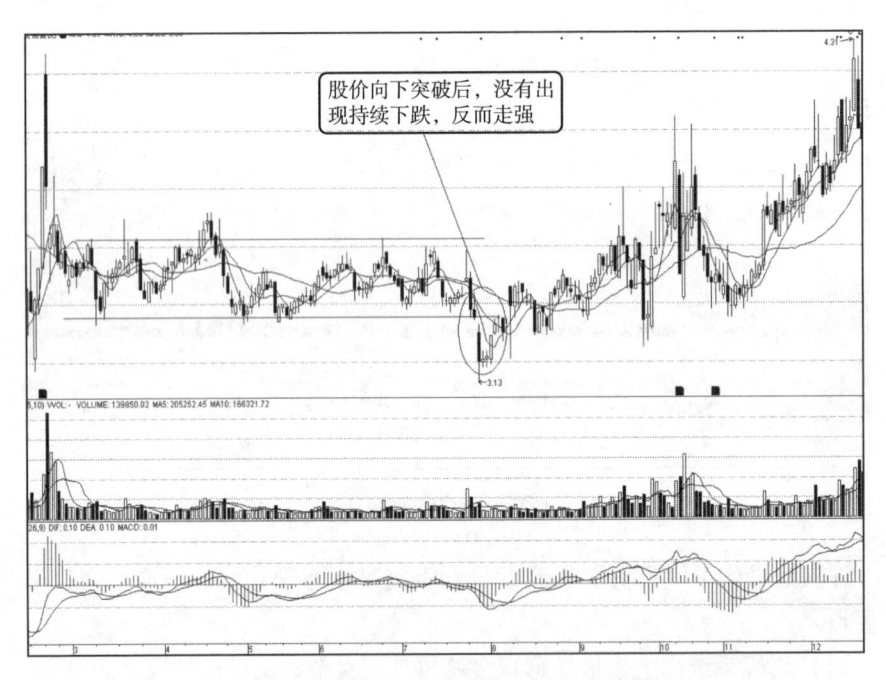

图 4-52 恒立实业（000622）日 K 线图

技术盘解：该股有什么技术疑问呢？从图中可以看出：首先，股价向下突破时成交量没有放大，股价下跌时虽然不强调成交量的大小，但在突破的关键位置也要有成交量的放大，才能加强突破的力度。从该股的盘面可以发现，突破时产生一根大阴线，单从 K 线形态上分析，后市看跌意味十分强烈，但细心观察却发现这根 K 线没有成交量的配合，是无量空跌的典型例子。底部这种价跌量缩的走势，说明没有恐慌盘出现，庄家对筹码掌握得非常好，向下突破则进一步加强筹码的稳定性。

其次，从价位情况分析，股价总体下跌幅度较大，调整时间充分，基本处于历史性底部区域，中长期投资价值凸显，此处下跌往往是一个低位空头陷阱。

最后，从坐庄角度分析，庄家的建仓成本高于突破价位，股价继续下跌会加大庄家账户亏损额度。根据实盘经验，一个比较均匀的水平通道形态，市场的平均成本价在水平通道的中心价附近，庄家的成本价位相对略低一些，但不会相差太远，更不会超出中心价至下轨线的垂直距离。因此，股价不会长时间大幅下跌，向下破位是底部空头陷阱。

根据上述分析，可以判断该股突破下轨线是一个虚假信号，是庄家建仓、试盘或砸盘行为所致。投资者遇到这种走势时以逢低吸纳为主，不宜盲目杀跌，持币者可以在股价重返趋势线之上或突破 30 日均线时买入。

在实盘操作中，投资者遇到股价向下突破水平轨道线时，应注意以下技术要点：

（1）均线系统向下发散，形成空头排列，有惯性下跌动力。

（2）确定股价所处的具体位置。在低位或涨势的中途，向下突破为疑似信号，向上突破的可靠性较高；在高位或跌势的中途，向上突破为疑似信号，向下突破的可靠性较高。

（3）向下突破的那一刻，也必须得到成交量的放大配合。

（4）向下突破幅度超过 3%，持续时间 3 天以上。

（5）得到其他技术面的验证，如技术形态、K 线组合等是否向淡，技术指标是否出现顶背离、死叉或方面性提示。

三、技术辨别方法

通过对上述实例的解读，进一步解释了判断通道线周围的虚假信号的方法。除此之外，还可以从以下几个方面进行全面的分析：

（1）结合移动平均线分析，向上突破下降轨道线时，如果均线向上移动或者构成金叉，则买入信号可靠性较高；向上突破上升轨道线时，分析均线发散情况和乖离率的大小，通常股价上涨，远离上升均线，正乖离率增大，30 日乖离率达 +15～+30 时，股价会有回落走势；向上突破水平轨道线时，均线系统向上发散，形成多头排列。

向下突破上升轨道线时，如果均线向下移动或者构成死叉，则卖出信号可靠性较高；向下突破下降轨道线时，分析均线发散情况和乖离率的大小。通常股价下跌，远离下降趋势线，负乖离率增大，30日乖离率达-15～-30时，股价会有反弹行情出现；向下突破水平轨道线时，均线系统向下发散，形成空头排列。

（2）向下突破上升轨道线时，股价处于上涨幅度较大的顶部，预示做多能量不继，有强烈的转势要求；向下突破下降轨道线时，股价下跌幅度较大，处于市场底部，可以适当建仓；向下突破水平轨道线时，确定股价所处的具体位置。在低位或涨势的中途，向下突破为疑似信号，向上突破的可靠性较高；在高位或跌势的中途，向上突破为疑似信号，向下突破的可靠性较高。

（3）向上突破下降轨道线时，下降轨道线具有助跌的惯性作用，有效突破必须要有成交量的积极配合，并维持市场所需的量能，才能保持盘面的活跃状态；向上突破上升轨道线时，上升轨道线虽然具有助涨的惯性作用，但若出现天量，小心见顶回落。

向下突破上升轨道线时，上升轨道线具有助涨的惯性作用，在突破的那一刻必须要有成交量的放大；向下突破下降轨道线时，虽然下降轨道线具有助跌的惯性作用，但在突破的那一刻必须要有成交量的放大。

（4）成交量。向上突破必须得到成交量的积极配合，并维持活跃的盘面能量。向下突破的那几天时间里，也必须得到成交量的放大配合。

（5）无论是向上突破还是向下突破，其突破幅度超过3%，持续时间3天以上。

（6）分析原先轨道线的上升角度，若原先的轨道线本身已经较陡峭，此时若继续向上突破的话，则会使新的轨道线进一步陡峭，这样的轨道线肯定不会维持太久。分析原先轨道线的下降角度，若原先的轨道线本身已经较陡峭，此时若继续向下突破的话，则会使新的轨道线进一步陡峭，这样容易出现超跌反弹或产生市场反转走势。

（7）向上突破下降轨道线时，市场人气逐渐恢复，基本面逐渐向好。向上突破上升轨道线时，市场投机气氛较浓，要及时控制风险。

（8）轨道被成功突破后，股价上涨和下跌的幅度通常至少为通道的垂直高度，因此可以通过测量通道的垂直高度来预测股价未来的最高或最低价位。

（9）得到其他技术面的验证，如技术形态、K线组合等是否向好，技术指标是否出现底（顶）背离、金叉（死叉）或方面性提示等。

第八节 趋势线假突破

一、趋势线的突破

任何趋势都不可能永不改变，股价总有反转的一天，因而趋势线迟早要被突破。但是，突破原始趋势线不是一件轻而易举的事，往往要有一个过程，突破次级趋势线相对容易些，所以投资者用不着过度担心反转。长期趋势线的突破过程总有一些预警信号，包括：价格调整或触及趋势线受到支撑或阻力后，远离的幅度越来越小；出现价格在趋势线附近不断徘徊的；成交不活跃，成交量缩小。在此情况下，趋势线终有一天要被突破。突破验证的标准是我们熟知的三条：两天收在趋势线之下或之上；股价越过的幅度达3%；向上突破时放量。一旦突破成立必须反向操作，但要注意突破后经常出现回抽现象。造成回抽的原因有三：一是正常的技术性反抽；二是庄家有意识地制造的陷阱；三是重大意外消息的作用。到底是哪一种，要仔细辨认并作出相应处理。一般情况下，趋势线的有效突破有以下几个判断依据：

（1）突破的幅度至少要大于趋势线所在点位的3%，并连续站稳在3天以上。在股价的运行当中，市场不确定因素或庄家的一些刻意行为极易使股价产生瞬间的变动跳出趋势线的控制范围，但一般都十分短暂。所以在进行趋势分析时，如果股价连续几天在趋势线之外运行，且幅度超出3%，则有效突破条件基本确立。

（2）向上突破时必须配合成交量的显著放大。股价在突破下降趋势线的阻力上涨时，必须要有成交量放大的积极配合，带量突破是一种强势上攻的显著特征，如果行情在形成向上突破时有成交量的放大配合，则突破信号较为可靠，基本上可以确认为有效突破，否则有假突破的可能。

但是，如果出现以下两种不放量的情况，则不能简单地列入假突破的范围：第一，股价突破当天因强势上涨封住涨停板位置，投资者惜售导致成交量未能放大时，只要在后面几个交易日中有补量的现象，则仍可视为有效突破。第二，股价经过长期下跌之后突然向上突破下降趋势线的阻力，此时可能由于市场人气经过股价的长期下跌，仍未得到恢复，观望情绪较重，或者是行情太过突然，投资者来不及做出反应，这时不能简单地认为这是假突破。此时股价有时可能并不马上上涨，而是在底部逐渐震荡走稳，成交量趋于温和放大，暗示股价已经见底后，随时可能反转上升。

（3）向下突破时无须成交量的放大配合。股价在跌破上升趋势线的支撑时，成交量是否放大并不重要，只要达到有关突破的幅度，均可视作有效突破。此时成交量未能放大主要是由于行情已有一段升幅，持股者对后市仍抱有一定的信心，而场外投资者追高心态谨慎，观望情绪较浓，导致交投并不十分活跃。但如果股价在向下突破时成交量显著放大，则说明庄家出货坚决，市场有一定承接力，突破之后通常会出现短暂的反抽，反抽高度在上升趋势线附近。因而在出现放量突破之后，投资者应密切留意价量的配合情况，如果股价反抽时成交量不能继续放大配合，则应注意出货时机，此时可能是最后的逃命机会。股价在经过反抽之后下跌的速度通常要比无量阴跌时快得多。

（4）一般来说，在股价走势下降过程中由下向上刺破下降趋势线，需要有大成交量的配合，则下降趋势线的反转作用成立；若股价走势在刺破下降趋势线的过程中，无大成交量配合，则下降趋势线的反转作用不成立，价位将重新回落下降趋势线以下。若股价重新回落下降趋势线以下，且成交量萎缩，随后股价再度拉起刺破下降趋势线，且价量配合，成交量增加，则下降趋势线的反转作用成立，股价的下跌趋势将告一段落。

（5）在股价走势上升过程中，由上向下跌破上升趋势线的形态各异。①起始阶段成交量增大不明显，随后继续下行，如若成交量逐渐放大，则上升趋势线的反转作用成立；②起始阶段股价跌破上升趋势线不远，无成交量放大，则股价重回上升趋势线以上，上升趋势线的反转作用不成立；③股价回头靠近上升趋势线时，无大成交量配合，其后若量增价跌，则上升趋势线的反转作用成立；④自股价跌破上升趋势线后，虽不见成交量明显放大，但股价持续下跌，上升趋势线的反转作用成立；⑤成交量伴随价位跌破上升趋势线明显放大，则上升趋势线的转折作用成立。可见成交量配合与否不是上升趋势线转折作用成立的充分必要条件。

（6）趋势线的有效突破不包括股价的偶尔突破，有时市场会受到某些不确定的因素或突发消息的影响，引起股价产生短期异动，向上或向下突破趋势线的支撑或阻力，但这种影响只是暂时的，随后不久股价又会重新回到趋势线的影响范围内。特别是在庄家刻意的行为中，庄家时常会利用股价对一些重要趋势线及支撑位、阻力位的突破来制造多头陷阱和空头陷阱，引诱投资者上当受骗，从而达到吸货、震仓甚至是出货的目的。

二、虚假突破信号

1. 下降趋势线假突破

第一，向上假突破。

在股价长时间的下跌过程中，往往形成一条清晰的下降趋势线，若股价向上突破下降趋势线，并同时伴随着成交量的放大，往往预示着下跌行情即将结束，有望迎来新的上升行情。如果机会把握得当，在向上突破下降趋势线时买进股票，往往收益不小。当然，股价突破下降趋势线也有可能只是短期的反弹，过不了几天股价又跌回下降趋势线以下，因而突破的有效性需要分析判断。

图 4-53，康普顿（603798）：股价反弹结束后，逐波向下跌落，形成一条下降趋势线，持续时间较长。2021 年 1 月 19 日和 20 日两天突然暴力反弹，股价向上突破下降趋势线，这种盘面现象预示下降趋势结束，股价即将反转上涨，因此是一个买入信号。但是，股价突破后并没有出现持续的涨升行情，第三天股价冲高回落后，持续向下跌落，再创调整新低。

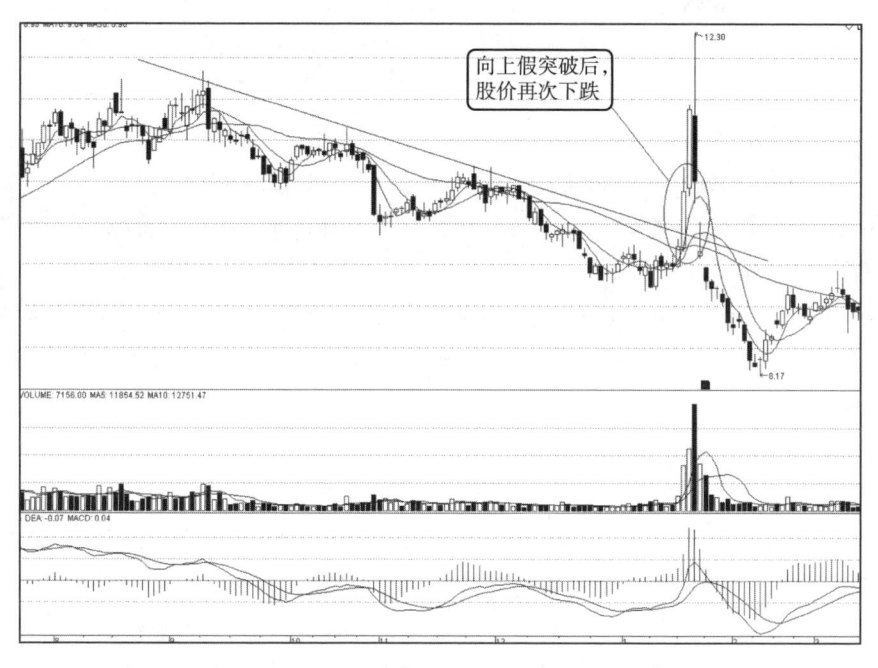

图 4-53　康普顿（603798）日 K 线图

技术解盘：为什么股价突破后不涨反跌呢？从图中可以看出：一是股价

突破时成交量快速萎缩，没有形成持续放大走势，只是庄家脉冲式自救行为，场外资金还在观望之中。二是股价突破趋势线后的回抽确认不符合回抽确认的三个要素，即"两个低点、两个高点和成交量"原则，因此持续上涨的可能性非常小。三是下降趋势线具有助跌功能，在产生新的上升趋势线之前，继续对股价产生影响，也就是说下跌趋势线继续牵引着股价进一步走低。四是30日均线处于下行状态，不仅对股价上涨没有助涨和支撑效果，反而有向下牵引作用。

通过盘面分析，该股向上突破趋势线是一个虚假信号，是股价超跌后的一次技术反弹走势。投资者遇到这种走势时，持仓者可以逢高减仓或抛空观望，持币者不要在弱势股中掘金。

在实盘操作中，投资者遇到股价向上突破下降趋势线时，其有效性可从以下几个方面进行分析判断：

（1）成交量变化：在真正突破下降趋势线时，成交量必须明显放大。

（2）下降趋势线的时间跨度越长，被突破的意义就越大，突破越为可靠，以后上涨的空间也就越大。

（3）下跌幅度越大，突破后上涨的幅度也就越大，下跌幅度过小，则突破很可能是假突破，仅仅是短期反弹，股价仍将继续下跌。

（4）向上突破下降趋势线应该有成交量明显放大的配合，价量配合积极的突破可靠性更大，以后上涨的空间也越大。

（5）百分比法则：假如某一交易日股票价格向上突破下降趋势线的3%，那么该下降趋势线就算有效突破，日后股票上涨的概率较大，投资者应抓紧时机买入股票。

（6）时间法认为：假如某一只股票收盘价线3天向上突破下降趋势线，那么该下降趋势线自然是有效突破，日后股票上涨的可能性较大，投资者应及时买入股票。

第二，向下假突破。

股价在下跌趋势中，出现一系列更低的高点和更低的低点，从而形成一条下降趋势线，股价始终在趋势线的下方波动，股价每次反弹遇到趋势线时出现回落，总体上以一定的角度下降。随着下跌趋势延续，多方反抗的信心渐趋减弱，空方力量进一步增强，股价往往会加剧下跌，向下跌破趋势线的平行线的支撑，出现短期内股价暴跌的情况。如果在前期的下跌趋势中，手中还有筹码舍不得割肉的话，当股价向下突破平行线时就应该坚决割肉，否则将受到更大的损失。可是卖出之后，下跌势头戛然而止，股价很快止跌回升了，从而形成低位空头陷阱。

图4-54，中国国贸（600007）：该股见顶后出现长时间的调整走势，累计下跌幅度较大，庄家悄然介入吸纳了大量的低价筹码。当庄家吸足筹码后，为了测试盘中抛售情况，2021年2月2日开始连续三天打压股价，股价向下突破趋势线的支撑，形成加速下跌之势头，不少投资者见此情形纷纷抛售股票离场。可是，股价很快止跌企稳，并回升到前期盘区内，然后经过短期的修复整理后，4月30日放量向上突破，出现一波强势拉升行情。

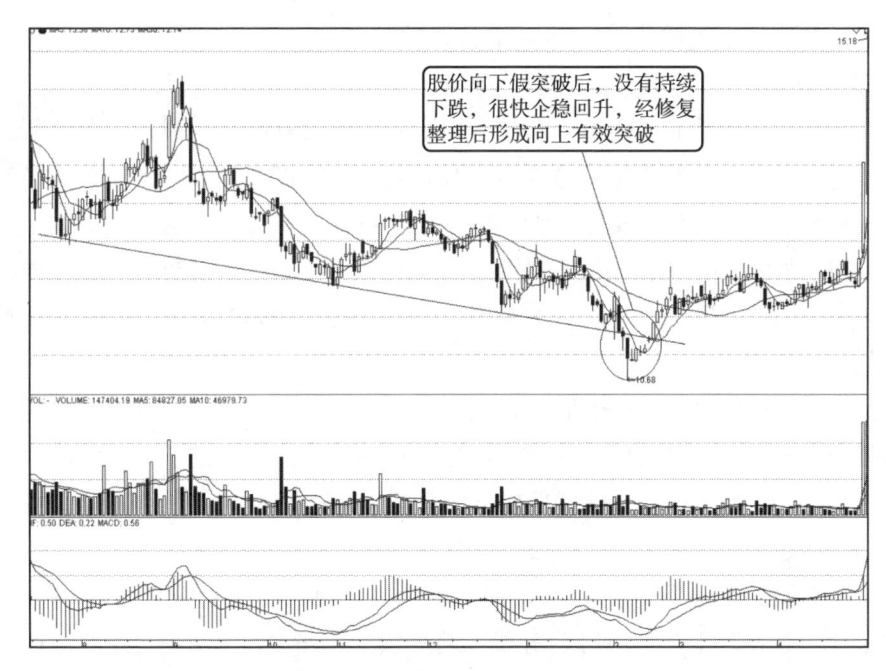

图4-54 中国国贸（600007）日K线图

技术解盘：这个突破信号存在哪些技术疑问呢？首先，在分析判断一只股票时，对价位要有一个大概的定位，即当前股价在高价区还是低价区，或者处在市场的中部位置，这是一个不可或缺的环节。就拿该股来说，股价经过长期的下跌调整，已经到了底部区域，后市下跌空间基本被封堵，投资价值凸显出来。此处形成向下突破信号，疑似庄家刻意打压。

其次，从图中可以看出，股价击穿趋势线时没有出现大幅放量走势，说明股价破位没有引起市场恐慌，庄家对筹码掌握得比较好，通过这次破位反而进一步锁定筹码，为后市股价健康上涨起到关键性作用。

其三，通常，趋势线如果太陡峭或太平坦，其可靠性大打折扣。这是因为一条较陡峭的趋势线很容易被一个短期横盘整理形态所突破，但后市未必出现预期的走势。比如，股价向上突破下降趋势线，股价未必快速上升，或股价向下突破上升趋势线，股价未必快速下跌。通常当股价产生陡峭的趋势线以后，会出现横向的走势，甚至可能出现下跌行情，令入场者被套牢其中。相反，太平坦的趋势线虽然具有较强的支撑或阻力作用，但也不是理想的趋势线，其突破信号与最佳买卖时机存在着较大的差距，通常只是投资者最后的买卖机会。因而太陡峭或太平坦的趋势线在更多的时候适用于对形态的确认及短线走势的指导，而对于长线的趋势来讲缺乏实质性的技术参考意义。

那么，如何界定"陡峭"和"平坦"呢？并没有固定的标准，股价所处的不同发展周期及不同种类的股票均有所差异，投资者很多时候需要凭经验作出调整。通常，趋势线与水平线的夹角为45度是最理想而有效的。如果趋势线与水平线夹角大于65度，则属于陡峭的趋势线；如果趋势线与水平线夹角小于30度，则属于平坦的趋势线，这两种状况的趋势线，其参考性均较低。

在实盘操作中，一般个股趋势线的斜率，随着市场习性（投机股较陡，而投资股较平）和原始周期的不同而有明显的差异，涨升或下降行情的后期大多较陡（少数个股在行情的后期出现平坦的走势）。据实盘操作经验，一般热门股的趋势线斜率在30~45度，才具有较理想的参考价值。

从该股的走势看，股价下跌到了底部区域后，下跌速度明显下降，从而形成一条比较平缓的下降趋势线，趋势线与水平线夹角小于30度，这条趋势线很容易被股价快速下跌所破，其支撑力度不十分明显，因此其参考性较低。

通过图表分析，可以判断这是庄家在低位设置的空头陷阱，庄家通过这种走势进一步夯实底部基础，同时继续撩取散户的低价筹码。遇此情形时，持股者应坚定持股信心，不要在低价位斩仓，持币者可以逢低吸纳。

在实盘操作中，投资者遇到股价向下突破下降趋势线时，其有效性还可从以下几个方面进行分析判断：

（1）股价突破下跌趋势线后，要分析均线发散情况和乖离率的大小。

（2）股价下跌幅度较大，处于市场底部区域，可以适当逢低建仓。

（3）从价量准确率上看，向下跌破下降趋势线时虽然并不强调成交量是否放大，但在突破的那几天成交量也要放大，否则往往也成为假突破。

（4）股价跌破下降趋势线形成加速下跌趋势，表明趋势即将走向尽头，空方在做最后的挣扎，股价下跌的趋势不会维持太长的时间，因此适合于短线操作，在跌破下降通道时抛出股票，在股价跌到低点，跌无可跌时再将股票购回，如此操作可以降低股票的持有成本。

（5）分析原先轨道线的下降角度，若原先的轨道线本身已经较陡峭，此时若继续向下**突破**的话，则会使新的轨道线进一步陡峭，这样容易出现超跌反弹或产生市场反转走势。

（6）得到其他技术面的进一步验证，如技术形态、K线组合等是否向好，技术指标是否出现顶背离、金叉或方面性提示。

2. 上升趋势线假突破

第一，向上假突破。

股价平稳地沿着上升趋势线运行，呈现一波比一波高的强劲走势，场内交投气氛活跃。运行一段时间以后，股价放量向上突破上升趋势线的平行线的压制，出现加速上涨之势头，通常是一个买入信号，甚至可以追涨买入。可是买入之后风险却悄然来临，股价不涨且反转下跌了，买入者被套牢在高位，从而形成高位多头陷阱。

图4-55，东风汽车（600006）：该股洗盘整理结束后，再次强势向上推高，高点一个比一个高，低点也一个比一个高，其形态非常漂亮。2021年7月28日和8月12日，先后两次向上突破上升趋势线的平行线，大有加速上涨之势头，因此是一个买入机会。可是，股价很快就返回到平行线之下，渐渐地失去了上升的动力，在第三次试图上攻时其力度显然不及前面两次的攻击力。

技术解盘：怎么看待这个突破信号呢？从图中可以看出：一是该股前期有了一波比较大的拉升，本次股价回升时正好遇到前期高点位置的阻力，明显遭到市场套牢筹码的抛压，所以此处持谨慎态度。二是从突破时以及突破后的走势可以看出，股价上涨没有英雄豪杰般的气势，K线小阴小阳交错并存，拖泥带水，缠缠绵绵，没有做多的底气。股价如果甩不开上涨的步伐，就会被弱小的力量拖垮，最终导致上涨势头渐渐演变为弱小的反弹走势。三是成交量明显不足，且第二次、第三次的成交量明显不及第一次冲高的量大，有持续萎缩态势，表明入场资金十分谨慎。通过盘面分析，可以认定该股突破上升趋势线是一次诱多行为，投资者遇到这种走势时，持仓者应逢高离场，持币者不应盲目看多做多。

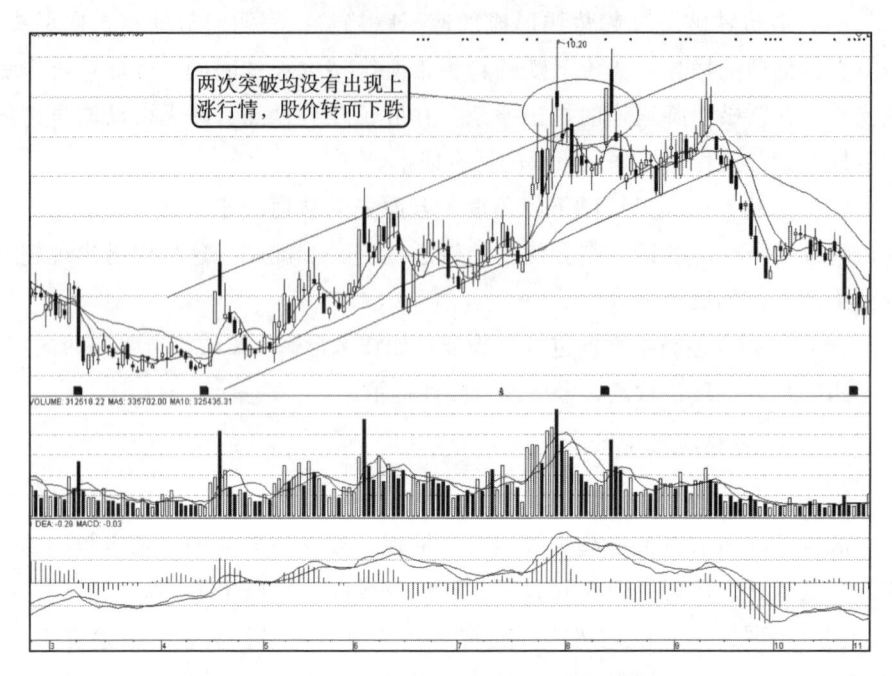

图 4-55　东风汽车（600006）日 K 线图

实盘操作中，投资者遇到股价向上突破下降趋势线时，其有效性还可从以下几个方面进行分析判断：

（1）股价突破上升趋势线后，要分析均线发散情况和乖离率的大小。

（2）股价上涨幅度较大，处于市场顶部区域的，突破时注意市场风险控制。

（3）从价量法则看，突破上升通道时必须伴随着成交量的放大，这样的突破才是有效的突破，否则很有可能是假突破，股价很快就会回落。

（4）股价突破上升通道加速上涨通常意味着接近上升趋势的末期，股价上涨的趋势不会继续维持太长的时间，因此适合于短线操作，在适当的时候要及时抛出，落袋为安。

（5）分析原先趋势线的上升角度，若原先的趋势线本身已经较陡峭，此时若继续向上突破的话，则会使新的趋势线进一步陡峭，这样的趋势线肯定不会维持太久。

（6）市场投机气氛较浓时，要及时控制风险。

（7）得到其他技术面的进一步验证，如技术形态、K 线组合等是否向淡，技术指标是否出现顶背离、死叉或方面性提示。

第二，向下假突破。

当股价经过长时间的上升后，由于上升幅度较大，容易向下跌破上升趋势线，这种现象表明上升行情已经结束，新的下跌行情将要展开，应该抓紧时机在上升趋势线刚刚被跌破时抛出股票，以免被套牢。不过，股价跌破上升趋势线也有可能只是短期的回调，几天之后可能又重新上升，因此需要判断跌破是否有效。

图 4-56，白云电器（603861）：股价成功见底后稳步向上推高，在盘升过程中形成一条上升趋势线。2021 年 8 月中旬，股价向下突破了这条趋势线。通常股价跌破上升趋势线时，意味着上涨行情即将结束，因此是一个卖出信号。可是，实际走势并未出现下跌走势，很快止跌企稳，经过短期的整理后，形成新的上涨行情。

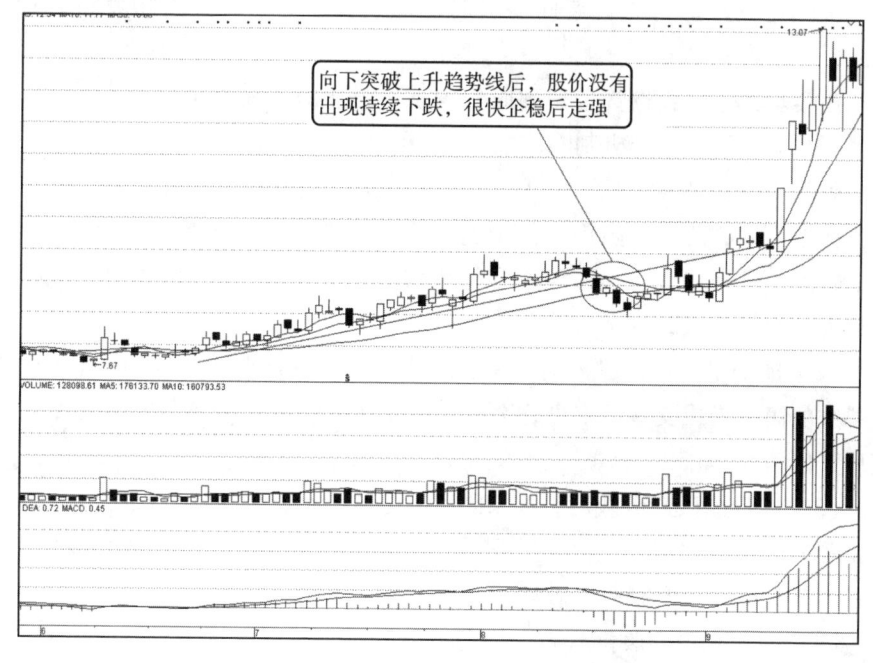

图 4-56　白云电器（603861）日 K 线图

技术解盘：怎么看待该股的突破信号呢？从图中可以看出：股价无量向下突破，具有一定的欺骗性。虽然下跌并不要求成交量的大小，但在突破的那几天应当有放量现象，否则空头陷阱的可能性较大。该股出现无量下跌，说明盘内筹码依然稳固，没有出现松动迹象，这就反映了庄家故弄玄虚，欺骗散户的筹码。从价位上分析，股价上涨幅度不大，庄家没有太多的利润，一般不会选择撤退，股价短暂的下跌更多只是洗盘而已，后市继续上升的可能性较大。而且，股价突破上升趋势线后，没有在趋势线下方停留更多时间，便返回到趋势线之上，说明庄家也不敢在此停留太长的时间，以免造成筹码损失。

那么，庄家为什么要让股价跌破上升趋势线呢？这是庄家洗盘的需要。洗盘的操作手法是刻意击穿或破坏一些重要技术位置，如短期均线、上升轨道线、某些技术形态等。从其形态看，在盘面上出现一两根大阴线，或者大阴大阳交替进行，或者连续出现大阴线，成交量急剧放大（有时也出现小量）。这样会使股价出现较大的震荡，不少投资者难以躲过回档过深的强力洗盘手法，因而会使短线跟进的获利盘或套牢盘，在盘中恐慌抛出，同时让一些抢反弹者进场，而庄家顺利地达到了震仓的目的。可见，该股是庄家一次洗盘或试盘行为，遇此情形时，持股者不必惊慌，持币者可以逢低介入。

在实盘操作中，投资者遇到股价向下突破上升趋势线时，其有效性还可从以下几个方面进行分析判断：

（1）突破的程度：股价向下穿越趋势线时，当日收盘价低于趋势线价位，并且在接下来的两三天内仍然低于趋势线。如果某一只股票收盘价连续3天向下跌破上升趋势线，那么该上升趋势就算有效跌破，日后股价下跌的可能性较大，投资者应及时卖出股票。

（2）成交量变化：股价向下突破时成交量不一定要放大。通常股价跌破趋势线的第一天成交量并不显著增加，然而在下跌过程中必会出现大成交量，随后开始萎缩。

（3）股价跌破趋势线后，如果距离趋势线不远，成交量并没有迅速增加，而是萎缩到相当程度，股价回升到趋势线下方时成交量放大，那么股价再度下跌，就可确定上升趋势被破坏了。

（4）一般来说，股价跌破中级趋势线后，会有暂时回升的现象，股票专家称之为"逃命线"。这时持股者对于大势不存奢望而纷纷抛售，造成上升的阻力，便发生新的下跌。有时候股价突破趋势线后继续下跌，使等待反弹抛出股票的投资者犹豫不决，进而造成严重损失。

（5）上升幅度越大，跌破上升趋势后下跌的幅度也就越大，上升幅度过小，则股价下跌可能仅仅是短期的回落，股价仍将继续上升的趋势。

（6）上升趋势线的时间跨度越长，跌破上升趋势线的意义就越大，跌破越为可靠，今后下跌的幅度就越大。

（7）百分比法则：如果某一交易日股价向下跌破上升趋势线的3%，那么此上升趋势线就算有效跌破，日后股价下跌的概率较大，投资者应及时卖出股票，以免被套牢。

3. 水平趋势线假突破

第一，向上假突破。

股价经过较长一段时间的横盘整理，形成了近似于水平线的高位阻力线和低位支撑线。由于横盘的时间较长，阻力线和支撑线的力量都很强大，股价上涨到阻力线附近时往往会回落，而下跌到支撑线附近时又会反弹，若没有较强的力量脱离阻力线或支撑线的约束，股价将维持在横向盘整状态。

突然某一天，股价打破了这种多空僵持的局面，多方主动发起进攻，股价放量突破上方的阻力线，这表明盘整的局面被彻底打破，紧接着就展开迅猛的上升行情。通常，盘整的时间越长，蓄积的力量越足，上涨的幅度就越大，上涨的速度也越快。向上突破横盘整理的阻力线时，是最佳的买入时机。但是在实盘操作中，也经常出现一些虚假的诱多突破信号，或是庄家故意作出的假突破行为。

图4-57，宝鹰股份（002047）：股价见顶后逐波下跌，累积跌幅超过85%，然后渐渐企稳盘整，形成横盘整理走势，产生一条水平趋势线，股价长时间没有脱离这条水平趋势线的约束。2021年6月24日，股价放量涨停，向上脱离水平趋势线，次日继续冲高，预示后市股价将见底回升，因此是一个买入信号。可是，股价并没有出现预期的上涨行情，很快走弱并不断创出调整新低。

技术解盘：从该股的走势图中可以看出，股价突破水平趋势线后，成交量短暂放大后很快萎缩下来，没有出现持续的放量走势。一方面，说明市场跟风不够积极，庄家缺少抬轿人；另一方面，也反映庄家做多意愿不强，市场缺乏带头人。所以，突破信号值得怀疑，很可能就是一次假突破。而且，股价到达前期成交密集区域时，遭到空方的重大抛压，股价不能顺利越过这道坎，最终不得不选择走下坡路。此外，在股价突破后回抽确认时，未能创出更高的高点，不符合回抽确认的三个要素，即"两个低点、两个高点和成交量"原则，由此进一步说明突破信号的虚假性。该股虽然出现较大的跌幅，但股价底下有底，盲目抄底仍有一定的风险。通过图表分析，该股是一次突破失败走势，投资者遇此情形时，持股者逢高减仓为佳，持币者观望为宜。

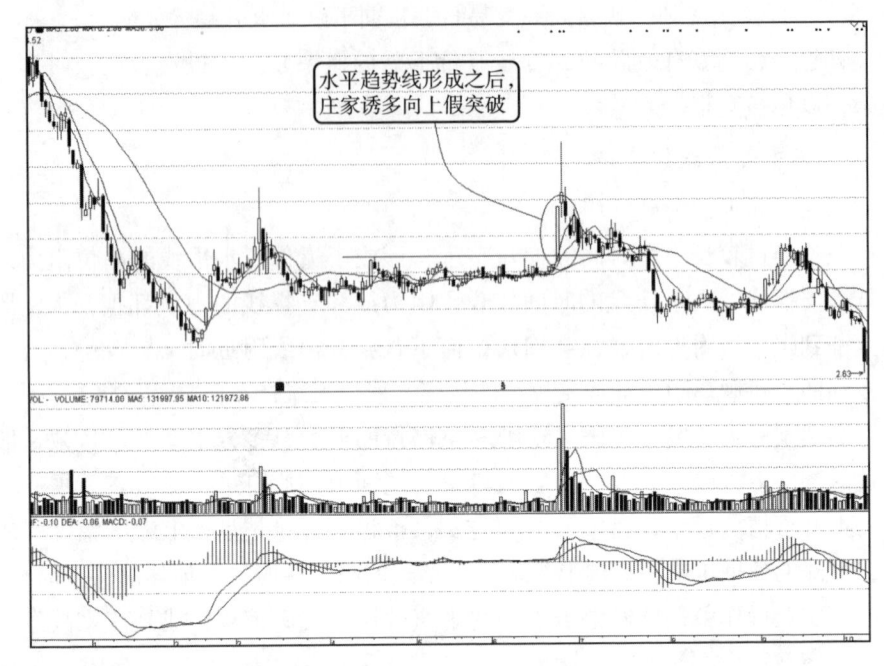

图 4-57　宝鹰股份（002047）日 K 线图

　　在实盘操作中，投资者遇到股价向上突破水平趋势线时，其有效性还可从以下几个方面进行分析判断：

　　（1）均线系统向上发散，形成多头排列，有效突破的可能性较高。

　　（2）向上突破横盘整理的阻力线需要有成交量放大的配合，成交量明显放大才能排除假突破的可能，才能支持股价的进一步上涨趋势。

　　（3）确定股价所处的具体位置。在高位或跌势的中途，向上突破为疑似信号，向下突破的可靠性较高；在低位或涨势的中途，向下突破为洗盘换手走势，不必为之担心，向上突破的可靠性较高。

　　（4）可以用百分比法来确定向上突破的有效性：如果某一交易日股价向上突破水平趋势线 3%，那么该水平趋势线就算被有效突破，今后股价上涨的概率较大，投资者此时买入股票的把握就较大。

　　（5）还可以用时间法来确定向上突破的有效性：如果股票收盘价连续三日向上突破水平趋势线，那么该水平趋势线就算被有效突破，日后股价上升的概率较大，投资者应抓紧时机买入股票。

　　（6）横向盘整的时间越长，表明多头蓄积的力量越足，当股价向上突破横盘局面时，股价上涨的幅度就越大。正如股市所说的"横有多长，竖有多高"。

（7）得到其他技术面的验证，如技术形态、K线组合等是否向好，技术指标是否出现底背离、金叉或方面性提示。

第二，向下假突破。

股价横盘整理一段时间后，终将打破这种僵持的局面，如果空方主动发力打压，股价向下跌破下方的水平支撑线，表明盘整的局面被彻底打破，股价往往会出现新的下跌走势，因此这是一个卖出信号。但是在实盘操作中，也经常出现一些虚假的诱空突破信号，或是庄家故意作出的假突破行为。

图4-58，中科信息（300678）：股价反弹结束后，出现横向盘整走势，多空双方势均力敌，形成一条水平支撑线。持续一段时间后，在2021年10月27日股价向下突破水平支撑线，通常这是一个卖出信号。可是卖出股票之后，股价很快止跌并又返回到前期盘区附近，稍做整理向上拉起，从而形成空头陷阱。

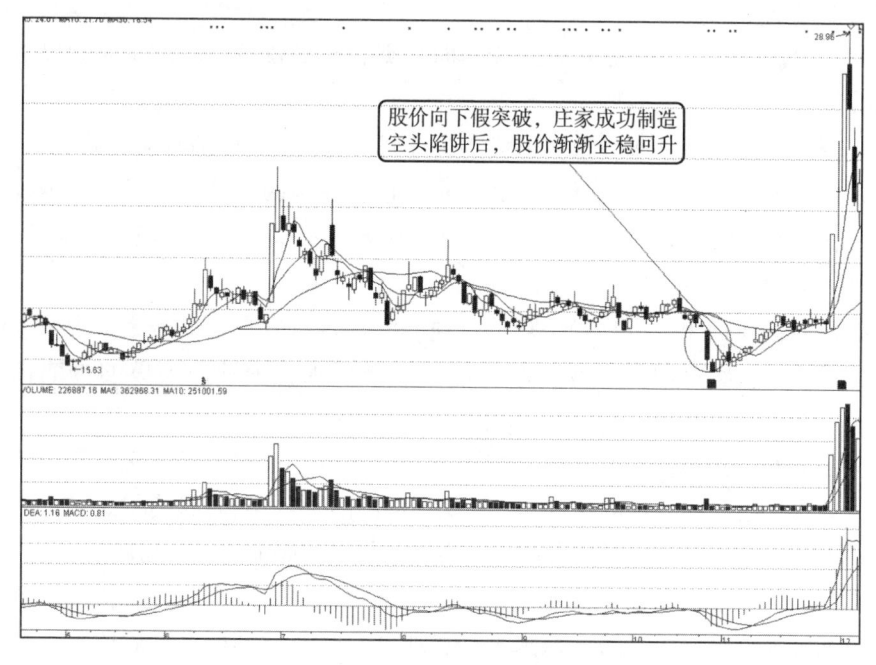

图4-58 中科信息（300678）日K线图

技术解盘：该股存在什么技术疑问呢？从图中可以看出：首先，股价向下突破时成交量没有放大，股价下跌时虽然不强调成交量的大小，但在突破的关键位置也要有成交量的放大，才能加强突破的力度。从该股的盘面可以发现，单从K线形态上分析，后市看跌意味十分强烈，但没有成交量的配合，是无量空跌的典型例子。底部出现价跌量缩走势，说明没有恐慌盘出现，庄家对筹码掌握得非常好，向下突破则进一步加强筹码的稳定性。

其次，从价位情况分析，股价总体下跌幅度较大，调整时间充分，基本处于历史性底部区域，中长期投资价值凸显，此处下跌往往是一个低位空头陷阱。

最后，从坐庄角度分析，股价位于庄家建仓成本区附近，若继续下跌将会加大庄家账户亏损额度。根据实盘操作经验，一个比较均匀的水平通道形态，市场的平均成本价在水平通道的中心价附近，庄家的成本价位相对略低一些，但不会相差太远，更不会超出中心价至支撑线的垂直距离。因此，股价不会长时间大幅下跌，向下破位是底部空头陷阱。

所以，可以判断该股向下突破水平支撑线是一个虚假信号，是庄家建仓、试盘或砸盘行为所致。投资者遇到此情形时，持股者不宜盲目杀跌，持币者以逢低吸纳为主。

在实盘操作中，投资者遇到股价向下突破水平轨道线时，应注意以下技术要点：

（1）均线系统向下发散，形成空头排列，向下真突破的可能性较大。

（2）确定股价所处的具体位置。在低位或涨势的中途，向下突破为疑似信号，向上突破的可靠性较高；在高位或跌势的中途，向上突破为疑似信号，向下突破的可靠性较高。

（3）股价向下突破横盘整理的支撑线时，其前后几天也需要出现放大的成交量，这样反映抛盘沉重，股价的下跌力度大，否则假突破的可能性比较大。

（4）可以用百分比法来确定向下突破的有效性：如果某一交易日股价向下突破水平趋势线的幅度超过3%，那么该水平趋势线就算被有效突破，之后股价下跌的概率较大，投资者此时卖出股票可以较好地回避市场风险。

（5）可以用时间法来确定向上突破的有效性：如果股票收盘价连续3天向下突破水平趋势线，那么该水平趋势线就算被有效突破，日后股价下跌的概率较大，投资者应抓紧时机卖出股票。

（6）横向盘整的时间越长，表明空头蓄积的做空力量越足，当股价向下突破横盘局面时，股价下跌的幅度就越大。

（7）得到其他技术面的验证，如技术形态、K线组合等是否向淡，技术指标是否出现顶背离、死叉或方面性提示。

三、技术辨别方法

趋势分析在股市技术分析中占有非常重要的地位，尤其在转折点位置，趋势分析能够非常早地发现转折点已出现，趋势即将转变。一旦投资者能熟练掌握趋势分析，将可以在下跌趋势结束转为上升趋势时，及时买入，赢得利润；在上升趋势完结下跌趋势将开始时，及时卖出，回避风险。这就涉及趋势线的突破问题，股价有效突破趋势线，表明原先的市场趋势被扭转，也就是说，股价向上有效突破下降轨道线时，表明上涨阻力已经被消除，为买入信号。相反，股价向下有效跌破上升轨道线时，表明下降支撑已经被消除，为卖出信号。

在实盘操作中，有时会出现短暂的突破趋势线走势，股价很快回到原来的趋势线之中，令投资者大感不解，这就通常所说的"假突破"，属于趋势线陷阱，投资者经常为突破是真是假而伤透脑筋。那么该如何看待股价的有效突破呢？为了避免这些陷阱，应掌握以下几点：

（1）在突破时成交量应有效放大，如果成交量过低突破肯定不能成立，如果成交量特别大股价位置又高，需提防庄家以假突破的方式出货。

成交量会随着主要趋势的变化而变化。因此，依据成交量也可以对主要趋势作出一个判断。通常，在多头市场中，价位上升，成交量增加；价位下跌，成交量减少。在空头市场中，当股价滑落时，成交量增加；当股价反弹时，成交量减少。当然，这条规则有时也有例外。因此只根据几天的成交量变化是很难下结论的，考察成交量的大小，应结合一个时间段进行分析，只有对持续一段时间的整个交易进行分析才能够作出结论。在趋势理论中，为了判定市场的趋势，最终结论性信号只由价位的变动产生，成交量仅仅是在一些有疑问的情况下提供解释的参考。

（2）股价向上突破下降趋势线时，成交量必须有效增加，突破才能有效可靠，但如果突破趋势的当天是强势上涨，持股者因涨停板而惜售，致使成交量未能大量增加，则应例外对待，另外在向上突破的当天成交量并未大增，但第二天仍维持强势并"补量"上涨时，也应视为有效突破。

（3）股价向下突破上升趋势线时，成交量增加与否并不重要，均可视为有效突破。但在突破趋势线的关键位置时，成交量也要显著放大，随后不久股价又反弹到趋势线附近，作短暂的停留后，再次大幅下跌。这种突破后出现反弹再大幅下跌的现象，为突破后的"回抽确认"走势。

（4）突破的首要前提是股价的位置和阶段。如果股价处于底部吸货区域、中途整理区域、庄家成本区域附近，若向上突破，真突破的概率较大，若向下突破，假突破的概率较大。如果股价处于高位派发区域、远离庄家成本区域，若向上突破，假突破的概率较大，若向下突破，真突破的概率较大。

（5）幅度标准。无论是向上突破还是向下突破，均以超过3%为有效突破，否则为假突破。但由于市场上存在较多短线操作行为，只要收盘价高于或低于趋势线突破点的2%，也可认定为该条件成立，在判断时应以当日的收盘价为准，如果只是在盘内一度冲破趋势线，然后又快速回到原来的趋势线之中，且成交量非常低，其可靠性不高，可以认定为假突破。

（6）时间标准。一条趋势线只有小小的突破，且突破时间很短暂，股价又回到原趋势之中，那么这种突破就可能是假突破，真正的突破除了要求有一定的涨跌幅、距离外，还有时间上的要求。通常，股价应在趋势线突破一方连续站稳3天以上。但在实盘操作中，只要收盘价高于或低于趋势线2天，也可以视为有效突破。

（7）突破盘局的原因。从股价总体运行趋势来说，就是涨、跌、盘（震荡整理）三种情况，上涨让人兴奋，下跌让人恐慌，而震荡整理最让人心烦。可是，股价的绝大部分时间都处于震荡整理之中，它比上涨和下跌的时间都要长。但不震荡整理是不行的，因为股价是在涨涨跌跌中运行的，不可能一味地上升，也不可能一味地下跌，多空双方都必须有一个蓄积攻击能量的过程，才能使股价继续维持原来的运动趋势。

震荡整理之后必然有一个突破，盘局突破有向上与向下两种可能。它是股价上升或下降的中间状态，同时往往是必由之路。故有"久盘必升"或"久盘必跌"之说。但震荡横盘之后股价是升是跌，会向哪一个方向突破，令人颇费心思，也令人颇为犹疑。散户在震荡整理中易犯的错误，主要在假突破上。或迷信于向上假突破，陷入了多头陷阱；或屈服于向下假突破，掉落了空头陷阱。一般情况下，高位突破后应果断减仓，低位突破后果断加仓。

最为常见的向上突破时机有：①低位的突发利多消息，或者利空明朗化；②低位的成交量逐渐放大，均线形成初步的多头排列；③低位大盘进入一年的春节前后；④低位的突发非实质性利空出现；⑤低位进入报表公布期。

最为常见的向下突破时机有：①高位的突发利空消息，或者利好明朗化；②高位的成交量逐渐萎缩，均线形成初步的空头排列；③高位的大盘进入一年的10月前后；④高位的较大利好公布；⑤高位进入报表公布期。

（8）突破盘局的辨别。突破，是指股价在一个相对平衡的市道里运行一段时间以后，突然单边朝一个方向运行，它经常出现在吸货或出货行情中。

在吸货行情中，在盘面上大致有两种现象：一种是历经几次破位下跌后，股价在底部突然放量刻意向下压价，造成再次破位的势头，使经受深套的投资者彻底绝望，这时似乎"聪明"了许多的散户，"止损"出局，可是不久股价不跌反涨，这是"悲壮"的割肉；另一种是股价跌到了底部，突然向上急拉10%左右，给散户"反弹出局"的机会，因为场内大部分散户已吊在高楼之上，死猪不怕开水烫，再跌一次又如何，于是给散户一份安慰，但股价单边走高，这是"喜悦"的割肉。

同样，在出货行情中，在盘面上大致有两种现象：一种是行情经过几波上扬后，股价在高位突然放量刻意向上拉升，形成再次上攻的势头，这时后知后觉者经不住诱惑而入场，可是不久股价不涨反跌，这是"贪婪"的套牢；一种是股价涨到了顶部，突然向下急跌，形成洗盘或超跌假象，给散户"逢低吸纳"的机会，可是股价单边一路走低，这是"无奈"的套牢。这两种盘面现象，都被庄家的手法所诱。

（9）有效突破一般建立在充分蓄势整理的基础上。充分蓄势整理的形式有两类：一类是投资者熟悉的各类形态整理，如三角形整理、楔形整理、旗形整理、箱体整理等；另一类是庄家吸完货以后，以拖延较长时间作为洗盘手段，或者因等待题材或拉升时机，长期任股价回落下跌，股价走出了比形态整理时间更长、范围更大的整理。股价一旦突破此种整理，则往往是有效突破。由于这种整理超出了形态整理的范围，因而有时候是难以被察觉和辨别的。

（10）股价上涨必须有气势，突破后并能持续上涨，既然是突破就不应该磨磨蹭蹭，如果放量不涨就有出货的嫌疑。

（11）对庄家选择突破时机需要仔细研究，市道较好股位又不高的时候没有疑问，如果市道一般就需要结合庄家成本、股价位置、庄家类型及其控盘特点进行分析，在大势较好的时候前期不逆势的，在市道不好的时候突然逆势突破，提防庄家出货。

（12）如果突破以缺口形式出现的话，则突破将是强劲有力的。股价在突破时形成盘面缺口，其可靠性比普通的突破走势的可靠性更高，而且缺口越大上涨力量越强，可靠性越高。

（13）在一般情况下，保持得较久的通道或趋势线，第一次突破是假突破的可能性最大，第二次突破次之，而经过第三次或以上的突破，可能就是真正的突破了。

第九节　支撑线和阻力线

一、支撑线和阻力线

1. 支撑线和阻力线的运用法则

支撑线又称为抵抗线。支撑线是指股价下方的价位线或成交密集区域，支撑点通常处于市场的底部，或上升趋势中的调整区域，是买入的好时机。在股价的变动过程中，当股价回落到某一价位附近时，由于多方在此积极买入，使股价跌势企稳，形成短期底部或是触底回升，形成反转形态。由于多头在这一价位形成一条近乎水平的需求线，暂时顶住了股价的下跌势头，对股价产生了明显的支撑作用，因而这个起着阻止股价继续下跌作用的价位就是支撑线所在的位置。

阻力线又称为阻力线。阻力线指股价上方的价位线或成交密集区域，阻力点通常处于市场的顶部，或下跌趋势中的调整区域，是卖出的最佳位置。在股价涨跌过程中，当股价反弹上升到某一价位附近时，股价的上涨受到压制，升势开始放缓，形成短期平台或头部形态。这是卖方在此价位不断抛售造成的，空方在这一价位形成一条近乎水平的供给线，封住了股价的上涨势头，对股价起到明显的压制作用，而这个起着阻止股价继续上行作用的价位就是阻力线所在的位置。

支撑线与阻力线不论在上升过程中还是在下跌过程中都会出现。在上升过程中也有支撑线，它基本上是由市场中空头回补的力量决定，同时支撑线位置也是投资者加码买进或摊低成本的最佳时机。但在上升行情中，人们关心的是行情将涨升到什么位置，因而对阻力线会关注得多一些。而在下跌行情中，由于趋势是向下的，对投资者的投资热情造成一定的打击，市场心态不稳，当股价反弹到某一价位时，会有较多的短线获利盘和高位套牢盘涌出，造成股价在反弹过程中受阻回落。但在下降趋势中，人们更关心的是支撑线的位置。

支撑线和阻力线如同 X 线，只在一定时期内起作用。在下跌趋势中，支撑线只能阻挡跌势暂时放缓，但无法永久阻挡，在以后价格运动中，股价还会向下突破支撑。在上升趋势中，阻力线只能阻挡涨势暂时回落，也无法永久阻挡，在以后价格运动中，股价还会向上突破阻力。

支撑线和阻力线的运用法则：

（1）由于支撑线与阻力线之间可以相互转化，因而当股价向上超越前次波段行情的高点之时，阻力线被有效突破，则这条阻力线将成为日后行情回档的支撑线，尤其是在多头上升中，回落之机就是买进之机。同样，当股价向下跌破上次波段行情的底部之时，支撑线被有效击穿，则这条支撑线将成为日后行情反弹的阻力线，尤其是在大空头市场中，每次反弹到阻力线位置都是最佳的出货时机。"牛市中每次回落都应买进，熊市中每次反弹都应卖出"就是这一道理。

（2）底点成交量的大小：在波段行情的低点，当股价向下击穿支撑线，同时伴随着成交量的显著放大时，说明市场在该点位套牢盘较多，对后市股价的反弹回升将产生更大的阻力作用。相反，如果成交量在跌破支撑线时并没有出现显著放大现象，说明市场反应较为平静，在这一点位的套牢盘不重，股价虽然创出新低，但其阻力作用相对较小，后市股价的反弹突破比较容易。

（3）顶点成交量的大小：在波段行情的高点，当股价向上穿越阻力线，同时伴随着成交量的积极放大时，说明市场信心大增，筹码积极换手，则该点位对后市股价的回落将产生更大的支撑作用。相反，如果成交量在股价向上突破时并未积极放大配合，说明投资者信心不足，虽然股价创出新高，但股价的上涨缺乏市场人气的支持，支撑线的作用不是十分明显，后市股价回落击穿这一点位不会受到太大的抵抗。

（4）价格差幅的大小：支撑价格与最近小波段最高价的差幅越大时或阻力价格与最近小波段最低点差幅越大时，所产生的支撑和阻力的效果越大。也就是说，在上升趋势中，如果股价突破阻力线创出新高，这一新高点距离支撑线价位越远，幅度越大，则支撑线对股价的支撑作用将越明显。相反，如果上升突破的高点与支撑线之间的距离不大，则产生支撑作用的效果不是十分明显，有时可以将这种突破列为假突破。

同样，在股价下降趋势中，也具有相同的技术意义。如果股价创出的新低点距离阻力位较远，则对后市反弹也将产生较大的阻力作用。相反，如果两点之间的价差幅度不大，其阻力作用将表现得较为微弱，假突破的可能性也就相对较大。

（5）时间长短：支撑线与阻力线的形成点距离当前行情的时间跨度很长，说明股价在这一段较长的时间内都无法形成突破，其支撑与阻力的作用将更加明显。如果发生的时间距离当前价位不是很久，除非是大幅度的突破（即两者之间的差幅很大），否则股价极有可能在短期内形成反向突破。因而时间越短，点位越接近当前股价，其支撑与阻力的作用也越小。

但是，如果支撑和阻力的形成点距离当前行情的时间太久的话，因场内浮动筹码逐步被消化，所产生的支撑和阻力的效果也将略微降低，所以时间跨度适中（在1个月以内）较好。

（6）市场投资气氛：大盘处于强势多头市场时，由于股价总体趋势向上，因而行情在上涨过程中遇到的阻力线迟早都会被突破，阻力作用也就显得相对较弱。而在大空头市场中，由于股价的总体趋势向下，市场人气衰退，多头买盘在低位的承接力度有限，支撑线迟早会被击穿，因而其支撑作用也就显得不是十分明显。

（7）股价的重要位置或整数点位：一方面是个股市值整数价格，如10元、15元等。另一方面是指数的整数位置，如2000点、3000点等，都有支撑和阻力作用。

（8）集中成交区域：股价在某一价位出现相当大的成交量，则在此会形成密集的成交区，对股价的支撑与阻力作用将是十分明显与有效的，成交越集中，其作用也就越大。由于成交的密集反映了市场集中的平均成本，回落时买方会积极护盘，而反弹时则会解套抛售。因而股价将在一定时期内在成交密集区域上下震荡，直到最后形成有效突破。

（9）形态的作用：原始趋势线、各种技术形态的预测能力，及尚未突破形态时的上限、下限及颈线等，其支撑与阻力的作用都要比一般平常点位要大得多。

（10）趋势线与X线：一般趋势线与X线也都具有一定的支撑和阻力作用，其中斜率适当的原始趋势线，对行情产生的支撑和阻力作用更加明显。

（11）二分法与三分法：当指数或个股涨升之后，如果滞涨回跌，通常跌到这段涨幅的1/3或1/2左右时，分别具有支撑力量。同样，当指数或个股下跌之后，如果止跌反弹，通常反弹到这段跌幅的1/3或1/2左右时，分别具有阻力力量（1/3与黄金分割率0.382、1/2与0.618相近）。

（12）历史的高低价：过去所出现的历史最高价和最低价附近，既是持仓成本区域，也是心理因素位置，所产生的支撑和阻力也不容忽视。

（13）靠近除权波段低点或填权价格，股价经过除权后形成的近期低点，具有支撑和阻力作用。另外，如果是权值较大的股票，当其接近填权或刚填权时，因参与除权者已获得不少的增资配股利润，卖出自然会较积极，因此股价到填权价格附近无形中也会受到较大的阻力。

2. 短线支撑和阻力的计算

短线支撑和阻力的秘籍：

当天均价−当天最低价＝X（差价）

最后买入叫价（或收盘价）−X＝第二天短线支撑价

最后卖出叫价（或收盘价）＋X＝第二天短线阻力价

注：均价＝（开盘价＋最高价＋最低价＋收盘价）÷4（或成交金额÷成交数量）。

3. 支撑线和阻力线的相互转化

支撑线和阻力线是相对的范畴，两者角色经常互换，当支撑线被相当程度的力量下破后，就会转变成为下次股价回升的阻力。同样，当阻力线被相当程度的力量突破后，就会转变成为下次股价回落的支撑。在股价的上涨过程中，上升趋势线即为支撑线，在股价的下跌过程中，下降趋势线即为阻力线。

支撑线与阻力线最大的作用就是阻止股价持续原先趋势方向的运动。我们已经知道了股价的波动是有趋势的，而在一个大的趋势之中又包含了许多小的趋势，有些趋势是与大方向相反的，而支撑线与阻力线就起到阻止这种趋势的作用。如果股价要维持原先的运行趋势，就必须对这些支撑线与阻力线进行突破。由此可以看出，支撑线与阻力线大多时候只是使股价在涨跌过程中暂时停顿，但不足以长期地影响股价，始终都有被突破的可能。

从支撑线与阻力线的力度上来讲，趋势运行的时间越短，所形成的支撑与阻力的作用就越弱。当股价运行完一个大的趋势之后，多空势态已发生逆转，此时股价已无法在短期内再创出新高或新低，这时在顶部形成的阻力线或在底部形成的支撑线就显得极为重要，尤其是股价在顶部或底部反复震荡而始终无法冲破阻力线与支撑线时，通常意味着一轮大行情的结束，支撑线与阻力线发出强烈的反转信号，警告投资者应及时改变操作策略。

实际上，支撑线与阻力线作用的发挥主要是由投资者心理因素造成的。同样，两者之间地位的转化也是由投资者心理因素造成的。比如，在上升趋势中，当股价突破上档阻力线的压制时，股价表现出较强的强势特征，市场反应积极。当股价突破后再回落到该点位时，投资者多数会认为只是对行情突破的回抽确认，多方会在这里继续加码买进，而原先并不看好后市的投资者会因为害怕踏空而在相对较低的价位积极买进，此时股价在这里受到买盘的强力支撑，止跌回升，原先的阻力线已经转化成支撑线了。同样，在下跌过程中，股价向下击穿支撑线创出新低，投资者信心开始动摇，市场人气衰退，当股价再度反弹到该点位附近时，原先没有及时出货的投资者会趁着股价的反弹之机尽数抛空，强大的抛售阻力使股价无法超越这一点位，原先的支撑线也就转化成阻力线了。因此可以看出，支撑线与阻力线的地位并非一成不变，它们可以相互转化，条件是它们必须被有效的足够强大的股价变动所突破。

支撑线与阻力线对当前股价的影响程度，主要从以下三个方面考虑：
（1）股价在这个区域停留时间的长短。
（2）股价在这个区域伴随的成交量的大小。
（3）支撑点或阻力点离当前股价的远近。

一般来说，股价在这一区域逗留的时间越久，伴随的成交量越大，发生的时间越近，其支撑和阻力作用对当前行情的影响力也就越大。

当然在实际运行过程中，一些市场的不确定因素或庄家机构的刻意行为，可能会使股价对支撑线或阻力线做出短暂的突破，但之后股价很快又重新回到原来的范围之内，此时投资者要随时对其进行调整与修正，使其更具明显的支撑与阻力的作用。

二、支撑线常见陷阱

由趋势线的持续作用和转折作用可知，当根据趋势线判断股价将继续原先的上升趋势或者将改变原先的下跌、盘整趋势时，就可以作出买入股票的决策。但是在实盘操作中，股价在趋势线附近有许多技术陷阱或虚假信号出现，投资者应当有所防范。

1. 下跌遇假支撑陷阱

在股价上升趋势中，股价的高点一个比一个高，低点也一个比一个高，将其低点连成一条直线，便得到一条向右上方倾斜的上升趋势线。总体来说，股价在这条上升趋势线方向上攀升，因此当股价回落到这条趋势线附近时，往往会获得支撑而止跌回升。因此当股价回落到上升趋势线又止跌回升时，就是个难得的买入时机。但是在实盘操作中，股价回落到这条趋势线附近时，仅仅稍做停留后就向下突破，上涨趋势宣告结束或形成一波跌势行情，或者股价未做停留就直接下跌，将在支撑线附近买入的投资者全部套牢，因而形成下跌遇假支撑陷阱。这种现象通常有两种盘面表现形式：

第一种形式，稍做停留，形成假支撑，让散户入场。股价回落到这条趋势线附近时，稍做停留，在盘面上产生止跌回升假象。当投资者纷纷介入时，股价便向下跌落，将入场者套牢。

图 4-59，桃李面包（603866）：该股洗盘整理结束后，再次逐波向上推高，形成一条上升趋势线，也成为股价下跌的支撑线，每当股价回落到趋势线附近时，将获得技术支撑而回升。2020 年 12 月初，股价再次回落到上升趋势线附近时，遇到支撑而停止下跌步伐，预示股价将重拾升势，因而成为买入信号。可是，经过短暂的震荡整理后，股价选择向下运行，将入场者套牢于高位。

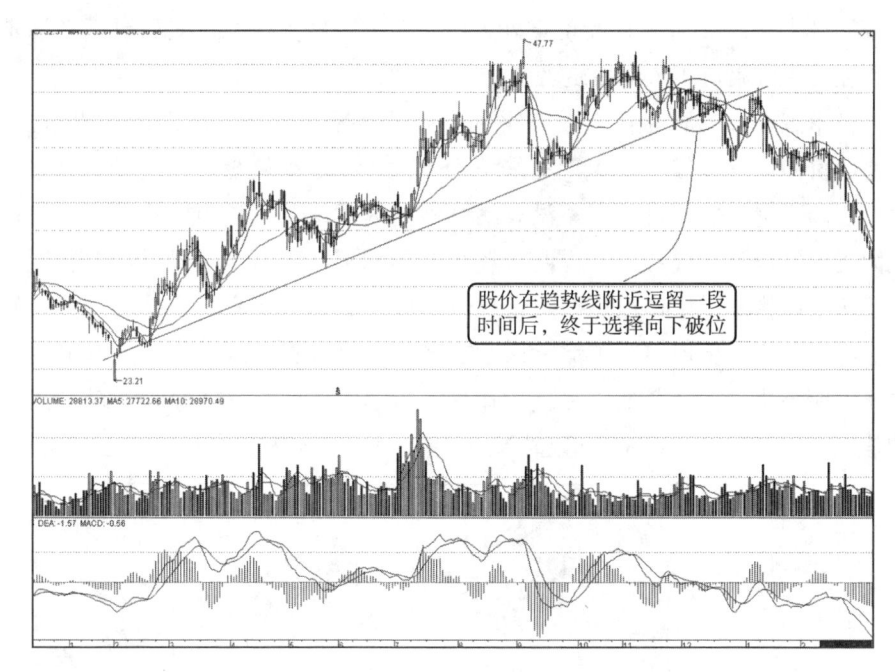

图 4-59　桃李面包（603866）日 K 线图

技术解盘：该股为什么得不到上升趋势线的支撑呢？从图中可以看出：股价触及上升趋势线时，没有立即拉起，表明庄家做多意愿不强烈。有股谚"久盘必跌"之说，在高位形成横盘走势，即使上升趋势线也难以支撑股价继续走强，下跌比上涨容易得多。

当股价遇到趋势线支撑时，成交量没有及时放开，表明多数投资者持谨慎态度，因而难以推动股价上涨，上升趋势线的支撑作用值得怀疑。从均线系统分析，30 日均线已经在高位形成走平趋势，股价受均线压制明显，上升趋势线的支撑力度将受到影响。

从技术形态分析，股价上方出现多个小高点，将这些小高点连接成为一条直线，就构成一条阻力线，股价多次上攻到这条阻力线附近时，均遇到阻力而回落整理。

根据上述分析，上升趋势线附近的支撑力度非常小，极易被空方力量打破，因此趋势线附近不是理想买入点，反而是一个卖出机会。

图4-60，上海贝岭（600171）：该股经过前期的拉高炒作后，股价在高位出现震荡走势，几起几落，下方多个低点形成一条水平支撑线，对股价构成重要的支撑。2021年10月下旬，股价再次回落到前低附近时出现震荡盘整走势，疑似得到了一定的技术支撑，因而投资者纷纷买入。可是，股价没有出现回升走势，11月8日股价意外跌停，向下跌破支撑线，之后盘面渐渐走弱，在支撑线附近买入的投资者遭受深套。

技术解盘：该股为什么没有得到有效的技术支撑呢？从图中可以看出：一是股价前期涨幅较大，短期上涨空间不大。二是高位盘区时间较长，做多力量渐渐衰竭，也反映了庄家没有继续做高的意愿。三是当股价回落到支撑线附近时，没有很快拉起，说明入场资金不积极。四是30日均线出现下行，对股价上涨构成反压作用。一般情况下，股价到达一个真正有技术支撑位置附近后，很容易出现弹升走势，该股在技术支撑位置附近没有能力弹升的现象，说明该位置已经渐渐失去支撑作用，短期的停留只是庄家误导散户入场的假支撑，这时投资者应谨慎选择，不应盲目看重支撑的作用。

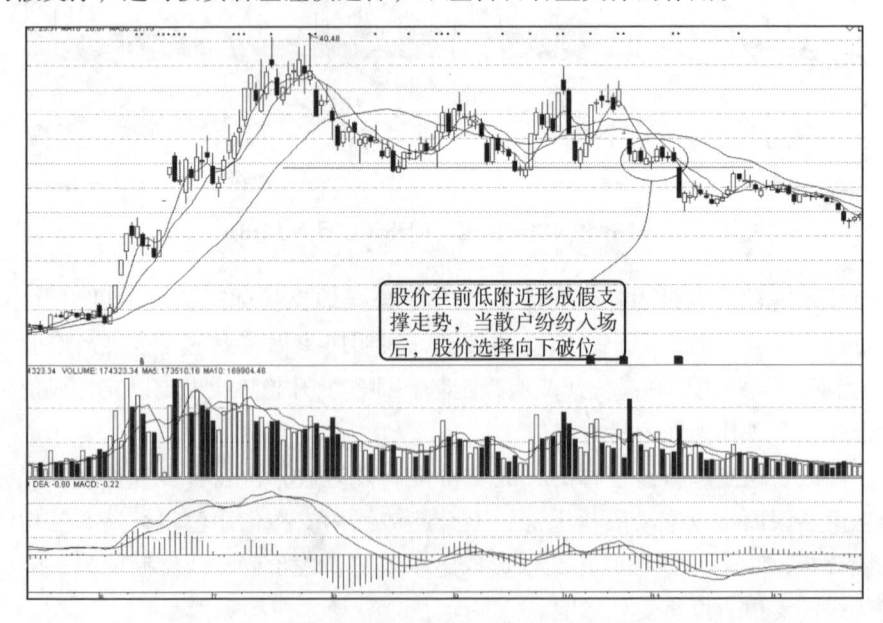

图4-60 上海贝岭（600171）日K线图

第二种形式，不作停留，直接下跌，不给散户高抛机会。股价回落到这条趋势线附近时，不管有无买入盘介入，不作任何停留，在盘面上直接击穿趋势线，从而让趋势线失去支撑作用。这种现象通常在趋势线较高的位置已经有过一段盘整走势，庄家也派发了一定的筹码，当股价回落到支撑位附近时就直接下跌，这样做的目的是不给散户出逃的机会。

图 4-61，华仪电气（600290）：该股大幅上涨后，在高位见顶回落，当首次回落到前期低点附近时，遇到支撑而出现反弹回升走势，但股价没走多远再次出现回落。2021 年 5 月初，股价第三次到达前期两个低点附近，这时出现几个交易日的盘整走势，疑似得到了一定的技术支撑，因而投资者纷纷买入。可是，股价并没有出现回升行情，稍做停留后直接向下跌破支撑，紧接着就是迅猛的大跳水，在支撑线附近买入的投资者遭受深套。

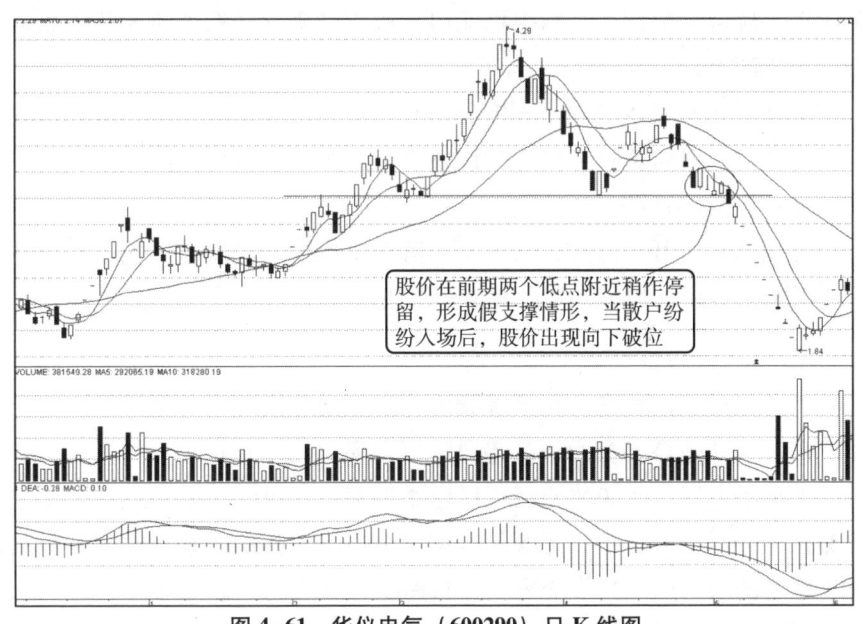

图 4-61　华仪电气（600290）日 K 线图

技术解盘：从这只股票的走势可以看出，股价到达支撑线附近时，由于得不到成交量的配合，未能将股价及时向上拉起，最终支撑力度渐渐丧失，多方不得不放弃护盘行为。而且，均线系统趋向空头排列，对股价上涨构成反压作用。通常，盘整的时间越长，蓄积的做空力量越足，后市下跌的幅度就越大，下跌的速度也越快。因而股价向下突破横盘整理的支撑线时，是最佳的卖出时机。

通过上述实例分析，投资者遇到股价下跌遇支撑线（位）时，上升趋势线的可靠性程度还可以从以下几个方面进行验证分析：

（1）趋势线所经过的次级上升底部越多就越有意义。换句话说，若股价回到趋势线之上后再度上升，上升的次数越多，趋势线的有效性更可获得确认。

（2）趋势线延伸较长，股价能离开趋势线而停留在高位一段时间后才产生中级下跌，并向趋势线靠近才有意义。如果股价距趋势线所连的两个次级底部相当远并在此期间大幅度上升，则它的可靠性较高。

（3）趋势线和它的两个底部连线所形成的角度是估量中级趋势线的标准。一条角度非常陡峭的趋势线容易被一个横向的整理形态突破，对技术分析者来说，这条趋势线的测量价值会降低。因此任何突破发生时，投资者都应提高警觉并采取对策。

（4）上升趋势中，当股价回落到支撑线时，相对应的成交量应当发生明显的萎缩，倘若价量背离，则很可能出现股价跌破支撑线并进一步下跌，彻底改变原先的上升趋势线。

（5）上升趋势线不是固定不变的，它常常会随着上升行情的展开而改变斜率，因此应当根据实际情况适时调整上升趋势线，以便更准确地判断行情的走势和把握买卖时机。

（6）上升趋势线越可靠，根据"回落遇支撑"的法则判断买入时机越准确，上升趋势线可靠性的判断已在前面论述过。

2. 支撑线假跌破陷阱

在上升趋势中，支撑线支撑着股价一步步向上走高，如果支撑线被空头向下突破，上升趋势转变为下降趋势，那么支撑线的角色也就转变了，从支撑线演变成阻力线。转变的原因可以这么理解：支撑线与阻力线均形成于成交密集区域。同一成交密集区既是行情由上向下滑落的支撑区，又是行情由下向上攀升的阻力区。当成交密集区被跌破，在行情下跌过程中常常会有较高的换手率，如果经过多空双方的艰苦搏斗，空方胜利，那么支撑线就转换为阻力线，阻力线是前期多数人被套牢的价位，所以难以被冲破，一旦冲破其力度将相当大。

因此，股价向下跌破支撑线后，支撑线延长后就成为下跌趋势的阻力线，当股价在下跌中反弹到阻力线之上时，股价常常会受阻下跌，所以此时应趁反弹卖出股票，赢得相对较高的卖出价位。但是实盘操作中，股价变化非常之快，有时向下跌破支撑线后，过不了多久就重新回到了趋势线之上，并继续出现升势行情，从而形成支撑线跌破陷阱。

图 4-62，山西焦化（600740）：该股庄家成功完成建仓计划后，稳步向上推高股价，形成一条上升趋势线，股价多次回调到支撑线附近均得到支撑而回升。2021 年 7 月 28 日，股价向下击穿上升趋势线的支撑，此时支撑线转化为阻力线，预示着股价有走弱可能，从而构成卖出信号。可是，股价并没有持续下跌，很快企稳后重返趋势线之上，不久形成快速上涨行情。

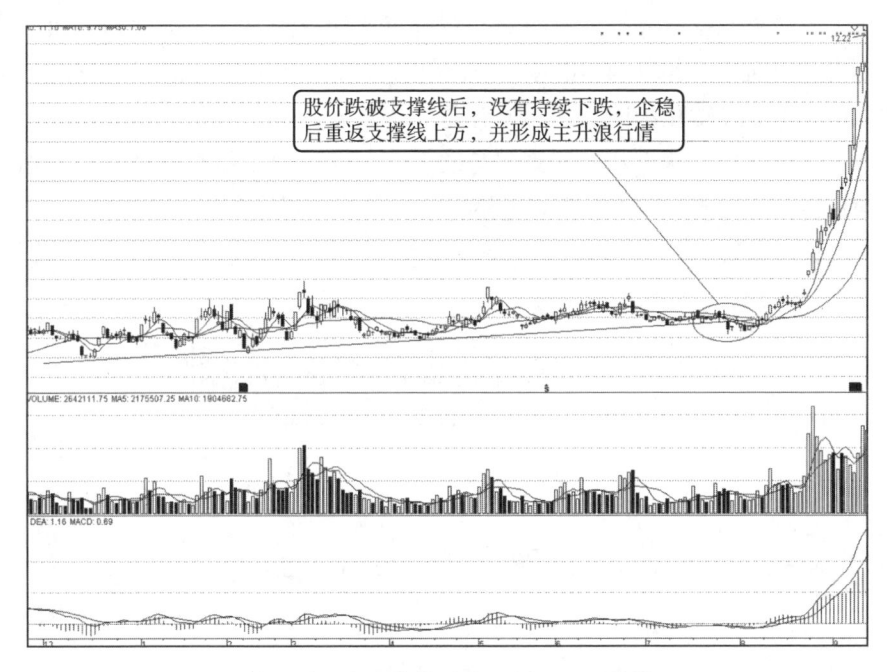

图 4-62　山西焦化（600740）日 K 线图

技术解盘：该股仅从 K 线图上看，已经形成有效突破形态，那么为什么击穿支撑线后又快速返回到支撑线之上呢？从图中可以看出，股价无量向下突破支撑线，说明盘内筹码依然稳固，没有出现松动迹象，向下突破反映了庄家故弄玄虚，欺骗散户的筹码。虽然下跌并不要求成交量的大小，但在突破的那几天应当有放量现象，否则空头陷阱的可能性较大。

股价向下突破后，没有在趋势线下方停留更多时间，也没有出现持续下跌走势，便返回到趋势线之上，说明庄家也不敢在此停留太长的时间，更不会盲目打压股价，以免造成低位筹码损失。

为什么此处会跌破支撑线呢？这是庄家洗盘所为。庄家会刻意击穿或破坏一些重要技术位置，如短线均线、上升轨道线、某些技术形态等。从 K 线形态看，在盘面上出现一两根大阴线，或者大阴大阳交替进行，或者连续出现大阴线，成交量急剧放大（有时也出现小量）。这会使股价出现较大的震荡，不少投资者难以躲过回档过深的洗盘手法，因而会使短线跟进的获利盘或套牢盘离场，在盘中恐慌抛出，同时让一些抢反弹者进场，而庄家顺利地达到了震仓的目的。可见，该股是庄家的一次洗盘换手行为，投资者遇此情形时，持股者不必惊慌，持币者可以逢低介入。

图4-63，跃岭股份（002725）：该股从高位下跌后，在底部出现横盘走势，下方多个低点形成一条支撑线，股价每次回落到这条支撑线附近时，均遇到支撑而回升。2021年10月下旬，股价连续向下阴跌，击穿下方的支撑线，此时支撑线转化为阻力线，通常是一个卖出信号。可是，股价仅在支撑线下方停留几日，就重新返回到趋势线上方，经过短期修复整理后，出现主升浪行情，从而成为向下假突破走势。

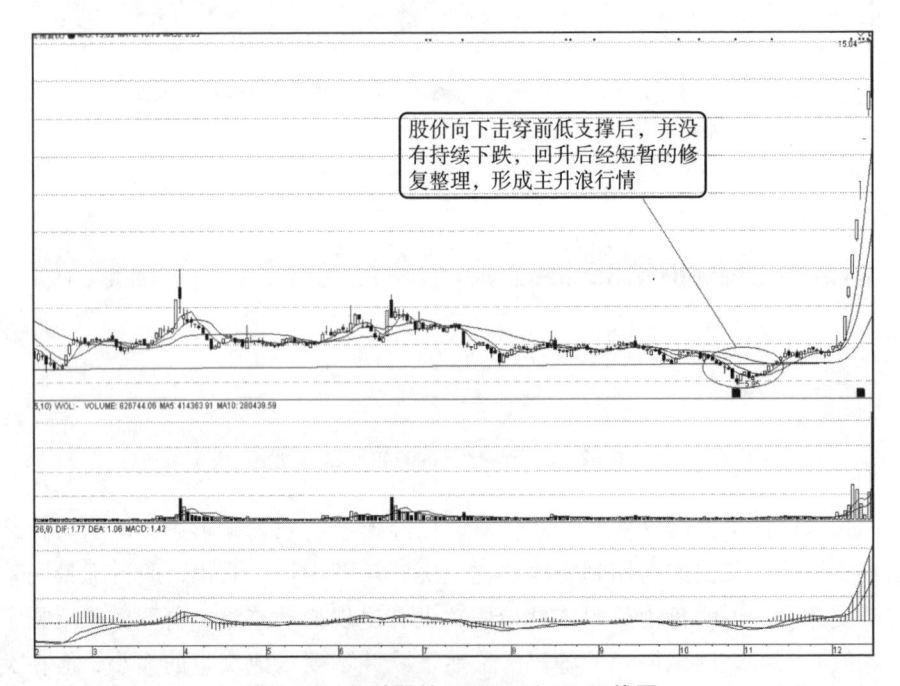

图4-63 跃岭股份（002725）日K线图

技术解盘：该股为什么会成为假突破信号呢？从图中可以看出，股价无量向下突破支撑线，说明盘内筹码依然稳固，没有出现松动迹象，向下突破反映了庄家故弄玄虚，欺骗散户筹码。

股价击穿支撑线后，没有迅速脱离突破区域，尚未出现大幅下跌走势，只是在趋势线下方作短暂的停留后，返回到趋势线之上，说明庄家也不敢在此停留太长的时间，以免造成低位筹码损失。

从价位方面分析，经历了较长时间的下跌调整，股价已经到了底部区域，投资价值已凸显出来，是中长期战略投资者的建仓区域，此时出现向下突破值得怀疑。

从坐庄角度分析，股价处于市场平均持仓成本和庄家持仓成本区域附近。根据实盘操作经验来看，一个比较均匀的水平通道形态，市场的平均成本价在水平通道的中心价附近，庄家的成本价位相对略低一些，但不会相差太远，更不会超出中心价至下轨线的垂直距离。因此股价不会长时间大幅下跌，向下破位是底部空头陷阱。可见，该股是庄家一次打压建仓或打压试盘行为，投资者遇此情形时，持股者切不可盲目斩仓割肉，持币者可以逢低介入。

在实盘操作中，投资者遇到股价跌破支撑线（位）时，其可靠性程度还可以从以下几个方面进行验证分析：

（1）原先横向趋势线的时间跨度越长越可靠，支撑力度越强，那么它转化为阻力线后的阻力也就越大。

（2）支撑线转化阻力线的前提条件是原先的上升趋势被有效突破，上升趋势转化为下降趋势。如果突破的力量不足，没有扭转趋势的方向，那么股价突破后不久仍将回到上升趋势线的上方，原先的上升趋势线仍然没有改变支撑线的角色，支撑线是否真正被有效突破，可以根据百分比法（当日股价跌破支撑线的3%以上）以及时间法（连续3天都突破支撑线）来判断。

（3）确定股价所处的具体位置。在低位或涨势的中途，向下突破为疑似信号，向上突破的可靠性较高；在高位或跌势的中途，向上突破为疑似信号，向下突破的可靠性较高。

（4）向下突破关键位置的那几天，也必须得到成交量的放大配合。

（5）得到其他技术面的验证，如技术形态、K线组合等是否向淡，技术指标是否出现顶背离、死叉或方面性提示。

三、阻力线常见陷阱

1. 上涨遇假阻力陷阱

在下降趋势中，股价的高点一次比一次低，低点也一次比一次低，将其高点连成一条直线，就可得到一条向下倾斜的下降趋势线，股价通常在这条下降的趋势线下方向下跌落，因此当股价上涨到这条趋势线上时，常常会遭遇阻力反转下跌。对于已被套牢的投资者来说，在股价下跌趋势中，当股价发生反弹，上涨到趋势线附近时，就是逢高离场，或减少损失的卖出时机。但是在实盘操作中，股价回升到这条趋势线附近时，仅仅作短暂的停留后就向上突破，成功扭转下跌趋势或形成一波涨势行情，或者股价未做停留就直接上涨，使在阻力线附近卖出的投资者全部踏空，因而形成上涨遇假阻力陷阱。此类陷阱通常有两种盘面表现形式：

第一种形式，稍做停留，形成假阻力，让散户离场。股价上涨到这条阻力线附近时，作短暂的停留，在盘面上产生遇阻力回落假象。当投资者纷纷抛出时，股价便向上有效突破，并产生升势行情。

图4-64，吉鑫科技（601218）：该股见底后向上回升，当股价首次触及前高附近时遇阻回落，显然前高成为股价上涨的阻力线，通常股价反弹到阻力线附近时，是逢高卖出的较好位置。不久，股价再次反弹到阻力线附近，同样遇到阻力而停止上攻步伐，并形成震荡走势，预示股价将再度下跌，投资者有了前车之鉴，纷纷选择卖出操作。可是，经过几个交易日的回调整理后，2021年10月29日股价放量涨停，向上突破了阻力线，从而开启一波拉升行情。

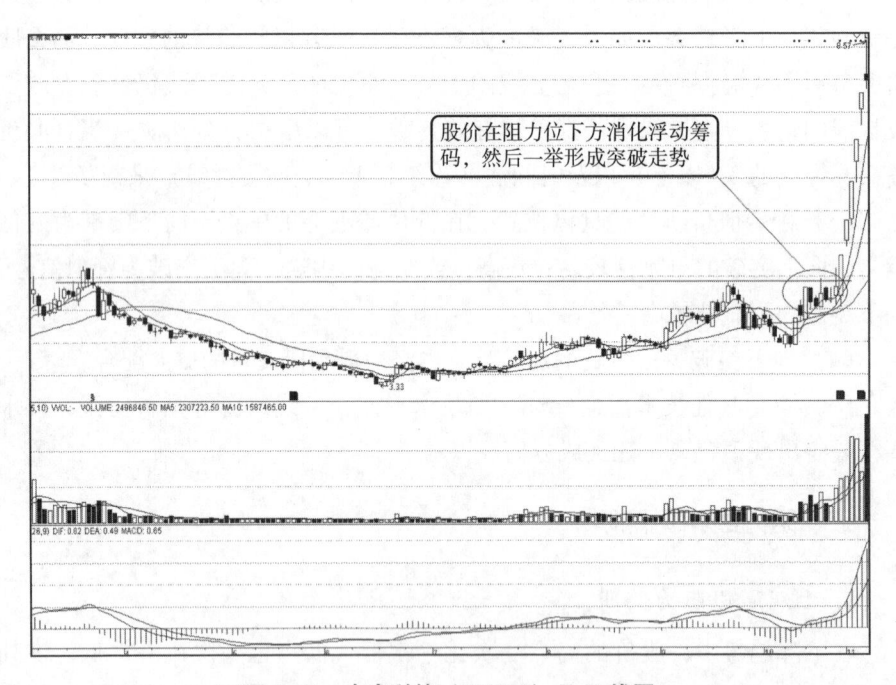

图4-64 吉鑫科技（601218）日K线图

技术解盘：为什么阻力线没有形成阻力呢？通过盘面分析可以发现：

从移动平均线分析，虽然股价反弹到前高附近时，遇到较大的阻力而出现震荡，但是股价回落时遇到30日均线支撑，且30日均线保持上行状态，对股价起到强大的支撑作用，因此股价没有下跌多远就企稳回升。

从大众操作思维分析，前期高点压制着股价的上涨已形成了一定的共识，当股价抵达阻力线附近时，技术派人士就会选择卖出操作，加之庄家在该位置制造震荡走势，使得不少散户认定自己的判断是正确的，因此更加果断地抛出股票。那么，散户在阻力线附近抛出的筹码被谁接走呢？肯定是庄家。庄家拿着这么多的筹码，是想获得更加丰厚的利润，因此使得股价很快突破阻力线，形成强势拉升行情。

根据上述分析，前高附近虽有一定的阻力作用，但很容易被多方力量打破。该股第一买入点在30日均线附近，第二买入点在股价放量向上有效突破前高时，如果量价配合理想，可以加仓买入，而该股的卖出信号是高位流星线。

图4-65，红日药业（300026）：该股反弹结束后再次回落，形成一条向下倾斜的下降趋势线，对股价回升产生一定的反压作用。经过持续的下跌整理后，在底部盘整过程中庄家吸纳了大量的低价筹码。不久，股价再次反弹到趋势线附近时，同样遇到一定的阻力，无力向上突破而呈震荡走势，不少投资者看到这种情况后，认为股价上涨遇到趋势线压制而迟迟不能突破，纷纷选择抛空操作。可是不久后，股价渐渐磨破了阻力线，渐渐回升到阻力线上方，2021年12月24日股价放量涨停，产生一轮快速上涨行情。

技术解盘：如何分析该股的盘面走势呢？从图中可以看出，股价反弹到趋势线附近时，上涨明显遇到阻力，多头十分慎重，不敢轻易采取攻势。于是，股价在趋势线下方形成震荡走势，以逐步消化上方阻力。其实，股市中最大的力量不是多空双方的实力，而是在于"磨"。俗话说"磨杵成针"，"磨"能磨掉多空双方的意志和力量，使其最终放弃原来的计划。在实盘操作中遇到支撑或阻力时，庄家常常采用磨的手法，最终将支撑或阻力消化殆尽。该股庄家就稳扎稳打，不急于攻克阻力，而是采用磨的手法，消化了上升阻力，最终成功进入上升通道。

虽然股价反弹到趋势线附近时遇到了一定的压制，但股价已成功站稳于30日均线之上，30日均线保持缓慢的上移态势，为股价下跌起到支撑作用，因此股价短期风险不会很大。

从价位分析，股价经过长期的下跌调整后，已处于历史底部区域，下跌空间不会很大。成交量萎缩到地量水平，表明做空动能不足，后市上涨的概率较大。

投资者遇此情形时，持股者可以观察均线系统的支撑力度，将止损位设在30日均线附近，持币者在股价有效突破趋势线后，逢低介入做多。

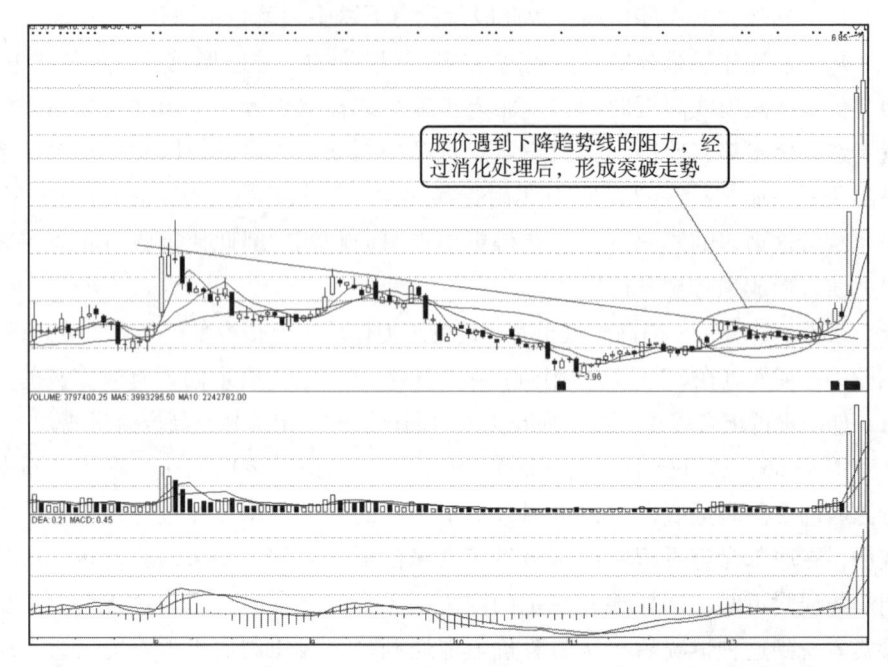

图4-65 红日药业（300026）日K线图

第二种形式，不作停留，直接突破，不给散户低吸机会。股价反弹到阻力线附近时，不管盘中跟风状态是否积极，不作任何停留，在盘面上直接突破趋势线，从而让趋势线失去阻力作用。这种现象通常发生在底部区域，股价经过充分盘整后，庄家成功完成建仓任务，当股价反弹到阻力线附近时就直接上涨，这样做的目的是不给散户逢低买入的机会。

图4-66，风范股份（601700）：该股见底后多次向上反弹，几个高点形成一条阻力线，每次股价反弹到阻力线附近时遇阻回落，因此阻力线附近是一个卖出时机。2021年12月13日，股价放量涨停，再次反弹到阻力线附近，这时不少投资者纷纷减仓或抛售离场。可是，股价没有出现回调，次日经过短暂的盘中日内换手后再次涨停，成功站稳于阻力线之上，顺利地将阻力线转化为支撑线，股价出现6连板。

技术解盘：如何分析判断该股的盘面走势呢？该股经过长期的下跌调整后，释放了大量的做空能量，股价已经到了底部区域，具有较高的投资潜力。随着股价的下跌，成交量不断萎缩，直至地量水平，浮动筹码已经不多，盘中持股者对后市股价上涨不构成影响。而且，股价调整得到30日均线的支撑，此时30日均线保持上行状态，对股价起到助涨作用。可见，该股前高附近的阻力非常小,此处是一个假阻力位。投资者遇此情形时,应以逢低吸纳为主,最佳买入点是在股价向上突破前高时跟风介入。

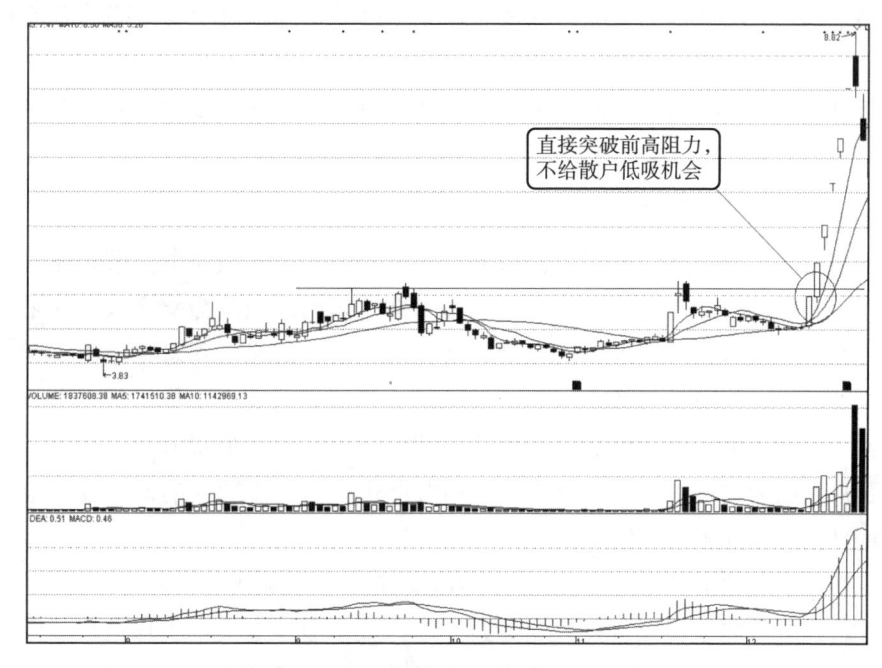

图 4-66　风范股份（601700）日 K 线图

在实盘操作中,股价上涨遇到上方阻力位时,其可靠性程度还可以从以下几个方面进行验证分析：

（1）趋势线所经过的次级下降顶部越多就越意义。换句话说,股价回到趋势线上后再度下跌的次数越多,趋势线的有效性就越可能获得确认。

（2）趋势线延伸较长,股价能离开趋势线而停留在低价位一段时间后才产生中级上升,并向趋势线靠近才有意义。如果股价距趋势线所连的两个次级底部相当远并在此期间大幅度下跌,则它的可靠性越大。

（3）趋势线和它的两个顶部连线所形成的角度是估量中级趋势线的标准。一条角度非常陡峭的趋势线容易被一个横向的整理形态突破,对技术分析来说,这条趋势线的测量价值会降低。因此集体突破发生时,投资者都应提高警觉并采取对策。

（4）下降趋势中,当股价上涨到阻力线时,相对应的成交量应当发生萎缩,至少不能明显放量,否则,放量上升可能导致股价突破阻力线并进一步上涨,摆脱原先的下降趋势,在这种情况下,在阻力线附近抛出股票就操之过急了。

（5）下降趋势线并不是固定不变的，它通常会随着下跌行情的展开而改变斜率，因此应当根据实际情况适时调整下跌趋势线，以便更准确地判断行情走向和把握买卖时机。

（6）下降趋势线越可靠，根据"上涨遇阻力"的法则来判断卖出时机就越准确，前面的概述中已谈论过判断下跌趋势线可靠性的方法。

2. 阻力线假突破陷阱

在一个主要的下降趋势中，如果重要的阻力线被多头向上突破，那么它的角色就要转变了，由反角演变成正角，即从阻力线演变为支撑线。这是因为支撑线与阻力线均形成于成交密集区，同一成交密集区既是行情由下向上攀升的阻力区，又是行情由上向下滑落的支撑区。当成交密集区被突破，在行情上升过程中一般伴随着高换手率，若经过多空双方的艰苦搏斗，多方获胜，那么阻力线就变换为支撑线，支撑线的价位是大多数人的购入成本或预期的低点，因此不会被轻易跌破。

所以，股价突破阻力线上涨后，阻力线延长后就成为上升趋势的支撑线，当股价在上升趋势中回落到此支撑线上时，股价通常会受到支撑而反弹，因而此时就是不错的买入时机。但是，市场总是千变万化的，阻力线被突破后不久，股价很快返回到阻力线之下，形成新的下跌趋势线，从而成为阻力线突破陷阱。

图4-67，金洲慈航（000587）：该股经过一轮快速拉升行情后，在高位出现震荡整理，多个高点形成一条阻力线，每次股价回升到阻力线附近时均遇阻回落。2021年6月7日和8日连续两天上攻，股价向上突破阻力线的阻力，构成买入信号。但是，突破后没有出现持续上涨，股价渐渐震荡向下走低，突破以失败告终，根据突破信号买入的投资者被套牢。

技术解盘：该股为什么先后两次突破均以失败而告终呢？一是股价突破时成交量没有持续迅速放大，虽然有短暂脉冲式放大，但持续性不强，无法推动股价上涨。说明做多资金入场谨慎，且有对敲出货嫌疑，仅有少数短线散户参与而已。可见，没有庄家的积极拉抬，仅靠散户的力量很难推动股价上涨。二是股价突破阻力线后的回抽确认不符合回抽确认的三个要素，即"两个低点、两个高点和成交量"原则，因此持续上涨的可能性非常小。三是从价位分析，该股虽然经过较长时间的调整，但仍然处于高价位区，是庄家派发筹码区域，此处介入风险非常大。可见，该股突破阻力线是一个虚假信号。投资者遇到这种走势时，持仓者可以逢高减仓或抛空观望，持币者不要在弱势股中掘金。

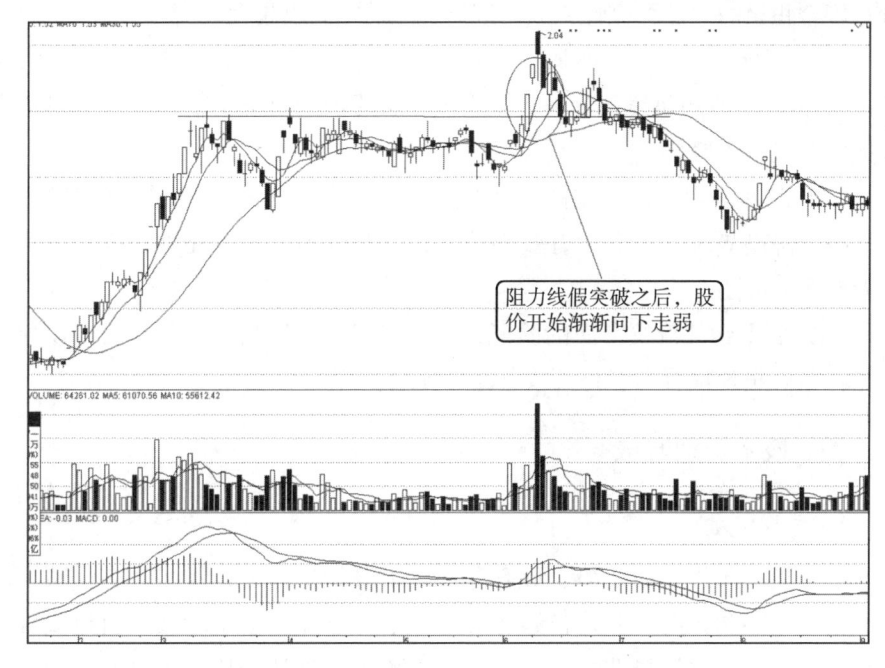

图4-67 金洲慈航（000587）日K线图

在实盘操作中，投资者遇到股价向上突破阻力线时，其有效性程度还可以从以下几个方面进行分析判断：

（1）只有当原先的下降趋势线被有效突破后，阻力线转换为支撑线才有意义，如果突破的力量不够，没有成为有效突破，那么股价上升后不久仍将回到下降趋势线的下方，原下降趋势线仍然没有改变阻力线的角色。趋势线是否被有效突破，可以根据成交量法则、百分比法则、时间法则等来判断。

（2）阻力线时间跨度越长，被突破的意义就越大，突破也就越可靠，那么它转化为支撑线的可靠性也就越强，以后上涨的空间也就越大。

（3）确定股价所处的具体位置。在低位或涨势的中途，向下突破为疑似信号，向上突破的可靠性较高；在高位或跌势的中途，向上突破为疑似信号，向下突破的可靠性较高。

（4）突破的程度：股价穿越趋势线时，当日收盘价高于阻力位，并且在接下来的3天内仍然高于阻力位。突破后股价要迅速脱离突破区域，否则突破很可能是假突破，仅仅是短期反弹而已，股价仍将继续下跌的趋势。

（5）成交量法则：向上突破下降趋势线应该有成交量明显放大的配合，价量配合积极的突破可靠性更大，以后上涨的空间也越大。

（6）百分比法则：假如某一交易日股价向上突破下降趋势线的幅度大于3%，那么该下降趋势线就算被有效突破，日后股价上涨的概率较大，投资者应抓紧时机买入股票。

（7）时间法则：假如某一只股票收盘价连续3天向上突破下降趋势线，那么该下降趋势线就被自然有效突破，日后股价上涨的可能性较大，投资者应及时买入股票。

（8）要得到其他技术面的验证，如技术形态、K线组合等是否向淡，技术指标是否出现顶背离、死叉或方面性提示。

四、技术辨别方法

1. 支撑突破

股价上涨所形成的走势、形态等构成了股价总体上升走势，它反映了股价运动的趋势和方向。上升趋势是由K线、形态、移动平均线、轨道线等构成。这些图形或线条非常直观，一旦股价下跌破坏了原先上升轨迹，图形就会变得非常难看。通常股价下跌到某一成交密集区或者关键位置时，股价将得到支撑而不再下跌或者抵抗下跌。如果股价脱离上升轨迹而下跌，并击穿那些应有支撑的位置时，就会产生破位的图形，庄家吸货、洗盘、整理的目的就可以达到。

股价在哪些地方应有支撑呢？庄家的持仓成本或者平均成本附近有支撑；股价突破一个较大的技术形态以后再回档时，这个形态的密集成交区域附近有支撑；股价10日、20日、30日移动平均线有一定的支撑；庄家正在出货和出货完毕以前，在庄家预定的出货区域附近有支撑。此外，从未炒作过的股票，如果市场定位合理，在密集成交区域附近也有较强的支撑等。在大多数情况下，股价在底部区域震荡是有一定支撑的，如果庄家需要击破包括技术派在内所有看好者的信心而进行凶狠洗盘时，各种形式的破位就是在所难免的，这时可以说股价几乎是没有支撑的，庄家正是借此进行吸货、洗盘、整理。

2. 阻力突破

攻破阻力与击穿支撑正好形成相反走势。股价在长期的震荡走势中会形成明显的支撑或阻力区（线）。通常，股价上涨到某一重要位置时，将受到阻力而不再上涨或者遇阻回落。如果股价一举攻破那些应有阻力的位置时，就会出现突破的图形，图形也会变得非常漂亮，庄家拉升、出货、自救的目的就可以达到。

常见的盘面现象有：攻破移动平均线；攻破下降趋势、下降通道、下降角度、波浪趋势；攻破颈线位、前期高点；攻破重要技术形态；攻破长期形成的平台；股价脱离庄家持仓成本区、平均持仓成本区、密集成交区；股价脱离庄家底部的吸货区。

其实，在一轮真正的上涨行情中，股价几乎没有任何阻力。

3. 平台突破

股市里平台整理是积蓄能量最强的一种形态，一旦向上或向下突破，威力都是巨大的。股谚有"横有多长，竖有多高"之说，股价突破后的上升或下跌空间就有平台那么长。股价在一个震荡幅度不大的价格区域内横向波动，在震荡期间既不选择上涨也不选择下跌，似乎没有了涨跌方向，于是就形成平台形态，但这个平台迟早是会被突破的。通常有两种情况：一种是股价在上升途中进行横盘，目的是让底部跟进者"下轿"。因为有的散户求富心切，恨不得自己的股票天天上涨，这样很容易产生急躁情绪，耐不住寂寞的散户，往往会卖出手中长期不涨的股票而去追别的股票。庄家就是利用人们急于暴富的急躁心情，以拖延的手法进行周旋，以此消磨别人的耐心和意志，消耗别人的时间和精力，使之丧失斗志和信心，以达到其"整理"的目的。另一种是股价在下跌途中进行横盘，有的股票在下跌初期进行横盘，那是因为庄家手中的筹码还没有派发完毕，或者因为股价过高根本没办法派发，庄家又不甘心让股价的重心下移，只得进行护盘，由此走出了横盘的态势，这种横盘是在积蓄下跌的能量。如果是庄家基本出完货的股票，在下跌一大段以后可能进行横盘，这种情况是横盘中最为多见的。看起来似乎没有庄家在其中，所以该涨的时候不涨，又由于长期不涨且跌幅很深，股价又相对便宜，到该跌时候也没有多大跌幅，所以最终走出横盘态势。但是，一旦熊市来临，因为没有人护盘，其迅速下跌之势可能一样毫不逊色。

一般情况下，股价长时间形成的平台一旦向下突破具有很强的杀伤力（平台持续时间越长，下跌空间越大），因此庄家常常利用突破平台的手法，制造恐慌局面，而且突破平台后，往往连续压低股价，造成极大的恐慌盘面，形成深幅下跌态势。投资者看到这种形态后，纷纷抛出手中的股票，庄家却在低位悄悄承接筹码。这种走势是庄家进行吸货、整理、洗盘时常用的一种手段。

4. 技术核心要点

（1）股价穿越一个重要的阻力位或支撑位后，必须继续朝着突破方向快速离开该位置。如果股价穿越后仍然在该位置附近逗留，往往会形成无效突破。

股价到达一个重要的阻力位或支撑位后，如果朝着反方向快速离开该位置，那么这个位置有真实的阻力或支撑。如果股价到达该位置后，继续在该位置附近震荡，那么该位置的阻力或支撑会渐渐消失，随后股价形成有效突破。

（2）股价首次回落到一个重要的支撑位时，大概率会遇到有效支撑而反弹，只是反弹的方式、力度的区别。阻力位亦然。

（3）随着股价触及阻力线或支撑线的次数的增加，阻力和支撑的力度依次降低。

（4）在间隔时间上，距离阻力和支撑形成的时间越近，其阻力和支撑作用越明显。时间较久远（一般一年以上）的阻力和支撑，其参考点作用不大。

（5）在空间距离上，当前价位与到达某一个阻力位和支撑位的空间距离越近，其阻力和支撑作用反而越小，比如幅度在3%以内；但空间距离超过30%，其阻力和支撑作用也不明显。

（6）当股价第3次、第4次到达一个重要的阻力位，而无法突破时，短期股价会出现快速回落，经蓄势整理后，一旦再次向上到达该位置时，大概率会形成有效突破。反之，支撑位亦然。

（7）阻力和支撑的力度强弱，跟成交量大小、时间跨度、维持时间长短有关（整理时间长短）。

后 记

最初产生写这本书的念头是在几年前的一次证券技术论坛上，当时我与几位股林圣贤切磋证券技术分析，他们嘱我写一写股市技术分析中的某些虚假技术信号及技术辨别方法，切实为广大散户投资者解决实盘操作中的一些技术难题，当时我没多考虑便欣然接受。但如果换成现在，我会有些犹豫，因为写好这本书实在有点艰难。很长一段时间以来，我绞尽脑汁，把自己所掌握的技术过滤一遍，并将最拿手的秘籍和盘托出，将其奉献给散户投资者。目前，这本书算是给散户朋友一个完整的交代，也给广大散户指明了一条清晰的操作思路，帮助他们掌握一套制胜方略，这是我作为一名证券技术分析者当尽的责任。

本书能够完成，要感谢太多给予帮助的人，有太多的人可以分享这本书出版的荣誉，没有广大读者朋友的普遍认可，就不会有这本书的生存市场，更不会使这些技术得以推广，所以第一个要感谢的是读者朋友。在此还要感谢中国经济出版社的大力支持，感谢本书责任编辑在出版过程中付出的大量心血。

大家知道，技术分析的基础来自三大假设，即市场信息反映一切，价格沿趋势变动，历史往往会重演。可是，在目前庄家肆虐的市场中，技术分析的基础往往遭到考验和破坏，或者出现失真现象，结果导致市场不能真实客观地反映一切（假信息），价格不一定会沿趋势变化（假信号），历史不会简单地重复（假经验）。于是，这个市场复杂多变，投资风险逐步扩大。不是吗？有谁能说出现这个金叉后市一定会涨，出现那个死叉后市肯定下跌呢？又有谁能说早晨之星一定利好，而黄昏之星肯定利淡⋯⋯需要提醒的是，技术信号不是"灵丹妙药"，有时在这只股票中使用有神奇的效果，而在那只股票中使用却毫无作用，因此需要因人、因时、因股、因势而异，具体问题具体分析。而且，投资者当持学海无涯的态度，在学习各种技术分析方法的过程中，最要紧的是不断结合实际，从实践中一点一滴地积累经验和技巧，很多时候这样才会领略到个中乐趣，因为，要达到技术分析的至高境界，实在需要时间积累经验，这样才能把方法运用到极致。当然，需要提醒的是，希望散户将本书中的"技术辨别方法"在即时行情中灵活运用，在实盘操作中不断总结经验、吸取教训，逐步形成一套适合自己个性的解盘判势方法。不要一本通书看到底，一套方法用到老，要懂得灵活变通，活学活用，在瞬息万变的市场里，用敏捷的思维对市场作出弹性的处理，才能融会贯通，应变自如。

本人才疏学浅，时间仓促，书中差错疏漏之处定然多多，期盼股林前辈、同仁不吝斧正，以便在今后再版时进一步改进和提高。愿本书为广大投资者在实际操作中带来一点启示，创造一份财富。如是，我将深感欣慰。

麻道明

2022年3月　于中国·楠溪江畔